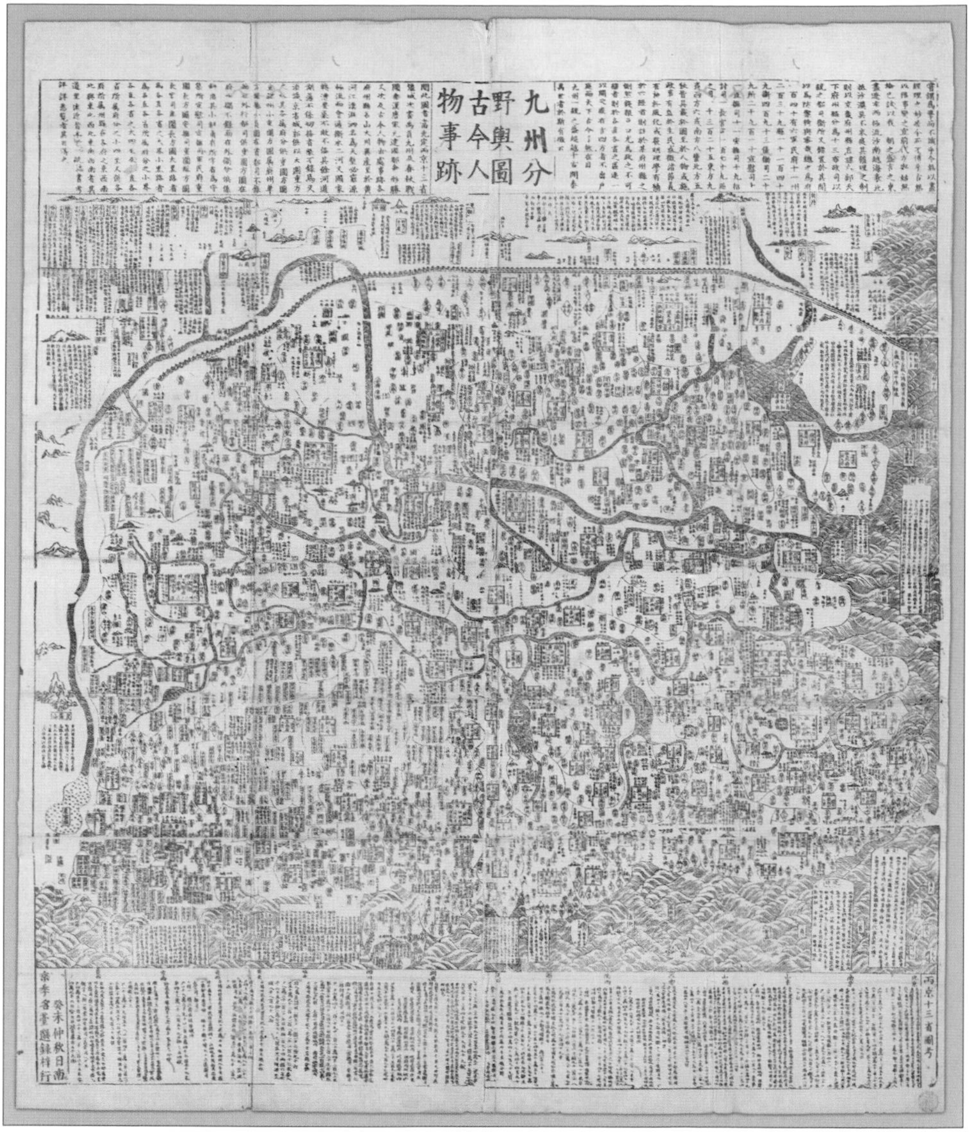

1. 季名臺，《九州分野輿圖古今人物事跡》，1643 年。這張圖看似完全是中式的中國地圖，但仔細研究之後，會發現是一張中西合璧、描繪整個歐亞大陸的地圖。

3. 15 世紀法國插畫家想像的忽必烈打獵場景，出自插圖版《馬可．波羅遊記》手稿。波羅關於忽必烈打獵時帶著一隻獵豹，獵豹趴在馬屁股上的說法，令歐洲人浮想聯翩。畫中除了鹿以外，每一樣東西都跟忽必烈的現實生活無關。插畫家純粹是盡其所能，想像蒙古人狩獵場景可能的模樣。

2. 在右頁這張 1280 年的出獵圖上，宮廷畫家劉貫道把忽必烈置於畫的中心，眾獵手、妃子與宦官圍繞著他。當年，65 歲的忽必烈已經不打獵了，但他喜歡想像自己置身獵場，而他的中國肖像畫家因此照辦。注意前景人物身邊的狩獵動物，尤其是獵豹。

4. 合贊汗與闊闊真的官方肖像，收入於拉施德丁的《史集》。畫面根據呈現大汗（左）與其皇后（右）的古老的蒙古傳統，將這對王族佳偶安排成地位平等。沒有證據顯示畫家是根據合贊汗與闊闊真的真實長相所繪。

5. 蒙古軍隊在攻城戰中使用投石器，出自拉施德丁《史集》。圖中投擲的是石塊，而非感染了鼠疫的屍體。不過，只要關於此事件的唯一一份義大利語史料為真，那麼金帳汗國的軍隊用於卡法，將鼠疫傳給歐洲人時，用的就是這種技術。

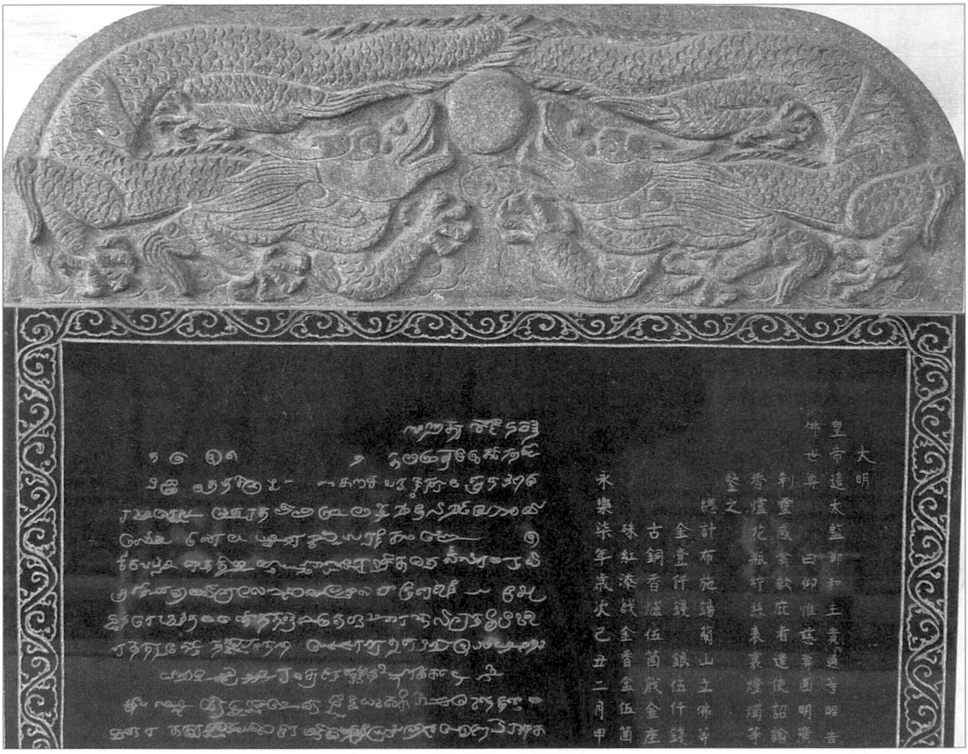

6. 迦勒石碑的碑頭。這塊石碑（145 公分高，76 公分寬，13 公分厚）在1409 年製作於南京，於 1411 年運至錫蘭，立在楝德勒的廟宇。1911 年，石碑於迦勒重見天日，如今藏於可倫坡國立博物館。居右者為中文碑文，居左者為泰米爾語與波斯語（以阿拉伯文字寫就）碑文。碑文內容各異，分別根據適合題獻給佛陀、毗濕奴與阿拉的內容而寫。

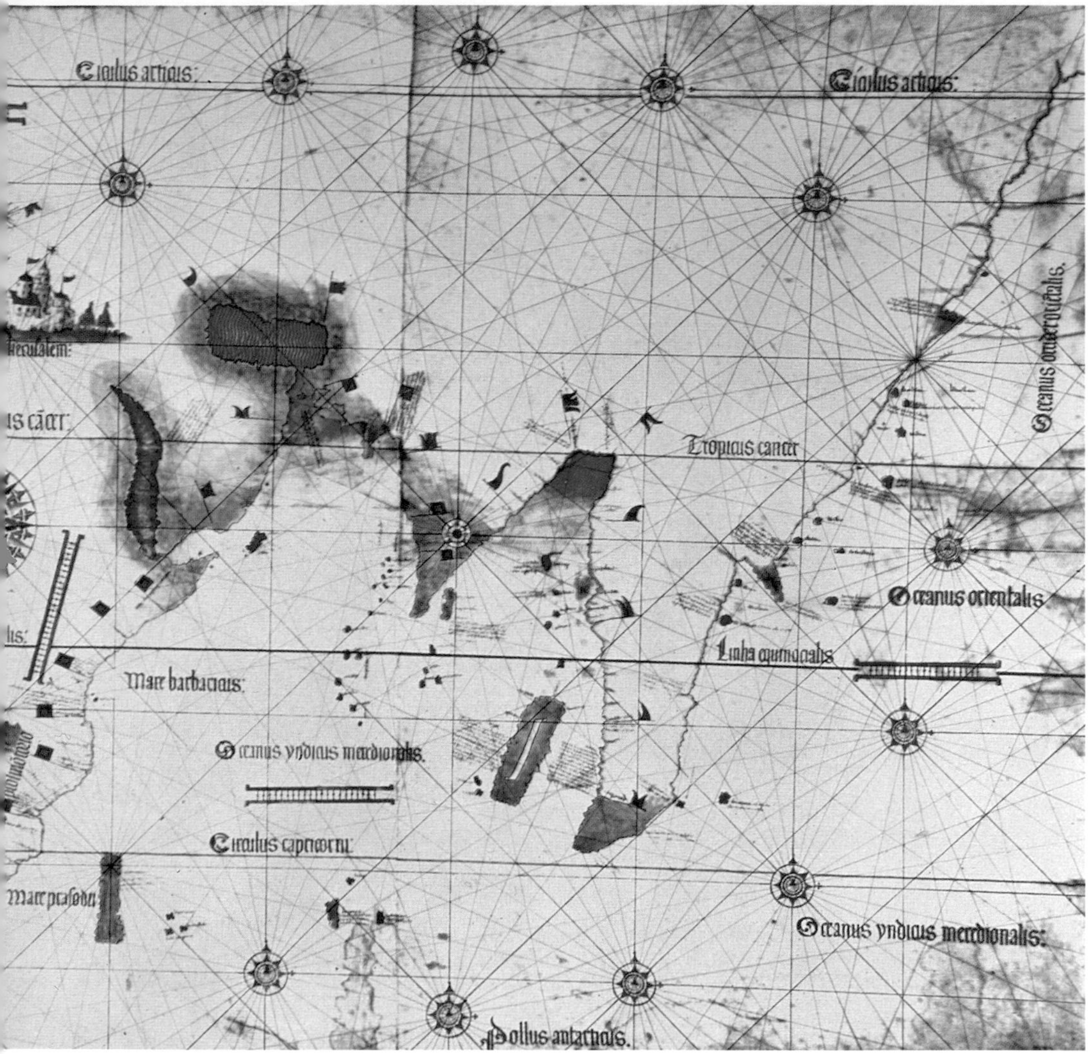
Ciculus articus:
Circulus articus:
Tropicus cancer
Oceanus orientalis:
Linha equinocialis
Mare barbaricus:
Oceanus yndicus meridionalis:
Circulus capricorni:
Mare prasodu
Oceanus yndicus meridionalis:
Pollus antarticus:

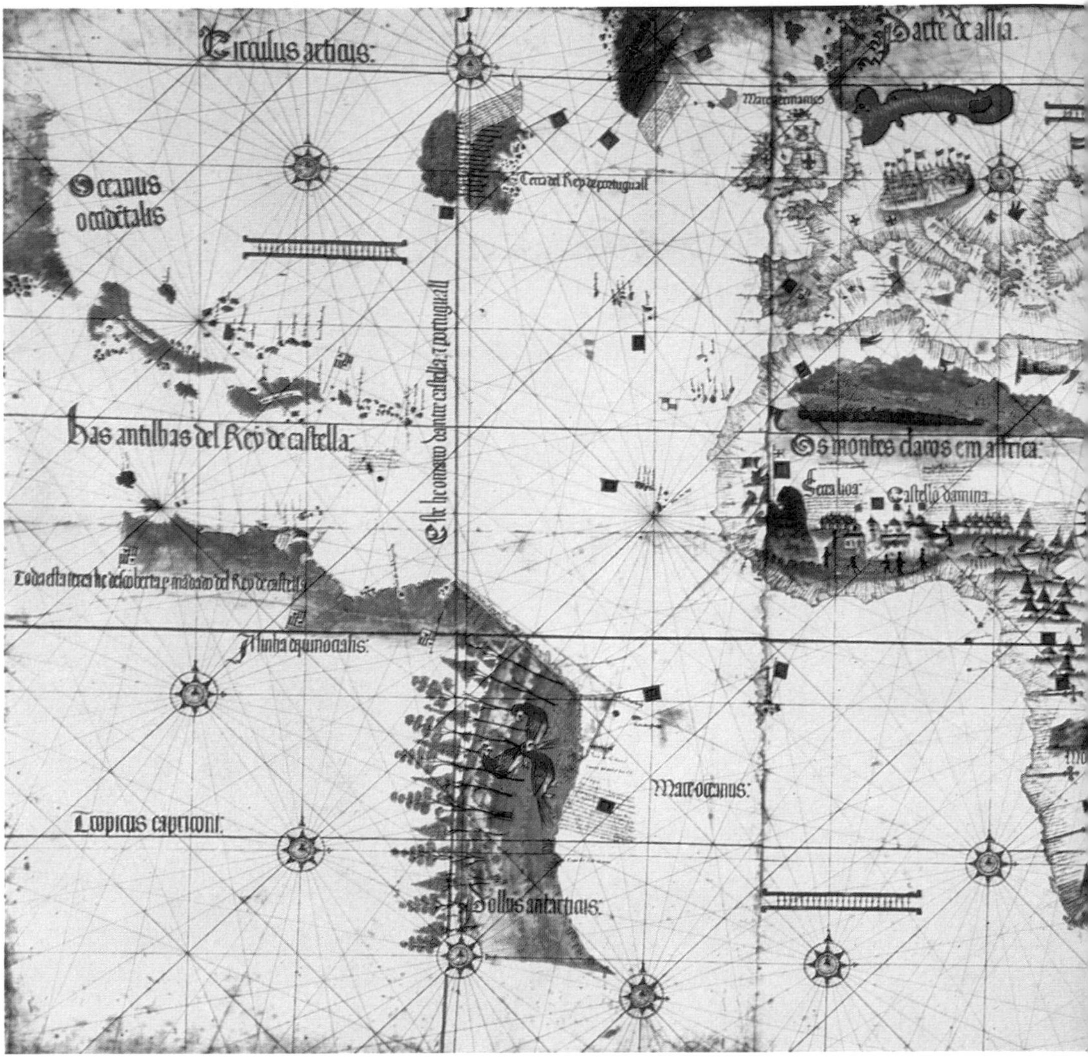

7.《坎迪諾地球平面圖》繪製於葡萄牙，在 1502 年偷渡出境至義大利。由於這張平面圖加入了最新的地理發現，因此代表歐洲人當時對世界認識的頂點。圖上出現 1494 年劃設的托爾德西利亞斯子午線，世界的管轄權以此線劃歸由葡萄牙（子午線以東）與西班牙（子午線以西）掌握。地圖右邊從東南亞南端往東北延伸的海岸線相當簡化，證明製圖者缺乏中國相關的可靠地理知識。

8. 1492 年，馬丁．倍海姆在紐倫堡製作了一個木製地球儀。圖為地球儀的大洋側（東側），圖右為歐洲與北非，圖左為契丹。兩者之間有著廣大的大東洋，而沒有美洲的蹤影。

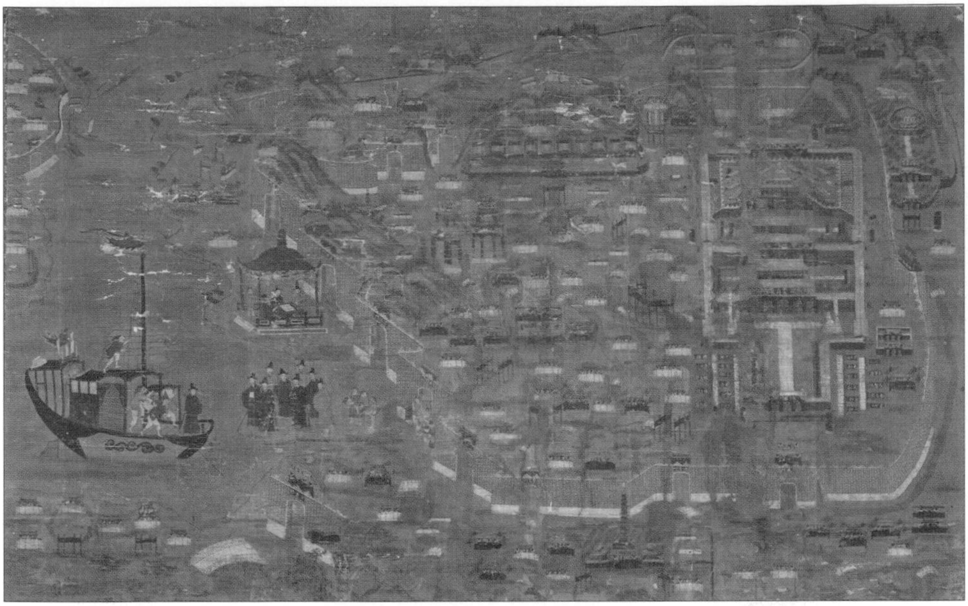

9. 高麗使臣離開南京場景的卷軸畫，約 1410 年代。這份卷軸或許是使臣臨行前，中國東道官員送的紀念品。雖然圖中的南京只是概略，但還是畫了知名的地點：甫完工的大明建國皇帝——朱元璋的皇陵擠在右邊，代表圖上畫的可能是 1410 年代的場景。

P. Matthæus Riccius Macerat. è Soc. Jesu
prim: Chrianæ Fidei in Regno Sinarum
propagator.
Lij Paulus Magnus Sinarum Colaus
Legis Christianæ propagator.

10. 利瑪竇（左）與徐光啟（右），在一座基督教祭壇前擺好姿勢。這是《中國圖說》（*China Illustrata*, 1667）一書的插圖，作者阿塔納修斯·珂雪（Athanasius Kircher）將耶穌會傳教士回報給歐洲的中國相關新知編纂成此書。這張圖的構圖表現出耶穌會士的看法：傳教要成功，則有賴於歐洲人與中國人之間在地位與尊嚴上的平等。

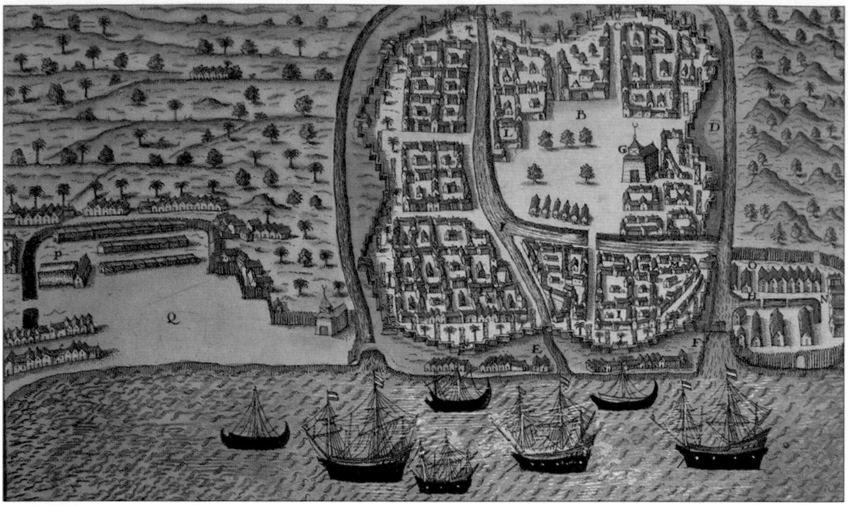

11. 1596 年，荷蘭版畫家巴普蒂斯塔・范多特坎（Baptistra van Doetecum）為揚・哈伊根・范林斯霍滕（Jan Huygen van Linschoten）的《印度遊記》（*Itinerario*），製作了這張萬丹地圖。這一版的地圖可能是書出版幾年之後，單獨印製再手工上色的。此圖採取由北往南，從歐亞船隻下錨的港口看向萬丹城的視角。王城區位於中間。左邊的大廣場與攤位則是大市場。右邊用柵欄圍成的區域，是當局用來讓外國商人（中國與歐洲皆有）隔居的地方。

12. 大明末代皇帝自縊。此景為衛匡國《韃靼戰紀》的插畫家想像之作。這張插圖結合了 1644 年 4 月 25 日早上的兩個瞬間——萬念俱灰的皇帝先是殺了自己的女兒，接著逃到紫禁城外的山丘自縊。此景完全出於想像；完全沒有畫他自縊的中國畫作存世。

13. 這張第七世達賴喇嘛的唐卡，遵循傳統圖像手法，將這名高僧與他的前世銜接起來。觀世音菩薩出現在第七世達賴喇嘛的頭頂上，而釋迦牟尼佛則在他的正上方。他的下方是第三世與第五世達賴喇嘛。右上角的兔子，令觀者想起古代印度民間傳說佛陀曾化身為一隻兔子。

14. 這張高人氣美柔汀版版畫的原圖是 1793 年，法國肖像畫家亨利—皮耶．丹路克斯因法國大革命而流亡倫敦時所繪製的油畫。

15.〈責打之外〉。這張漫畫刊行在 1905 年 9 月 6 日《晨間主導報》，畫的是一名在南非的中國礦工，遭到亨利．普列斯的折磨。由於引發大眾的密切關注，這張圖影響了不列顛選民，在 1906 年的選舉中支持自由黨。

16. 這張圖來自周培鈞（音譯）在北京的畫室所推出的刑罰圖冊，畫的是刑求盜匪以讓他供出同夥的場景，時代約落在 19、20 世紀之交。畫中沒有描繪出血腥的細節。這類圖畫是專為來到中國的歐洲訪客而繪，歐洲人買來當作紀念品，傳回本國，當成中國司法與倫理常態的證明。

此中國外省刑法與京都不同将賊匪拿住
用皮條将賊人手拉起則能取出實言名曰
偏跨

17. 一名年輕人在衙門院子裡遭到刑求的照片，可能是在中國北方，時間在 1900 年之後不久。

18. 報紙上，梁鴻志離開上海受審地點的照片。1946 年 6 月 21 日。

19. 東半球，畫在一張 19 世紀中國海防地圖卷軸的頂端。這張世界地圖是把中國的標準呈現，與歐洲自麥卡托以來的世界平面地圖布局（今稱范德格林滕投影法〔Van der Grinten projection〕）加以重疊。製圖師讓大清國顯得盡可能的大。

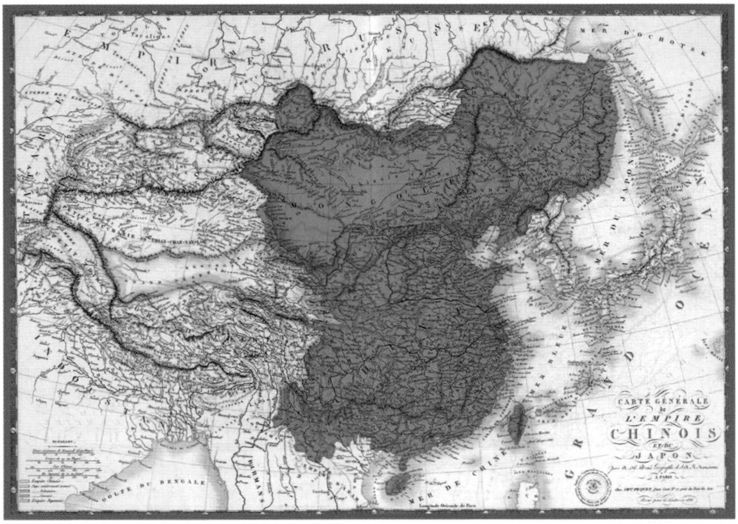

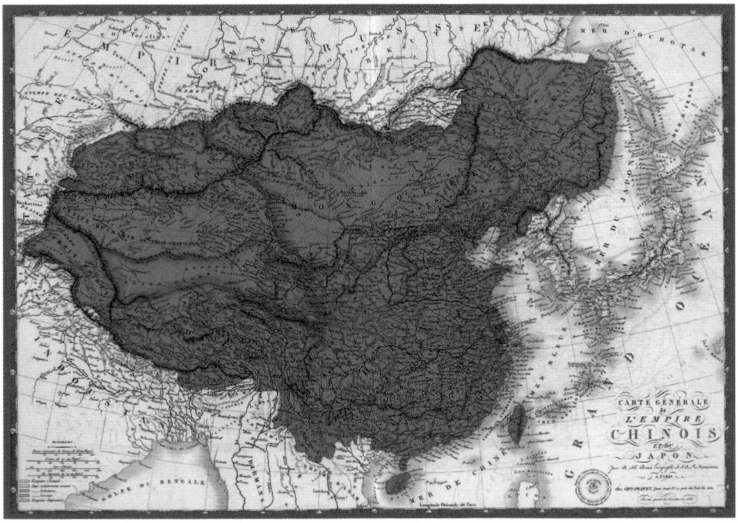

20. 演變：中國在1600年、1700年與1800年的疆域，與阿德里安·布呂(Adrien Brue)的《中華帝國與日本全圖》疊圖而成。這幾張圖與今日的地圖不同，沒有明確畫出國界線，因此這幾張圖只是大致情況，而非大明國與大清國的疆界精確再現。

忽必烈的獵豹

八百年來的中國與世界

Great State

China and the World

Timothy Brook

卜正民——著 馮奕達——譯

獻給菲・西姆斯（Fay Sims）

且讓我錯引安・布拉德斯崔特（Anne Bradstreet）寫給丈夫的詩，
寫於大明國垮臺的一、兩年前，當時的中國仍有異國情調，

若有兩人長相廝守，必是你我。
若有妻為夫所愛，必然是你；

我珍視汝愛甚於整座金山，
甚或東方的所有財富。

天地間有大界限，華處乎內，夷處乎外，各止其所，而天下之理得矣。

——**丘濬**（一四二一—一四九五），引自第五章

東西之通理也。

——**徐光啟**（一五六二—一六三三），引自第八章

目次

推薦序

嶄新的大國圖像

李孝悌（國立中央大學歷史所講座教授）

從《為權力祈禱：佛教與晚明中國士紳社會的形成》一書之後，卜正民教授的著作就開始展現恢宏的視野，逐步將中國史置於全球史的角度下來觀察。《縱樂的困惑：明代的商業與文化》對晚明的富庶和商業的繁盛有超越前人的深入描述，讓我們從歐洲商人前仆後繼地湧入中國，從貿易有無中獲取鉅利的歷史重建中，豁然驚覺原來晚明中國就像當代中國一樣，是一個巨大的商貿市場磁吸機。《維梅爾的帽子》和《塞爾登先生的地圖》則分別追溯了十七世紀中國和荷蘭以及東亞、東南亞地區的海外貿易。

在這本新著《忽必烈的獵豹：八百年來的中國與世界》中，卜正民教授另闢蹊徑，跳脫海外貿易的框架，別具創意地挑選了忽必烈的肖像畫、伊兒汗國的青王妃、瘟疫、朝鮮馬商、海盜、傳教士、喇嘛乃至通敵者等十三個切入點，重新建構出元到民國的大國圖像，以及中國與世界之間的歷史關係。

作者在序言中特別指出本書的兩個基本論點：一，無論是過去或者我們身處的今日，中國向來都是世界的一環。這個觀點可說是卜正民教授這個世代的學者普遍的看法。二，引導今日中華國家的基礎原則，並非確立於秦漢，而是奠定於十三世紀，蒙古併吞中國，建立大元帝國之際。蒙古人打破了中國既有的朝代循環模式，建立了「大國」這個概念。作者在此毫不諱言地表示，「『大國』式的中國」，是一個全新的想法，而這個想法的主要創始人就是作者本人。大元國、大明國、大清國最具體地顯現了這個概念。

由於作者講述的十三個故事或歷史瞬間，大部分跳脫了我們對中國史既有的認識，在開始進行這些探索前，作者擔心我們在這些陌生的疆域中迷失了方向，所以特別強調「本書裡的一切，都是以國家為背景，以國際為脈絡，以全球為範圍」。

就像康熙、乾隆等清朝皇帝更喜歡景色怡人的承德避暑山莊，一年中有半年的時間在此處理政務，接見使節。忽必烈雖然營建了讓馬可．波羅瞠目結舌、讚歎不已的大都北京，但他更喜歡待在他費心營建的上都開平，統治他建立的龐大帝國，並時時擔心占星師預言的南方的叛亂。「忽必烈跨坐長城內外，也跨坐於這種窘境」。長城以南的中國世界，他經歷二十年的戰爭才納入統治。長城以北則是他出生、繼承的世界。對這個「地高、井深、星大」的世界，忽必烈知之甚詳，也鍾愛無比。他不打算放棄這個世界，只端坐在中國的王位上。為了應付兩個世界的鴻溝，決定同時住在兩個世界。每年春天，他帶著所有的高官前往上都，住七個月；接著南返大都，停留五個月。

忽必烈對上都的愛，可以從他的畫師劉貫道掛軸畫上清楚看出。在這一幅新中國的景象中，包括大汗、馬可．波羅、非裔太監、黑人持杖者，沒有半個中國人。蒙古人的征服不僅將這個國家置於外國的控制下，還把世界帶進了中國。作者就從忽必烈這個我們既熟悉、又不太熟悉的帝國大汗開始，把我們帶入一個個陌生的世界圖像中。

大元國除了建立橫跨歐亞的大帝國，也為此後中國政權的行政、制度留下深遠的影響。另一個完全出人意料的全球性影響，則是在一三四六年引爆了席捲歐亞的大瘟疫。占有東歐和中歐的金帳汗國（欽察汗國）為了獲得奢侈品，所以容許與義大利人的貿易。一三四二年，一個義大利商人當街侮辱了一名蒙古貴族。新即位的大汗決定重懲位於黑海河口的義大利貿易口岸，義大利商人逃往克里米亞半島南岸的卡法，蒙古軍隊在一三四四年進行了曠日廢時的圍城戰。兩年後，金帳汗國的士兵開始生病。圍城的士兵毫無預兆地瓦解，病魔每天殺害成千上萬人。但在蒙古人放棄卡法前，他們展開了致命性的報復行動——把屍體放在從中國人學來的攻城投石器上，拋進城裡。鼠疫很快地向歐洲蔓延，時伏時起。

不過我們如果將場景從疫情拉回商貿，從中國本土跳到東南亞，我們看到的是另一個完全不同的全球史圖像。一六〇三年英國商人史考特抵達南中國海域時，葡萄牙人已經占據了中國南海岸的澳門，西班牙人在他們稱之為「菲律賓」的呂宋島馬尼拉擁有據點，荷蘭人則於不久前在萬丹建立基地。一度屬於亞洲內部的貿易體系，至此已經演變成國際貿易體系。萬丹城吸引了來自整個東亞與南亞的商人與勞工，中國人則是最主要的貿易與技術勞工群體。這群來自福建與廣東的移民，控制了幾乎整個對東亞的貿易，並和福建、廣東沿岸的海盜、居民、商人、軍人與官員建立了龐大的網絡體系。

大元朝雖然倏忽即逝，但蒙古強大的軍事力量，一直對明清兩朝構成嚴重的威脅，明朝前期的「北虜」問題，讓明成祖將創建不久的大明帝國首度遷往北京，並五度親征塞外。康熙也三度深入漠北，消滅了心腹大患噶爾丹，並視之為個人曠古未有的功業。

噶爾汗雖然自殺身亡，蒙古的威脅卻未隨之而去。他們轉而利用宗教為媒介，和西藏人建立聯盟。清朝在正式派兵占領西藏前，也試圖用宗教拉攏西藏。順治皇帝首先在北京建立喇嘛廟西黃寺，作為達賴喇嘛在北京的住所。一六四九年，達賴接受清廷的邀請，訪問北京。禮部建議依照章程，以貢使的儀節接見達賴。拉薩方面當然不願意接受這樣的安排，在訪問北京前，先往蒙古各重要地點，強化自己在蒙古之間的影響力。他在一六五二年出發，百姓夾道歡迎，爭睹活佛的面容。一六五三年，達賴終於在北京和年輕十四歲的順治皇帝會面。順治脫稿演出，照滿人而非漢人的章程——世俗統治者必須向他的上師致敬——行事。達賴進殿時，順治從方台上的寶座起身，走下台階，以平等待之。原來的貢使覲見皇帝，變成了觀世音菩薩的化身和文殊師利菩薩的化身的會面。

卜正民教授以他淵博的學識、辛勤梳爬各國史料的功力以及對圖像資料的解讀，述說著一個個精彩的天方夜譚般的故事，為我們編織出一個光彩斑斕的大國與世界的嶄新圖像。

1. 從中國所在位置為天頂的等距離投影圖。

由 Eric Leinberger 所繪。

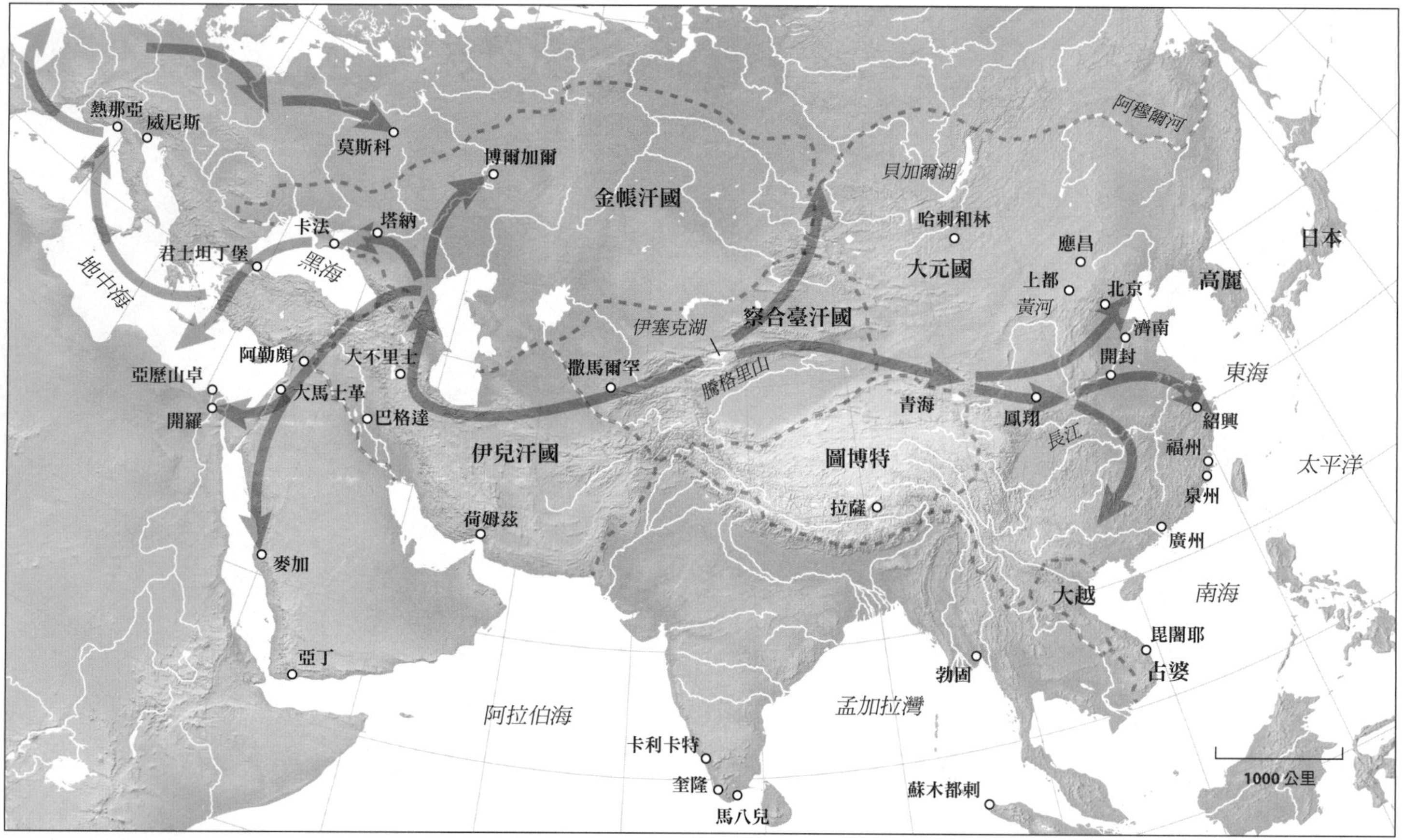

2. 黑死病橫跨歐亞大陸的動線，1330 年代至 1360 年代。

由 Eric Leinberger 所繪。

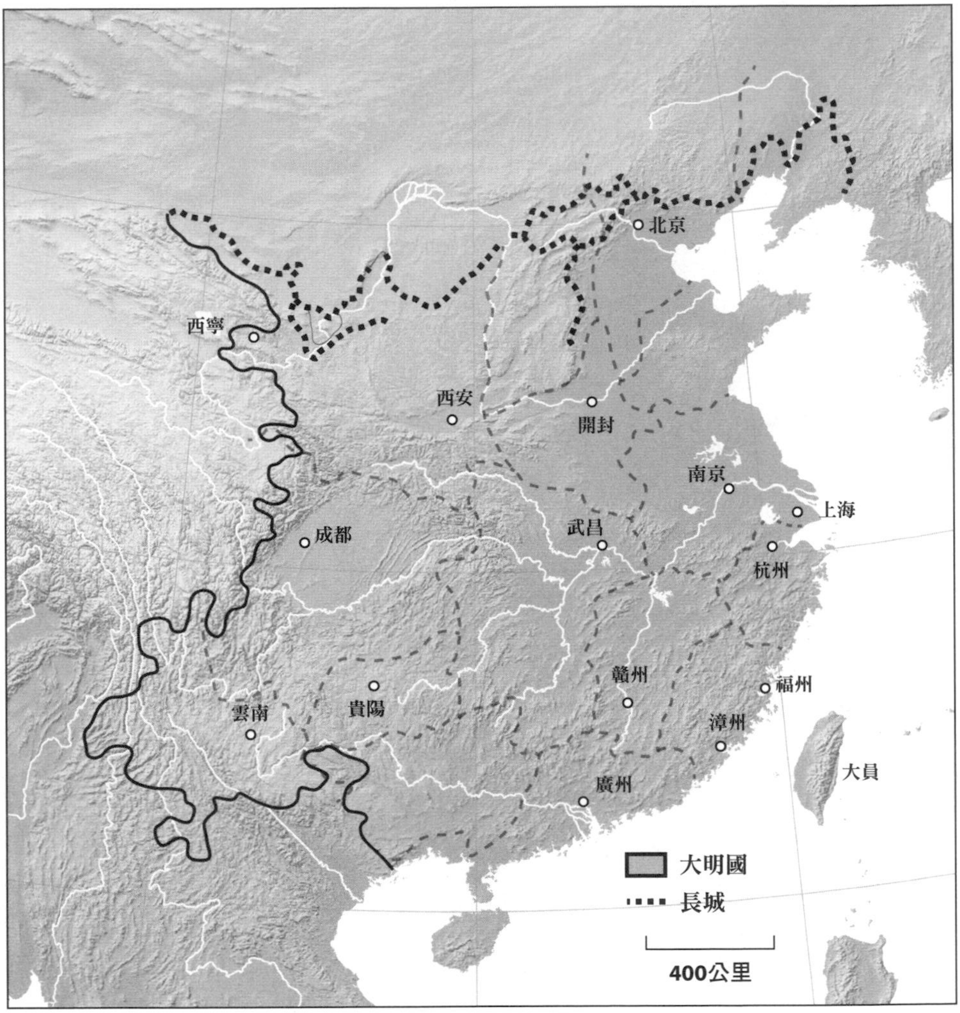

3. 大明國統治的中國。

由 Eric Leinberger 所繪。

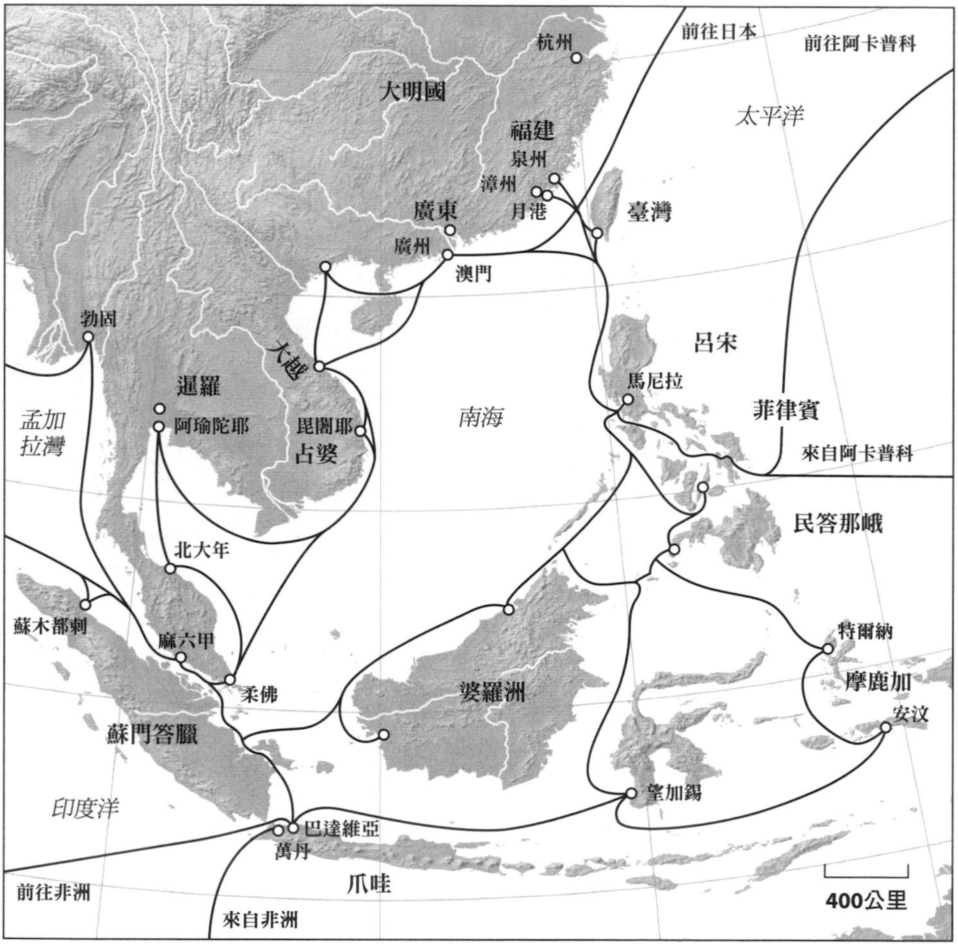

4. 南中國海周邊的海上聯絡路線，約 1604 年。

由 Eric Leinberger 所繪。

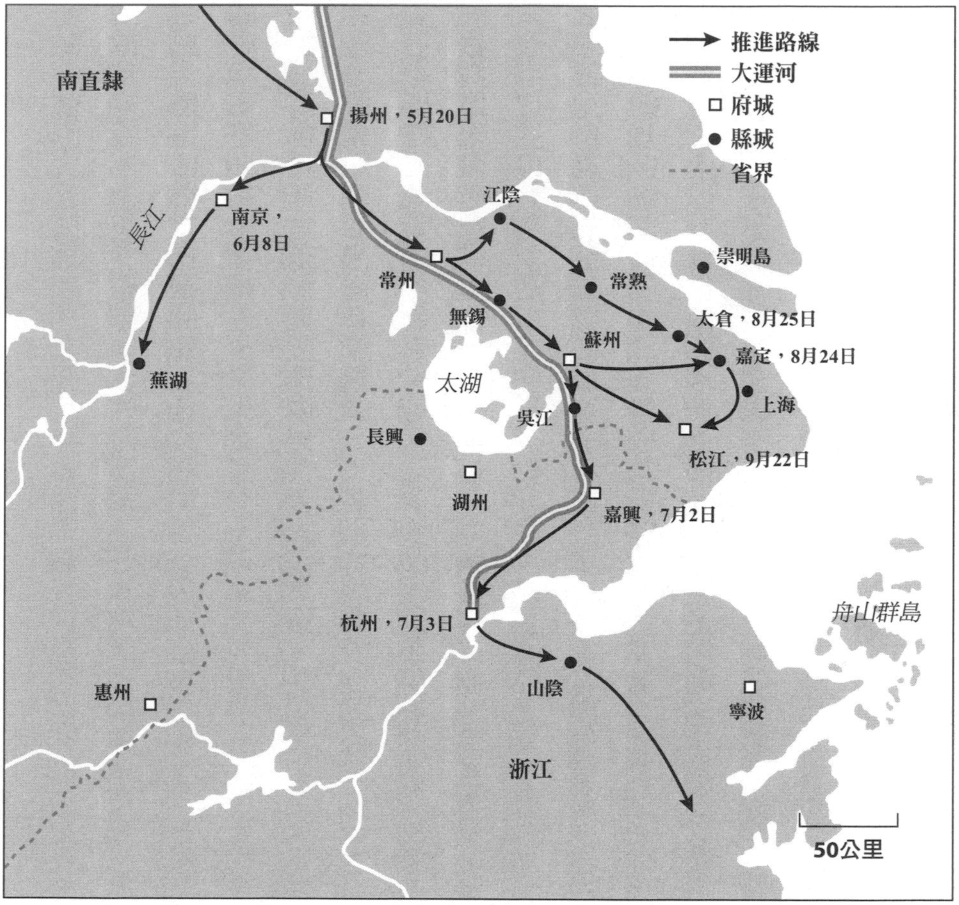

5. 滿人征服長江三角洲的路線，1645 年 5 月至 9 月。

由 Eric Leinberger 所繪。

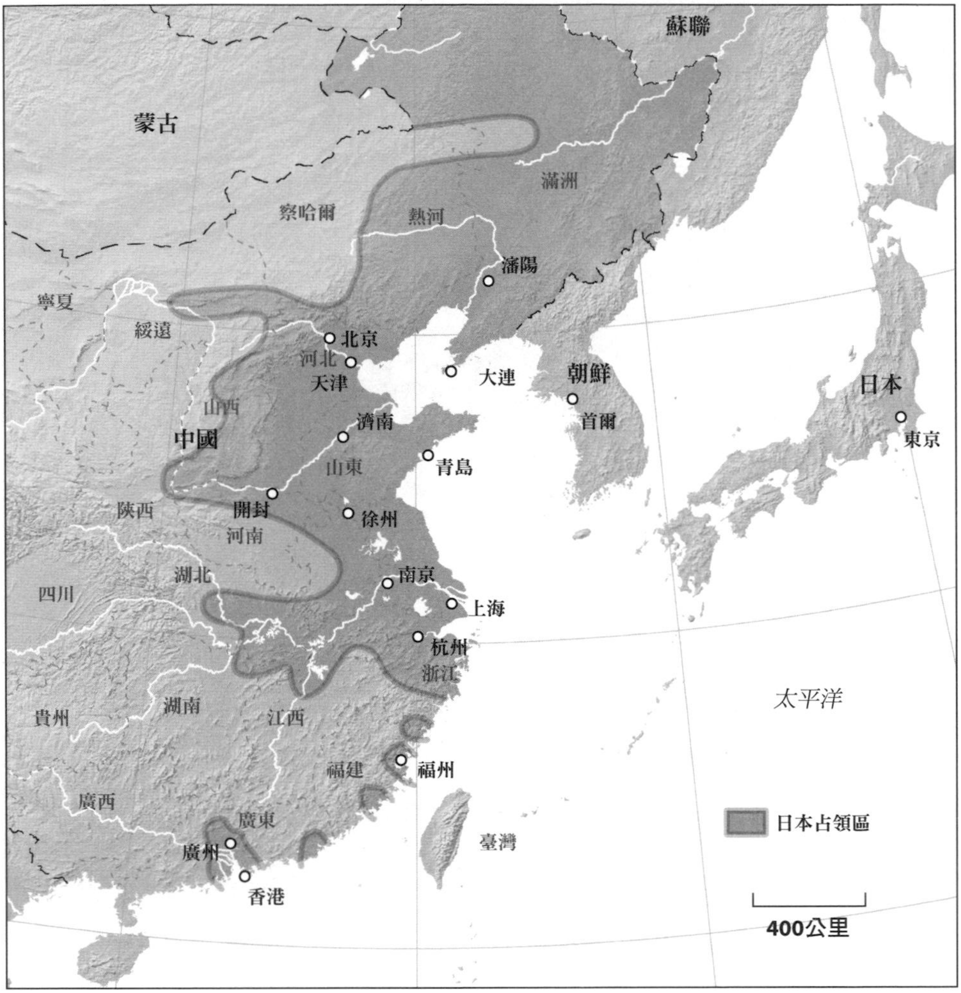

6. 二戰時日本軍事占領中國的範圍，約 1940 年。

由 Eric Leinberger 所繪。

作者序

我實在不是寫大書的料。英國 Profile Books 的發行人安德魯．富蘭克林（Andrew Franklin）提議要我寫這本書，著實讓我心虛。比起郵輪，我還是喜歡小船。可換個角度想，發行人有時候看得出作者的虛實，我只好感謝他讓這份計畫下水，希望託他的福，船能順利浮起來。

我所寫的，並非一部步調笨重的大部頭書籍，並非一個朝代一個朝代，吃力走過八個世紀的中國歷史——至少我希望成品不會這樣。我寧可為一般讀者細細雕琢，談談中國自從十三世紀起置身於世界的模樣，談談這對世界、對中國來說意味著什麼。我組織本書內容的方式，不是細談一個個的恢弘題材，而是寫一系列橫跨七個世紀的十三個瞬間，反映出中國與世界之間的歷史關係重要的——至少是我認為的重要面向。我希望能讓讀者有機會先看看特定的、具體的情勢下發生了什麼事，再請讀者思索今日中國與世界的關係。

有兩項基本觀念，在背後推動著本書的進行。其一是意識到：無論是過去，或是我們所身處的今日，中國向來都是世界的一環。其二則是，引導今日中華國家的基礎原則，並非確立於西元前三世紀末——中國歷史在朝代長河中咸認首度以統一國家之姿浮現的源頭——而是奠定於十三世紀，奠定於中國被蒙古世界併吞的時候。蒙古人的占領帶來深遠的影響，將中國從舊有的朝代模式，轉變成——我沿用蒙古人的說法，稱之為「大國」（Great State）。缺少這個概念，我們就等於缺少從歷史角度理解中國所必需的工具。

如今的中國史學者普遍認可「中國向來與世界密不可分」。採取這條途徑時，我只不過是寫出我這一輩的看法。不過，「『大國』式的中國」（China as a Great state）則是一個新的想法，而且主要出自於我。這個想法的靈感，可以回溯到我的恩師傅禮初（Joseph Fletcher），但引領我跨過那道崁兒，形成這個概念的功勞，則得歸諸於我的同事蘭素倫・蒙赫—額爾德尼（Lhamsuren Munkh-Erdene）。然而，最強大的驅力，還是我自己的經歷所蘊含的分量。我在二十多歲時決定研究中國，為的則是我至今仍無法完全領悟的原因。我想，假如我仔細研究世界的另一端，說不定能讓我更理解我這一端的世界；但當時的中國提出了自己的問題，而我想對此做出回應。過去，中國與世界之間顫顫巍巍的橋梁多半皆已傾頹，我認為有必要加以重建。如今進入二十一世紀，還有兩座橋梁尚待磚瓦。一座將連接「歷史上的中國」與「今天的中國」，另一座則要架在「今天的中國」與日益受到中國擴張姿態所困擾的世界之間。本書將致力於搭建第一座橋，期待與過去的中國切實相遇，能讓我們有更好的視野來理解現在的中國。

在本書寫作的過程中，我請許多友人幫忙提供意見——其實多到恐怕無法一一提及他們的名字。所以，假如你曾經回答過我問的問題，卻沒在下面這串感謝名單中看到自己的名字——畢可思（Robert Bickers）、鞏濤（Jérôme Bourgon）、柏里安（Liam Brockey）、齊慕實（Timothy Cheek）、曹永憲（Cho Young-Hun）、狄宇宙（Nicola di Cosmo）、方駿（Jun Fang）、莫妮卡・格林（Monica Green）、貝絲・哈登（Beth Haddon）、韓明士（Robert Hymes）、亞當・伊茲德別斯基（Adam

Izdebski）、戴安娜・拉瑞（Diana Lary）、鐘鳴旦（Nicolas Standaert）、斯坦西（Nils Stenseth）、理查・楊格（Richard Unger）、范岱克（Paul Van Dyke）與韋棟（Don Wyatt）——請別動氣。

書裡大部分的內容，是二〇一七年至二〇一八年間，我在普林斯頓高等研究院（Institute for Advanced Study, IAS）擔任阿格妮絲・君德與丹尼爾・夏皮羅研究員（Agnes Gund and Daniel Shapiro Member）時所寫的，感謝ＩＡＳ對我的支持。我想特別提到那裡的近代早期研究群成員，他們讀了若干章節的幾個版本：紀堯姆・卡拉法（Guillaume Calafat）、阿莉森・蓋姆斯（Alison Games）、威爾・韓利（Will Hanley）、瑪塔・韓森（Marta Hanson）、盧葦菁、艾琳・羅維（Erin Rowe）、強納森・薩克斯（Jonathan Sachs）、席爾薇亞・賽巴斯提雅妮（Silvia Sebastiani）與張穎。我們得快快再聚首。接下來，我有幸在二〇一九四月前往巴黎，在高等師範學院（École Normale Supérieure）與社會科學高等學院（École des Hautes Études en Sciences Sociales）的研討會發表其中的四章，這得感謝夏洛特・吉夏爾（Charlotte Guichard）與安東妮拉・羅馬洛（Antonella Romano）。書中有部分研究，得到加拿大社會科學與人文研究委員會（Social Sciences and Humanities Research Council）的經費支持，在此致謝。

整趟冒險的背後，是我的經紀人——貝芙莉・斯洛本（Beverley Slopen）的身影。我們共事已超過四分之一個世紀，假如沒有她獨到的鼓勵與實事求是，一再提醒我該為誰寫作，我實在無法想像要如何走過這段漫長的書寫過程。我永遠感謝傳略出版社（Profile）的佩妮・丹尼爾（Penny Daniel），在創作本書的艱鉅任務中始終予以溫暖支持。感謝哈潑柯林斯出版社（HarperCollins）的約拿森・趙（Jonathan Jao）擔任我的分身，在大西洋彼岸熱情出版此書。

倘若本書讀起來流暢，得歸功於我的編輯。二〇一八年夏天，喬治．希波斯（George Sipos）幾乎天天與我合作，把文字修得比原本更好。他的成品如詩，一如我所預期。

至於寫作、思考，以及其他一切的幫助，謝謝你，菲（Fay）。

臺灣版序

很高興您挑了這本書翻閱。我這本書的英文版與法文版，恰好在新冠肺炎疫情爆發前不久出版；說來也巧，因為書裡第三章主題就是十四世紀的全球瘟疫大流行，真是造化弄人。此後，本書還出了西班牙文、義大利文與蒙古文版。如今您拿在手上的這本書是第一本中文版，說不定也將是唯一的版本。雖然有好幾家中國的出版社表示有意出版中文版，但本書把中國歷史拉到十三世紀來談，這種研究取徑是特定政治立場的人所嚥不下去的。

本書特別之處，在於由外而內書寫中國。如此的立論方式，能夠把另一種觀點帶進中國的歷史，將「自說自話」（self-narration）當成一種趣意盎然的歷史人造物，而非某種能用於詮釋、令人信服的歷史事實。本書的立論基礎，是「中國始終都是世界的一部分」。這句話的意思不只是「中國受到周遭環境所影響」，而是世界持續在形塑中國，如果忽略形塑的方式，就不可能理解中國。這種主張並不新鮮，每一種文化的發展都少不了別人。自從「中國」的概念在周代出現以來，中國人就在跟世界互動。其實，正是因為三千年前華北平原周邊環境如此，所謂的「中國」才能出現。的確，所有的歷史經驗都是在地經驗——我自己都是以在地事件、特定事物，乃至於個人對環境的切身觀察，來做為每一本書與每一個章節的開場白——但歷史學家仍必須體認到，事件、事物或個人觀察的意義，取決於事件所發生的背景、事物所成形的脈絡與個人觀察產生的前因後果，而這些來龍去脈之遼闊，遠超過任何人的政治立場所能局限或掌控。有了如此的體會，才能認真看待「中國」與「世界」的過從。

本書從全球角度出發，而書中最具爭議的論點正肇始於此：我主張我們不要再把「中國」當成是始於西元前二二一年、終於一九一一年的大一統帝國；我主張我們不要再把「中國」當成隨著一個又一個世紀、一個又一個朝代複製貼上再生的政權，好像船過水無痕一樣。我在書中反而主張十三世紀蒙古占領中國一事，不僅徹底打亂中國的體質，其影響可說至今仍然能感受到。擾動的關鍵，在於蒙古人改變了中國人設想國家權力的方式。容我用最簡明扼要的方式來解釋這個主張：治國任務不再是對內問政諮議，對外折衝樽俎，而是在中央垂直提高權力，在邊疆大肆擴張，一廂情願追求中國的利益。我在書中用蒙古的「大國」（Great State）概念來把握上述的轉變。早在蒙古占領中國之前，「大國」觀已經在亞洲流傳好幾個世紀了，可一旦蒙古人將之灌注在中國，再想要移除就不容易了。

不諱言，身為漢學家的我，是在自己學術生涯晚期提出這個主張的。數十年來，我這個由外往內看的人在分析中國的歷史道路時，總是選擇去挖掘這道路在世界上的位置，而不是像中國某些史家與政治人物，講陳腔濫調自話當年勇，彷彿走過這一遭的就只有中國人。愈是尋幽，愈能探賾。但我也意識到，本書是在世界歷史上的特定時間點問世的。一九四五年，中國與其他國家以「聯合國」的形式共創世界新秩序。然而過去這十年來，聯合國安理會的三大常任理事國採取的單邊行動，不僅讓人想起十九世紀的大國政治，也嚴重傷害前述的世界秩序。十九世紀的國際政治文化為何會在二十一世紀捲土重來？如今，你我身處的世界不再穩定，甚至難以維繫。對於眼下的世局，

「大國」的理論無法提供一錘定音的解釋。我這老漢學家之所以想請讀者注意這個理論，是因為覺得我們得調集舊有資源，賦予新觀念的靈魂，才能擘劃出比如今世道更好的願景。

想必會有一些華人讀者覺得這種取徑很費解，甚至冒犯了他們所珍視的「中國」概念。我把「大國」概念重新拉回中國歷史，期盼能進一步了解中國是踏上什麼樣的歷史途徑才會走到現狀。老實說，本書其他語種的讀者（蒙古版讀者除外）對於我這樣的主張大惑不解。「大國」概念不僅相當陌生，而且有悖於與幾個世紀以來淵遠流傳、中外串通的標準「長城式中國」概念。請容我給我的臺灣讀者們一點建議：大家只要去讀、去體會我收集起來的故事，再回想有沒有什麼是您原本不知道的事情，這樣就可以了。書裡的每一個故事都充滿意外，光是故事本身就很有意思，足矣。雖然足矣，但我最後還是要提醒各位，中國與世界之大，遠超過我們任何人所能遍知，而國家力量也已成長到遠遠超出確保民眾福祉所必須的程度，史學因此無比重要。史學讓過去的經驗能為今所用，助人明瞭世局的現在進行式，盼人心能日漸澄澈。

緒論

萬國

溫哥華，二〇一九年

我服務於不列顛哥倫比亞大學（University of British Columbia, UBC）。幾年前，一位躊躇滿志的UBC研究生到亞洲圖書館（Asian Library）的地理書區好奇轉轉。那兒有個二十世紀的精裝紙盒，他在紙盒裡找到一張折得整整齊齊、來自明朝（一三六八—一六四四）的壁掛中國地圖。攤開一看，這張地圖大得出奇——左右寬四英尺，上下長四點五英尺（見圖1）。嚴格來說，這張地圖並未佚失。紙盒上有索書號，藏書目錄中也有一條不完整的書目，而且東西就開架擺著，任誰都能取閱，只不過以前沒人這麼做。這張地圖在當時只是尋常物品。你用買個鍋子的價格，或是用兩磅高級菲律賓菸草就能換到這張圖。如今，這張地圖可是能以天價賣出，難怪當這名研究生把地圖拿給館員看，她立刻把東西從開架區下架，鎖進珍本藏書室。

這張地圖有明代工藝的典型外貌。圖上把中國塞進矩形，帶有天圓地方的涵義，長城則沿著北疆，把中國囊括其中。但這究竟是一張什麼地圖？我們看到這張圖，會認為是中國地圖，但明代人卻有不同的看法——這不是中國地圖，而是世界地圖。他們稱這種地圖為「華夷圖」。畫在海上的框格描述著從朝鮮、日本、汶萊到麻六甲等異國地方，位於長城以北荒地上的文字方塊則解釋了契丹人、女真人、蒙古人、突厥人與吐蕃人為何許人也。四個世紀之前，這就是人們心目中的世界地圖——精確來說，是「世界中的中國」地圖。

可是，我愈細看這張地圖，這張地圖就變得愈神祕莫測，難以捉摸。左下角的版權說明聲稱這張地圖印於南京——明朝的陪都與出版重鎮，由季名臺在癸未年所付梓。中國的干支紀年每六十年一個循環，干支前通常會加上當時皇帝的年號，以區別這一個癸未年與下一個癸未年。這張地圖的布局讓我想起，我曾經看過一張非常相似的地圖，也是在同一座城出版，年代則是一五九三年。於是我推論，這張圖的癸未年若非萬曆年間的癸未年（一五八三年），就是六十年後崇禎年間的癸未年（一六四三年）。後來我追到哈佛大學的哈佛燕京圖書館（Harvard-Yenching Library），館內所藏的一份複本，上面印了完整的年代：崇禎癸未年。年分就此確定：一六四三年。

我想到的那張一五九三年地圖，是溫哥華這張地圖的雛型。那張地圖也是大型牆掛地圖，是由一位名叫梁輈的老師所繪。該圖在一九八八年的蘇富比拍賣中現身，接著立刻消失在私人藏家手中，但它在公共領域中的時間足以讓人拍攝照片，流傳於學界。我之所以能確定這兩張地圖之間的關係，是因為它們有一樣的副標題：「古今人物事跡」。這種誇大的語調聽起來比較像是廣告詞，而非真實的描述。正是這種措辭，透露出兩者必然有個共同的源頭，至少是互相影響。不過，兩者的主標題並不相同。在溫哥華的地圖名叫《九州分野輿圖》。「九州」與「分野」這兩個詞相當復古，總結古代中國的地理觀念。一五九三年的地圖則有不同的名稱——《乾坤萬國全圖》。不像那張一六四三年地圖，一五九三年地圖的標題表示這是一張世界地圖——這實在令人嘖嘖稱奇，畢竟明朝對於百姓接觸中國邊界以外的行為時弛時禁。這幾張地圖在我們眼裡實在不像世界地圖，但圖上所汲取的外國知識著實不少。關於這一點，一五九三年地圖有明確的跡象——標有北極點的北冰洋首度出現，可惜季名臺在繪製他那版的地圖時遺落了這些細節。

梁輈在他那張地圖頂端印製的文字中，表明自己製圖時加入的新內容，是來自一部不久前在南京初刻於石碑上的六幅世界地圖，人人都能參照。梁輈聲明，「始知乾坤所包最鉅」，而這部巨作的作者，則是他口中的「西泰子」。梁輈不曉得此人之名，但我們曉得。此君就是一五八三年來華的利瑪竇（Matteo Ricci），他是第二位來華的耶穌會傳教士，也是本書第八章的其中一位角色。然而，梁輈此處的故事確有可疑之處，因為利瑪竇直到一五九九年才搬到南京，比梁輈印在《乾坤萬國全圖》上的年分還晚了六年。

但這些年分的順序怎麼會錯亂？我認為最可能的情況是，梁輈的出版年分是信口胡謅的。沒錯，這張一五九三年的地圖確實得到利瑪竇一五九九年地圖的啟發，因為前者根本不是一五九三年印製的。梁輈之所以把自己的地圖上溯到一五九三年，是為了隱藏一個事實，讓人無從發覺，歷來似乎也確實沒有人注意到：他侵犯了別人的版權。事件的順序想必如下所述：一五九九年或一六〇〇年，利瑪竇的地圖張貼在南京某個人人都看得到的地方；一位可能名叫梁輈的製圖師，擷取利瑪竇地圖中的元素，製作了修正版的明代標準形式世界地圖；接著某個人沿用了梁輈的名諱，剽竊他的地圖為己用，在刊印年分上動手腳來遮掩自己的行徑。我們恐怕永遠找不到利瑪竇與梁輈之間失落的環節，畢竟明朝在一六四四年滅亡時，許多這個時代的地圖都毀於一旦。梁輈的地圖上還有一手傑出的惡作劇。地圖左下角出版資訊欄位有著古怪的留白，只直截了當警告：「不准翻印」！

總之，梁輈是個盜印者，但我很快發現他不是故事裡唯一的小偷。回想一下溫哥華地圖上，那個年分「癸未」是不完整的。不完整的可能原因跟時節有關。王朝更迭的其中一個影響，就是前一個朝代的地圖會遭禁。清兵於一六四五年六月攻陷南京城，此後在南京城一旦擁有或印製明代地圖，就是對前朝效忠，等於叛國。刊印地圖的人必須選擇毀了自己的木刻版，或是設法改動，除去任何一絲有明的痕跡。「癸未」前的空白，恐怕暗示著季名臺竄改了木刻版，如此一來，他才能在一六四五年之後繼續印他的地圖。

然而，等到我深入研究這張地圖，上面這段言之成理的故事也隨之崩解。當我注意到哈佛複本上「明臺」的「明」字不是同一個字的時候，UBC地圖的真實性也開始解體。季先生的名字，從哈佛地圖的「明臺」，變成溫哥華地圖的「名臺」。把中間這個「ㄇㄧㄥˊ」（「明」與「名」完全同音）換掉，就像是開一間快閃咖啡店，掛的牌子寫著「星吧克」，消費者不注意的話大概就不會留意到。我一有機會能詳細比較兩張地圖，就發現溫哥華的這張地圖其實是哈佛那張地圖的草率複製品。我那張季名臺地圖，不是真正的季明臺之手筆。跟梁輈的事情如出一轍（假如真有「梁輈」此人的話，那就是某個冒充梁輈的人），我這位製圖師也犯了盜版的罪。

揪出這些騙子還挺好玩的，不過，雖然他們的行為證明當時的世界地圖市場多麼火熱，但這完全不是我們的目的。重點是，這些在明中國的最後半個世紀間成為「中國」地圖定本的內容，其祖上還包括了一位義大利人。事情不僅如此。梁輈（或是假冒梁輈之人）在那張「一五九三年」地圖頂上的文字欄裡表示，西泰子的地圖是來自某位「歐羅巴氏」。（「Europa」很難轉成中文的音節。）梁輈叫不出這位「歐羅巴氏」的名字，但我們可以。此君是十六世紀安特衛普（Antwerp）的製圖界巨擘，亞伯拉罕·奧特留斯（Abraham Ortelius）——他在一五七〇年發表的《地球全圖》（*Typus orbis terrarum*），是歐洲第一部地圖集。利瑪竇意識到，歐洲人製作的地圖具有扭轉中國人世界觀的潛力，於是他寫信給以前的老師——如今成為耶穌會總會長的克勞迪歐·阿夸維瓦（Claudio Acquaviva），請他寄給自己一份世界地圖。耶穌會在安特衛普的關係良好，阿夸維瓦輕鬆弄來一份地圖複本，寄到中國，讓利瑪竇為中國友人重新繪製。

至此，我們得出一份能上溯四代人的族譜，從我當地的大學圖書館往回依序是：季名臺的《九州分野輿圖》，梁輈的《乾坤萬國全圖》，刻在南京石碑上的利瑪竇地圖，最後是奧特留斯的《地球全圖》。兩個中國人，兩個歐洲人：世界大同！

萬國

利瑪竇給自己這張地圖取名為《坤輿萬國全圖》。「世界由萬國組成」的這種想法，並非出自他的發明。他從古代的卜筮經典《易經》中找來這個數字。《易經》成書於三千年前小國林立的青銅器時代，當時沒有任何可以稱之為「中國」的統一政體，而統治者的目標在於「首出庶物，萬國咸寧」。隨著某些國家掌握了足夠的資源與人力，足以摧毀鄰國之後，列國並存的情勢也於焉改變。邁入西元前三世紀之後，「古有萬國，今有十數焉」成為常態。等到離開這個世紀時，上述十數個國家全都滅亡了，僅餘一國——秦國（英文中「China」的字源）。直到秦國統治者在西元前二二一年一掃華北平原各國，推進長江流域之後，「萬國」的典範才就此消失。建立秦朝的皇帝（自稱秦始皇）正式宣布他和他的後代將統全天下為一國，千秋萬世。萬國的時代結束了。中國的單一大國之姿就此開始，至今猶是。

事實證明，這個新模式的虛構成分不亞於現實成分。每有新王朝征服前朝，國家就崩潰一次。秦創下最差的紀錄，不到十五年就瓦解。接下來一千五百多年，中國碎裂為許多小國的時間，就跟統一的時間一樣長。儘管事實上朝代一而再、再而三地瓦解，但或許也正是因為如此，統一的理念才會站穩腳跟，成為政治理想。每一次瓦解，逐鹿天下之人都夢想將歐亞大陸的東緣再度組成單一國度。有些歐洲統治者也懷抱相同的夢想，他們遙想羅馬帝國，思量自己能否在這輩子將之重建。但這個怪夢每一回嘗試都會夢醒，從未成為常態。即便歐洲與中國大致維持相同人口（一六〇〇年時約一億兩千萬人），面積也大致相同（一千萬平方公里），歐洲卻始終是小國構成的拼圖，而中國則一再統一為單一國家。

利瑪竇就來自那個拼圖世界——從來不到萬國，但一度也有數百。身為傳教士，他的任務是前往一個大不相同的世界，說服百姓放棄自己最根本的信念，轉而擁抱完全不同的歐洲基督信仰典範與儀軌。試想，一旦認定自己本身是由哪些事物所界定之後，大部分人都會緊抓不放。傳教士的要求之驚奇由此可見一斑。利瑪竇希望，講道理說不定就夠了，但他還需要證據。來華的第一年，他就開始繪製世界地圖，供登門拜訪的人一看。他希望來人一眼看到他來自哪裡，但更希望他們了解：還有其他能建構世界的方式，還有其他想像生命、死亡與救贖的可能性——而他知曉這一切時所使用的方法，比來人的方法更能站穩事實的腳跟。傳統的宇宙觀把中國置於世界中心，將其餘所有文化降格為邊緣，從文明滑落到茹毛飲血的程度，也因此不會有什麼好東西。利瑪竇必須把傳統觀點擠下寶座。一張「反映真實」的世界圖像，豈不是最能匡正視聽，吸引他們改變原本行為的道具？正因為如此，利瑪竇便在地圖的名稱上援引「萬國」一詞，以期能說服中國人：國家的數量遠比他們的哲學中所想像得更多，而且文明程度不亞於中國。季明臺還沒準備好擁抱這整套觀點，因此將「萬國」從地圖中去除，但梁輈心服口服，其他人也是。這種觀點盛行起來，「萬國」一詞逐漸成為中國人與日本人稱呼「世界」的定語，直到二十世紀之交。即便如此，「一國」與「萬國」之間的緊張關係依舊存在——而且將與我在本書中講述的所有故事交織在一起。

「大國」

根據傳統中國史的說法，中國是在西元前二二一年成為那個「一國」。在本書中，我打算用不同的方式講述這段歷史。如果回到兩千多年前的過去，會讓我們與眼下的情況距離太遙遠，反而讓真正具有影響力的事物被形式上的元素所掩蓋，至少對我來說，那些元素頂多只是象徵而已。國家數量由多而一的轉變固然是道重要的門檻，但我認為更有效的做法，是把注意力擺在更晚近的轉變——在十三世紀的那一刻，來回於一統國度與分裂王國之間的王朝擺盪或多或少就此畫下了句點，中國則遭到蒙古成吉思汗的後裔所占領。這場第二次大一統之後，中國等於變成完全不同的國家。毋庸置疑，唐、宋兩代的光輝遠比蒙古入侵好看，而這兩個遙遠朝代的遺產至今仍影響著中國文化。但若讓歷史學家就長期而論，今日的中國更像是蒙古時代的後繼者，而非秦代的傳人。有些讀者不會同意我的看法，但你不需要同意，也能享受我在本書中所講的故事，或是掌握這幾段故事銜接而成的變化軌跡。

對中國史領域而言，我講這段新故事時不可或缺的概念——「大國」——並不尋常。「大國」是一種內亞的概念。今天的中國人不會認同這種說法，接受就更別提了。但是，自從忽必烈汗的時代以來，這個概念對中國政治思想一直有巨大的影響。一二七〇年代之前的中國是個王朝國家，一家獨占政權核心，畢竟理論上是上天將排外的統治權力賜予這家人。隨著蒙古人的到來，人們所深信的概念也發生轉變——這種「天賜」蘊含了一種權力，讓這家人有權將整個世界納入其發號施令的範圍，將所有既存政體賦予統治者，讓他們收入一套軍事實力至上的體系。這就是「大國」，就是中國成為的模樣。

「大國」的概念出現得很晚，是成吉思在一二〇六年成為蒙古大汗之後那幾年才浮上水面的。這個詞在蒙古語中讀作「也克兀魯思」（yeke ulus），「也克」是「大」，而「兀魯思」是「國」。當眾人奉成吉思為「蒙古國」（Mongqol ulus）的統治者時，他便開始打造一種更大的新政體，將鐵騎踩在底下的土地吸收進來。根據研究，將這個稱呼推薦給蒙古人的，是大金國的舊官員。大金是女真人的政體，十二世紀時統治著中國北方，在蒙古崛起的過程中遭到摧毀。新的蒙古政體人稱「也克蒙古兀魯思」——大蒙古國。「大國」的概念表明了政權領土的疆界絕非與生俱來，身為統治者的目標就是透過征服來擴張領土。英語中常常將這個新政體稱為蒙古帝國，但我傾向於堅守蒙語詞彙，以免把這段歷史轉變與歐洲的帝國經驗混為一談。兩者也許是同一回事，但你得證明。

並非每一位十三世紀之後的中國統治者都能於征服有成，但此後的每一位統治者都宣稱其政權為「大國」。忽必烈汗在一二七一年便是如此，他對他的中國子民宣布自己建立了「大元」，也就是大元國。當朱元璋在一三六八年宣布建立「大明」，亦即大明國時，也是一樣的做法。皇太極在一六三六年依樣畫葫蘆，這位滿州大汗宣布成立「大清」——大清國，接著在一六四四年併吞大明。直到一九一二年民國（英文中通常譯為「共和國」）成立，中國才停止採用這種「大國」的命名方式——但「大國」仍然存在於韓國，這跟日本帝國主義之遺緒有錯綜複雜的歷史因素。從字面上看，南韓的正式國名——「大韓民國」，就是「大韓共和國」。

本書不是中國政治史，但我發現我得用「大國」的概念，才能為我所說的故事提供架構，談中國人與非中國人之間在過去八個世紀中形成的關係。「大國」的君主與生俱來有權將全天下視為潛在領土：領土範圍內的人必須唯命是從，範圍外的人則必須歸順聽話。這個概念非常重要，畢竟對於那些必須效忠「大國」的人，以及那些從範圍外進入「大國」的人來說，這都是基本事實。「大國」

提供了象徵性空間結構，讓中國人與非中國人互動其中。「大國」為他們想像自己是何許人也的方式增色，為他們所呼吸的道德空氣添上一抹暗香。「知道自己是中國人」，代表你知道自己站在「大國」的寶蓋之下。在第五章裡，一群海盜打劫遭遇船難的朝鮮人，搶走他們僅存的財物。即便是這些海盜，也誇口自己是「大國」的子民（當時統治的其實是大明，只是他們搞錯時代，宣稱自己是大唐子民）。如此一來，在中國沿岸行船的外國人才知道情況，才懂得害怕。

娓娓道來

發生在本書裡的一切，都是以國家為背景，以國際為脈絡，以全球為範圍。然而，為了講述這些故事，我選擇盡可能聚焦於發生在特定地方環境中，聚焦於發生在真實人物身上的事情，例如一四八八年二月時，停泊在浙江外海的船上所發生的事件。我支持讀者廣泛思索中國跟世界的關係，以及歷史如何形塑現今，至於要多廣泛則由各位決定。我的任務是提供各位十三段故事，讓你們能用來擘劃更全面的故事（見地圖1）。與其要讀者沿著七個半世紀的中國史康莊大道列隊前進，我寧可提供一系列近距離的人物肖像——有些是中國人，有些不是中國人——以實例說明世界對中國來說要緊在哪兒，中國對世界來說又要緊在哪兒，以及中國一路走來如何置身於世界，進而指出這一切如何左右那些身處中國與世界之間的人，左右他們因應兩者之間的張力，並理解自己生命的方式。

因此，書中並非所有角色都是中國人。其實在前三章的內容裡（時間斷限落在中國朝代年表上所說的元代〔一二七一—一三六八〕），中國人的數量還沒有非中國人多。第一章的主題是一個蒙古人——忽必烈汗，也就是把中國納入大蒙古國的統治者。觀察忽必烈的行動，讓我們有機會想像蒙古人植入中國的政治制度具備什麼樣的本質，而中國後來的歷史又如何流瀉其中。進入第二章，我們把目光從陸地轉投海洋，深入了解蒙古人為了主宰中國以外的海上世界所做的嘗試。為此，我們將追溯馬可・波羅（Marco Polo）的航程——他以隨員身分，陪伴一位蒙古公主前往波斯，並且在旅程的最後返回故鄉威尼斯。在第三章，我們要眼觀整個歐亞大陸，重新探討一個老問題——一三四〇年代橫掃中東與歐洲的黑死病，是否也對中國帶來打擊？假如是，那麼對於中國在世界上的面貌，這件事又揭露了什麼呢？歐洲人與蒙古人霸占了這一章的篇幅，原因主要在於以這場瘟疫為主題的中國史研究，仍有待來人撰寫。

本書的下一個部分，將帶我們進入大明國的時代（一三六八－一六四四）。第四章重新探討第二章提到的若干議題，細查明朝的第三代皇帝如何仿效他的元朝前輩，居然在一個世紀後派遣大艦隊，沿著與馬可・波羅雷同的路線涉足印度洋。這段故事的主角是三寶太監鄭和。有些人推崇他是中國的克里斯多夫・哥倫布（Christopher Columbus），但這種相提並論卻會讓人忽略鄭和下西洋的特殊之處。第五章同樣以海洋開篇，不過不是印度洋，而是中國沿海——一群朝鮮人遇風偏離了航線，發現自己非得和形形色色、從海盜到地方官的中國人打交道，而且還不時遭到直接威脅。這一章的背景是一四八八年，大明國的政策不久後便從明初皇帝的雄心壯志，轉變為強化中外邊防的焦慮方針——個人層面與國家層面皆然。這一章還要調查當時銜接朝鮮與中國經濟體的馬匹貿易。

與中國接壤，代表朝鮮人早已有數個世紀的經驗，能應對跟老大哥之間的關係，曉得如何採取官方或私人立場，小心翼翼地打交道。但歐洲人沒有這種經驗。第六章就是要精確再現中外關係伊始時的歐洲人：葡萄牙人此時抵達中國南海岸，試圖與中國官員協商出一套能順利運作的關係，只是不果。第七章轉而談歐洲人如何在中國之外的爪哇島適應中國。中國人與英格蘭人在爪哇首度和彼此打交道，當雙方試圖為了致富而以鄰為壑時，互動也急轉直下，釀成暴力事件。第八章以相當不同的方式探討這種關係——來自歐洲文化與中國文化中的個人，發現他們必須認識彼此，於是在彼此之間耕耘出知識的風土，而本章就要探索這片土壤。我們將看到利瑪竇以及其他耶穌會傳教士，費盡心思讓他們的宗教順應中國的情境。但是，唯有中國人願意大幅讓步，讓傳教士了解該怎麼做時，傳教才能有成。

一六四四年至一六四五年間，明朝倒在滿人的面前。第九章以幾個中國人的日記為題材，詳述他們內心大駭，眼看滿人入侵，大清國漸次往南推進，占領其國土的震撼經歷。就算「大國」的政治特色曾一度在明代晚期的皇帝統治下減弱，此時也重新在滿人的統治下復歸，而且程度更甚以往。這場征服對中國意味著什麼？在一六四五年還看不清楚，不過當時人人都在回顧蒙古的占領，自忖能否以史為鑑，得知自己將經歷什麼，又該有什麼期待。

身為外人，滿人需要有人幫忙，才能讓與之競爭的內亞民族順服。第十章帶領我們前往一七一九年，位於滿人勢力範圍邊緣——青海的一座佛寺。大清皇子與第七世達賴喇嘛在此磋商來年大清國入侵西藏的方式。入侵的目的在於將蒙古人逐出西藏，但滿人的占領也導致一系列的事件，對中國在內亞政局的位置帶來決定性的影響，甚至造成今日中華人民共和國與西藏之間困難關係的無解脈絡。

在第十一章，我們將從陸地回到海洋，跟著一名想在廣州做生意的瑞士商人，回顧中國與西方關係的緩慢開展。一七九〇年代，來華的歐洲人仍然需要大清國。到了十九世紀中葉，中外關係隨著清朝地位的低落而翻轉，外國人則信心滿滿，來來去去。這種翻轉的其中一個結果，就是苦力出口不列顛帝國。第十二章重建一九〇五年時，一位身陷南非苦力買賣的無名中國人遭遇的不幸，以及那位虐待他的荷蘭人。但中國仍具有足夠的分量——上述事件以一種相當迂迴的方式，幫助自由黨在同年年底的大選中掌握政權，溫斯頓・邱吉爾（Winston Churchill）也因此以殖民地事務部次官的身分進入內閣。

大清國在六年後瓦解，新一代的中國軍人與知識分子走向臺前，從滿人手中奪取政權，以中華民國（一九一二—一九四九）取代大清國。他們滿心認為漫長的外族占領史——先是蒙古人，後是滿人——終於結束，但事實並非如此。二十年後，大日本國首度武裝襲擊中國大陸，並在一九三七年發動軍事入侵，占領北平與上海，朝著第二次世界大戰邁出頭幾步。中國再度遭到外國人占領。第十三章帶我們前往占領結束的一年後，探討一位中國政治人物的叛國審判。選擇與日方合作的此君，發現自己在歷史上站錯了邊。

中華人民共和國在一九四九年成立，誓言絕不允許外國征服者再度入侵中國。這段時期超出了本書的探討範圍，但我會在尾聲反思特定的情況——它們一脈相承、延續到你我身處的這個世紀。

「這是什麼地方？」

如何縮小中國人與外國人習慣在彼此之間保持的距離？這不僅是我的關懷，也帶領我走過這個課題。當然，有許多差異處讓中國有別於外界。如果談中國時不談差異，就沒有意義。但是我了解到，相較於指出分歧，尋求溝通的橋梁能讓我們得到更多的認識。尤其目前世界各國多半以懷疑的態度緊盯中國的每一步，異中求同也就更形重要。

兩造的關係並非始終如此對立。法國哲學家伏爾泰（Voltaire）便提醒同時代的人，「那些小國以為真理只屬於它們，而中國這個大帝國則是錯的，這簡直是人心之恥」——他話中的「小國」，就是歐洲國家。伏爾泰發表這番意見時，正值歐洲人對全世界、對彼此愈來愈好鬥的時代，而他想為了寬容的態度做出最後一搏。當歐洲勢力擴張，大清力量衰弱時，輿論的風向也隨之改變。一八一八年，英格蘭浪漫派文學家托馬斯·德昆西（Thomas de Quincey）在鴉片藥效的影響之下——不列顛將印度鴉片運往中國時，並未料到吸食的習慣會傳回本國——寫出他的《英格蘭鴉片吸食者的自白》（*Confessions of an English Opium-Eater*）。他在書中提到自己擔心「被流放到亞洲環境中。我不知道在這一點上，其他人會不會跟我有同感；但我時常在想，假如我被迫離開英格蘭，到中國生活，身處中式禮節、生活方式與環境中，我肯定要抓狂」。時人看待這種論點，會認為他說得合情合理。

我第一次去中國，是在一九七四年大學畢業之後。當年，中國是個不太對外界開放的國家。我之所以獲准入境，是因為孤立的情況正開始改變。不像我其他參加官方交換計畫的同學，當我到達北京時，並不期待能發現一條有別於西方資本主義社會的可行選項。等著我們的，不是社會主義理想國。我期盼的是找到一個地方，與我曾造訪之處截然不同。感覺幾乎每拐一個彎，都能找到和我成長的地方以不同方式交織的社交生活紋理。對我來說，中國成了一個重新思索世界的好起點。當然，隔閡與誤解會浮現於我與和我共同生活的人之間，但是克服這些障礙而不放棄我的尊嚴，不讓我們之間的差異化為實體，甚至退到差異之後，則是我必須做的事。

不過，我的異中求同偶爾也打了水漂兒。有一次，我從北京大學騎著腳踏車，在下午的時候去西黃寺。西黃寺孤獨淒涼，矗立在當時新開的北三環路所圍成的住宅工業混合區裡。清朝皇帝在一六五一年下令興建該寺，為第五世達賴喇嘛赴京預做準備。皇帝和達賴喇嘛試圖在滿人的大清國軍事權威，與達賴喇嘛的藏傳佛教精神權威之間求得正確的關係。廣袤的蒙古世界以達賴喇嘛為精神領袖，而這個世界超出滿人的掌控範圍。倘若滿人想主宰之，達賴喇嘛的祝福就不可或缺。只要達賴喇嘛在政治上與新成立的清政權取得一致，滿人對內亞的凌雲壯志便能有另一番氣象。對滿人來說，達賴喇嘛接受邀請赴京是件可喜可賀的結果，而他們自然得為佛陀在世間最尊貴的化身安排夠格的宅第，西黃寺由是興建。我滿心好奇，想看看屬於這段歷史的古蹟。

西黃寺不僅不開放參觀，甚至沒有告示牌表示這兒是西黃寺。當我在那個颳著風的豔陽天靠近前門時，有個守門人從裡面出來會見我，臉上的表情介於漠不關心與敵意之間。我決定採取親切的觀光客手法，而不是展現我對這座佛寺的知識，讓對面的這個人落於下風。

「這是什麼地方？」我試著用最純正的北京腔問。

「這沒有什麼地方。」他答。

這一還擊，我們的對話就結束了。中國擁有豐富、複雜、問題重重的帝制過往，而我們就站在其中一件效力充分的證物前。但我被算在外國間諜那一類，而他則是政府治安部門的下級雇員，沒有什麼能穿過我們之間。假如西黃寺不存在，對我們倆都好。於是我就讓它消失，騎車離開。

在當時那種夢遊仙境的時日裡，我經常試著從四面八方吸收一切，結果發現一個焦慮的國家，想從每一個角度封鎖我的視野，而那場相遇就是其中的一次。面對一般人，我調適自己的做法配合他們，他們也如是對我。我學會講他們的語言，然後相處融洽。儘管德昆西恐懼萬分，但我仍然成功在中國生活，身處中式禮節、生活方式與環境中，而且沒有抓狂。我遇見了一個令我心醉神迷的國家，我遇見的人引領著我，讓我一輩子教的、寫的都是世界另一端的地方。這本書或許稱得上總結了我的發現。

The Yuan Great State

大元國

第一章　大汗和他的肖像畫家

上都，一二八〇年

給你看看十三世紀的畫作中，最令人難忘的其中一幅（見圖2）。這幅畫和我一樣高，裱貼的卷軸甚至更長，而色彩調配之鮮活，令畫中人物躍然於絲綢上。這幅畫成於一二八〇年。時年僅二十一歲的畫家劉貫道承命朝廷，為他的國君忽必烈汗畫像。假如畫作的成效符合大汗的意圖，忽必烈所追求的就不是標準的中國皇帝畫像——死氣沉沉的老祖宗端坐王位，眼神呆滯看著畫家。他希望畫面更動感，要廷臣見他有如勇士，而不是吉祥物。對於這樣的一幅畫，蒐狩豈不是最好的背景？忽必烈喜歡到戶外參加大場面的圍獵。射獵能讓他和手下的勇士們有機會操演戰技，同時供應宮中所需的肉品。還有一點很重要，圍獵是忽必烈率領手下，對臣民展現自己的場合。對中國人來說，他是他們的皇帝；對蒙古人來說，他是他們的大汗。

為了表示大汗親臨現場，劉貫道讓畫中右下角的騎士拿著纛——一根頂上有一簇馬毛的長竿，代表大汗在場。若攜帶的是白纛，則代表和平來到；若舉起的是黑纛，就代表戰爭。也就是說，忽必烈不只是出巡打獵，而是在指揮大軍。但這畢竟不是戰爭場面，因為他的配偶並騎在他身邊。為了與夫君完美搭配，她穿著一身白，襯出他的鮮紅，兩人的目光轉向同一個方向，看著弓箭手射向展翅的飛鳥。忽必烈的皇后，也是他三十年來最親密的策士，是一位小他十歲的蒙古女子——察必。在這幅畫中，他頗有年紀，但她則否，或許是因為她不是察必。畫作完成時，察必已經身染重病，並且在來春病逝。畫中的女子也許是想像中年輕時的察必，但畫本身的寫實風格讓我覺得，這說不定是她的堂妹南必——當她過世之後，南必接替了她的位置，成為忽必烈的皇后。

但這幅畫的主題不是忽必烈跟南必的關係，而是他身為一國之主的身分。由於責任重大，劉貫道必須發揮畫家的十成功力。忽必烈此時已經高齡六十五，酒喝得很凶，既沒有力氣拉重弓，也無法維持準頭命中目標。劉貫道不能畫著他騎在馬背上，對著獵物放箭。他倒是想出幾個花招來克服這個問題。其一是畫出皇袍外披白貂皮大衣的忽必烈，在馬鞍上轉動上半身，跟著場面的動態，彷彿他也參與其中。其二則是把他擺在靠近畫布中心，但並非正中央的位置，讓打獵場景繞著他流動。其三——也是最精妙的一著——劉貫道把畫中主要的動態安排成三角形，並且讓忽必烈落在三角形的底邊上。畫的左邊有個拉弓的弓箭手，正在瞄準忽必烈頭頂上的兩隻鳥——多數看畫的人第一眼都不會注意到那兩隻鳥。為了與弓箭手平衡，畫的右邊畫了一隻薩路基獵犬，盯著等其中一隻鳥掉下來。薩路基犬是視覺型的獵犬，咸認牠看鳥看得比我們還清楚。忽必烈並未出手打獵。他的弓一直收在身後那位年老攜弓人的手中。但注意攜弓人背後垂下來的動物後臀和尾巴，這個細節暗示忽必烈的囊中已經有了獵物。

第二場獵戲發生在畫面的前景，也就是忽必烈的雙腳下方。左下角的騎士右手腕上有一隻海東青，馬鞍後則掛著打到的獵物——一隻山鶉和一隻白鷺。他旁邊的騎士手腕上是一隻更顯眼的白色海東青，頭上用紅布套罩住眼睛。但打獵隊伍中最驚人的動物，則是跟觀者距離最近的那隻。一隻上了口套、挽具、跟馬鞍綁在一起的花豹，就蹲踞在前景那匹馬臀部上鋪的搶眼條紋毯子上。

劉貫道沒有捏造這些細節。多虧了忽必烈的一位廷臣在回憶自己為大汗效力時所作的描述，我們曉得忽必烈非常喜愛花豹和海東青（見圖3）。這位回憶錄作者說，忽必烈常常「把一頭花豹穿在坐騎的後臀部，策馬進入獵場。他一開心，就放花豹去抓頭公鹿、牡鹿或獐，給鷹籠中的海東青。他把這當成休閒運動」。此處所謂的「花豹」，其實是體型較小的獵豹——後來的蒙兀兒統治者養了數以百計的這種動物，用於打獵。這位廷臣是威尼斯人。他名叫馬可・波羅。

馬可・波羅在上都

馬可・波羅出身成功的經商家族。家人為了生意需要，腳步遍及整個東地中海地區和更遠的地方。儘管馬可・波羅生於威尼斯，但這家人祖上可能來自亞得里亞海對岸的達爾馬西亞（Dalmatian）海岸，如今屬於克羅埃西亞的一部分。馬可・波羅並非家中見到忽必烈汗的第一人。早在一二五四年馬可・波羅出生之前，他的父親尼可洛（Niccolò）與叔叔馬費奧（Maffeo）便已離開威尼斯經商。他們先是到了勒凡特（Levant），接著回訪君士坦丁堡，之後往更東方走，最後抵達蒙古帝國，並且在一二六五年見到大汗。

尼可洛與馬費奧準備動身回歐洲時，忽必烈要求他們帶一百名基督教學者回來。忽必烈接下來十年都沒有看到他們倆，等到他們回到大汗身邊時，也只捎來了教宗的致意。但他們確實帶了一個人來，此君未來對於形塑歐洲人對中國的看法遠甚於任何人，他就是尼可洛的兒子——馬可・波羅。一二七一年，一行人從威尼斯出發前往亞洲時，馬可・波羅十七歲。此行最後花了三年半的時間，直到一二七五年五月，他們才抵達上都。據馬可・波羅描述，忽必烈的都城「是一座富裕的大城」。他的描述令人心嚮神往。五個世紀後，詩人山謬・泰勒・柯勒律治（Samuel Taylor Coleridge）在一七九八年讀著馬可・波羅的回憶錄，打了個盹，從美妙的夢境中醒來，寫下英語詩作中最知名的開篇之一：

> 於上都忽必烈汗
> 下詔興建宏偉的逸樂穹頂。

柯勒律治讀的譯本把「上都」拼成「Xamdu」。然而，為了符合五步抑揚格，柯勒律治必須把兩個音節的地名拉成三個音節。為此，他把「m」換成「na」，而今人依舊用他創造的這個字——「Xanadu」，來稱呼一個草原奇景的所在地。這個字不是正確的中文讀音，但畢竟已經進入英語，我在書中就用柯勒律治起的名字，來稱呼忽必烈的上都。

經過二十四年，足跡遍及亞洲東西南北，馬可・波羅終於回到小得多的威尼斯海洋帝國。熱那亞（Genoa）和威尼斯競爭地中海貿易世界的控制權，小戰事不斷，而馬可・波羅便在其中一次戰事裡淪為階下囚。後來，他跟名為「比薩的魯斯蒂謙」（Rustichello da Pisa）的傳奇故事作家成為牢中的獄友，並且用自己在亞洲歷險的故事來娛樂這位獄友。魯斯蒂謙認為他的故事值得寫下來，兩人靠著完成他的漫長遊記，來消磨獄中時光。魯斯蒂謙當然有在書中留下自己的痕跡，畢竟書讀起來，浪漫傳奇的部分和旅遊經歷的部分不相上下——既然是浪漫傳奇，就得有個主角，而書中的主角就是忽必烈汗。

為了凸顯主角，魯斯蒂謙在書的序言裡回到馬可・波羅首度與忽必烈相遇的那一刻：「無論是子民之眾，領土之廣，財寶之豐，無論是今日世上，抑或是從人類之父亞當至今以來，他都是最強大的人」。馬可．波羅後來將他描述成「一位身材結實，不高不矮的男子」，而就劉貫道的描繪，忽必烈算是高個兒。據馬可．波羅觀察，忽必烈「潤泰」、「面孔白皙，臉頰紅潤如玫瑰」，以迂迴方式表示大汗體型肥胖，而且喝酒喝得很凶。

相見的場面發生在大汗位於上都的殿堂上。馬可．波羅的父親與叔叔跪在忽必烈面前，「以最謙遜的態度表示臣服」。儀式結束後，「大汗喚他們上前，用體面的方式和歡喜的態度招呼他們」。和尼可洛與馬費奧講了幾句話之後，忽必烈注意到兩人身後的馬可．波羅。

「這小夥子是誰？」他問。

「陛下，」尼可洛答，「他是我兒子，也是您的臣僕。」

對於一位想為大汗效勞的年輕人來說，這實在是理想的起頭。就波羅一家人來朝一事而言，其實沒有什麼格外引人注意之處。他們不過是眾多異邦人之中的三個。有歐洲人，也有其他地方的人風塵僕僕，前往蒙古帝國做生意，或是尋求任用——這很可能是一輩子的事。波羅一家人留下來為忽必烈服務了十七年，最後才隨外交任務返鄉，這也是本書第二章的主題。

馬可．波羅以熱情口吻，描述上都的宮殿與園林——也就是柯勒律治酣然入夢之處。這座「用大理石與其他高貴石材打造的巨大宮殿」，由眾多金碧輝煌的大殿與宮室所構成，「整個建築物的裝飾之豐富，令人讚嘆不已」。上都的宮殿其實不是大理石打造的，甚至沒有用這種石材作為鋪面。中國人很少用石材興建大型建築。魯斯蒂謙其實是把作為宮殿基礎的白色石灰岩階臺（其殘片至今仍能在遺址地點看到），變成興建整座建築物的材料。他意在讓歐洲讀者對主角的宮殿留下深刻印象，而威尼斯人自然會覺得宮殿的正面要有大理石。

宮殿的北牆（同時也是這座城市的北牆）之外，是一座占地廣大的圍場，「周長整整十六英里，豐沛的泉水與溪流澆灌各種不同的草木」——這是馬可．波羅心中的無邊蒙古草原。「唯有經宮殿進入圍場，別無他途。大汗在其中飼養各種野物，如公鹿、牡鹿與獐」，因為忽必烈「熱愛運動，特別喜歡驅鷹隼來捕獵」。馬可．波羅接著提到忽必烈養了各種用於打獵的動物：超過兩百隻海東青，其他種類的老鷹更是無以計數，「他每星期都會親自查看鷹舍中的這些猛禽一回」。在他的描述中最引人注意的，就是圍場中央的巨大蒙古包，「由覆著金箔的漆柱撐起，每根柱子上都站了一條龍，龍尾纏繞柱身，伸出龍爪撐住屋頂。屋頂也是用上漆的木條所架成，相當能防水。」他以細節作結：「可以移到他所希望的任何地方；畢竟這營帳是用兩百卷絲綢所圍成的」。這座蒙古包，成了柯勒律治的逸樂穹頂。

在劉貫道的畫作中，沒有任何線索能指出他所畫的圍獵發生在哪個地點。馬可．波羅數度提到北京城外的圍獵，其中有為數上千的獵人與獵物，但劉貫道的畫並非其中之一。畫中這場小規模打獵活動的地點，可能是馬可．波羅描述過的上都北苑圍場，畢竟忽必烈在上都停留的時間最久，他直到秋末才會南行前往第二座都城，在那兒待四到五個月過冬，隨後在春天重返上都。第二座都城名叫「汗八里」——意為「可汗之城」——又名大都。（今稱北京。北京之名始於明朝。雖然有時代錯誤之嫌，但我在本書中仍會稱這座城為北京。）上都並非忽必烈短暫幾個月用於避暑的夏都，而是他主要的居城，而且很可能是劉貫道為他作畫時採用的背景。

興建上都

忽必烈汗不在繼承蒙古帝國的順位上。創造帝國的人是他的祖父——鐵木真。鐵木真在一二〇六年得到「成吉思」的頭銜，並獲得至高的「合罕」（kaghan）尊號，也就是大汗。在他之後，只有他的本家「孛兒只斤氏」的後裔（構成所謂的成吉思子弟〔Chinggisids〕），才有主張統治蒙古人的權力。這個帝國是他們家的私有財產。

繼承權雖然有嚴格規定，但這不代表繼承過程會順順利利。定居型農業文化（例如中國）偏好由父親傳給長子的直接父系繼承，但游牧文化不僅不然，著眼的目標也不同：在繼承世代中推舉出最有活力、最強大的人物。最有可能繼承的候選人有長子與么子，兩者在家中都占據重要的儀式地位。但如果兩人都不是家族無庸置疑的領導人選，他們就會讓賢——其實通常是被兄弟或堂表親冷酷地推到一邊，後者則一路鬥爭，獲得大汗的位子，旁人也會認可其領導權。我剛就讀研究所時的恩師傅禮初，將這種兄弟與堂表親彼此競爭的習俗稱為「血腥競承制」（bloody tanistry，男性手足相殘繼承法）。以中國人的標準來說，這種做法相當駭人，但蒙古人接受，認為是選擇最合適統治者的最好辦法。血腥競承制的目標不在於複製統治階級，而是在於活化統治階級。

成吉思汗死於一二二七年，他的四個兒子並未自相殘殺，而是達成共識，應由三子窩闊臺繼承其父為大汗。窩闊臺於一二五一年死後，繼承權往旁系發展，傳給其弟的長子蒙哥。等到再次繼承時，這一點對忽必烈非常有利，因為他是蒙哥的大弟。打個比方，假如大位不是傳給蒙哥，而是傳給窩闊臺的兒子，他與預期繼承世系的距離就會比較遠。蒙哥一成為大汗，便立刻指派忽必烈負責從戈壁沙漠東南延伸到中國北部的區域。先前控制這個區域的是另一個草原政體——女真人的大金國。

一二五〇年代前半，忽必烈都在兵馬倥傯中度過，大本營並未固定於一地。但是到了一二五六年，他認定建立自己王府的時機已經成熟，而這個決定也暗示忽必烈有更遠大的志向，有意打造自己的國家。為了完成建立王府的艱鉅任務，他指派一位跟隨他已經幾年的中國僧人——釋子聰來負責。釋子聰從尋找風水寶地著手，但忽必烈早就指點給他了——灤河北套。灤河以彎曲的河道流經蒙古草原，接著轉向東南，奔入遙遠的太平洋。這個地點距離他哥哥位於哈剌和林的首都夠遠，只會讓人覺得純粹是一個地區性的作戰基地，而非對抗他的舉動。不過，當地素有作為首都的名聲與氛圍。女真大金國的上都就位於此，而之前大契丹國的上都亦然。忽必烈不敢稱自己的新城市為上都，畢竟這個名稱的氣派可能會引起他哥哥的戒心。他反而取了一個劍指中國的名稱，叫「開平」——開闢太平盛世。

蒙哥此時的野心在於入侵、征服宋朝。既然心中已有軍事行動的雛形，他便派忽必烈駐軍於宋人北面，開平／上都因此成為忽必烈支援蒙哥計畫的根據地。一二五九年，忽必烈與蒙哥同時在中國的不同地方作戰，宋朝丞相賈似道則遣使議和。當蒙哥於八月十一日去世時，忽必烈才剛下令叫他的代表回絕宋朝來使。突然間，蒙古帝國的領導權等著人來爭。

忽必烈與阿里不哥兄弟是大位的兩名競爭者。阿里不哥的優勢在於他最年輕，這在蒙古繼承習俗中是一項利多。實際占據哈剌和林的人也是他。如今對忽必烈來說，擊敗弟弟，繼承蒙哥，比繼續南進宋地來得重要。忽必烈手下將領拒絕宋朝議和，要求宋朝投降的同一天，忽必烈本人則下令部隊北返。中國可以先等等。

一二五九年跨至一二六〇年的這個冬天，忽必烈留在北京地區，為繼承蒙哥成為大汗一事謀劃。他推遲返回開平／上都的時間，直到他的這座都城完全開始運作為止——這或許也是為了等冬天最冷的天氣過去（雖然蒙古人不怕過冬）。對於他的政治算計來說，北京說不定也比較方便他穿針引線，聯絡支持者。春天一到，忽必烈汗立刻北返開平／上都，召開蒙古貴族大會「忽里勒臺」（khuriltai）。假如他想成為公認的合法大位競爭者，就需要忽里勒臺的背書。阿里不哥也是，他也召開自己的忽里勒臺。忽必烈在開平／上都得到他想要的結果。大會選他為統治大蒙古國的下一任最高領袖。一二六〇年五月五日，他按慣例三度拒絕推選之後，接下了全蒙古領導人的重責大任。

到了十天後的五月十五日，忽必烈政府以中文發表聲明，說明忽里勒臺的結果。這份即位詔開篇便遙想忽必烈的祖先，提到先人打拚超過半個世紀，以武力建立帝國，將蒙古人的統治推及四方。忽必烈沒有批評先人未能完成天下大業，而是說這並非一聖一朝所能成就。他反而是以和緩的態度點到長兄蒙哥，提到他即位為大汗，大汗之位理所當然伴隨著神聖的天意，但他未能達到期望的高度。不過忽必烈非常小心，把蒙哥的失敗歸咎於缺乏能人輔佐。如今他的長兄已死，諸王與百官齊聚開平／上都，懇求他「國家之大統，不可久曠，神人之重寄，不可暫虛」。忽必烈峻辭固讓（他是這樣告訴世人），之後才應上天之命，勉登大寶。他跟幼弟阿里不哥之間的繼承戰爭隨後在同年九月爆發，雙方真刀真槍，直到三年後阿里不哥兵敗才告終。一年之後，阿里不哥在獄中死於非命，顯見血腥競承制的作用。

儘管一再受到弟弟的挑戰，但忽必烈仍在一二六〇年六月十一日宣布新時代來臨，以開平為新都，並且在三年後正式改名為上都（柯勒律治的 Xanadu）。穩住北方的大本營之後，忽必烈如今把目光轉回宋地。繼續讓宋朝存在的話，等於是否定他對天下的統治，不可容忍。除此之外，假如能完成這項豐功偉業，便是上天垂青於他，勝過其餘成吉思子弟的鐵證。後來事實證明征服南方曠日廢時。蒙古人固然精通馬上作戰，又把中國的圍城戰技學得熟練，但宋朝可不是個弱國。忽必烈的大軍下了十五年的苦功，才攻克宋人的防禦。宋朝在這段期間承受無比的壓力。從忽必烈龍興之時，到宋朝首都杭州陷落，南方的這個朝代可是經歷了三代皇帝。宋朝太皇太后親眼見證八歲大的倒楣末代皇帝在一二七六年初遜位。這位少年皇帝入遯吐蕃的一處佛寺，度過四十七年流放生涯，最後自殺而死。

小冰河期

為了確保大汗的位置，忽必烈必須在出兵宋朝的同時，讓整個蒙古世界聽命於己。這兩條戰線他都成功了，但費時甚久。此外，他還有第三條戰線得應對——氣候。我們無法肯定一二六〇年代的氣候變化是否有助於他登上大位，甚至在面對想拉倒他的人時，助他鞏固自己的位子。但我認為兩者皆是。

對於一二六〇年代的環境，我們略有所知，因為史官職責在身，必須記錄包含極端氣候事件在內的天下災異。上天會把統治的權力交託於個人，也會降下天災，讓他們與子民注意到其失敗之處。史官根據中國人所說的五行，來為這些降災做分類：金（乾旱）、木（打壞樹木與作物的風災）、水（過多的降雨、洪災與大雪）、火（城池失火，但長出奇異的蕈菇類也算，咸認這代表火元素），以及土（跟大地有關的災禍，例如作物歉收、饑荒、蝗災與地震）。接著他們會寫成摘要清單，保存在史館，由後朝撰寫前朝的歷史。

瀏覽這些紀錄，我們會發現忽必烈治世的第一個時期——年號「中統」（一二六〇—一二六三）──一團混亂。一二六〇年爆發饑荒。從一二六一年開始連續三年寒災，導致饑荒繼續。乾旱和蝗災在一二六二年襲來，隔年再度發生。到了一二六四年，局勢每況愈下。中國北方遭遇大水，大水之後是乾旱，這種組合向來要命。忽必烈的新國家朝著生態崩潰飛奔而去。乍看之下，上天八成在懲罰他。

洪患令新統治的蒙古人措手不及。洪水並非北方草原生態系的一環。假如一地枯竭了，游牧民族只要遷徙就好。然而長城以南的環境不允許這種彈性，無論是經濟上或是法律上，農民都跟土地密不可分。一旦地力遭到沖刷，若想重新耕作，就必須採行一定的措施。為了回應民心的不滿，忽必烈公開提到這些天災，並頒布維新之令。他告訴百姓，穆斯林占星師發現星芒示儆，顯見天災並非偶然。他自陳是自己施政有缺，才會導致這些災難，而他將推動新政，結束上統年號並改元。他的中國策士提議採用「至元」──歷經七年統治，忽必烈得到了他中國領域的國名：元。

我們不清楚蒙古人對於統治中國的準備是否充分。一位中國作家觀察到，「忽必烈朝廷在至元初期的局面混亂已極」：

> 朝儀大元受天命，肇造區夏，列聖相承，至于世皇至元初，尚未遑興建宮闕。凡遇稱賀，則臣庶皆集帳前，無有尊卑貴賤之辨。執法官厭其喧雜，揮杖擊逐之，去而複來者數次。

上都還沒有習慣中國人的應對處事之道。

新政包括一整套政策，旨在改善國家行政，減輕百姓負擔。裁減州縣，官職人數固定，品秩官餉制度化，官員定期接受評鑑，地方官奉命將國家土地分予人耕種，革除體制外的苛捐雜稅，限制軍馬在農村中飼養的做法，加速司法審訊，照顧鰥寡，穩定商品價格，以及官員每月必須回報中央。這些改革非常具有中國色彩，忽必烈可能跟這些政策毫無瓜葛。他的中國幕僚必然策劃了這些方針，滿足中國人對於政令不彰時，國家應有作為之期待。擘劃這些改革的人或許是他的僧人策士釋子聰，因為下詔改革之後不過一星期，忽必烈便下令他還俗，擔任宰相。

忽必烈希望改革的程度足以讓上天鬆手，給他第二次機會。天不從人願，至元二年（一二六五年）與至元元年相去無幾。這一年總算沒有做大水，但旱災與蝗災卻重創華北平原，華東則遭逢嚴重霜害。隔年的情況改善不多，旱災又在一二六八年與一二七二年再臨北京。蝗災也在這幾年反覆發生。一二七一年，蝗蟲吃光了上都的作物。一二七三年，蝗災更是席捲中國半壁。根據同一年的朝廷紀錄，十分之九的地方受到霜害與豪雨侵襲。蝗蟲在一二七九年下捲土重來，隔年北京又遭逢大水。情況在一二八〇年代中短暫改善，但中國北方的氣溫又在一二九〇年代初急遽下降。到了一二九五年夏，華北陷入洪災與饑荒，間有乾旱與冰雹。這一年與接下來的兩年，是十三世紀連續最慘的三年。從世紀末回顧，記錄有案的最後一次異常暖冬發生在一二六〇年。接下來，下一次異常暖冬直到一四二四年才發生，整整過了半個世紀，進入下一個朝代。中國成為一個寒冷的地方。了解這一切之後，我們就曉得劉貫道畫中的忽必烈之所以穿著貂皮大衣，可不是為了炫耀鋪張，而是穿來保暖。

中國並非唯一經歷嚴寒的地方。忽必烈所應對的是一個全新的全球寒冷化時期，歐洲氣象史學者從數十年前開始，稱之為小冰河期。學者認為小冰河期始於一二九〇年代，氣溫雖一度微幅反彈回升，卻在一三一〇年代大幅降低。從中文文獻來看，我認為寒冷氣候影響中國與蒙古的時間早於歐洲。有些科學數據可為佐證，尤其是年輪學（研究年輪，作為氣候變遷的指示）。針對蒙古落葉松與福建柏的獨立研究，顯示樹木生長速度從一二九一年趨緩，而最窄的年輪則出現在一二九五年和一二九六年，與蒙古政權在該世紀遭遇最嚴重的三年（一二九五—一二九七）密切吻合。可以確定的是，這意味著中國農業生產緊縮，糧食供應減少，行有餘力的人為了有更好的農業生產環境而移居南方。這種人口遷移通常造成原有居民的負擔，導致社群與族群間的緊張態勢，影響及於未來數個世紀。

中國人承受這些氣候壓力，蒙古人也無法倖免於難。氣溫降低令草原供應牲口所需的能力下降。整體情況使大元國重心從哈剌和林南移上都，續從上都遷往北京，過程既有拉力，也有推力。沒錯，蒙古人對中國固然垂涎三尺，但同時也是因為北方太冷，無以維持一個帝國。忽必烈必須往南發展，而他也這麼做了。

大元國

從第二座都城管理中國的決定，其實是一二六四年新政的一環。上都依舊是上都，是蒙古政權的心臟，但當局下令在長城以南興建第二個行動基地。我們知道，這座城市今天叫做「北京」，但這個名字直到十五世紀才出現。新政展開時，它叫「燕京」——「燕」是該地古國，也是這個地方的傳統簡稱，忽必烈將之改名為中都。他並未解釋兩座首都之間如何分工。但小冰河期的降臨，或許讓他有股預感——長城以南的管理挑戰，需要他以更密切的方式監督，投注的心力要大於北方。為此，他必須從長城的兩側同時進行統治。

為了讓燕京達到中都的規劃目標，就必須對這座城市加以建設，才能名符其實。此舉所費不貲，尤其上都的宮室當時仍在興建中。忽必烈再度把任務交給曾經的僧人釋子聰。他花了五年，建成這座規模與蒙古政權之輝煌相襯的大城。

工程在一二七一年末接近尾聲，忽必烈於是在十二月十八日發表《建國號詔》。他宣布，「誕膺景命，奄四海以宅尊」。他提到過去中國歷朝歷代都根據創建者龍興之地為朝代名，但他覺得這種做法很糟，不過就是一個地方，而他的統治卻是要及於天下。他已經完成了祖父成吉思汗「四震天聲」的「大業」，他的王國需要一個「鴻名」才配得上他的成就。為了這個「鴻名」，忽必烈的其中一個中國策士（可能是釋子聰）遍查《易經》——與一二六四年建元「至元」的做法相同。他們取了第二個字，「元」。新政權此後人稱為「大元」，而正式名稱則根據蒙古的命名法，稱為「大元國」。

過往的中國朝代有時也會在國名前加個「大」字，但忽必烈所仿效的前例並非中國，而是來自他的祖父成吉思汗——成吉思汗所開拓的疆土，人稱大蒙古國。然而到了忽必烈的時代，大蒙古國已經不再像是當年他祖父統治下的一統政體。忽必烈擊敗阿里不哥之後，得到大蒙古國的大汗稱號，但這頂多只是一個名義。政治現實是，他只統治自己所有的那部分大蒙古國——也就是一二七一年訂名為「大元國」的那部分。終其餘生，這兩個政體名義上的統治權都集合在他身上，但他實際統治的只有大元國。《建國號詔》頒布的三個月後，忽必烈將北京的名字從「中都」改為「大都」，表明他將在此統治大元國。

這個首都配得上「大國」的國君。馬可．波羅在大都落成的那一年，也就是一二七四年時首度造訪大都。他宣稱大都是十三世紀時最令人印象深刻的國都，而他的說法沒錯，這座城市有高聳的城牆，城內又有第二重城牆圍著皇宮。據馬可．波羅回憶，「厚牆高十丈。潔白如洗，並有城垛」。

他表示牆內的皇宮「之大為世所僅見」。正殿基座有一個人高，馬可．波羅認為是大理石鋪面，但實際是上好的石灰岩。基座之大，足以在讓圍繞正殿的臺階「聚集眾人談話。宮殿四面皆有寬廣的大理石臺階，從地面拾級而上直至大理石牆，由此進殿」。進入殿內，四周的牆壁「覆有金銀，畫著龍、鳥、騎士、各種野獸與戰爭場面」。他斷定，一看到「這整座宏偉而精緻的建築，這世上的任何人——無論他多麼有想像力——都無法想像在設計與建造上能有什麼能改進的地方」。

圍繞著皇宮的城區令馬可．波羅難以忘懷。他驚訝發現，「整座城市格局方正如棋盤，其精確工整無以形容」。他說街道「寬廣筆直，登上其中一座城門上方的城牆，能沿路看見另一端的城門」。他從未見過有哪一座城市人口如此密集，「城牆內外皆然，無人能夠盡數」。不僅如此，來到首都的商人固然「人數眾多」，卻都有地方可以下榻。「在每一個城外的街坊——距離都城約有一里——都有眾多上好的客棧，供各地前來的商人臨時住宿。」各國都有自己的招待所。他說，商人認為大都極具魅力，「既是因為大汗以此為居城，也是因為大都是有利可圖的市場」。此外，城郊住有兩萬名妓女，「個個為了錢而滿足男人的需要」。

馬可．波羅畫龍點睛，為他對大都的豐富描繪作結。他提到每一座城門都駐軍千人，「一部分是對住在城內的大汗致敬，一部分是嚇阻人作惡」。但他透露駐軍真正的原因，是忽必烈的占星師預言將有叛亂，為此「大汗對契丹人確實懷有一定程度的疑慮」。中國的每一個「大國」都面臨這種處境：被占領者對占領者懷恨在心，而占領者對他們所征服的人總是感到不安，這種緊張關係從未消散。

從草原遙治

忽必烈跨坐長城內外，也跨坐於這種窘境。長城以南的中國世界，他經歷二十年的戰爭才納入統治。長城以北則是他出生、繼承的世界。借用一位中國作者的話來說，那是個「地高、井深、星大」的世界。那是忽必烈知之甚詳、鍾愛無比的世界，他也不打算放棄那個世界，只端坐在中國的王位上。為了應付兩個世界之間的鴻溝，他決定同時住在這兩個世界。

每年春天，忽必烈的護衛和所有元朝高官都會往北前往上都。他們在上都待七個月，接著再度往南前往大都，停留五個月。蒙古人對一年一度的遷徙相當熟悉，但對於那些認為一個政權就該穩居移地的中國下屬來說，想必很難調適。但他們別無選擇，事事都得遵循大汗的做法——包括一年一度的大型馬拉松，蒙古人稱之為「放走」。舉行比賽的地點端視皇帝所在而定。如果皇帝人在北京，起跑線就設在城東的運河碼頭；假如皇帝人在上都，比賽就從城外一處稱為「泥河兒」的地方開跑。開創這種傳統的是蒙古人，但中國人參與的情況也很積極，畢竟忽必烈會親自重賞。比賽距離有一百八十里（六十英里），跑者必須以三個時辰（六小時）完賽。終點就在皇帝御座之前，忽必烈會賜給頭名銀子一餅，其餘則賞賜幾匹絲綢。

忽必烈汗花在上都的時間比北京多，這件事提醒了我們：元朝不僅與過往的朝代不同，甚至也跟將來的朝代不一樣。傳統史書把「元」稱為中國朝代，其實是忽略了大元國的中國成分事實上遠遠不及蒙古成分。大元國是第一個將北京設計為國都的大國，但北京仍然是一個陪都，政權的根據地依舊是上都。忽必烈是第一位將中國當成其國土統治的蒙古大汗，也是最有名的一位，而不是像中國教科書所說的那樣，把蒙古帶進中國的範圍。相較於把上都當成他的夏宮，不如說北京是他的冬宮，這才比較貼近大元國的現實情況。

忽必烈這種年度通勤的習慣，維持到他生命中的最後一年。他最後一次離開上都，是一二九三年十月的事。到了北京之後，他的健康惡化，於一二九四年二月十八日過世，此時迎接他還駕上都的相關事務仍在準備當中。他指定孫子繼位，但大都並不適合舉行繼承儀式。他在四月底北行上都，並且在一二九四年五月五日即位為新任大汗，忽必烈的年度通勤成為他的年度通勤。事實上，每一位元朝皇帝皆是如此，直到元朝最後幾年才消停。

忽必烈對上都的愛，可以從劉貫道的掛軸畫上清楚看出。此人騎在馬背上，身在自己的圍場，周圍則是他最鍾愛的人事物：他的配偶、他的獵手、他的勇士、他的獵狗。但請容許我將各位的注意力導向本章一開頭略去未提的兩名騎士。其一不僅肥胖，甚至近乎漫畫人物，坐在馬鞍上的姿勢堪稱彆扭。此君一襲酒紅色衣服，並非王族成員，而是終身為僕的太監。他之所以在此，是因為忽必烈的配偶不能在沒有宦官隨從陪伴的情況下拋頭露面，而今天由此君值勤。最令人矚目的是他的黝黑膚色——這一點，皇帝夫妻正下方那位拿著驅獸杖的騎士也是一樣。兩人的臉很寬，五官扁平，雙耳掛著大圈耳環。他們長得既不像蒙古人，也不像中國人，他們出身其他民族，但是是哪個民族？安達曼群島人？南亞人？我個人覺得看起來像非洲人。中國人稱之為「崑崙奴」，這個名稱暗示是喜馬拉雅山以外的地方。關於這位非裔太監，我們知道他確實是奴隸，因為他的左臉頰刺上狀似「Y」的字「ya」，意即奴僕。他是圖上又一位為大汗效力的人，只不過由不得他自己選擇。

劉貫道奉命為大汗畫像，但他把大汗身邊任其號令的人也畫進去，製作出近乎於蒙古統治時期的群體肖像——這是一幅新中國的景象，而且其中沒有半個中國人。這確實是一個新中國，蒙古人的征服不僅將這個國家置於外國的控制之下，還把世界帶進了中國。馬可．波羅、非裔太監、黑人持杖者，甚至連大汗本人在內，全都以一種宋人無法預料的方式成為中國史的一環——我甚至認為，今天的中國人都不見得願意承認自己有過這樣的歷史。忽必烈開創的蒙古統治世紀，可不是飄過永恆中國大地的一片浮雲而已，反而是以一種並未隨著蒙古統治結束而消失，以一種乍看之下並不明顯的方式改變了中國——將皇帝的地位提升到至高無上；創造出一批強大的核心廷臣，以服從皇帝為職責，而非效力於皇帝所統治的國家；直接訴諸赤裸裸的力量來確保統治者的權利；將品德重新定義為聽從上意。

大元國為中國帶來全新的政治框架，全新的根本大法，全新的統治者與臣民關係。此外，還迫使中國與世界保持更活絡的動態關係；事實上，兩者的關係無法以其他方式安排。蒙古人離開中國之後，中國人一度選擇否定與自己與世界的纏結，選擇鎖國。就算前進並不容易——總是不容易——兩者的關係也不可能一勞永逸地脫鉤。

第二章 青王妃與伊兒汗

大不里士，一二九五年

她坐在丈夫身邊，兩人身下是雕刻繁複的坐榻（見圖4）。一名僕人用盤子端食物給他們。她的丈夫用左手抓著一條手帕；她的左手也拿著什麼——只是我們看不清楚。兩人面對面，一面交談，一面倚著厚實的枕頭。他二十出頭，身形消瘦，名叫「合贊」，穿著蒙古服裝，套著合身的短袖外套，腳上是低筒馬靴。她比他大兩歲，名叫「闊闊真哈敦」——青王妃。「闊闊真」的意思是「深膚色」，有如烏青色的天空，只不過畫家給她畫上與丈夫一樣的膚色與紅潤面頰。她的長絲袍走的是當時常見的混合風：中式的長翻領與寬袖，但袖口以蒙古式收緊，讓穿衣服的人便於騎馬。闊闊真哈敦最引人注目的裝飾，就是那高聳的帽子，頂著毛球與長羽毛——這是專屬蒙古王族的服飾。她左邊的兩名女子也戴著相同風格的帽子，但只有一顆毛球，而非兩顆，表示她們地位雖高，但不及她們的皇后。

這幅畫的背景是大不里士的伊兒汗國宮廷。大不里士位於裏海與黑海之間的山區，是今日伊朗、亞美尼亞、喬治亞與土耳其四國的接壤處。伊兒汗國位於波斯，是一個蒙古人的國家，早在忽必烈崛起之前便已脫離蒙古大汗的統治，畫中的場景或可上溯至一二九五年十月，合贊在此時成為第七任伊兒汗。至於畫家是描繪現場，抑或後來憑想像作畫，我們說不準。可能是後來畫的。但這一點並無大礙，畢竟畫中的要素——尤其是人——完全按照當時描繪蒙古王族佳偶的標準模式安排。中國的御用畫家會把丈夫的體型畫得比妻子高大，但是描繪這張畫的人沒有這麼做——他讓兩人坐在平臺式的王座上，丈夫在我們的左邊，妻子在右邊，高度相同，體型也相同。一張中式門鏈雕花簍空紅漆屏風圍住御臺的三面。根據中國傳統，畫中的男人露出自己的雙腳，而女人則否，不過蒙古女子其實完全不受中國人起於宋代的小腳癖所制約。

青王妃之所以在本書中占有一席之地，是因為她糾纏於十三世紀末連接中國與世界的那面網中。政治上，她之所以坐在伊兒汗的王座上，是因為忽必烈汗讓她坐上去的。地理上，她人之所以在波斯，是因為當時的國際海上交通網，讓她得以從中國家園經海路前往波斯——也就是說，大蒙古國海陸通吃。文獻上，她的事蹟之所以能傳世，是因為馬可・波羅是她的隨員，而且說了她的故事。最後，如果從組織籌畫的脈絡來看，她之所以能成行，則是因為為忽必烈汗工作的波斯平章返回中國，安排財政事務，使她得以前往波斯——中文文獻裡就只有這麼一處提到此人，成為闊闊真曾經活過，以及馬可・波羅曾經到過中國的唯一線索。

波斯平章

在卷帙浩繁的中文史料裡，唯一提及闊闊真之行的紀錄，跟一個中文名叫「沙不丁」的人有關。「沙不丁」相當貼近此人之名的蒙古語發音，但「沙不丁」並非蒙古名，而是波斯名：「Šahab al-Dīn」，意為「信仰之星」。蒙古人偶爾會取波斯名字，但比較可能的情況是此人確實為波斯人，而且肯定是穆斯林。關於沙不丁的家人，我們僅有的一點資料是元朝結束之後所修的官史，內文有一小段提到他的弟弟。其弟同樣為大汗效命，從事漕運，時間則是一二八〇年代。

沙不丁和弟弟屬於大批為大汗效力，管理大元國的波斯官吏成員。他們既非蒙古人，亦非中國人。大蒙古國的幅員廣大，因此帶來為數眾多的波斯人。他們不受蒙古人或中國人的人際網路所束縛，只效忠大汗，這很符合忽必烈的需求。忽必烈為這些非蒙古、非中國的族群創造了特別的登記類別，叫做「色目」，字面意思是「各色各目」。「色目」人以西亞人為主體，但波羅家等義大利人亦在其列。地位上，他們比蒙古人低一階，但比蒙古人最早征服的中國北方人高一階，比蒙古人後來征服的中國南方人（稱為南人）高兩階。對於中國北方人，蒙古人用「漢人」這個通稱來稱呼他們，而今人依舊用「漢人」，作為我們所說的「中國人」的族群標籤。

沙不丁首度出現在官修《元史》，是一二八七年六月二十四日的事：有官員建議忽必烈在上海與福州駐軍設置軍區，「以維制沙不丁、烏馬兒等海運船」。沙不丁還掌管市舶司，也就是徵收關稅的單位。例如，我們讀到一二八九年二月二日，沙不丁上繳泉州（東南沿海主要對外口岸）市舶司每年定額的珍珠四百斤（五百三十磅）、黃金三千四百兩（兩百七十磅）。

身為態度積極的財政官員，沙不丁持續受到中國人一連串的批評，反對他對於提高政府歲入的熱情。甚至有一名儒學教師上書忽必烈，指陳沙不丁的暴虐令上天震怒，引發地震與水災。但這位波斯人依舊享有大汗的信任。大汗的信心在一二九〇年八月稍減：他向忽必烈奏陳中國地方官盜欺錢糧，請皇帝根據他所說的宋法處置這些賊人——斬其手腕。「此回回法也」，忽必烈不允。隔年饑荒期間，沙不丁挪用錢糧的質疑聲浪，多到讓忽必烈下令沙不丁的妻子遣詣京師作為人質，至於她丈夫的案子就按下不表。後來證明這次的指控純屬流言蜚語，沙不丁則平安度過每一段朝自己颳來的政治風暴。他和弟弟一直為朝廷效力到一三一〇年，當時的統治者已經是忽必烈的下兩任皇帝了。

闊闊真妃出發

沙不丁與青王妃之間的關聯微乎其微，但我們正是從這種微乎其微中，一窺大蒙古國涉外過程中隱藏的複雜性。之所以能一窺，則是因為卷帙浩繁的十五世紀皇家類書——《永樂大典》殘片偶然傳世之故。《永樂大典》全書共兩萬兩千九百三十七卷，過於龐大，無法印刷，僅有手抄本，偏偏僅存的抄本又在鴉片戰爭中遭到洗劫北京的不列顛軍隊焚毀大半，只有少數被他們當成紀念品攜出中國。兩名中國歷史學家注意到卷一九四一八的殘片，在一九四五年以一頁篇幅的研究筆記刊載於《哈佛亞洲研究學報》（*Harvard Journal of Asiatic Studies*），引起學界重視。但是直到一九七六年，哈佛的第一任蒙古經典教授柯立夫（Francis Cleaves）一絲不苟地研究這份文件，其他人才意識到其重要性。文件的內容如下：

> 至元二十七年八月，尚書阿難答、都事別不花等奏，平章沙不丁上言：「今年三月奉旨，遣兀魯䚟、阿必失呵、火者，取道馬八兒〔位於印度泰米爾納德邦（Tamil Nadu）的科羅曼德海岸（Coromandel Coast）〕，往阿魯渾大王位下。同行一百六十人，內九十人已支分例，餘七十人，聞是諸官所贈遺及買得者〔身分為奴隸之意〕，乞不給分例口糧。」奉旨：「勿與之！」

這份文件遵循常見的中式行文結構，在談及結論之前，先將此前的所有相關文件總結成活動紀錄。文件的內容始於活動紀錄的中段，提到兩名官員——阿難答與別不花，他們上奏章給忽必烈。對於這種溝通方式，英語的標準用詞是「備忘錄」（你不是「告訴」皇帝，而是「提醒」皇帝）。兩人在備忘錄中提到沙不丁的名字，而沙不丁則是在此之前上報，提到三人：兀魯呔、阿必失呵與火者。沙不丁說，此三人是忽必烈派往伊兒汗阿魯渾處的使者。元代沒有別的紀錄曾提到文中這三名使者，但馬可．波羅卻提到他們。他說，此三人確實是忽必烈遣至阿魯渾處，但他們原本就是阿魯渾為請求賜妃，而派去見忽必烈的人。（馬可．波羅還在他那本漫無邊際的故事結尾處，提到阿魯渾掌權的過程。兀魯呔原是阿魯渾叔父的手下，但他在阿魯渾被俘時易幟，將阿魯渾放走，阿魯渾後來才能勝過叔父。）

來自阿難答與別不花的備忘錄，是闊闊真和親團在中文史料裡唯一的耳語聲，而且是非常微弱的耳語。為什麼如此規模的行動，會從史官的眼底下溜過？這值得一問。答案想必與大蒙古國的結構有關。忽必烈是這個超級政體的大汗，但實際上他所統治的只有大元國。成吉思汗的四個兒子的後人分領四個政體，大元國與伊兒汗國（「伊兒汗」意為「從屬汗」）多少算是獨立於彼此，而另外兩個政體——察合臺汗國與金帳汗國——亦如是。嚴格來說，阿魯渾並未依附忽必烈，也無須朝貢，但忽必烈是他的伯公，而這層關係也帶來一定的義務。其一，忽必烈的前任大汗曾經把土地分配給他兄弟的後人，而阿魯渾理應繳納這些土地的地租，他也確實這麼做了。這是其中一個經陸路派遣龐大使團的原因之一：繳納欠租。另一項義務則是，大汗應賜妻給男性親屬，即便親屬是其他國家的統治者。

為此，阿魯渾在一二八六年忽勒塔黑哈敦（Bulughan Khatun，紫貂妃）過世後聯絡忽必烈。忽勒塔黑是阿魯渾的繼母，出身貴族，意志堅定。（馬可．波羅以為她是阿魯渾的妻子，或許是因為她養大了阿魯渾的兩個兒子，也就是自己的繼孫。）忽勒塔黑妃在遺囑中講明，假如阿魯渾在她死後想納妃（他已經有好幾個妻子），新娘必須是她在中國的族人。因此，阿魯渾派遣兀魯䚟、阿必失呵與火者至忽必烈處，進行安排。三人沿著今人稱之為「絲路」的跨亞洲路線走，將他的請求呈交給大汗。「絲路」是一個現代用語，但連接中國至中東，遠至歐洲的多條陸路相當複雜，這個詞彙會把複雜的現實過度簡化。「絲路」與其說是一條明確的路徑，不如說是一份旅行計畫、一條安全走廊，會隨著政治情勢、沙漠化而或敞開，或封閉，或改變，而且必然受到兩敗俱傷的衝突所影響。只要旅人的安全可以維持，沿路的小君主同意開放通行，這條路就有可能出現。有些歷史學家稱之為「蒙古和平」（Pax Mongolica），恐怕是誇大了這條旅行通道的穩定程度。不過，蒙古人統治中國這一個世紀期間，地中海與中國東方海域之間的這條通路多少是暢通的。

阿魯渾的使節一抵達大元朝廷，忽必烈馬上為此指定了一位公主，一行人連同公主及其隨員則銜命沿絲路返回。來中國的時候，這條路還能通，但回程卻不行。出發八個月後，整團人因為絲路沿線缺乏保護而折返。那該怎麼辦？

陸路並非從東亞到西方的唯一路線。馬可．波羅在回憶錄中自承，提議走另一條路線完成任務的人就是自己。據他說，他為了大汗交辦的事項前往印度，甫返回中國時，原定前去伊兒汗的使節團也折返中國。馬可．波羅在印度時，兀魯䚟、阿必失呵與火者和馬可．波羅的父親與叔父相識。等到三人見到馬可．波羅，聽說了他這一行之後，幾人便向忽必烈提議，讓使團走海路前往波斯，並且讓波羅一家同行。這份新提案也和波羅一家人長久以來辭別忽必烈，返回威尼斯的願望不謀而合。忽必烈先前不答應他們離開，但此時終於同意放他們走。闊闊真一行將走海路。

要是回程又選了陸路的話，沙不丁就不會跟這個故事有任何瓜葛。走海路也就意味著組織使團、籌得經費的任務落到他的身上，畢竟他主管關稅。他為了讓手邊的預算能與此行的開支打平，提交了一份文件，而這份文件被另一份文件引用。假如沒有阿難答與別不花的備忘錄，這個牽涉數百人，為了大汗交辦事項而繞了亞洲一大圈的使團，就不會留下中文文獻。這份備忘錄不僅證明馬可．波羅所說的闊闊真大不里士之行屬實，也證實他確實去過中國。

陸路？海路？

忽必烈將統治範圍擴大到中國時，並未限制自己只能在陸地上追求權力。一旦推向歐亞大陸東海岸，他便試圖擴張到海上，海上還有其他土地可供征服。第一個引起他注意的海國就是日本。

一二六六年九月七日，忽必烈派遣兩名蒙古官員，帶著外交信件前往日本。史官認為這份文件相當重要，因此收錄在《元史》中的兩處：一是世宗本紀，一是談元朝與日本關係之處。文件開頭敬稱忽必烈為「大蒙古國」的統治者，向日本「國王」發出指示。他憐憫日本國王國土之小，但接著指出國王應該以此為優勢：「朕惟自古小國之君，境土相接，尚務講信修睦。」但「況我祖宗，受天明命，奄有區夏」，如今中國不再是個小國，而是大國，「遐方異域，畏威懷德者，不可悉數」。忽必烈挑明，他出征高麗，讓大蒙古國與高麗的關係「歡若父子」——這當然是從「父」的角度為出發點——因此他感到很疑惑，日本怎麼還沒派遣「一乘之使」，以通和好？「且聖人以四海為家，不相通好，豈一家之理哉？」大家都是一家人，而他則是一家之主。這封信以毫不掩飾的威脅作結：「以至用兵，夫孰所好，王其圖之。」

日本對於這項威脅置若罔聞。接下來七年間還有更多信件石沉大海。全世界都注意到了。三個半世紀後，一位中國作者提到此事（絲毫沒有開心的意思），對忽必烈來說肯定是奇恥大辱。「元之盛時，外夷朝貢者千餘國」，他這句話是誇張了。「可謂窮天極地，罔不賓服，而惟日本崛強不臣！」終於，忽必烈在一二七四年下令征日。一支由九百艘船與一萬五千人組成的海軍於是出發。史官宣稱勝利屬於蒙古人，但也提到軍隊紀律不佳，箭矢用盡，只好班師回朝——其實是用迂迴巧妙的方式，承認這是日本的大勝。日文史料提到一場「神風」迫使入侵者撤退，但近年來的考古發現說明元軍之所以戰敗，很可能跟中國船隻狀況不良，設備不佳有關。

忽必烈不斷派出使節，只是徒勞無功。不過在一二七八年，曾有日本商人請求忽必烈放寬購買中國銅錢的限制（銅錢可作為國際小額貿易通貨），而忽必烈認為這是開啟協商的機會，於是同意了。但是到了一二八〇年，幕府處死忽必烈再次派來的使臣，證明情況並不如意。此舉讓忽必烈不得不在來年發動第二次征日，但這一回蒙古人依舊一敗塗地，又一場神風為日軍而吹。忽必烈在一二八四年又低調出使一次，派遣一位佛教僧侶為使節，但負責載送使節前往日本的船員們想到自己將遭逢的命運，於是殺害僧人，作鳥獸散。

一二八六年，也就是首度致信的二十年後，忽必烈宣布暫時中止以征服日本為目標。他的理由是南方大越（大越國，中國人稱之為安南）邊境有亂事。「日本未嘗相侵，今交趾犯邊，宜置日本，專事交趾」，忽必烈做出明智的決定。他不希望在海上第三度遭人擊敗，寧可讓大軍在陸地上推進。忽必烈在一二九四年過世後，曾有官員向他的後繼者鐵穆耳提議再度出兵日本。新皇帝諱莫如深，「今非其時，朕徐思之」，意思是「什麼都別做，別想聽到我再次提起日本」。

忽必烈面對日本時所碰到的困難，並不妨礙他往另一個方向的大海發展。早在一二七六年，也就是平宋大致底定時，他就表示是時候征服南中國海，並派出使節通知當地統治者，期待他們歸順。有些統治者回應了。一二七九年夏，占城（越南南部）與馬八兒（位於印度東南的科羅曼德海岸）來使進貢珍物。中國人認為馬八兒距離中國有十萬里遠（實際距離不到五千英里），這麼遠的國家承認他的至高地位，讓大汗龍心大悅。

同理，他對於其他沒有照辦的國家，也感到相當不悅。朝廷派出專使招諭，確保其餘海洋國家來朝。其中一位使節名叫楊庭璧，在滅宋的軍事行動中有戰功。他銜命直接前往俱藍——印度西南海岸的主要口岸國家，協商歸順事宜。一二八〇年一月，楊庭璧從廣州出航，三個月後抵達俱藍。俱藍國王決定聽從忽必烈的要求，派使者隨楊庭璧前往中國，呈上回回字降表。忽必烈幾乎是立刻要楊庭璧調轉方向，再度於一二八一年初帶著俱藍大使返國，並接觸其他當地統治者。這一回，楊庭璧同樣花了三個月，卻在錫蘭附近海域遭遇風阻，無法完成此行的最後一段。楊庭璧沒有前往俱藍，而是直接西向轉往過去曾來朝貢的馬八兒國，從該地走陸路前往俱藍。然而當地的政局令他無功而返：其中一位領導人希望與蒙古人結盟，另一位卻反對。楊庭璧空手回到中國，但忽必烈命令他第三次帶領使團到當地施壓。一二八二年十二月，楊庭璧借季風之力，三個月抵達當地，並說服三名統治者遣使入中國。

對於遙遠的南亞，這已經是忽必烈所能預期最好的結果了。他對東南亞抱持更侵略性的態度。一二八二年，他派海軍出征占婆，報復占婆口岸捉拿他四名使者的舉動。導致逮捕來使的背景，其實是一場跟大元無關的繼承問題，但這起事件迅速演變成一場為時兩年的抗戰，而最後的結果是蒙古人損失慘重。一二九三年，忽必烈最後一次派兵出海，這一回的目標是侮辱大元使節的爪哇。此次行動同樣發生在一場繼承危機期間，敵對派系試圖利用元軍來謀求先機，結果是元軍再度恥辱性的戰敗。既然地緣戰略條件不允許大蒙古國像跨越陸地那樣跨越水域，元朝於是開始區別「夷」與「外夷」——前者可以透過陸路交通，後者不行。儘管所有夷國都應該歸順於大元，但大元只能邀請「海外」國家加入朝貢體系，無法強迫。

航向波斯

護送闊闊真妃前往的使團原本打算走陸路，畢竟是蒙古人有把握掌控的地方。非得等到情況證明走陸路太過危險時，忽必烈才送她走海路。他並不期待這個使團能迫使海洋國家的統治者屈服，但確實期待這些統治者對他的使節表示敬意。想得到別人的敬重，一行人的行頭就不能小氣，船員、士兵、外交官與僕從的陣容必須齊備。根據馬可．波羅所說，光是闊闊真的隨從就有六百人，其中有一百名女性隨員。我們可以推測水手的人數，由於船隊有十四艘船，至少有四或五艘船的船員達到兩百六十人至兩百六十人，全部必然有三千多人之譜。

大船有四桅十二帆，還能攜帶兩根備用船桅。根據馬可．波羅對其他泉州出發船隻的描述，這些船隻是單層甲板，至少有六十個小艙室供旅客住宿。船體分成十三個隔艙，載運船貨，而使團這一趟則備有兩年分的補給品。每一艘船都拉著兩到三艘勤務船，近距離協助船隻操作，最大者能載送一百名水手。此外，船側還綁了十艘小船，用於捕魚，以及在大船與岸間運貨與乘客。

考慮到從中國來回波斯的旅途之漫長，兩年不可謂不合理，但時機才是關鍵，而這完全有賴於是否搭上季風時間。吹冬風時，風是從東北吹來，是由東往西的理想機會；至於吹多雨的夏風時，風向則轉了半圈，從西南吹來，推著帆船由西而東。風向在四月底或五月初時由東北風轉為西南風，接著在十月底或十一月初由西南風轉為東北風。季風一吹，海面也跟著流動，效果加乘。風怎麼吹？何時吹？這固然有區域性差異，但整體是不變的。

若想在一年內從中國航至波斯，就必須在東北季風風力穩定後馬上起程，通常是十二月。闊闊真一行人從泉州港出發的時間似乎遲了一些，差不多是一二九一年一月。船隊朝西南渡過南中國海，先停靠毘闍耶（Vijaya，即占城），接著通過越南南岸外海無人居住的崑崙群島，往馬來半島南端的新加坡海峽前進。新加坡海峽水淺，需要小心操舵。一旦通過海峽，船隻便轉往西北，駛過麻六甲海峽，前往印度洋。

船隊前進的腳步在蘇門達臘北端的海洋國家蘇木都剌（Samudra，梵語，意為「七海」，今稱亞齊）暫停下來。儘管當地統治者已效忠忽必烈汗，但一行人還是擔心留在當地會有食人族。他們的恐懼並無根據，但他們因此面對港口，安營紮寨，三面挖了壕溝，另外還建了五座瞭望塔。馬可・波羅說，他們即時達成協議，請當地人供應食物。漁獲與當地棕櫚酒的品質，終於贏得了馬可・波羅的心。

之所以在蘇木都剌安營紮寨，跟季風有關係。船隊必定是四月時才抵達蘇木都剌，時間太遲，無法渡過孟加拉灣。一旦吹起夏季季風，豪雨、風暴和逆向的海流會讓船隻無法渡海。非得等到九月，公主與隨員才能繼續航程——根據十九世紀的印度洋領航指南，此時才會重新吹起東北季風。為了渡過孟加拉灣，領航員最好沿著麻六甲海峽的馬來半島一側，讓船隻北航至江西冷（Junkseylon，今泰國普吉島），接著轉向西方，直接通過尼科巴群島與安達曼群島之間。由於馬可・波羅提供對這兩個群島的描述，進而證實這就是他們走的航線。根據他所說的狗頭安達曼島民，以及船隻被樹根劃破等奇聞軼事，看來船隊並未實際登陸此兩群島。

馬可・波羅雖然記錄了使團橫渡孟加拉灣之後的動向，但對於重建闊闊真在印度的旅行路線幫助不大。他提到科羅曼德海岸與錫蘭（斯里蘭卡）的一些地點，但內容不像是日記，反而更像是粗略的旅遊文學。但他一定去過位於坦布拉普尼河（Tambraparni River）河口與錫蘭島可倫坡正西方的馬八兒，因為他提到這座「宏偉、耀眼的城市」，是「每一艘與西方〔最遠至荷姆茲（Hormuz）〕貿易的船隻都會停靠的港口」。「各地的商人匯集於此，購買馬匹與其他商品。」他大大讚賞當地國王的嚴格執法，「尤其是對待外國商人時。他剛正不阿，維護他們的利益，商人因此樂於來此做生意。」身為商人的馬可・波羅深知，多數口岸當局對於貿易抱持能撈多少是多少的態度，而非鼓勵貿易。

接下來，馬可・波羅的記述帶著讀者從馬八兒繞過科摩林角（Cape Comorin），抵達印度的馬拉巴爾海岸（Malabar Coast）。他提到在這一段海岸，當地風俗允許從偏離航線的船隻上扣押船貨，中國船長自然會因此希望盡速通過。任何將船隻停靠在沙岸邊卸貨的人，都會盡力在四天內離開，以免貨物遭受襲擊或是充公。馬可・波羅描述海岸邊面對印度洋的港口國家，一個接著一個，卻完全沒有提到闊闊真的使命。由於他的港口清單中還包括非洲海岸的桑吉巴（Zanzibar），但闊闊真顯然沒有到過此地，我們因此無法將第一手與第二手報導分開，無法得知使團曾確切停留哪些港口。

馬可・波羅聲稱，前往波斯灣口的荷姆茲，花費眾人十八個月的時間。假如他是從泉州，也就是他和闊闊真於一二九一年一月出發的地方起算，抵達荷姆茲的時間就是一二九二年六月。但西南季風會讓船隻無法在此時渡過阿拉伯海。他必須在蘇木都剌等到夏季季風結束，因此這十八個月必然是由此起算。馬可・波羅在回憶錄的其他篇章，提到商人會在荷姆茲閒坐整個冬天，等待來自印度的船隻在冬季的尾聲抵達當地，因此船隊可能是在一二九二年跨一二九三年的冬天來到荷姆茲——從中國出發的這一程，整整用了兩年時間。

說穿了，可憐的闊闊真妃在船上待了很長的時間。由此看來，使團除了護送公主之外，可能還進行了其他任務。公主固然造訪了諸多口岸，但我們無法揣測忽必烈是否刻意施壓其中任何一處的統治者。不過，我們可以確定他絕不會放過任何機會，提醒外界他有多偉大。這一次的任務除了是二度嘗試護送新娘之外，也是忽必烈表彰那些在一二八〇年代進貢使節的時機，提醒所有印度洋小國統治者，他才是至高無上的君主。

新郎先走一步

一二九三年初，使團渡過阿拉伯海，抵達波斯灣口的荷姆茲，接著走陸路前往伊兒汗國首都大不里士（位於今日伊朗西北）。然而，他們上路之後，才得知阿魯渾已經在一二九一年，大約在船隊通過麻六甲海峽時過世了。現在沒有新郎，闊闊真該何去何從？伊兒汗國如今掌握在阿魯渾之弟——海合都手中，他比阿魯渾之子合贊技高一籌，成為第五任伊兒汗。海合都收繼阿魯渾的妻子們，但他對闊闊真沒有權利，畢竟婚禮尚未進行。使節們對於處理這個情勢感到棘手萬分，於是派信差回國向忽必烈尋求指示。回覆時，忽必烈指示不該把闊闊真交給海合都，原因可能是認為海合都不在合理的繼承順位上，因此不該將闊闊真許配給他。總之，海合都並未就此事與忽必烈商量。於是，使者把她交給合贊。

當時，合贊人在波斯的東部國界，鎮守隘口，海合都八成是用這招阻止他靠近政治中心。一旦忽必烈對於此事的意思為人所知悉，海合都也無從置喙。使團離開海合都的宮廷，前往東部城市阿卜黑爾（Abhar）。馬可．波羅對這一段行程著墨不多，但我們可以從拉施德丁（Rashid al-Dīn）所編纂的蒙古世界史中找到故事發展。拉施德丁是伊兒汗國御醫，猶太人，改宗伊斯蘭，並且在合贊統治後期受拔擢至丞相之位。根據他的記載，「阿魯渾汗派火者等使節至大汗處，帶回與大忽勒塔黑同族的女子，接過她的位子」。（還記得嗎？沙不丁為了這個海路使團的開支而上奏，內容提到伊兒汗派遣三名使者前來中國請求賜妃，火者就是其中之一，另外兩人在回程時過世。）拉施德丁還說：「除了闊闊真公主，他們還帶了來自契丹與中國、符合國王地位的奇珍異寶。」完婚之後，「合贊將一頭老虎連同其他禮物送給海合都」，也就是從忽必烈送來的嫁妝中撥出一部分，以符合蒙古人分享「戰利品」的習俗。

任務至此完成，波羅一家人與其他人返回大不里士的海合都宮廷。他們為了通關許可等了九個月——威尼斯的距離遠比過去二十四年都近，這九個月感覺就像乾等。好不容易，伊兒汗才允許他們離境前往威尼斯。海合都發給他們大汗使節專用的特別通行證。這種通行證是一塊厚重金牌，長度將近一英尺半，上面寫著：「崇敬長生天，光榮大汗之名，傳頌千秋萬世。」通行證上還提到，若傷害持證者，視同攻擊大汗本人，違者處死，全家財產沒官。馬可．波羅心知肚明，無論威脅多麼嚇人，他們一家人是否能安全通過，其實完全仰賴他所謂的「必要預防措施」——海合都派了兩百名騎士，護送他們離開自己的國家。波羅一家策馬前往黎巴嫩海岸，乘船至君士坦丁堡，再從當地前進威尼斯。始於一二九一年的這一程終於走完，如今已是一二九五年。

銜命執行此次任務的人可是損失慘重。根據馬可．波羅所言，公主的隨員原有六百人，等到他離開大不里士時，只有十八人還活著。至於其中的百名女子，文獻中的說法各不相同。標準義大利語版本中，只有一名女子過世；但在威尼斯方言版中（一般認為內容有誤），結局則大不相同——

除了一名女子之外，其他全部身亡，而唯一的例外就是闊闊真。

波羅一家返抵故鄉那年的秋天，海合都被手下的軍隊將領絞死。有很多原因讓他不受歡迎：對於繼承合法性的質疑，加上縱情酒色、雞姦的指控，以及對一般人來說最關鍵的——他引進元朝風格的印刷紙幣。這些紙幣作為法定貨幣，在大元國使用情況良好，但對伊兒汗國來說卻是前所未有。沒有商人願意收受，波斯經濟因此陷入停頓。王位一開始落入海合都的堂兄弟手中，但合贊最後出兵干預，擊敗第二個篡位者，在一二九五年十月奪得大位。差幾星期就滿二十四歲的合贊，成為第七任伊兒汗，青王妃則成為他的王后。本章一開頭提到的那幅畫，可能是在此之後不久所繪製。合贊命丞相拉施德丁撰寫史書，讚頌自己家人的榮耀，而這幅畫就出自其插圖本。

等到一切塵埃落定時，忽必烈已經離世一年了。他的孫子與繼承人鐵穆耳仍然關注伊兒汗國事務，包括寄給合贊一枚官印，上面用中文寫著：「王府定國理民之寶。」這段用字有點普通，顯示鐵穆耳的幕僚在拿捏伊兒汗國及其統治者的地位時，沒有十足的把握。這枚印章現已不存，而我們之所以知道上面刻了什麼，其實是因為合贊在一三〇二年致信教宗波尼法爵三世（Boniface III），提議與十字軍合力將埃及馬木留克（Mamluks）勢力逐出勒凡特，而信上出現這枚印章的印記。這封信至今仍保存在梵蒂岡的檔案館中。合贊不懂中文，不知道印記上寫著什麼，想必他得請教闊闊真。合贊認為在自己的外交信件上用此印是很恰當的做法，我們因此得知：即便蒙古帝國的四大汗國彼此漸行漸遠，但帝國整體對外界來說仍具分量。

今人記得合贊，是因為他讓波斯從信奉佛教轉為信奉伊斯蘭。他採用「馬哈穆德」（Mahmud）為名，要求子民信仰伊斯蘭蘇非派（Sufism），過程中消滅了伊朗佛教。西亞地區的其他蒙古統治者採取一樣的做法，最後由蒙兀兒人（Mughals）將伊斯蘭帶入印度。改宗一事雖然沒有斬斷合贊與蒙古世界的關係，但確實削弱了他與東方的文化紐帶。即便如此，合贊與後人統治時，伊兒汗國仍與大元國保持外交聯繫，最晚到一三三〇年代都還會派代表前往北京，維持良好接觸。

至於青王妃，她完全從眾人視野中淡出。假如她有為合贊生下兒子的話，說不定還不會消失得如此徹底。但就生兒子來說，合贊的運氣實在不好。儘管有八名配偶，但他在一三〇四年以三十三歲的年紀過世時，卻只有一個女兒活了下來。此時，闊闊真已經死了五年。他唯一的兒子在四年前就走了，年僅兩歲。馬可．波羅比他幸運多了。重返威尼斯的五年後，他在即將奔五的年紀，與多娜塔．巴多爾（Donata Badoèr）成婚。他臨終前，巴爾多與三個女兒，連同他從大元國帶回來的蒙古僕人彼得（Peter），都陪在他身邊。他最後恢復彼得的自由身，並賞給他一筆一百里拉的小錢，此後彼得也消失在視野中。

第三章

瘟疫

卡法，一三四六年

闊闊真在一二九五年成為伊兒汗國王后。伊兒汗國北邊，就是金帳汗國的疆土。到了成吉思汗之後兩代人，蒙古帝國已經分裂為四大汗國，其中就以金帳汗國（Altan Ord，譯為「大帳」比較貼切）與大元國疆域最為遼闊。金帳汗國從察臺台汗國（今天的吉爾吉斯）以西一路延伸到黑海，而大元則是從察合臺汗國以東往中國與太平洋開展。

如果札尼別（Janibeg）不是成吉思汗的直系傳人，就不能在一三四二年成為金帳汗。無論札尼別跟成吉思隔了幾代（答案是七代），只要少了這個起碼的資格，就不能成為大汗。兩代人之前的合贊享有一樣的資格，但是差了兩代，就代表札尼別跟他要上溯到六世祖才有共同祖先。成吉思世系的系譜跨度很大，但這就是一位游牧者的後代，在他死後超過一世紀以上的時間裡，統治歐亞大陸半壁的方式。不過，光是他的傳人還不夠，他有許許多多的傳人，不是每個人都能當大汗，札尼別也心知肚明。札尼別的父親在一三四一年過世時，他的哥哥繼承王位。札尼別不在繼承順位上，於是他掌權的唯一途徑，就是訴諸歷史悠久的血腥競承制，夥同另一名兄弟殺害哥哥。這一回，人們接受他的勝利，視為他有權統治的象徵，但這不代表他能安穩於位，一輩子掌握金帳汗國。他必須不斷出兵，確保金帳汗國在每一段邊境都勢如破竹，尤其是北邊和西邊與非蒙古人接壤之處。

奪權的一年後，札尼別聽聞一件發生在塔納（Tana）的意外。塔納位於頓河（Don River）的黑海河口，是義大利人的貿易口岸。金帳汗國大汗之所以容許義大利人在此，是因為他們能提供金帳汗國從其他管道所無法獲得的奢侈品。一名威尼斯商人在塔納當街侮辱一名蒙古貴族。雖然不是什麼大事，但侮辱自己人的名譽，就等於是侮辱札尼別本人的名譽。由於他才剛即位，代表他必須為此採取行動，就算此舉必然導致他中斷與地中海經濟的連結，斬斷源源流入的商品，讓他無以妝點自己的權威、獎勵手下廷臣也在所不惜。於是，札尼別派兵懲罰塔納。當地的商人（多為威尼斯人）的反應，是逃往距離塔納最近的另一處義大利貿易口岸，距離三百英里遠。這就是克里米亞半島南岸的卡法（Caffa，今天的費奧多西亞〔Feodosia〕）。卡法是熱那亞人的港口，他們也跟金帳汗國做生意。威尼斯與熱那亞之間長期競爭（回想一下，正是威尼斯與熱那亞之間的戰爭，讓馬可·波羅淪為階下囚，時間長得足以讓魯斯蒂謙寫下他的遊記），但面對金帳汗國的威脅，這點齟齬完全不算什麼。由於在塔納恢復名譽的機會溜走了，札尼別就在隔年出兵，包圍卡法，懲罰所有的義大利人，故事就此展開。

往卡法投擲死屍

卡法圍城戰始於一三四四年，曠日廢時，卻沒有決定性的結果。卡法是一座擁有城牆的口岸，海上的支援源源不斷。以陸戰為主的蒙古人，無法實施有效的封鎖來扼住這個港口，難以強迫義大利人為自己的傲慢付出代價。兩年後，金帳汗國的士兵開始生病。我們之所以知道接下來發生的事情，是因為一份地理學文集手稿因緣際會在樂斯拉夫大學（University of Wrocław）圖書館保存下來，而文集中收錄了熱那亞腹地城鎮皮亞琴察（Piacenza）的公證人——蓋布里耶・德穆希斯（Gabriele de' Mussis）的回憶錄。他講述卡法城在士兵生病之後發生的事情，但他有先來一段前情提要：「一三四六年，在東方的國家有無數韃靼人與薩拉森人（Saracens）」——大致上指蒙古人與穆斯林——「被神祕的疾病擊倒，猝死。這些廣闊的地區與無邊的鄉野，恢弘的王國、都市、城鎮與聚落遭到疾病所粉碎，遭到可怖的死亡所吞沒，居民旋即消失一空。」

交代完背景之後，德穆希斯轉而談起所有義大利人棄城從塔納逃往卡法一事。「老天！」他哭號。「看看異教韃靼人如何從四面八方湧來，瞬間包圍了卡法城，將無處可去的基督徒團團圍住，幾近三年之久。在大軍重重包圍下，他們幾乎無法喘息。」然而突然間，圍城的軍隊毫無預兆瓦解了。「整支軍隊受疾病影響，病魔在韃靼人中肆虐，每天殺害上千上萬人。這想必是箭矢於雨般從天庭落下，打擊、粉碎了韃靼人的傲慢。藥石罔效。」

包圍出現缺口，但在蒙古人放棄卡法離開之前，他們使出最後一招來報復——把屍體放上投石器，拋進城裡。投石器是一種中國發明的重力攻城器，就像彈弓一樣，當重物落下，懸帶便會將投擲物拋出。此舉奏效了，卡法受到感染。根據德穆希斯描述，圍城部隊出現「腋窩或陰部腫脹，隨後發燒腐敗」等症狀。卡法城居民也出現這些症狀，眾人陷入恐慌。「如山的死人就這樣被拋進城內，儘管基督徒盡可能把屍體丟進海中，卻仍躲不過也逃不開。」

圖5畫的就是蒙古投石器。這張插圖和第二章一開始，闊闊真妃與合贊成婚的畫一樣，出自《史集》（*Compendium of Chronicles*）一書。仔細一看，投石器頂插著一根竿子，黑馬毛纛飄蕩其上：戰旗已經舉起。從這幅畫中，我們看不出士兵們丟進城裡的是什麼東西，但肯定不是屍體。無論即

將投擲出什麼，投擲斗都沒有出現在畫上，而是在書頁的左下角以外。但操作投石器的阿拉伯機械工身旁散落半打的炮彈，暗示了投擲物的內容。這幅畫畫的不是卡法圍城戰，我之所以擺上這張圖，是為了說明卡法當時可能的光景。大規模毀滅性生化武器發揮了作用。「腐屍旋即沾染空氣，汙染飲用水，」德穆希斯寫道，「臭氣薰天，上千人當中難有一人能逃過韃靼軍隊屍體。」

疾病並未在卡法城內自行消失。逃離卡法的義大利人身上帶著這種病。「有些船隻前往熱那亞，有些航向威尼斯，有些去了其他基督教國度，」德穆希斯娓娓道來，「等到水手抵達這些地方，與當地人相處，彷彿帶有邪靈附身：每一座城市、每一處聚落、每一個地方，都遭受傳染力驚人的瘟疫所毒害，居民暴卒，無論男女。」往來克里米亞與義大利之間的船隻，成為這種疾病傳入歐洲的途徑。戰爭將瘟疫帶到黑海的是戰爭，但將疾病帶進歐洲的卻是貿易。

瘟疫自東方來

若根據德穆希斯所說，在這段首先遍及整個亞洲的漫長傳染故事中，歐洲只不過是又一篇章而已。他列舉所有遭到瘟疫打擊的民族。「死亡的規模與發生的狀況，令活著的人一面淚流哀號，一面度過一三四六年至一三四八年間的慘痛事件，不得不相信末日審判已經到來——中國人、印度人、波斯人、米底人（Medes）、庫德人、亞美尼亞人、西利西亞人（Cilicians）、喬治亞人（Georgians）、美索不達米亞人、努比亞人、衣索比亞人、突厥人、埃及人、阿拉伯人、薩拉森人與希臘人，幾乎整個東方都受到影響。」這是一場東方的瘟疫，位居清單開頭的則是中國人。

亞洲早在歐洲之前便受到肆虐——傳聞如此，德穆希斯雖然沒有很好的資料能佐證他的說法，但歐洲人都這麼相信。謠言傳抵英格蘭。一三四八年八月十七日，巴斯（Bath）主教寫信給手下的總執事們，警告有疫病從歐洲大陸逼近他們，信中他稱之為「來自東方的瘟災」，在法國造成嚴重傷害，「除非我們虔誠禱告不止，否則類似的瘟疫將對這個王國伸出它有害的枝椏，擊倒、吞噬其居民」。主教告訴大家，每逢星期五，巴斯教區的所有教堂都要組織悔罪隊伍，這樣上帝才會送來「健康的空氣」。

英格蘭修士湯瑪斯・沃辛漢（Thomas Walsingham）同樣把目光投向東方。他提到，一三四八年從夏至到聖誕節都在下雨；接著「東方的薩拉森人與其他不信神的人大量死亡，每十個薩拉森人都不見得能有一人活下來」。他確信「這種疾病來自東方」。阿維斯伯里的羅伯特（Robert of Avesbury）以類似的口吻說：「瘟疫首度流行於薩拉森人居住的地方。」羅切斯特（Rochester）有一位教會史家明確指出疾病爆發之處：「一開始是印度人大量死亡，接著席捲敘利亞和埃及的所有異端，經過希臘、義大利、普羅旺斯與法蘭西，抵達英格蘭——同一種致死的疾病殺死了三分之一的男女老幼。」對於印度在哪裡，或是什麼叫印度，這些提筆為文的英格蘭人其實沒有清楚的概念，頂多知道是在遙遠的亞洲，但大家都同意。當牛津郡（Oxfordshire）書記傑弗瑞・勒貝克（Geoffrey le Baker）聲稱這種「出人意料、席捲世界的瘟疫」來自「印度人與突厥人所居住的東方土地」時，他其實是在重複一般人相信的事情。

中東的穆斯林觀察家更接近事件的發生地，對於東方的地理形勢多少也比英格蘭人清楚。人在開羅的歷史學家塔基阿丁・馬基里奇（Taqi al-Din al-Maqrizi）寫道，這場瘟疫始於「大汗之地」，也就是金帳汗國。根據他的記載，疾病於一三三五年首度在近東地區爆發，地點居然是伊兒汗國。當時在位的是合贊的姪孫，第九任伊兒汗不賽因（Abu Said）。那年十二月，不賽因和他的六個孩子在進攻金帳汗國的軍事行動中盡皆身亡。假如馬基里奇所重建的過程正確，瘟疫就是在一三三五年從金帳汗國傳到伊兒汗國，然後才傳到更西方。（卡法的爆發是十一年之後的事。）伊兒汗國受到致命的政治打擊——隨著不賽因死去，成吉思世系在波斯的傳承就此斷絕。

阿勒頗（Aleppo）比開羅更接近事發地點，當地人而同樣望向東方。史家伊本·瓦爾迪（Ibn al-Wardi）人在阿勒頗，他短暫、親身經歷了這種瘟疫，於一三四九年染病而死。瓦爾迪相信，根據他所能確定的事實，瘟疫「始於黑暗之地」，這個詞彙泛指「北方」，很可能是說金帳汗國。據他了解，瘟疫在這十五年間席捲大片區域，而這「十五年」的時間長短，也符合馬基里奇所謂第九任伊兒汗因病死於一三三五年的說法。傳染病「折磨印度的印度人」，「信德地區（Sind，今日巴基斯坦東南）尤其嚴重」，「不僅攫住，甚至讓月即別人（Uzbeks）的土地落入陷阱」，也就是今日的吉爾吉斯地區，「害死河中地區（Transoxiana，大致是今天的烏茲別克）許多人，襲擊波斯（以前的伊兒汗國所在地）」，並「朝著契丹人的土地大步邁進」——此處的「契丹」可能不是中國，而是東突厥地區的喀喇契丹。他還把亞洲的另一個地區擺到瘟疫的傳播途徑上——中國：「契丹自不能免，連最強大的堡壘都無法自持。」一個世紀後，馬基里奇從開羅得出同樣的觀察結果。他寫道，瘟疫先是打倒了伊兒汗國，接著「傳遍東方各國」。印度自不待言，但「它在中國殺死最多的人，只有少數人倖存」。

當這場瘟疫的肆虐範圍在一三四〇年代擴展開來時，有一位同時代的穆斯林觀察家，正好在整個歐亞大陸旅行。此君就是豪情萬丈，但多少有點自視甚高的摩洛哥人——伊本·巴杜達（Ibn Battuta）。他從瘟疫範圍的邊緣擦身而過，提到許多地方的疫情，但不包括印度或中國。當瘟疫於一三四六年抵達卡法時，他說自己已經走海路，完成從印度出發往返廣州的行程——意即馬可·波羅半世紀前所走的路線。但是，出現在他旅行紀錄中的時間日期實在不太可靠。假如他真的搭船前往廣州，等於他不到一星期就掉頭離開，因此就算他沒有提到中國的疫情，我們也不能太過當真。他第一次提到瘟疫的時間點，是一三四七年秋天。此時，他正從荷姆茲出發，穿越伊兒汗國，前往大馬士革。在伊兒汗國，他聽說瘟疫在十四年前帶走了第九任伊兒汗（合贊的姪孫）和其子的性命。伊本．巴杜達之所以前往大馬士革，是因為他曾經在二十年前造訪過那座城市——時間夠他跟一位摩洛哥同胞的女兒結婚，讓人家懷孕，然後再離婚——並驚訝得知自己多了一個兒子。了解到這個男孩在十年前就過世之後，他於一三四八年六月動身前往阿勒頗，但後來聽說瘟疫來臨，便又掉頭回去。瘟疫的腳步在他前往大馬士革的途中與他擦身而過，先他一步抵達耶路撒冷、加薩與亞歷山卓。他從亞歷山卓出發，溯尼羅河而上，渡過紅海，前往麥加。一年後，瘟疫也席捲麥加。最後，伊本．巴杜達終於調轉腳步，返鄉探望母親，到家才知道幾個月前，母親已經在坦吉爾（Tangier）過世了——死於瘟疫。

若要把中國寫入瘟疫的歷史，有許多挑戰得克服。其中之一是，我們無法叫出任何一個中國人的名字，能像伊本．巴杜達、伊本．瓦爾迪與蓋布里耶．德穆希斯等人一樣，跟黑死病有所關聯。我們聽說有上百萬中國人在遙遠的地方病死，但沒有一個能讓我們接觸，問問究竟發生過什麼事。有些研究瘟疫的西方史家根據十四世紀基督徒、穆斯林作家的觀察，作為瘟疫起於東方的證據；另一方面，某些中國史家反而接受缺乏中文史料的事實，作為推論黑死病並未傳到中國的根據。由於缺乏文獻，比我更慎重的史家說不定會避開這個主題，甚至根本不會在寫書談中國與世界的關係時提到黑死病。我之所以冒險，是因為我們對瘟疫歷史所知的一切，幾乎都因為嶄新的基因定序科技（馬上會提到更多）而改頭換面。基因研究已經開闢出一條迷人的道路，筆直通往紛雜的全球瘟疫史。我保證，即便我們還看不見這條新路的盡頭，但尋幽探賾想必仍然很有幫助。

黑死病

英文中的「plague」（瘟疫）一詞，原意是指受到衝擊而產生的傷口，後來用於泛指打倒一大堆人的傳染病。如今，科學家稱之為耶爾辛氏桿菌（Yersinia pestis），以紀念第一位分離出鼠疫桿菌的科學家——瑞士生物學家亞歷山大・耶爾辛（Alexandre Yersin）。瘟疫在十四世紀中葉爆發時，當時的歐洲人稱之為「大毀滅」（Great Death）。十九世紀之後，世人一般稱呼這種疾病為「黑死病」（Black Death），但專業上，我們稱之為第二次大流行（Second Pandemic）。

這種瘟疫是地鼠身上的細菌性寄生物。地鼠是細菌的宿主，吸食地鼠血液為食的跳蚤則是病媒，瘟疫的細菌就是透過這種方法，從一隻地鼠傳到另一隻地鼠身上。十四世紀的醫學觀察家並未把地鼠與瘟疫聯想在一起，更別提跳蚤了。他們把生病的人與他們所生存其中的宇宙聯繫起來，法國國王希望知道究竟發生什麼事，一三四八年的《巴黎醫學團隊報告》（Report the Paris Medical Faculty）應他的要求而寫成，從內文中便能一窺人與宇宙的這種關聯。報告中，作者群把黑死病歸諸於行星的排列，造成他們所謂的「腐敗的空氣」之故。他們認為病灶透過肺入侵人體，因此著手研究「肺炎性瘟疫」的傳染形式——空氣中的小水珠進入肺裡，在肺裡致病。「一旦吸入」，用他們原話來說，「便必然會穿透到心臟，導致居於心臟的靈魂質敗壞，進一步腐化周圍的體液。產生的熱摧毀了生命力，而這就是當今這場傳染病的直接原因」。這種傳染形式，讓預防難上加難。「畢竟人人都得呼吸，人人都有吸入腐敗空氣的危險」，這是醫生的觀察。體質濕熱的人尤其容易中招：「過度勞動、性與洗浴的人；瘦弱的人；愛操心的人；嬰兒、女人與年輕人；以及面孔紅潤、體型肥胖的人」。巴黎的醫生預測，這種瘟疫將比任何已知疾病有更高的致死率——完全正確。「染上的人裡，能逃過死劫的人確實少之又少」。他們的結論是，瘟疫的終極原因是上帝的憤怒。唯一有效的治療是悔罪，而非藥物。

這一波疾病在一三五〇年代減弱，接著在一三六〇年代再度來襲，然後又減弱。但這種瘟疫並未絕跡於歐洲，而是讓歐洲人始終保有對瘟疫的恐懼，認為是折磨人類的最嚴重疾病。這種疾病後來遁回地鼠族群中，直到十九世紀晚期爆發另一次大流行——這一回發生在香港。

等到瘟疫在一八九四年重新出現在香港時，醫學已經發展出分析、治療傳染病的新典範。支持這種新典範的科技突破，是一種神奇的儀器，叫做顯微鏡。第一個用顯微鏡看到鼠疫桿菌的科學家是耶爾辛，他是瑞士醫學研究員，原本在路易．巴斯德（Louis Pasteur）手下工作，研究白喉與狂犬病（他的博士論文以結核病為題）。他後來搬到西貢，從事一種新的全球規模醫學，也就是後人所說的「熱帶醫學」。一八九四年，在不列顛政府的請求下，他調任香港，協助處理當地爆發的瘟疫。耶爾辛成立一個簡單的實驗室，得以分離、辨識出造成這場瘟疫的細菌。為了紀念恩師，他將之命名為巴斯德式桿菌（Pasteurella pestis）。等到耶爾辛在一九四三年過世之後一年，這份榮譽又回到他身上。如今，這種細菌的學名稱為耶爾辛氏桿菌，簡稱耶氏桿菌。

耶爾辛從事的這種新學科，確認了上述瘟疫雖然會造成感染者嚴重的傷害，但這並非來自人類的疾病。一旦害菌進入人類血液或肺部，複製的速度會快到令人體淋巴系統（抵禦感染的屏障）超過負荷，隨後崩潰。腋窩與陰部的淋巴結會紅腫，或是隆起為硬塊，因為淋巴系統正奮力過濾病原體。如果不施用強力抗生素，淋巴系統將在幾天內失效。正是因為如此，人類並不是這種瘟疫的長期宿主。人們迅速死亡，細菌也隨之而去。除非能繼續傳染，否則病原體會自己走上末路。人類跟這種細菌自然的繁殖或生存無關，因此不是有效的宿主。

相較之下，齧齒類面對這種疾病時能發展出有限的免疫力，等於牠們可以透過人類做不到的方式，與這種寄生菌共存。細菌靠著跳走，從一隻動物宿主傳到另一隻動物宿主。對跳蚤來說，最合適的生態系是地鼠（例如囊地鼠、沙鼠與土撥鼠）的地洞。不過，一旦該生態系受到擾動，這種細菌也能轉移到其他齧齒類宿主身上，最有名的就是老鼠。隨著這項發現，世界各地的公衛當局便能把注意力轉移到滅鼠與限制老鼠移動上。一九〇三年，香港已經實施一套控制鼠患的方法，包括垃圾集中，或是規定船隻必須錨鍊上加裝擋鼠板，以防老鼠從船索上下。

判斷出瘟疫的自然宿主並非與人類共存的齧齒類（例如老鼠），而是野生齧齒類的人，是曾在劍橋大學與約翰霍普金斯大學受訓的檳城醫生伍連德。伍連德研究中國東北滿洲地區一場瘟疫爆發，把病源回溯到一種偏好中緯度的大型毛皮齧齒類——土撥鼠的身上。因此，控制滿洲疫情的方式就不像香港那樣消滅老鼠，而是隔離瘟疫感染者，接著重新建立土撥鼠與人類的自然屏障，也就是中斷數世紀以來獵捕土撥鼠獲取肉類和毛皮的做法。

說到這裡，讀者們已經了解這種疾病的發展歷程。接下來，我將提供一個個案，該名個案出自伍連德在一九三六年發表的手冊——《瘟疫：醫療與公衛工作者手冊》（*Plague: A Manual for Medical and Public Health Workers*）。這位染病的人名叫 C．T．萊克斯（C. T. Raikes），二十二歲，是一位來自英格蘭的醫學院畢業生。他前往新加坡，從事他的第一份工作——棋樟山（St. John's Island）上的公立醫療防疫檢疫站。一九〇八年五月二日，他對一具從香港運來的染疫死屍進行解剖驗屍時，右手腕內側被屍體的肋骨刮傷。兩天後，他因為發燒頭痛而倒下，他的上臂開始抽搐，手腕內側有膿疱形成，還出現一條從手腕延伸到腋窩的紅線。隔天早上他被人送進醫院時，體溫達到攝氏三十九・六七度（華氏一〇三・四度）。隔天，他右腋窩的淋巴結開始腫脹，體溫升到攝氏四十・三九度（華氏一〇四・七度）。這些淋巴結在全身麻醉的情況下遭到切除，但當天下午，他鎖骨下方的淋巴結開始腫脹——他的免疫系統正在與感染戰鬥。當晚，血檢證實他的血液中有鼠疫桿菌，但此時接受的治療只有用苯酚殺菌，以及用嗎啡止痛。他的病情在第五天惡化，到了第六天時脈搏開始不穩。他腋窩第二個腫大的淋巴結也在手術下切除。他最後兩天的病歷表如下：

第八日：「晚上八點，他的情況又惡化一些，體溫攝氏三十八・三三度（華氏一〇一度），脈搏每分鐘一百下，血壓相當高。晚上九點，呼吸開始困難，脈搏變得更弱。此後他的情況持續惡化。午夜，體溫為攝氏三十九・六七度（華氏一〇三・四度），脈搏每分鐘一百二十下，持續減弱中。他時睡時醒，肌肉痙攣。」

第九日：「早上八點，他開始自言自語，但清醒時仍意識清楚。他的體溫為攝氏四十・二度（華氏一〇四・四度），脈搏每分鐘一百二十六下，呼吸率四十八。不久後，他失去反應，進入精神錯亂狀態，開始失禁，無法吞嚥。他再也沒有從這種狀況中好轉，於中午十二時四十五分死亡。」

一週後，萊克斯的主治外科醫生韋瑞（Wray）死於同一種感染。

中國有瘟疫嗎？

耶爾辛與伍連德很確定，他們在一八九〇年代對治的這種疾病，跟黑死病期間打倒整個西方的瘟疫，是同一種細菌。從淋巴腫脹與發燒，以及致死率與死亡的速度來看，這兩起大流行肯定有關。他們各自對付的疫情都發生在中國，因此讓他們冒出「中國藏有這種瘟疫長達數個世紀」的想法。伍連德的手冊中有一長串流行性疫情爆發的清單，是他的助手從中文史料裡蒐羅而來的。他提供這份清單，作為瘟疫在中國悠久歷史的初步證據。但是，伍連德的清單中所羅列的史料都不足以一錘定音，後來的學者也懷疑從今人的疾病出發往回解讀的做法，認為我們不可能反向診斷出是什麼害死了我們的老祖宗。正因為如此，中國歷史教科書才會完全沒有提到香港爆發鼠疫之前，中國曾出現任何相關疫情。歷史學家韓明士（Robert Hymes）作出近年來最優秀的中國瘟疫歷史研究，他曾寫道，我們面對的難題是，「任何指出『黑死病始於中國或其周邊』的史家都必須正面處理一個顯而易見的問題：若果真如此，我們怎麼一無所知？」

我著手尋找證據，正面也好，反面也好。最讓人失望的跟文獻有關。十四世紀中葉那場瘟疫的慘況，歐洲與中東各地都能找到大量的報告，但中國就是沒有。假如這場瘟疫一如黑死病肆虐西方那樣肆虐中國，應該會有誰和同時代的西方人一樣激動寫下此事，但沒有一個中國作者留下任何這類文字。唯一提及疫情大流行的史料，就是由後朝寫前朝的大量官修史書，也就是伍連德團隊撈針的大海。歷朝歷代的正史都收入一份該朝代的天災清單附錄。這類紀錄並非出於激動而寫，讀起來也波瀾不驚。一三四四年至一三四五年間全部的紀錄如下，兩則出現在元史，一則出現在明史：

〔一三四四年〕：「鳳翔旱蝗，大饑疫。」
〔一三四四年〕：「福州、邵武、延平、汀州四郡，夏秋大疫。」
〔一三四五年〕：「春夏，濟南大疫。」

光用這幾則內容，就說瘟疫在西方爆發之前便肆虐中國，可不是一件容易的事。考慮一下爆發的地點，鳳翔位於中國西北的古代貿易城市——西安的西邊。貫穿亞洲的狹長走廊——今人稱之為「絲路」——便是以長安為起點。福州則是中國東南沿海福建省的省會——馬可．波羅與闊闊真妃就是從福建出發，而伊本．巴杜達也宣稱自己去過那裡。濟南位於山東省，山東位於華北平原東側，北京以南的地方。這三個各自獨立的地點讓人難以想像。你可以從一地到另一地，但路途曲折，頗需時日。它們作為入口或出口的位置或許更有點眉目。鳳翔西指絲路，福建面對大海，濟南則是通往北京以北、直至蒙古草原的門戶。

即便如此，這裡與歐洲的距離仍極為遙遠。鳳翔至卡法的直線距離為四千英里，騎在馬背上就更遠了。鼠疫桿菌來到齧齒類宿主身上之後，從一個地洞到下一個地洞的速度，一年頂多十五英里。齧齒類除非搭便車，不然無法長距離移動。受到感染的跳蚤也許會躲在衣服裡或馬鞍上，但感染之後也活不過幾天。有人假設鼠疫桿菌說不定能以休眠狀態生存在跳蚤的糞便中，進而長距離運送，但橫跨四千英里卻沒有爆發？可能性微乎其微。瘟疫不太可能在一三四五年時離開中國，並且於一三四六年出現在卡法。

兩者即便有關，也必然發生在更早的時候。我們確實可以在正史中找到更早的條目，內容提到瘟疫大流行。一三四四年之前，長江流域曾有幾次爆發，最嚴重者莫過於一三三一年席捲衡州的疫癘。衡州是中國南方內陸深處狹窄河谷的一個小行政區。這場大流行的致死率極高，中國正史採用的標準表現方式是「死者十九」。再往前，我們得倒轉二十多年，來到一三〇七年至一三一三年。一三〇七年，先是臨海的浙江省紹興受到地方性疫情影響，接著瘟疫在隔年化為一道巨浪，捲土重來。《元史．武宗本紀》提到：「疫癘大作，死者相枕籍。父賣其子，夫鬻其妻，哭聲震野，有不忍聞。」另一部列傳則宣稱「死者近半」。差不多在同一時間，北京也受到瘟疫打擊。

從這場爆發往回推，一直要推到一二三二年，才能找到另一份中文史料。不過，一二三二年的疫情，倒是讓我們有點事做。

屍出開封

韓明士為他稱之為十七世紀前中國「紀錄最豐」的一次疫情，重建出一段故事——那場疫情的紀錄稱不上詳實，但已經勝過其他所有的文獻。這次的瘟疫爆發在一二三二年夏天的開封。開封位於黃河北岸，當時是大金國首都。《金史》僅用一句話記錄此次疫情爆發，但韓明士卻能找到醫生李杲針對這起事件所寫下的紀錄——開封爆發疫情時，李杲似乎就在城內。

瘟疫襲擊開封時，蒙古人正好在包圍這座城市。疫情在六月初爆發。《金史》提到：「凡五十日，諸門出死者九十餘萬人」。這只是官方紀錄，史家還加了一句：「貧不能葬者不在是數。」李杲證實了死亡的規模。「都人之不受病者，萬無一二，」李杲如是說，「既病而死者，繼踵而不絕。」他用城門的數量來計算死亡人數。「都門十有二所，每日各門所送，多者二千，少者不下一千。似此者幾三月。」他估計的人數下限，與正史中的說法相符。李杲還提到開封並非唯一受災之處。他列舉山東省東的東平，山西省北的太原，以及一三四四年爆發瘟疫的地方——鳳翔。李杲記錄此次情事，不只是因為他目擊了發生的情況，更是因為他想解釋面對如此天災，自己何以認為必須闡述一套新的疾病觀，取代過往所學的舊觀點。

開封爆發疫情之所以令人吃驚，是因為情況跟卡法隱約有相似之處：蒙古大軍圍城，瘟疫猛然而起，死者無數。似曾相識並不代表開封爆發的一定是鼠疫，但卻指點我們把目光投向蒙古人。這種疾病會不會是他們帶來的？

韓明士認為是，接著把注意力轉向西藏東北方的青海——絲路沿著青海的外圍前進。十三世紀初，該地區是由大夏國統治。這個政體是由人稱「党項」的吐蕃民族所建立，直到成吉思汗決定摧毀他們為止。從一二〇五年開始，成吉思汗發動四場軍事行動以消滅大夏，終於在一二二七年取得最終勝利，他也在同一年過世。青海想必受到嚴重破壞。騎在馬上的大軍無論去到何處，都會深深擾亂當地生態系。馬匹會翻起土壤，摧毀地底下哺乳類的地洞。人馬會消耗糧草，傷害作物，野生動物資源因打獵而大幅減少。他們一路上留下腐肉，改變食物鏈，利於食腐動物。蒙古人出兵党項，很可能令情況雪上加霜，使感染瘟疫的跳蚤放棄其自然宿主，跳到人類身上。青海是喜馬拉雅旱獺的天然居住地，這個事實帶給韓明士靈感，提出假設，認為蒙古人從青海帶來瘟疫，並且在五年後帶到開封。（後來的研究指出，喜馬拉雅旱獺在不久前才成為瘟疫的帶原物種，但喜馬拉雅旱獺並非跳蚤唯一的齧齒類宿主。）

進攻大金國的軍事行動，是由成吉思汗的兒子與傳人——窩闊臺所率領。一二三一年往南突破長城之後，他的大軍便連戰皆捷。耐人尋味的是，正當窩闊臺準備南下攻擊開封時，他卻生病了。薩滿判斷，這是因為蒙古軍事行動造成破壞，觸怒「契丹人（即中國人）的山河」。連薩滿都了解擾動環境的有害影響。我們沒有根據能推論窩闊臺染上了瘟疫。他在薩滿治病時恢復意識，要求喝水，問：「發生何事？」

行動繼續。一二三二年四月，窩闊臺率軍包圍開封。六週後，瘟疫爆發。

這是不是黑死病？

大爆發

老實說，問題的答案並不重要。從醫學角度是什麼害死了大批的人，重要性似乎比不上「許多人因此喪生」的社會事實。以這種方式進行總結，原本是相當合理的態度。但多虧DNA研究近年來的發展，情況有了改變。只要你在接下來幾頁緊緊跟著我的腳步，就會了解近年來瘟疫基因組研究的突破，為何會讓某些史家如此興奮。

引發瘟疫的桿菌是一種單細胞生物，其細胞遺傳物質全數裝在DNA分子中，所有的生物都是這樣。這些遺傳物質加總起來編成DNA雙螺旋，決定了這種生物的樣貌。構成DNA的積木（稱為核甘酸〔nucleotides〕的分子）連結成對，繫住它們的化學組合可能有兩種。這兩種化學組合稱為「鹼基對」，而鹼基對之間的化學鍵序列，便決定了生物體。特定生物的化學鍵序列總體，稱為該生物的基因組。為了讓各位對比例有點概念，鼠疫桿菌的基因組是由四百五十多萬組鹼基對所組成，人類則更為複雜——我們的基因組有超過三十億組鹼基對。遺傳學家目前從事的任務，就是為這些鹼基對定序。

基因組是生物的遺傳密碼，是讓它有別於其餘生物的指紋。當細胞在穩定的環境下增殖時，其基因組會受到複製：子代重複親代。然而，瘟疫的基因組那四百五十萬化學組合之一，有極微小的可能會在增殖時發生改變。將鹼基對結合在一起的化學鍵只有兩種可能的組合；當其中一個鍵換成另一個鍵時，基因就會發生變化。子代依然是瘟疫，但卻是版本稍微不同的瘟疫。這種變化將長長久久——直到下一次變化發生為止，這就是演化。

一旦將同一種生物的不同個體進行基因定序，就有可能加以比較，找出鹼基對之間的每一個變化（稱為「單核苷酸多型性」〔single nucleotide polymorphism〕，簡稱「SNP」〔讀音如 snip〕）。擁有的個體愈多，就能進行愈多比較；比較的數量愈多，就能愈清楚排列出長時間的演化遺傳鏈。這些變化可以排列成系譜，呈現哪一個個體在前，是誰產生了誰。早期病原體菌株的消亡，代表繪製系譜時，有許多中間的演化步驟就找不到了。二〇〇〇年，法國科學家團隊從蒙彼利埃（Montpellier）一處黑死病墳場中三具屍體的牙齒上取得有機物，辨識出一部分的耶爾辛氏桿菌 DNA。試想，這會激起什麼樣的迴響。最早的反應是一股不相信、反駁，甚至是嗤之以鼻的洪流。但後來有其他團隊跟進，解讀人們漸漸稱為「古代 DNA」（aDNA）的簡短片段，將這些碎片定序排列成更長的基因碼，摸索出瘟疫系譜的輪廓。

二〇一一年之所以會出現一起轟動事件，得歸功於倫敦主教拉爾夫・史特拉福德（Ralph Stratford）。一三四八年，史特拉福德面對倫敦城裡堆積如山的染疫死屍，於是設置一處墓地，來處理這個天大的麻煩。倫敦有三分之一到一半的市民在第一波瘟疫時病死，他們的屍體得想辦法處置才行。主教指定一塊用地，位置就在倫敦塔的東北方。這處墳場（王家鑄幣廠街〔Royal Mint Street〕南側與卡特萊特街〔Cartwright Street〕西側，你去過附近就知道）在一三五〇年關閉，於一九八〇年代晚期開挖，遺體則送至他處存放。接著在二〇一一年，麥克馬斯特大學（McMaster

University）古代 DNA 中心（Ancient DNA Centre）的克絲汀・博斯（Kirsten Bos）所率領的科學家團隊，宣布他們已經將造成這些人死亡的病原體基因組定序完成——不只清楚看出這些病原體是瘟疫的祖先，而且跟現存的瘟疫菌株沒有多少差異：頂多只有數十處的「SNP」。來自其他瘟疫墳場的發現迅速問世，而且新發現至今不斷，每一段新的基因定序都引發一陣騷動。截至本書寫作時，遺傳學家已經定序出將近四十組完整的古 DNA 基因組。瘟疫歷史演化的全球圖像正漸漸成形。

北京微生物流行病研究所的崔玉軍，率領三十三名科學家組成團隊，於二〇一三年發表了目前學界用來安排系譜分支的模型。他們比較目前已定序完成的所有瘟疫基因組，判斷出一一四二年至一三三八年間的某個時刻，這種瘟疫經歷迅速演化的階段，分成四個分支，並且在進入人類宿主體內後達到前所未有的致病性。崔玉軍的團隊決定將此次四岔分裂稱之為「大爆發」。「大爆發」可謂名實相符，畢竟似乎就是在這一刻之後，黑死病便橫掃中東與歐洲。那一波瘟疫是「一號分支」（Branch 1），也就是一八九四年時，耶爾辛在香港研究的那個瘟疫分支。不知怎的，這個分支在一三四〇年代與一八九〇年代間，橫跨整個歐亞大陸。也就是說，耶爾辛的猜想是正確的：他所看到的，確實跟歷史上的黑死病是同一種生物。研究顯示，伍連德在滿洲試圖控制的菌株，屬於「二號分支」（Branch 2），是一種在歐洲沒有先例的蒙古菌株。這兩名醫學研究者相信自己對抗的是瘟疫，他們也都沒有錯，只不過新的遺傳科學讓我們了解這段演變的一些基本事實，而這是他們無從得知的。

大爆發之前的主幹，稱為「零號分支」（Branch 0）。關於它如何在幾千年前，從名為「耶爾辛氏假性結核桿菌」（Yersinia pseudotuberculosis）的溫和土壤病原體演變出來的，我們恐怕永遠不得而知。但是隨著更多案例出土，零號分支顯然比崔玉軍團隊不過幾年之前所認知到的更為複雜。假如開封確實在大爆發之前便經歷瘟疫，碰到的就是零號分支；也就是說，跟十四世紀席捲歐洲的是不同的菌株。馬基里奇認為十四世紀時肆虐開羅的那場瘟疫，「在中國害死了無數人」。他的看法正確與否，得端視中國科學家能否找出並分析中國的古代DNA。關於中國歷史上爆發的瘟疫大流行，目前為止尚無任何基因分析。考慮到目前針對瘟疫已經進行的研究，這一切都是從二十世紀的DNA發現往回投射的結果。直到情況改觀之前，馬基里奇的說法正確與否，仍在未定之天。我們必須等到有基因證據才能下定論。未來會有的。

卡法之後

眼下，我們只有文獻。請容我重新回到文獻一次，不是穿越到一三四〇年代，而是看看後來發生的事。一三五〇年代的紀錄叫人大吃一驚。從一三五二年開始，中國每年至少受到一次大流行肆虐，有時甚至一年兩次，為期十一年，只有兩年的疫情稍緩。

一三五二年有兩起大流行：二月一起，地點是山西省北靠近長城的地方；另一起則是發生在夏天，地點是長江下游的江西省。瘟疫在一三五四年重新在山西流行。同年，北京也發生疫情，史料上稱之為「疫癘」——「疫」是傳染病，「癘」則是「疫」的症狀，也就是皮膚表面的腫塊。「疫癘」與鼠疫的淋巴結腫大之間不難產生聯想。長江流域又受災兩年，疫癘由此傳播到更廣大的區域，感染大量百姓。一三五五年在沒有大規模疫情的情況下度過，但河南省卻在一三五六年出現大爆發。河南省位於華北平原的心臟——一百二十四年前遭逢疫情打擊的開封，就在河南省。隔年，疫情在河南省東邊的山東省爆發，兩年後又出現。山西省在一三五八年再度遭受打擊，而瘟疫在隔年——一三五九年重新出現在山東省。同年，廣東省北內陸爆發疫情，位置與一三三一年大流行的衡州不遠。過了一年，曾經在一三〇七年至一三一三年間爆發瘟疫的紹興，受到一場傳染病襲擊。病原體消蹤匿跡，後來卻在一三六二年捲土重來。

我們完全是從官修《元史》短之又短的條目中，得知這些事件。除了皮下腫塊的說法，這些條目沒有提供任何與疫情病原或症狀的紀錄。截至目前為止，還沒有找到其他文獻能告訴我們更多事情。我們只知道，瘟疫在卡法爆發的六年後，一場重大傳染病浪潮肆虐中國若干地區，歷時十一年，規模前所未見，直到一六三〇年代才被其他疫情超越。造成這些疫情的，究竟是地方性的病原體，因為環境變動而變本加厲？抑或是從中國境外移入的病原體或新菌株？我們說不準，但對我來說，後者感覺更有可能。

這一波浪潮在一三六二年結束。六年後，中國的大元國便土崩瓦解。一三六〇年代之後，中國始終與西邊的蒙古政體保持聯繫，但頻率已大不如前。交流的時間是否足以讓瘟疫溜進來？這是一個無解的問題，但機率感覺相當大。

天山山脈

再多一個猜想。相較於試圖判斷中國究竟是黑死病的起源，還是承接這種疾病的地方——中國與克里米亞相去四千英里，這仍是相當龐大的距離——我們不如尋找既非中國、亦非中東，而是介於這兩地之間的史料，或許可以更有方向。我們仍然可以在某些地方找到屬於零號分支的菌株，也就是大爆發之前的原始菌株。在我看來，這些地方值得更仔細的調查。比起試圖從一號分支在今日世界中出現的地點回追（那幾乎等於全球範圍），尋找零號分支說不定能讓我們更靠近大爆發的地點。

零號分支並未在大爆發中消失，而是持續存在並演化。科學家已經辨識出許許多多的次分支，其中早於大爆發者稱為「古菌株」（Antiqua strains）。事實上，如今沿著新疆與吉爾吉斯的絲路走廊，都能找到古菌株的後代。據崔玉軍的團隊推估，大爆發發生在距離中國更近的青海，而古菌株則順著絲路，西進吉爾吉斯。但是，假如我們把方向反轉，想想看瘟疫傳播的路徑不是沿著這條路從青海往西，而是從吉爾吉斯往東？

二〇一七年，俄羅斯防疫研究中心（Russian Anti-Plague Research Institute，位於窩瓦河畔的薩拉托夫［Saratov］）的加麗娜·愛羅先珂（Galina Eroshenko）率領團隊進行研究，帶來關於吉爾吉斯瘟疫菌株的新視野。愛羅先珂的團隊揭露，整段吉爾吉斯—新疆邊界的吉爾吉斯側，古菌株密集的程度令人吃驚。蒙古人稱呼這個高海拔地區為「騰格里山」（Tengri Tagh），也就是「天山」。這些高山相當於構成大元國與察合臺汗國之間的天然邊界。她的團隊還辨識出目前為止，古菌株中最年輕的菌株——也就是說，最接近大爆發發生前那一刻的菌株。該菌株跟大爆發只有兩個「SNP」（鹼基對中標誌著基因突變的變化）。從遺傳角度來看，這真的很靠近。假如我們想根據經驗，針對大爆發的地點做推測，就該好好調查天山山脈。或許這就是伊本·瓦爾迪的「黑暗之地」——他認為蒙古人把黑死病從這個地方帶到阿勒頗。

以前的考古有一個很有意思的發現，頗能支持我們應該重視這個區域的假設。一八八五年，俄羅斯考古學家達尼耶·科沃爾森（Daniel Chwolson）於這一帶作業時，在吉爾吉斯第一大湖——伊塞克湖（Issyk Kul）找到一群集中的墳墓。絲路的其中一條路徑通過這裡，而他在湖畔發現大約三百三十塊墓碑，皆來自聶斯脫里基督徒（Nestorian Christian）社區。這些墓碑上提到一三三八年至一三三九年間，超過六百五十名的死者。面對如此高強度的死亡浪潮，科沃爾森懷疑是爆發瘟疫的關係，只是沒有其他證據。他問：還有什麼別的因素，能導致貿易路線的小社區裡，才一季的時間就有這麼多人倒下？這場爆發的時間，距離第九任伊兒汗不賽因之死僅僅過了三年，比卡法的爆發早了八年。換用科學語言來說——這會不會是零號分支的古菌株？也許。還是說，該菌株屬於後大爆發時期的新分支，正準備在歐洲引發大流行？很有可能。答案目前還在跟我們捉迷藏，但隨著了解更深入，或許將證明吉爾吉斯就是我們尋找黑死病起源地時，應該尋找的地方性黑死病（見地圖2）。

無論科學研究得出什麼結論，蒙古人都將穩居故事的重心。無論瘟疫是乘著商人或軍人的鞍囊，大家都是沿著同樣的狹長地帶移動，這跟蒙古國家選擇開放這些路線的做法泰半脫不了關係。到頭來，他們攻打鄰國時曾經的利器，如今卻是他們垮臺時的共謀。瘟疫的作用等於是最後的仁慈，至少對伊兒汗國確實如此。機動性與戰略位置既能讓大蒙古國得以征服世界，也能瓦解這個國家。因此，阿維斯伯里的羅伯特寫下「瘟疫首度流行於薩拉森人居住的地方」時，他多少是對的，只要我們用「金帳汗國」和「察合臺汗國」取代他的「薩拉森人」就好。寫下瘟疫「不僅攫住，甚至讓月即別人的土地落入陷阱，害死河中地區許多人」的伊本．瓦爾迪甚至比他更接近真相，畢竟他說的地方更靠近天山。

總之，中國不太可能是黑死病的發源地，反而是透過沿著縱橫於內亞的路線移動的商人與軍人，才跟瘟疫的菌株庫有所聯繫。至於瘟疫是何時傳入中國？從何處傳入中國？甚或是否抵達過中國？這些問題都還沒有定論。眼下，尋找大爆發地點時最有機會的地方，就是在察合臺汗國內——內亞的心臟地帶，占據大元國與金帳汗國之間的緩衝地帶；也就是說，第二次大流行既非歐洲的故事，亦非中國的故事，而是歐亞的故事。首屈一指的瘟疫史學家莫妮卡·格林（Monica Green）認為，與其把黑死病當成孤立的現象，我們不如用上述的這種角度，把黑死病看成「一段漫長、共通創傷的起點」。

老鼠找上門

無論一三五〇年代與一三六〇年代初期的傳染病由什麼樣的基因組成，或是起源於何處，都是破壞性海嘯的一部分，將大元國推向一三六八年的崩解。疾病的風口與乾旱的浪尖在一三五二年相偕而來。歉收、暴動，成吉思世系貴族只能憑藉為繼承權而爭，為階級內部帶來活力。一三六八年九月二十日夜裡，中國反抗軍推進首都，妥懽貼睦爾於是放棄北京，帶著高麗裔的奇皇后和近親們逃往北方。當天稍早朝議時，他宣布準備出發，如常進行前往上都的北巡。但這其實是空話，滿朝文武也都曉得。妥懽貼睦爾已經十年沒有往返上都，原因很簡單——老上都已經沒了。一三五八年末，兩名中國反抗軍將領（以嚇人的外號「關先生」與「破頭潘」聞名）突襲上都，焚毀宮城。元朝迅速糾集部隊，以擊退這場大膽的襲擊。一星期後，關先生與破頭潘往高麗方向遁走，但上都此時已成廢墟，至今猶是。接下來這十年的情勢每況愈下。蒙古貴族為了大位而挑戰妥懽貼睦爾，自稱「紅巾」的中國反抗軍也起身抵抗，逐漸發展成一股蒙古人無法擊破的軍事威脅。

妥懽貼睦爾一行人從居庸關通過長城，往北前往上都。這道門是他治世的一筆輝煌。妥懽貼睦爾在一三四〇年代下令在居庸關雲臺上興建佛塔，以紀念他偉大的曾曾曾祖父忽必烈汗——不只是作為建國者，更是以佛教慈悲胸懷統治世界的轉輪聖王（cakravartin）。城門在一三四五年竣工，也就是一三四四年至一三四五年這兩年傳染病期間的第二年。這座城門最了不起之處，在於門道內壁從地板刻到天花板，以六種語言呈現的佛教陀羅尼——有中文、蒙古語（以八思巴文書寫）、回鶻語（以粟特文書寫；粟特文後來取代八思巴文，成為書寫蒙古語的文字）、西夏語、梵語和尼泊爾語（以蘭札文〔Lantsha script〕書寫）。之所以會刻上這些只有僧人與學者識得的字句，是為了禮讚佛陀，展現大蒙古國對這個普世宗教的支持，以交換佛陀的庇佑，但這份庇佑在一三六八年告終。

假如妥懽貼睦爾離開門拱時有望向左邊看的話，他最後注意到的想必是一隻身穿蒙古袍服馬靴的大老鼠，從雕刻優美的石灰岩塊表面浮出來。這隻老鼠後背著地，怒瞪腳踩在自己肚子上的多聞天王（Vaisravana）。多聞天王的任務是守護北方，保護虔誠信徒不受邪靈騷擾，因此出現在門道的北端。那麼，穿著蒙古衣服的這隻老鼠鬼怪是哪種齧齒類？倘若是蒙古旱獺，那可是為這段瘟疫故事畫龍點睛。但就我們所知，齧齒類與瘟疫之間的關係還不夠穩固。蒙古皇族一行人策馬往北的時候，想必沒有人稍稍留心這隻老鼠。

妥懽貼睦爾在上都度過自己的第一個流亡之冬。他的身體很差，境遇悽慘。由於在上都無法保障自己的安危，他與整個朝廷在一三六九年冬天遷往更北邊的地方，來到草原上一座名叫「應昌」的城池，跟北京的距離又拉開一倍。據說，妥懽貼睦爾在這兒寫了一首長詩，痛惜自己失去的一切。詩中，他為丟掉幾座首都而悲嘆。他歌頌北京是「我那方正筆直珍寶瓔珞的大都」，「我晨朝登其高歡處雲霧中」。這座都城「我在彼將大國之威執於手中，我在彼盡收各地蒙人於眼底。如今我於此無冬宮可避冬。我將我的大都輸掉——輸給中國」。接著他讚賞上都，「噢，我那黃金草原上的上都，古代大汗的夏居，我那黃金草原上的避暑聖所，大智大慧忽必烈避暑的神鶴宮殿」，也是「我於夏居安之地」。然後又是同一個曲調：「我徹底輸掉上都——輸給中國。」

妥懽貼睦爾沒錯，他把一切都輸給中國了。但他流亡的地方稱不上安全。一三七〇年，痢疾在應昌爆發，橫掃全城。最後一位從中國內部統治大蒙古國的大汗，就葬送在這種細菌手中——不是鼠疫。

The Ming Great State

大明國

第四章 太監和他的人質

錫蘭，一四一一年

一四一〇年十一月，人們目擊到大明國艦隊從東方海平面出現，朝錫蘭而來。整支艦隊的主角是四十八艘大船，較小的船隻群隨其後，彷彿一群大鵝身邊圍繞著兩倍於斯的幼鵝。歷數水手、士兵、太監與整批後勤隊伍，海面上一共來了三萬人。風聲迅速在島上傳開，守軍高度警戒：中國人來了。

這已經不是第一次了。四年前，一支一樣耀武揚威的大船艦隊曾登陸錫蘭海岸。時間點幾乎跟上次一模一樣，在一年當中的同一刻到來——大約是吹起冬季季風的兩個月後，此時東北風增強，海流穩定往西，是西渡孟加拉灣的理想時節。此外，錫蘭海岸強近的沿岸流正順時鐘環流這座島，任何渡過孟加拉灣的船隻，都會被海流掃過島嶼南端，上至西側，島上的錫蘭王國（即斯里蘭卡，同一個名字，只是拼法不同）幾乎對全世界開放。上一回，艦隊在高朗步（Kolamba，「港口」之意，即今可倫坡）下錨。高朗步的上游是科特（Kotte，「堡壘」之意，今斯里蘭卡首都科特），總督尼桑迦・亞烈苦奈兒（Nissanka Alagakkonara）麾下有數萬戰士，以維持境內安寧，保護本國不受北方的泰米爾諸國威脅。

四年前的那場相遇不歡而散。來自某個自稱「大明國」的代表團上了岸，行禮如儀，華美的絲袍隨風擺盪，表示要錫蘭王歸順於大明國的新皇帝。用一場儀式將國王本來就有的地位賜給他，要他低頭，聽從某個遠方皇帝的命令？這已經超過侮辱的程度了。此事背後隱含著來自境外的嚴重威脅。假如國王對這種威脅投降，區域內的對手會把此事當成示弱，只要這些穿著華袞的太監打包上船走人，他們就會馬上起而反抗國王。這個代表團還進一步要求國王派使節到大明國，在皇帝面前跪下，承認他是天子。這不只丟國王的臉，他的使節等於遭到軟禁，直到獲准返國為止。比較沒有分量的將領一見到這麼多船、這麼多人，恐怕早已心驚膽戰。但亞烈苦奈兒麾下有他們的兩倍人，而且人在主場。總督不認為有理由得對這種要求低頭，於是傲然拒絕對方的提議，命令中國人回去自己船上。代表團中為首的太監鄭和，認為好漢不吃眼前虧，他把人手撤回船上，在沒有完成皇帝使命的情況下掉頭離開，前去向印度大陸上其他的國王做外交上的提議。

來年春天，有人再度看到這支艦隊往東回航，但船隻沒有靠近岸邊。錫蘭受到的威脅結束了，但原因並非鄭和不願意動武，畢竟情勢對他有利。陳祖義是一位華裔冒險家，在蘇門答臘港口淳淋邦發展，治理當地，對通過該地區水路的船隻收費。鄭和拒絕服從他的權威。回程時，他領兵抓到陳祖義，把他帶回中國接受懲罰。亞烈苦奈兒拒絕承認大明國至高權威的舉動令鄭和不快，而抓走陳祖義，就是鄭和顯示大明國威不容挑戰的一種做法。

一四〇八年，也就是首度造訪的兩年後，一支同樣壯觀的中國船隊再度出現在東方海面上。這一回，這些大船沒有下錨，而是逕直通過錫蘭，往北前往印度。無論鄭和是擔心前一回造訪時經歷的羞辱再度重演，或是他受命於皇帝，要避開錫蘭也好，總之這座島安然渡過——不光是艦隊在一四〇八年西來，或是來年春天東返時皆然。中國人避開錫蘭，亞烈苦奈兒不與外人談判的方針看似勝利了。

如今又過了兩年，來到一四一〇年冬天。來自大明國的艦隊在波濤起伏中第三度出現在東邊。這支艦隊究竟會和一四〇八年二度到來時一樣駛過，還是會像一四〇六年那樣登陸？答案是後者。艦隊筆直開進高朗步靠岸，帶著四年前的同一名代表。鄭和重申要求錫蘭國王歸順中國皇帝，這一回他齎捧詔敕金銀供器、綵妝織金寶幡，採取軟性攻勢。亞烈苦奈兒的做法與第一次一樣，他拒絕提議，態度顯然比四年前更無禮。他命令這些使者離開錫蘭島，永不回來。鄭和別無選擇，只得再度撤退，航向印度，但事情沒有結束。冒犯他就等於冒犯他的皇帝主子。三個月後，鄭和回來了。

鄭和稟告皇帝的事件版本在《明實錄》中有摘要。鄭和說，亞烈苦奈兒「誘」他深入錫蘭國中。不過，中文史料對於亞烈苦奈兒的身分卻有模糊之處。有兩個人名叫「亞烈苦奈兒」。錫蘭國王是毘羅．亞烈苦奈兒（Vira Alagakkonara），以維賈雅巴胡六世（Vijayabahu VI）的身分，從位於內陸一百英里的國都甘波羅（Gampola）進行統治。另一個亞烈苦奈兒——尼桑迦．亞烈苦奈兒，則是總督兼軍事將領。在高朗步與鄭和對峙的就是他。他是國王的舅父，戰功彪炳，自一三七〇年代以來擊退來自北方泰米爾國家的好幾波入侵。鄭和一開始會不會是把總督錯當成國王了？他何時才意識到有兩個亞烈苦奈兒，而他想找的人其實在甘波羅？

無論鄭和真是遭誘兵深入，還是已經在實施自己的作戰計畫，總之，他讓大約六千人的部隊登陸，朝內陸的甘波羅前進，逼迫「真正的」亞烈苦奈兒一步步臣服於大明國威。正當鄭和的主力部隊朝首都前進時，總督利用情勢，對付停靠在港口、守軍不足的中國船隻。他知道船上有金銀珠寶，於是先派兒子接觸，要求中國人把財寶交出來。預料到會遭拒，他已經先派五萬士兵就準備位置，進攻船隻。此外，他還派伐木工於一段距離後尾隨中國軍隊，砍倒沿線狹窄處的大樹，作為路障，阻止對方迅速回兵。

當鄭和得知艦隊遭受威脅時，便分兵走小道回到海岸，顯示有當地人通敵，將充分的情報告訴他。他猜想，總督會調來麾下多數部隊包圍港灣，劫掠船隻，讓甘波羅相對空虛——從結果來看，他猜對了。鄭和派三千人回去，自己繼續朝甘波羅前進。夜色降臨，他命令部隊銜枚，以免出聲暴露行蹤讓都城守軍知道。信炮一聲（中國的軍事技術專家不久前發明出手持火器），部隊突襲王宮。他們生擒毘羅．亞烈苦奈兒（是當國王的亞烈苦奈兒）和王族成員，以及一些貴族。尼桑迦．亞烈苦奈兒一得知國都遭到襲擊，便派出大部隊前往甘波羅勤王。鄭和的人馬在甘波羅城內撐住六天的圍城戰，接著突圍，帶著國王和廷臣逃往海岸。雙方兵馬損失都很慘重。到了船邊，他們便強迫錫蘭王一家人上船，起錨揚帆。

這段故事不見得精確描述了事發經過，但我們手邊就只有兩份中文史料：一份是鄭和呈報皇帝的故事版本，收錄在《明實錄》裡；另一份則是費信的說法。費信是一名二十四歲的士兵，參與了那次下西洋，為自己的冒險經歷留下簡短的回憶錄。費信宣稱是役以明軍「大勝」告終，為他的簡短故事作結。

有待來使

中國皇帝的武裝使節在印度洋做什麼？為了回答這個問題，我們必須記得鄭和並非中國派往印度洋國家統治者的第一位代理人。這種做法至少可以回溯到忽必烈汗的時代，我們已經從馬可．波羅的遊記中得知這一點，但大元國這種外交方式已經在十四世紀時開始減少。建立下一個朝代的朱元璋，在一三六八年把忽必烈的後代趕出中國，自認要延續忽必烈統御世界的願景——他稱呼忽必烈是大漠中的「真人」。朱元璋沒有打算卸下大汗的角色，假如元是大國，明也不能示弱。他取年號為「洪武」，就是要克紹成吉思世系蒙古人之箕裘，這意味著往大海發展。

身為新一朝皇帝，洪武帝必須獲得認可，顯示統治天命已經從忽必烈家傳到自家身上。祥瑞天象可不能少。沒有的話，國際外交上的承認也行。長期而論，接待外國統治者派來進貢、承認其至高權威的使節們，有助於讓百姓知道全世界承認他有統治正當性——本來就應該承認。洪武帝和忽必烈如出一轍，望向亞洲海洋國家的統治者，以肯定自己位居天下的頂點。

他治世的第一年，也就是一三六八年，居然完全沒有外國使節來朝。王朝新立，小國統治者可能認為不如先等一等，看看這一輪叫牌的結果，才是明智的做法。來年初，洪武帝不耐煩了。他向大越（越南北部）國王發出第一份聲明，告訴對方他等著人承認。「頃者克平元都，疆宇大同，已承正統，方與遠邇相安於無事，以共享太平之福。」開闢全球和諧新年代之後，洪武帝只在意一點：「惟爾四夷，君、長、酋、帥、等，遐遠未聞，故茲詔示，想宜知悉。」講白了就是：馬上給我派使節來。為了確保獲知訊息的國家不只大越，禮部向日本、占婆（越南南部）、爪哇，以及印度的科羅曼德海岸派出使者。接下來兩星期，又有更多使者銜命前往日本與雲南（當時大明尚未征服雲南，征服後採取大規模的宮刑以示懲罰——這也正是鄭和到達中國之後的遭遇）。

念茲在茲的回應一點一滴及時來到。占婆國王阿答阿者的使團拔得頭籌，進貢老虎與大象。（大明之後將獲得一整群大象，可以在上朝時列隊。）大越使團不久後來到。洪武帝後來才曉得大越與占婆正在打仗，雙方都設法勝過對方，爭取新王朝的支持——這跟他許諾的「太平」歲月相去甚遠。（永曆帝將來會大規模入侵大越，明明他的父親在祖訓中列出十五個大明不征之國，而大越是其中之一。）第三個是一三六九年來到的高麗使團，但就僅只於此，沒有其他國家派人祝賀新政權。

來春，洪武帝又派遣一輪官員前往日本、科羅曼德與瑣里（Chola，印度東南），在詔書中對這些國家講明：高麗、大越與占婆都已經進貢，而它們也應該照做。一三七〇年七月，他擴大傳喚範圍，要求爪哇、回鶻與其他遙遠的西方政體遵守一樣的規矩。「惟欲中外人民咸樂其所。」這一輪催促發揮作用了。到了一三七一年，上述所有國家都順從回應，派人進貢。但洪武帝仍然緊盯著所有人。一三七九年，占婆貢使帶來更多的大象。沒人事先通知，直到有一個太監看到這些動物出現在宮門外，洪武帝才知道這件事。對此，他盛怒已極，指謫他的高官密謀推翻他，並發動一波整肅——據他自己估計，有一萬五千人遭到處死。來自異國統治者的擁戴可不只是錦上添花的外交，而是天意的顯示。

殺姪

洪武帝在一三九八年過世，此前他指定一個孫子擔任繼承人。建文帝即位一事令他的眾多叔父感到失望，尤其是洪武帝四子朱棣。洪武帝讓這個兒子鎮守北京，確保北疆，以防大元國任何可能的威脅，畢竟大元仍然存在於長城之外。朱棣擔心他的姪子總有一天會削藩以鞏固權力，於是決定先發制人，制敵機先。他發動慘烈的叛亂，四年後結束，以一把火燒了皇宮告終——他二十四歲的姪子建文帝就在宮內。朱棣隨後登基為永樂帝。傳說建文帝躲過那場火，逃到海外，永樂帝派人下西洋就是為了找到他，但這種說法只會模糊永樂帝真正的意圖：以忽必烈汗，以及他本人的父親能了解的方式，建立自己的統治正當性。

永樂帝殺姪，以令人震驚的方式藐視他父親希望平穩繼承的祖訓，也讓他自己面對如山大的繼承合法性缺陷。宦海驚疑，百姓驚駭。每當有曾經效力建文帝的官員發言反對政變，永樂帝便誅殺九族。蒙古人一眼便能了解這種血腥競承制，但中國人並不情願容忍這種繼承模式。為了確保歷史在他殺姪的舉動後不生枝節，他竄改《太祖實錄》，創造一種他父親一直活到一四〇二年，他的姪子從不存在，皇統直接從洪武父傳給永樂子的假象。建文帝從史料中遭到抹除，得經過兩百年，史家才意識到紀錄遭竄改，而建文帝確實存在。中國專制制度有一段時間屈服於統治元中國的蒙古皇帝腳下，但中國皇帝也根據蒙古皇帝的樣子統治，影響所及便是掏空儒家的孝悌核心價值，取而代之的是對掌權者的徹底臣服。

永樂帝和他的父親一樣，求諸對外關係，以填補正統的闕隙。至於是否有任何貢使正在進貢建文帝的路上，我們就完全沒有史料可用。永樂帝把建文朝的史料清理得一乾二淨，導致一三九八年至一四〇二年間，外國使節來朝的紀錄徹底消失。就算他們來過，而且來人眾多，想和他的姪子開創關係，但他們在南京的行跡也已經消失在明史的焚化爐中了。為了用自己的方式替全新一輪的對外關係吹響比賽哨音，永樂帝按照他父親的做法，去信促使小國統治者到南京致敬。就是因為是篡位者，所以才需要外交上的追認作為證明。

登基不到兩個月，永樂帝便曉諭禮部放寬朝貢規定，確保各國貢使不會折返，寬宥他們因為不知避忌而觸犯的規矩。來做貿易的人應悉聽其便（後來他又補充說明，不徵收進口稅）。「今四海一家」——這是用委婉的方式指出他掀起的內戰已經結束——「正當廣示無外。諸國有輸誠來貢者，聽爾其諭之使明知朕意」。永樂帝在外交書信中一而再、再而三使用「一家」這個詞彙。他是全天下的統治者，歡迎諸番國統治者加入以他為首的大家庭。在朝貢體系中，「無外」。一次，地方駐軍將領在同年年末上奏，希望皇帝下令將所有蒙古人驅逐出境，因為他們是「色目」人。永樂訓斥他：創造分類，區別各族群的固然是蒙古人，但無論族群背景，只要為他效力的便都是他的子民。忽必烈的普世主義言猶在耳：全天下都得歸順。

幾星期後，他下令禮部派使者前往琉球（沖繩）、日本、大越、占婆、阿瑜陀耶（Ayutthaya，暹羅）、蘇木都剌（北蘇門答臘）、爪哇與科羅曼德。每個使者都帶著即位詔的複本，聲明「無外」。高麗、阿瑜陀耶與西雙版納（位於寮國與緬甸間）畢恭畢敬，在一四〇三年派遣貢使。但永樂帝期待在南京接待外國達人顯要的洪濤，卻仍是一條細流。同年稍晚，六個使團分別前往不同外國統治者處，帶著「羅銷金帳幔及傘，金織文綺彩絹」，以勸誘其臣服。

滿剌加是他第一個外交關係大突破。中官尹慶是一四〇三年時最早出使的人之一。尹慶抵達滿剌加，宣示威德及招徠其國王拜里迷蘇剌（Parameswara）時，簡直是中了頭獎。拜里迷蘇剌原本是柔佛（今新加坡）的統治者，在遭人推翻時仍然很年輕。他僅以身免，逃往馬來半島西岸，在一個有良港的漁村站穩腳跟，而這個地方就是後來的港口國家滿剌加。尹慶到達的時機實在太巧。永樂帝需要透過一個安全的地點，將大明勢力投射到印度洋地區，而拜里迷蘇剌正好需要大國支持，抵擋其競爭者。他還需要中國商人到自己的港口，為他的新政權打造經濟基礎。結果，滿剌加成為關鍵的轉口港，尤其只要誰控制了這個港口，也就控制了往來滿剌加海峽的貿易。

若想深入印度洋經營海洋外交，便少不了大規模的運輸基礎建設，才能將使者送往海外，帶回外國貢使，接著送他們回國——而且是定期為之。過程中使用的船隻，其規模必須能投射出恢弘大器的形象，讓看到的人不得不信服有新的「大國」出現在中國，讓猶豫不決的各國統治者相信聽話比抵抗更符合自己的利益。因此在一四〇三年五月二十五日，中央頒布了第一道造船命令。《明實錄》中的條目簡短寫道：「辛巳，命福建都司造海船百三十七艘。」五個星期後，皇帝下令將長江最大造船廠——龍江的造船渠加以疏濬，以恢復、擴大首都的造船能量。由於他認為外國貢使會在進貢之行帶著交易用的商品，讓朝貢之行在財政上也值得，因此在一個月後下令恢復市舶提舉司，處理貢使的商品。永樂帝一步步建立基礎建設，讓大明有能耐派遣大艦隊遠至印度洋，讓已知的世界盡入其勢力範圍。

奴隸

他為艦隊運作指派的這名負責人既非文官，亦非武官，不是構成中央政府的六部裡任何一部所任用的官員。此人是內廷的奴隸。內廷是政權的核心，是皇帝事務的指揮中心，也是民政官僚所無法控制的機構。選擇任用奴隸的做法，可以回溯到蒙古人不讓中國人接觸敏感行動的習慣。元朝時，關鍵位置都掌握在不是中國人的「色目」人手上，例如馬可．波羅。永樂帝並未以族群他者來組成核心幹部，但確實有一批完全聽命於他的僕人：內廷太監。

內廷採用閹人，是因為亞洲各地都有只允許去勢男性處理統治者宮中事務的悠久習俗。去勢能確保後宮所懷的孩子，其父一定是統治者。登上寶座的一定是皇帝的兒子。由於統治者貴為天子，而天命在同一個時間點只會交到一家手中，必須確保繼承給下一代人，才能鞏固天子的尊貴地位。假如哪個皇子其實是天子家以外的人偷生的，則王朝必將覆滅，畢竟上天沒有把天命交給外人的血脈。至於為皇帝懷上皇子的女子，她們的血脈完全無足輕重。例如永樂帝，他大部分的妃子都是高麗人。

閹人不只身體卑賤，地位也很卑賤，他們必須全心全意為天子家服務，樂於根據皇帝和皇親國戚的喜好而做事。他們生活、工作的範圍都在宮中，外面沒有事情給他們做。他們無從參與司法過程，也無法告官。用奴隸史學者的表達方式就是：他們在社會上等於死人。至少對我來說，稱他們為閹人，把注意力放在他們身體的殘缺上，是給他們披上一層東方異國風情。他們在肉體上雖然去勢，但稱呼他們是奴隸，我們才能比較接近他們的社會角色。

就進行外交來說，永樂帝幾乎只用奴隸，他要是不這麼做，才讓人難以想像。外交是統治者對統治者，而非平等的元首對元首。奴隸的身體屬於皇帝，他的忠誠心也只向著皇帝，別無其他人。因此對皇帝來說，最適合進行外交任務的人非奴隸莫屬。正因如此，永樂帝的海外使團全是由奴隸帶團，而且在永樂年間歷史上，鄭和的重要性與權勢無人能出其右。

鄭和並非生來就是大明子民。他生於一三七一年，出身雲南的穆斯林家庭。當時的雲南是一個獨立國家。據說，他的曾曾曾祖父是一位有波斯名字的花剌子模穆斯林，在布哈拉（Bokhara）向成吉思汗投降。假如是忽必烈統治的話，鄭和就是色目，但這個詞彙已經隨著蒙古人的離開而消失了。他出生時的中文名字叫「馬和」，「馬」是中國穆斯林常見的姓。人家尊稱馬和的父親與祖父為「馬哈只」，表示他們都是「哈吉」（haji），意即曾經前往麥加朝覲的人——不過，有人懷疑這些頭銜其實是二十世紀的人假造的。當大明入侵雲南時，小馬哈只死於抗戰，而他十歲的兒子馬和則是在一三八一年被俘。

少年若在戰爭中被俘，其命運基本上都是淪為奴隸，遭到去勢，一輩子為皇帝或皇子服務。十歲的馬和就是這種下場。在有司的隨機指派下，他歸屬於燕王府——燕王是洪武帝的兒子，後來成為永樂帝。通常來說，他一輩子默默無名，在王府中過著奴僕生活的機會比較大。但造化弄人，他的主子注意到他。燕王對他垂青有加，帶著他上戰場，對付長城北邊的蒙古人。這名少年顯然有軍事才華，不過他真正的長處似乎在於懂得如何組織、主持複雜的規劃。為了表示對他的讚賞，永樂帝賜姓予他，改名鄭和。

銜命出國領導外交任務之前，鄭和執行過規模最大的項目，是監督皇宮的興建。他對大海一竅不通，但他有能力，而且有皇帝的信任——這兩項特質遠比航海技術要緊。有人主張，永樂帝正打算與東南亞與印度洋各地的穆斯林統治者接觸，而鄭和身為花剌子模人後代與穆斯林，對他來說是非常有用的資產。不過，文獻中沒有資料能佐證這種假設。

一四〇五年七月十一日，鄭和首度在《明太宗實錄》中出現。他效力的是皇帝，而非朝廷社稷，難怪他沒有更早登場。那一條寫著：「遣中官鄭和等齎敕往諭西洋諸國」——中國人稱印度洋為「西洋」——「並賜諸國王金織文綺彩絹各有差」。對於一場或有六十二艘大船、將近兩百艘小船與超過兩萬七千人參與的行動來說，這句話實在輕描淡寫。這也難怪，主持下西洋行動的並非禮部。下西洋是內廷的計畫，不在編纂實錄的史官文臣仔細耙梳的範圍內。

鄭和的一下西洋本來就不是一次性的行動。艦隊離開中國還不到一星期，永樂帝便開始準備二下西洋，下令額外建造一千一百八十艘船。鄭和一下西洋回國後才十一天，二下西洋的詔書便已下達，認可鄭和將卡利卡特貢史帶回朝廷的做法，並責成他送使節返國。由兩百四十九艘各色船隻組成的二下西洋艦隊，在三個月後啟航。這次的行程與第一次大致相同，只有一點不同，也就是我們先前談到的錫蘭。鄭和並未獲命前往錫蘭，因為迫使錫蘭國王臣服於皇帝的另一份戰略還在研議中。為了實施新計畫，皇帝在一四〇九年初宣布要三下西洋，此時鄭和甚至還沒從二下西洋返航。

根據士兵費信的回憶，永樂帝針對此行指示鄭和「齎捧詔敕、金銀供器、綵妝、織金寶幡……賞賜國王頭目」。由於知道國王已經拒絕接受指令，永樂帝還在命令中額外補充：「布施於寺，及建石碑，以崇皇圖之治。」石碑通常都會刻上這種標準辭令。新計畫如下：不是強逼亞烈苦奈兒歸順，而是把他信的神納入永樂的供養之下。永樂帝是天子，代表上天最重視他，佛陀（與其餘各種神祇）自不例外。由此推論，國王遵奉佛陀，等於承認永樂帝，畢竟永樂帝跟上天關係特殊，是該宗教中地位最高的神職人員。鄭和此行還有其他任務，包括將各國貢使送回本國，並接回更多國家的貢使，但他的主要任務還是在錫蘭立碑，展現永樂帝的至高權威。

去程與回程的步調都很快。一四一〇年一月，艦隊在福建海港長樂出發，於一四一一年七月返回南京。《明實錄》中，鄭和的回報並未提到他在何時、於何處、如何設碑，只提到大敗錫蘭人返回中國，為他在錫蘭涉險的報告作結。問題來了：石碑怎麼了？

迦勒石碑出土

關於鄭和奉令立碑一事，我們最早的證據來自葡萄牙人於十六世紀時征服錫蘭後所寫的史書。書中提到在一五八八年，葡萄牙士兵與當地的國王作戰，過程中摧毀了錫蘭南海岸一處佛寺。破壞佛寺時，他們注意到寺裡有「中國國王下令在此豎立的幾根石柱，上面有該國文字，似乎是為了供養這些偶像」。下一回我們聽到石碑的消息，是一九一一年的事——英格蘭工程師兼建築師亨利·托馬林（Henry Tomalin）找到了這塊碑。一八八六年，托馬林以二十四歲之齡應募，從倫敦前往錫蘭。到了一九一一年，正當托馬林在迦勒（Galle）監督道路重建時，有人向他報告：修路工人翻開一塊長五英尺、厚五英寸，覆蓋涵洞的巨大石板時，注意到背面有刻字。

通知到托馬林此君，可是恰到好處。前往海外殖民地進行第一波公共建設的歐洲人，通常對於自己置身的文化興趣缺缺，甚至對於他們受託改造的世界嗤之以鼻。然而，到了十九世紀下半葉，出現了新一代的殖民地官員——他們通常來自中產階級，社會地位普普通通，到海外發展職涯，期待能帶給他們在殖民母國所不可得的向上流動。他們興建歐式公共建築，主持大型汙水下水道工程，整治港口，翻新道路，推動任何他們認為讓殖民地走近十九世紀所不可少的措施。古代文化一度盤據如今屬於不列顛帝國的這些領土，有些新世代官員著迷於這些文化，迫切想找到蛛絲馬跡，為如今的帝國與輝煌的過去搭橋。

托馬林正是這類人的好例子。他的第一項工程是裝修可倫坡迦勒門戶旅館（Galle Face Hotel）的正面，以慶祝一八八七年的維多利亞女王登基金禧紀念（Golden Jubilee）——這一次他並未運用當地文化。等到他受邀設計錫蘭宮廷（Ceylon Court），亦即錫蘭殖民地在一八九三年芝加哥哥倫布紀念博覽會（World's Columbian Exposition）的主題館時，已經吸收他所認為的錫蘭傳統文化，發展出一套為現代用途修改本土形式的手法——受到對古代遺址的田野調查所影響，他為錫蘭宮廷設計出典雅的木造建築。他和其他殖民地土木工程師一樣，認為自己不能只是帝國的總務修繕成員，更要守護消逝中的過往，記錄建築遺跡，蒐集碑文，重新採用時光、氣候與殖民改造所共謀抹去的藝術母題。模範的殖民地應該一面容許現代性帶來新意，一面保存其歷史。身為外人（每一位殖民地官員都是外人）利於托馬林說服自己，要以當地人所不能的方式，將殖民地內的歧異元素加以整合。這就是他處理錫蘭宮廷的方式。這座展館意在讓美國人對錫蘭有一種一致的印象，認為錫蘭是一個單一的殖民地，而不是一座因為印度教—泰米爾文化與佛教—僧伽羅文化而嚴重分裂的島嶼。

托馬林將同床異夢化為共築愛巢，方法是在自己這座獲獎建物的一端擺上毗濕奴像，另一端擺上佛陀像。

當托馬林在一九一一年與石碑巧遇時，即便身邊沒有人能認出碑文的內容，他仍然意識到這是稀有珍貴的歷史文物。事實後來證明，人稱迦勒石碑（Galle Stele）的這件文物，比他所猜想的更珍稀、更有爭議——鄭和在十五世紀的出航究竟是敦睦外交之舉，抑或是帝國宰制任務？問題的答案正取決於對這塊石碑的詮釋。

佛陀、毗濕奴、阿拉

石碑表面的銘文受到嚴重損傷，需要時間破譯（見圖6）。直到一九三三年，碑文才完整發表。在上面三種文字中最清晰可辨者，就屬占據碑面右邊三分之一的中文。上面是一四〇九年二月十五日，永樂帝要稟報佛陀的消息。

皇帝在禱詞開篇便感謝佛陀「能仁慧力，妙應無方」，對大明的外交政策甚有助益。他告訴佛陀：「比者遣使詔諭諸番，海道之開，深賴慈佑，人舟安利，來往無虞。」他知道這一定是佛陀保佑，所以「永惟大德，禮用報施。謹以金銀織金、紵絲寶旛、香爐花瓶、表裏燈燭等物，布施佛寺，以充供養。惟世尊鑒之」。接下來是根據價值排列的布施清單，一開始是金壹阡錢（一錢大約等於八分之一盎司，亦即共八磅的黃金）與銀伍阡錢（四十磅），繼之以高品質的絲綢、法器，最後則是香油（至少三千三百磅重）、蠟燭與檀香。這是相當慷慨的布施，而且就是要人們認為慷慨。

但是，這碑文是給誰看的？印度洋一帶活動的中國人少之又少，會到這裡讀碑文的人更少。最簡單的答案是：沒有要給人看。碑文在此不是用來讀的，而是表示這是一塊用中文寫的紀念碑，宣示中國勢力及於此地。

另外兩種語言的碑文填補了中文碑文左邊的空間。居上者是泰米爾語碑文，在托馬林的泰米爾與僧伽羅文化二元中，代表毗濕奴那一端。根據一九三三年首度破譯的學者所說，泰米爾語碑文「稱不上合文法」，用字也不見於其他地方。這或許反映出翻譯的影響，畢竟碑文的譯文在還沒有下西洋之前就已經在南京完成，而非在錫蘭當地翻譯。不過，這份碑文不盡然是翻譯，而是將中文碑文的內容轉調，化入泰米爾宗教崇拜脈絡中。泰米爾語碑文並非祈求佛陀，而是向「南港尊者」（Tenavarai-Nayanar）——毗濕奴的化身之一祝禱。南港（Tenavaram）今稱棟德勒（Dondra）。數世紀來，錫蘭南岸的這個小港口素有兼容並蓄宗教勝地的美名。關於這一點，最好的見證人莫過於我們在第三章遇到的那位摩洛哥旅人——伊本・巴杜達。一三四五年，他造訪棟德勒／南港，提到他找到一間臥佛寺與一間龐大的印度教廟宇。他沒有提及印度教廟宇拜的神叫什麼名字，但確實提到「那個偶像跟這座城市名字相同」，也就是「南港尊者」。「廟裡有將近千名婆羅門與瑜珈士，另有五百名拜偶像者之女，夜夜在雕像前載歌載舞。」

泰米爾語碑文提到南港，證實棟德勒就是永樂帝這塊石碑準備擺放的地點。這一點很重要，畢竟中文史料沒有提到在哪個地點布施，只說禮物要布施給錫蘭的佛寺。假若鄭和知道（也就是說永樂帝也知道）棟德勒不是純佛教勝地，而是還有其他神明的廟宇，那皇帝供奉這兩者的意圖何在？

唯一能回答這個問題的方式，就是仔細聆聽他如何向南港尊者自我介紹。歌頌完神明之後，他介紹自己是「大中國之王，諸王的至高領袖，壯觀的滿月」。這讀起來實在不像信徒對神明低頭祈求，而是最高統治者得知某個異國神祇，對祂講話的口氣。神明有義務照顧這位王者的子民，義務完成到什麼程度，王者就願意遵奉到什麼程度。

毗濕奴得到的供品跟佛陀一樣，但有些許不同。貴金屬的度量修改成當地的泰米爾重量單位（迦楞求〔kalañcu〕），而非中文版所用的中國重量單位（錢）。由於泰米爾單位比中國單位重三分之一，等於在轉調的過程中，將獻給毗濕奴的供品提升了三分之一的價值。這是故意的嗎？肯定不是，畢竟這會代表毗濕奴得到的比佛陀多，會影響兩位神明之間的平等地位。當然，譯者在翻譯時，很可能只是找個大致相等的單位，覺得不值得為了迦楞求與錢的匯率自找麻煩。但這個小當機為我們帶來一個無法回答的問題：毗濕奴與佛陀究竟是分別收到石碑上所說的供品量，還是只有一份供品，讓楝德勒的神明（無論是什麼神）一體收受？換一種講法表達這個問題：永樂帝有沒有兩面下注，把供品同時獻給兩位神明，希望至少其中一位會接受？

一旦我們轉向泰米爾語碑文下方的第三種碑文，這個謎團就益發難解。內文的語言是波斯語，書寫的文字則是阿拉伯文。這種組合在當時相當常見。對活動於印度洋的貿易商來說，波斯語是通用語，阿拉伯文則是通用文。這種雙重用法在元代傳播到中國——我們曉得，曾經參與後三次下西洋、寫下回憶錄的馬歡，就受過以這種方式讀寫波斯語的訓練。雖然沒有證據，但我們不難想像鄭和在孩提時就學過阿拉伯文。

石碑承載第三種碑文的剩餘表面遭到嚴重損壞，但其中一部分的殘餘使用「伊斯蘭之光」這種說法。因此，這段碑文是給穆斯林讀者的，呈獻的對象則是阿拉或祂的先知。永樂帝的自我介紹一如泰米爾語碑文的開頭，「大明國之王」，接著說明自己派遣使者上供，以向穆斯林的神致謝，並模糊提到阿拉的「仁慈照顧」。供品清單與另外兩種碑文一模一樣，只有度量貴金屬的單位再度轉換為波斯單位（密斯卡爾〔misqal〕），比中國的錢稍重，但輕於泰米爾的迦楞求。供養毗濕奴時浮現的同一個問題又來了，南京是否無人能確定當地主流神祇是哪一位，因此他們就聽任為之，看哪一位神明為尊，就當作供奉給誰？

還是說，這些碑文根本不是給神看，而是給信徒看的？讓穆斯林商人在橫渡印度洋的途中經過棟德勒，讀到阿拉伯文碑文，推論大中國皇帝遵奉阿拉？讓南印度地區各地經商的泰米爾商人讀到泰米爾語碑文，就以為中國皇帝尊奉毗濕奴？

最早破譯泰米爾語碑文的學者，選擇宣稱石碑使用三種語言的做法，證明「宗教方面的折衷主義，是島上族群的特色」。我不認為這種空泛的文化詮釋能帶給我們多少認識，從政治脈絡思考這塊石碑會比較有幫助。這塊石碑的意象來自遙遠的中國，讓看到石碑的人得到明白無誤的印象，知道是誰把石碑擺在這裡——石碑的柱頭有兩條五爪龍，分居兩側，彼此相對，中間則是某些人所謂的「智慧珠」，而中國史上不時有人將之詮釋為普世宗教真理的符號，居於世俗歧異之上。一般認為龍是中國皇帝的化身。石碑頂端出現龍，無疑證明這是帝制中國立的碑。多數看到石碑的人，都會有這種程度的了解。以三種語言撰寫碑文，使皇帝的訊息得到閱讀、理解的可能性多了三倍。只要能讀碑文，就應該知道大中國之王是天底下品秩最高的祭司。這塊石碑與其說展現了永樂帝對諸路神佛的供養，不如說是中國在印度洋宗教地理中占有一席之地的宣告。無論你遵奉哪尊神，永樂帝如今都是祂的護法，就讓其餘人等看到石碑頂上的龍，曉得帝力及於四海，其他統治者都配不上這種權威。

誰的故事？

鄭和帶著王族俘虜一抵達南京，便立刻獻給皇帝，讓他們面對處罰。永樂帝的大臣——以中國朝廷的標準來說，也是諂媚得可以——個個疾呼請皇帝殺掉這些人質，以懲罰他們冒犯天威。這種疾呼讓永樂帝有機會展現明君之仁慈。《明實錄》中的說法是，「帝憫其無知，并妻子皆釋，且給以衣食」，話雖如此，他並不打算讓亞烈苦奈兒全身而退。他宣布罷黜這位國王，並命令禮部從其王室中提名一人，安插為亞烈苦奈兒的繼承者。選好之後，人質就在鄭和下一次出航時送回去，帕迦羅馬八胡六世（Pakramabahu VI）也即位成為中國在錫蘭的傀儡統治者。根據費信此行的回憶錄，這是個皆大歡喜的結果，「四夷悉欽」。

永樂帝的廷臣紛紛作詩，慶祝皇帝大敗這些與禽獸相異者幾希的蠻人。他最資深的大臣楊榮也透過一首詩，投入這波唯唯諾諾的極端愛國主義，詩中的高潮是：

直擣巢穴破其營，擄其全國歸神京。
妻孥族屬靡有贏，汎掃凶孽如控莖。
揚大舲，笳鼓鳴，錦帆高掛開滄溟。
馮夷拱衛河伯迎，獻俘闕下衆目瞠。
微軀萬死惟戰兢，孰知天意覆八紘。
不以小醜干天刑，神武不殺全其生。
以首叩地聲傖儜，感聖德，歌皇明。

鄭和獻虜於朝廷後兩個月，兵部奏請皇上嘉獎、提拔那些在錫蘭戰役中有功的軍人，最多升兩級；禮部也不落人後，也請皇上嘉獎參與其中的禮部官員，包括擔任醫官的太醫院御醫。永樂帝全部准奏了。

五年後，永樂帝仍在因為軍人之父戰死錫蘭而拔擢這些軍人。又過了十年，永樂帝的孫子也身處一樣的情境，還有其他軍人據稱曾參與錫蘭的戰事，等著得到褒獎。一四二六年七月十六日，宣德帝接獲禮部奏章，上面說有四名錦衣衛剛返抵中國。錦衣衛是直屬皇帝的精銳軍團，最重要的職責是擔任皇帝的貼身衛士。此四人在錫蘭戰役期間被俘，用了十五年時間才得以歸國。他們設法前往蘇門答剌國，到了那兒便能讓朝貢船載他們一程。皇帝給予適當的報償。「四人以王事流離遠夷，父母妻子莫知存亡，情甚可憫。其賜衣服鈔布，俾還鄉省親，而後復役。」他們的回國，又是一次彰顯大明擊敗錫蘭的機會。不過，這件事也稍稍提醒了我們，朝廷對於鄭和襲擊亞烈苦奈兒之舉的青睞，仍未完全消失。

中國人以這種方式記憶這段故事，錫蘭人的記憶卻與此相去甚遠。第一位重建這段故事的錫蘭歷史學家是愛德華・佩雷拉（Edward Perera），一九〇四年在可倫坡的王家亞洲學會（Royal Asiatic Society）錫蘭分會發表了一篇論文。佩雷拉差兩年便滿三十歲，是錫蘭裔記者與訟務律師，後來因為他在說服不列顛於一九一七年結束錫蘭戒嚴時所發揮的影響，而得到「科特雄獅」（Lion of Kotte）的美名（科特就是尼桑迦・亞烈苦奈兒的堡壘，未來成為斯里蘭卡國都，如今與可倫坡的市郊連成一片）。佩雷拉也是錫蘭歷史愛好者，他就錫蘭國際史發表過一些研究，而這篇論文只是其中之一。

錫蘭版的人質事件有兩大不同點。其一是王位從毘羅・亞烈苦奈兒傳給帕迦羅馬八胡六世的方式。根據錫蘭的說法，尼桑迦・亞烈苦奈兒很可能是讓自己的外甥毘羅・亞烈苦奈兒被俘，如此一來，他就能取而代之，成為國王。但若如此，這個野心故事卻有兩個他料想不到的轉折。毘羅・亞烈苦奈兒固然被俘，但須內妲拉・德維（Sunetra Devi）——可能是他年輕的王后，或是丈夫過世的女兒——與年輕的兒子卻留了下來。（有一個版本宣稱有兩個兒子。）他們在進攻期間逃走，躲了起來，因此不在鄭和抓住、押往中國的王族成員中。等到一四一四年，鄭和將毘羅・亞烈苦奈兒及其隨員送回錫蘭時，尼桑迦・亞烈苦奈兒表面上大喜望外，等鄭和一離開，他便殺了外甥，接著一步步準備自己的加冕儀式。

但儀式的結果卻不如預期。佩雷拉以莎士比亞風格道出故事的高潮：「其時正是一四一五年風光無限的衛塞月（Wesak，四至五月間）第七天，老戰士」——佩雷拉說的是尼桑迦・亞烈苦奈兒——「人在他的科特城，在面對王宮的高聳石臺上，俯瞰自己修築的美麗池子，身披所有的王室象徵，坐著接下他這輩子為之奮鬥的王冠。廣場上滿是貴族、軍隊與百姓。」但這位總督有所不知，暗中保護王位繼承人的大祭司毗達迦摩・薩米（Widagama Sami），把總督的外甥之子帶到儀式上——這個孩子之前跟母親一起躲藏，如今已經十六歲。

當亞烈苦奈兒轉過頭來，面對喜氣洋洋的儀式時，拿在毗達迦摩・薩米手中，原本要交給新王的國之寶劍，卻交到年輕的王子手中，亞烈苦奈兒的人頭跟著滾進下方的池子裡。年邁英雄的屍體為維賈雅巴胡六世之子讓出了路，十六歲的少年受眾人擁戴為王，是為帕迦羅馬八胡六世陛下。

錫蘭的故事有一個比較不那麼驚悚的版本——毗達迦摩．薩米窩藏少年王子，是為了等待時機，讓他能平安繼承王位。亞烈苦奈兒則是自然死亡，毗達迦摩．薩米在他死後才把王子帶來。無論故事怎麼講，從錫蘭人的觀點看，正統繼承者終於坐上王位，成為帕迦羅馬八胡六世，未來半世紀錫蘭王國的明君。

佩雷拉等斯里蘭卡史家因此堅持，真正的帕迦羅馬八胡從未去過中國，暗指中國宣傳者只不過是在帕迦羅馬八胡登基之後，才捏造他是作為永樂帝的傀儡而上位的故事，好讓自己接受。明代史料顯示，新王很注意中方的要求。根據馬歡的說法，「王常差人賚寶石等物，隨同回洋寶船進貢中國」。帕迦羅馬八胡主動進貢寶石，可以視為他是大明附庸的表徵，但或許這只代表一位精明統治者會容忍這種虛構。

選擇寶石是睿智之舉。根據中國玄學說法，寶石是上天創造力的實體展現，是其力量的有形節點。也就是說，每一顆送到永樂帝手中的寶石，都再度象徵上天指定此人為天選之人。永樂帝收到大量的寶石，多到他接著把寶石轉送給親屬，作為上天照顧他的明證。而他們接受這些閃閃發光的珠寶——有誰能拒絕呢？——和皇帝的統治正當性合謀，從而保障自己在其政權中的地位。考古學家在十五世紀的明代諸王墓中找到大量的寶石。總之，帕迦羅馬八胡能用這些寶石維持大明國的歡心，讓大明軍隊不至於登上他的島嶼，永樂帝則能分發這些寶石，作為統治正當性的象徵。對帕迦羅馬八胡來說，這些財寶是他為自己國家的獨立自主，所付出最起碼的代價。

不過，有一件寶物——錫蘭王統治正當性的來源，絕對不能讓給別人。

佛牙

鄭和並非第一位從中國抵達錫蘭海岸的使者——曾經宣稱錫蘭「就其在世上的大小而言，無疑是最精巧的島嶼」的馬可．波羅，是這麼告訴我們的。他提到，在他親自造訪錫蘭大約十五年前，忽必烈汗曾派遣三名使者到島上，向國王要求咸認是世上最殊勝的聖物——佛牙。自六世紀以來，佛牙與佛陀托的缽一直由錫蘭國王持有。對國王的正統性來說，沒有什麼能比這些堅硬不壞、超越人間腐朽衰敗的文物更實在了。宣布自己是天選之人後，忽必烈便想擁有所有天恩的象徵，佛牙自然包括在內；他還想要世上最大顆的紅寶石（同樣在錫蘭國王手中），並表示願意支付「一城之價值」，這是馬可．波羅的說法。國王拒絕了他提供的條件。然而，想拒絕佛牙的索求，可就沒那麼容易了。錫蘭國王想辦法將另外兩顆佛牙（但沒有忽必烈覬覦的那一顆）連同一個缽，以及一束佛髮，化解這個要求。忽必烈很實際，知道來到他身邊的這些禮物大概不是真貨。為了不讓別人做如是想，他在北京城牆外舉辦盛大的迎接儀式，以歡迎它們的到來。如此一來，有誰膽敢以為這些文物不是真的？

忽必烈在一個半世紀之前試圖取得佛牙的故事，至今仍活靈活現於錫蘭人對一四一一年的想像中。根據他們的版本，派鄭和來錫蘭絕對沒有別的理由，肯定是來搶奪他們那顆珍貴的佛牙。然而，在中國那廂，卻沒有任何當時的史料提及佛陀舍利。不過，佛牙確實出現在一六七六年版的中文佛典正式集成——《大藏經》的某段長注中。該注腳所說明的原文，是唐僧玄奘在七世紀前往天竺的知名紀錄。

由於玄奘在書中提到錫蘭，一名十七世紀的編輯者因此加上一段長注，讓讀者追上時事，知道跟那座島嶼有關的佛教新聞。他先複述實錄中鄭和抓了人質的記載，接著多加下面這一段：

和等執其王，凌晨開門伐木取道，且戰且行凡二十餘里，抵暮始達舟。當就禮請佛牙至舟，靈異非常光彩照曜，如前所云，訇霆震驚遠見隱避。

艦隊一出發，佛牙立顯神威，創造出完美的航海條件，「歷涉巨海凡數十萬里，風濤不驚如履平地」——用來表示航程順利的樣板話。「獰龍惡魚紛出乎前，恬不為害。舟中之人皆安穩快樂。」注腳的結尾提到鄭和將佛牙獻給永樂帝，永樂帝於是命人製作莊嚴栴檀金剛寶座，供養此舍利。

這段靈驗的故事，可有任何根據？唯一浮上檯面的佐證，是一封一四一三年三月十一日的信，由永樂帝寄給第五世噶瑪巴喇嘛（Karmapa Lama）德新謝巴（Dezhin Shekpa）。（讀者想必對藏傳佛教中達賴喇嘛的傳承並不陌生；在格魯派中，噶瑪巴喇嘛是比達賴喇嘛時代更早的傳承，而且和達賴喇嘛一樣傳承至今。）從表面上來看，這封信是永樂帝外交施為中的一環，目的在於打動西藏領袖，引領他們進入自己的政治影響範圍內，主要的目的則是限制蒙古人對西藏的影響力。在永樂帝有聯絡的藏傳佛教領袖中，第五世噶瑪巴的地位最高。皇帝說服他在一四〇七年來到南京，舉行普度大齋，以告慰在他掀起的內戰中死去的生靈，並為高帝、高后薦福，使其成為菩薩。法會舉行十八天，每一名參加者都看到金剛力帶來的吉兆祥光秀，據說規模為中國歷來所僅見。在南京，人人都看到空中的這些異象。對此，藝術史家派翠西亞·伯格（Patricia Berger）以科幻小說家威廉·吉布森（William Gibson）的用詞打趣說，這是「『你情我願的幻覺』的延長片刻」。皇帝這麼有智慧，他說大家看到了什麼，又有誰能否認呢？

六年後，皇帝寫信給噶瑪巴喇嘛，通知他一件重要的佛教大事。直到一九五九年，這封信才現身於布達拉宮——達賴喇嘛在拉薩的官邸。永樂帝信上說，鄭和帶了佛牙舍利回來。但他信一開頭是他個人的逸事，把自己放在故事的中心：「朕嘗靜夜端坐宮殿，見圓光數枚，如虛空月，如大明鏡，朗然洞澈。內一大圓光，現菩提寶樹。」在寶樹的種種妙花，枝柯交映中，出現釋迦牟尼佛的樣子，展現頂有肉髻與耳厚廣大脩長等三十二相。永樂帝接著描述異象中還出現什麼，接著表示興隆的佛法最是能支持皇帝的統治。他告訴噶瑪巴喇嘛，他為了紀念此番異象，於是命工匠雕刻出他所見到的佛像，貼上金箔，隨信附上。

永樂帝告訴噶瑪巴，正當佛陀現身在他面前這一刻，他的奴隸鄭和正好人在錫蘭，與錫蘭人對峙。接下來，信的內容就跟《大藏經》那段注腳一字不差，緊跟著表示鄭和迎佛牙上船的那一天，就是永樂帝在光球中看到佛陀的同一天，將兩段故事合而為一。佛陀用這種方式兩度祝福永樂帝繼承大統，一次是在宮中，一次是在錫蘭。皇帝在信末告知噶瑪巴，佛牙舍利如今安坐於特製的莊嚴栴檀金剛寶座，朝廷才能天天供養，「利益有情，祈福民庶，作無量功德」。

這一版故事的問題在於，鄭和下西洋的紀錄中完全沒有提到佛牙舍利，也沒有其他文獻曾提到紫禁城裡有佛陀門牙的存在。關於這個謎團，最簡單的解答就是：佛牙從未去過中國。錫蘭版的故事顯然能證明中國版是完完全全的虛構。假如錫蘭真的失去佛牙，人們必定會譴責這種暴行，寫進每一份鄭和攻擊事件的報告中，但是從來沒有文獻提到佛牙遭奪。事實上，繼承亞烈苦奈兒王位的帕迦羅馬八胡，將首都從甘波羅遷往科特時，還在那裡新蓋一座佛寺。我們在一首歌頌佛寺落成的頌歌中讀到：

看，國王令成三層華美宮殿，
命人製作金寶盒，上嵌九枚寶石，
置於另一金寶盒，閃耀諸色寶光，
續置於另一金寶盒。

假如永樂帝真有命人打造檀木盒，帕迦羅馬八胡這個以寶石為飾的寶盒感覺還是比檀木盒更貴氣。當然，我們可以完全不採信這段故事，推測帕迦羅馬八胡搞不好是為了掩蓋失去佛牙的事實，而打造新的寶盒，試圖創造他自己的「『你情我願的幻覺』的延長片刻」。無論如何，今天在甘波羅附近的康提（Kandy）確實有一個寶盒，人人都說裡面擺啟的就是忽必烈想得卻不可得的那顆佛牙舍利。

如果鄭和搶奪佛牙的故事是捏造的，那是誰捏造的？最有可能的人就是永樂帝，他需要珍貴的佛教文物，以便和他的西藏盟友保持緊密關係，免得讓藏傳佛教的領袖魅力落入蒙古人手中。不過，還有另一份文獻提到此事，只是這不大可能：一本發表於一五九七年的小說，名叫《三寶太監西洋記》。這或許能解釋七十年後編纂《大藏經》的人怎麼會挑了這個故事，但永樂帝的部分就無法解釋，畢竟他的治世比小說早了將近兩個世紀。謎團的答案就在布達拉宮。原來，布達拉宮中有些文件是在十八世紀假造，安插進檔案作為書面線索，證明西藏與中國皇帝在歷史上關係密切。這恐怕才是實情；也就是說，一九五九年發現的信，其實不是真正由永樂帝寄給第五世噶瑪巴喇嘛的信，而是假造的。我個人直覺，假造這封信的人必然精通佛教典籍，從《大藏經》的注腳中抄來鄭和搶奪佛牙的片段——但他卻不知道，那段故事來自小說，從來就不是事實。總之，儘管中國這邊有三份文件作為鄭和偷了佛牙舍利的證明，但事情從來沒有發生。之所以會有人相信這種傳聞，是因為咸認奪取舍利是「大國」統治者會做的事情。

殖民立碑

唯有在當局有心理準備，投入發動遠洋行動所需資源的情況下，才能維持大明在印度洋的霸權。光是打造船隻所消耗的木材便得耗費巨資，甚至是造成中國東南丘陵徹底去森林化的原因之一。但下西洋仍在繼續。接下來的四下西洋之行，載著人質返回錫蘭。永樂年間還有兩次出航。一四二四年永樂帝駕崩後，下西洋的計畫隨即擱置，以暫止這些花錢如流水的冒險行動。不過，下西洋終究是達到了永樂帝的目的：全天下都承認他身為大明國統治者的正當性。躊躇若干之後，他的孫子宣德帝還是於一四三一年允許鄭和再主持一次下西洋。由於航行計畫中有錫蘭，鄭和於是請他的新主子下旨要求錫蘭敬順，以免錫蘭人不再準備「恭敬上統」——借用迦勒石碑的表述方式。但一切都很順利，帕迦羅馬八胡不僅親切接待他，而且確確實實繼續派貢使前往北京，直到一四五九年為止。此時，其餘多數印度洋國家統治者早已不再朝貢，畢竟當時大明政府也已經在實質上放棄印度洋了。大明不再敦促臨海國家的統治者來滿足其願景。連經商的中國私人也回撤滿剌加，在當地與印度做生意。忽必烈汗所展開的深入印度洋行動，終於在此時走向終點。

迦勒石碑是當今唯一的實物證據，能提醒人們大明外交範圍曾遠及此地。這塊石碑不是大明唯一的宣示標誌。東南亞海洋地區蒙古與西藏邊區也都有類似的石碑，旨在投射大明國威。不過，隨著時序進入十六世紀，大明在海洋地區的石碑數量，卻被另一種石碑所超越——葡萄牙水手所立的柱碑，稱為「發現碑」（pedra 或 padrão）。這些柱碑就像中國石碑一樣，承載著國家與宗教的標誌——國王紋章、基督教十字架，上面的碑文刻著葡萄牙人在此，有時是宣稱握有殖民主權，有時則是紀念與當地統治者簽訂商約，例如一五二二年爪哇的例子。現存最早的發現碑來自一四八二年，豎立於剛果河口，其目的在於警告其他歐洲國家（尤其是西班牙）——葡萄牙人已經占領此地，且葡萄牙對於該區域的貿易有獨占權。中國人的石碑與葡萄牙人的發現碑不盡相同，但就「提出主張」的行為，甚至是主張的內容來說，確有若干一致之處。永樂帝的使者在小小的滿剌加國立碑，就是要彰顯滿剌加國王歸順大明皇帝；作為回報，大明在名義上會保護滿剌加。等到葡萄牙人在一五一一年占領滿剌加、豎立柱碑時，其作為等於主張占有，與中國政府曾經的作為有所不同。這種主張是會受到抵抗的。一五一三年，葡萄牙人在珠江口的伶仃島立了發現碑，大明官員認為此舉冒犯帝國主權，立刻弄走該柱碑。迦勒石碑也遭受同樣的命運，只是我們不曉得是誰，在什麼時候拉倒它。托馬林發現石碑蓋在涵洞上，而我們永遠不會知道是誰動手拿這塊石碑去蓋水溝。

迦勒石碑的故事中，還有最後一個有趣但不合理的細節，而這正是托馬林找到石碑的地點。托馬林將石碑從遺忘中拯救出來，將之轉化為不列顛帝國主義的另一種豐碑。但這塊石碑從來就不是要立於迦勒的。棟德勒才是它的歸宿，而且葡萄牙史料確實指出石碑在一五八八年時位於棟德勒。石碑最後落腳在棟德勒以西三十英里的小港口迦勒，但大家對此卻不覺得有什麼不對勁。可是，石碑怎麼會在迦勒？迦勒港在過去素有中繼港之名，從印度西部馬拉巴爾海岸出發前往孟加拉灣的阿拉伯商人（他們正好有機會讀懂石碑上的波斯語碑文），可以在此停靠，而鄭和也不是不可能停泊此地。但是，當我用來少之又少的中文文獻濃縮出這段故事時，卻沒有任何文獻的作者提到迦勒，他們描述的都是楝德勒——特別是提到附近的海濱有塊岩石，上面有佛陀的腳印——反而沒有一個字跟迦勒有關。

我最有把握的推測是這樣的：鄭和把石碑擺在該擺的地方，後來某個負責公共工程的官員——也許是葡萄牙人，也許是不列顛人，也許是別人——認為與其提醒歐洲殖民者永樂帝的使者曾出現在錫蘭，不如拿這塊尺寸正好的石碑來覆蓋涵洞。今天，石碑已經不在迦勒，迦勒那塊只是複製品，真品在可倫坡的國立博物館，擺在那裡表彰斯里蘭卡與今日中國的良好關係。另一塊複製品則擺在南京鄭和寶船遺址公園，也就是當年龍江船廠的遺址，用來紀念明代中國作為海上超級大國的時光。

托馬林的錫蘭宮廷餘生則短得多，這個木造結構在世界博覽會閉幕時拆解，賣給芝加哥大銀行家約翰・J・米榭爾（John J. Mitchell）。米榭爾把它搬去威斯康辛州的日內瓦湖（Lake Geneva），重新組建起來當避暑山莊。一九五八年，山莊付之一炬，遭到拆除，將錫蘭與世界各地連成一氣的奇妙迴路也就此畫上句點。

錫蘭宮廷與迦勒石碑分屬非常不同的時代，但前者卻默默跟隨後者的腳步。托馬林認為自己的作品貢獻了一份心力，讓落後的錫蘭人復歸於他們曾經知曉，後來卻失去的那種文明層次。鄭和又是如何看待自己的付出？他在最後一次下西洋的前夕，在艦隊出航的港口長樂立了一塊碑，解釋自己的想法。他寫道：「及臨外邦，番王之不恭者生擒之，蠻寇之侵掠者勦滅之。由是海道清寧，番人仰賴者，皆神之賜也。」兩人對於自己化蠻夷為文明的努力皆深感自豪。假如佛牙安座紫禁城確有其事，想必能讓這段故事結束得更漂亮。

近年來，有位中國史學者聲稱鄭和下西洋堪稱「明朝國際關係史的重大成就，更是人類海洋史的偉大功業」。至於你是否認同這個結論，則端視於你如何理解殖民主義——正是因為如此，托馬林的展館與鄭和的石碑皆不足以代表真正發生過的事情。

第五章 歷劫歸來者與朝鮮馬商

浙江／北京，一四八八年

一四八七年九月九日，成化帝駕崩，治世並無特殊成就。在他死前五天，朝廷已經做了最壞的打算，安排活著的皇子中年紀最長者為攝政。當父皇一死，這位十七歲的皇子變成皇帝。他的年號「弘治」在新年時啟用。事實證明，這兩個字對他的治世來說恰如其分。儘管人在紫禁城的金牢籠中長大，但這名年輕人帶著堅定的決心，承擔起他的年號中所懷抱的期許。他早已親眼目睹朝廷在懶洋洋的父親治下四處飄蕩，深知大明需要的不是儀式用的被動皇帝。每當新人登上皇位時，都會重新梳理在任的官僚。弘治帝決心運用這個機會，抖擻行政體系，擺脫懶散的官員。進入春天之後，吏部、刑部與兵部的駁船，便乘著大運河平穩的水流往南開，把剛被解職的人送回家。弘治帝用這種體面的方式，結束他們的職涯，沒有譴責，沒有懲罰：丟官的人只不過是拿到一只白鑞片，上面提到讓他們致仕，接著叫他們上船。

弘治帝也很重視讓治下的外交關係走向穩定。身為皇帝，他有責任接待進貢的外國使節，但貢使人數太多，招待他們的成本不斷飆升。這些使團雖受嚴格的章程所限制，但常常隨意出現。這種情況意味著主理朝貢關係的禮部必須不停調整部員與資源，以因應無法預測的貢使人流。此外，國家安全也是一項考量，尤其是喧譁吵鬧的藏人與蒙古人現身時。那年春天，弘治帝首先頒發的幾項規定之一，就是限制外國使團的人數。蒙古使團的人數最多。單次蒙古使團有可能多達一千一百人，不過在這些人之中，獲准進入北京呈獻供品的只有四百人，其餘則必須在邊界等待。

一四八八年七月一日，弘治帝接獲大同邊防守將的急報。大同在北京的西北方，是處理對蒙關係的作戰中心。將軍奏陳，有一支蒙古部隊突然出現在邊境外三十餘里（十英里）處。他們將一封蒙文信件交給他，來信者自稱大元大可汗——從大明的角度看，實乃不祥之兆。他名叫巴圖蒙克（Batu Möngke），當時才十三歲，幕僚志在讓他成為下一位領導全蒙古人的偉大領袖。若要鞏固這個位子，就必須直面大明，展現他的權威。巴圖蒙克不在那支悄悄接近長城的部隊中，但他的使節在。信上說，他給皇帝二十二天時間，下旨允許使節進入大明領土進貢。

大明發現很難掌控朝貢關係的規定。朝貢體系的基本原則是，每當有進貢資格的國家來使叩關時就應予入關，但讓他們進關有風險，拒絕他們進關也一樣危險。大同守將之所以緊張，是因為提出要求者並非大明經常打交道的眾多蒙古群體之一，而是自稱大元國的政治實體。「北虜雖有入貢之意，然以敵國自居，」他提出警告，「奉番書，求貢書，辭悖慢。」「大元」一詞令人心生警惕。守將提醒皇帝，對方提出主張，「一言之間，彼之臣否，順逆遂見，不可不慮」。弘治帝命兵部商議。兵部建議忽略蒙古人自認其政體與大明國平起平坐的冒犯意涵。讓他們入關，但派一隊士兵跟著使團，並高度警戒。帝從之。

蒙古人一抵達北京，一行人便鬧哄哄，為了誰收到最好的禮物而大聲爭吵，只要別人拿得比自己多就開始抱怨。弘治帝雙手一攤，叫禮部給更多禮物，就此打住。這麼做與章程不符，但避免唱高調確實是明智的決定。假如處理對外關係的目標，在於讓外國人進入本國之後乖乖聽話，不聽話就不讓他們進來的話，則保持彈性就是中心德目。兵部對皇帝明確表示，處理蒙古夷狄時「聲教所不加」，盡早打發他們走就對了。

但高麗人可就不是這麼回事。

不期而至

這幾起事件結束的四個半月後，一艘朝鮮船隻從朝鮮南部外海島嶼啟程。海上颳起暴風雨，船隻受到嚴重損害。為了不讓風把船吹翻，船員孤注一擲，在風雨中砍斷主桅杆。他們把破布串起來，掛在臨時湊合的後桅上，取代砍掉的船帆，但卻無法在風雨中穩住航向。水不停從板材間隙滲入船殼中，所有人手都到甲板下把水舀出去。由於所有的水桶都在暴風中被打爛，他們只能把幾個貨桶劈成兩半，充作水桶舀水。風停之後，船就在起了濃霧的海上漂流。

這艘船的任務，是把名叫崔溥的朝鮮官員送回故鄉。崔溥不是船員，但在海上漂流五天後，他抽出在日記中所說的「地圖」——意即不是海圖——看看自己能否幫助船上的軍官計算出他們所在的位置。他推測，他們的位置在長江出海口以東某處，更往南有琉球群島——也就是今天的沖繩，而東南方則是傳說中稱為「女人國」的島嶼。他堅稱一行人絕對不能航向南南東方，否則一旦漂過琉球與女人國，就注定在無盡的大海上消失無蹤。但他的話毫無幫助，軍官指出：「天若開霽，測以日月星辰，猶未知海上四面。今則雲霧陰翳，日復一日，晨昏晝夜，俱不能記。祇以風之變作臆記四方耳。安知正方之可辨乎！」這天的日記，崔溥只用「聚首而哭」簡短作結。

兩天後，他們發現自己身處石壁嵯峨的小島之間。一行人設法靠岸，尋找飲水，但島上沒有避風處，只能上船繼續漂流。隔天傍晚，他們再度身處幾座大島間，接著兩艘小舟進逼，每艘上各有大約十名船員，穿著一身黑。根據來人的叫喊聲，崔溥曉得他們是中國人，於是命令屬下用中文寫訊息——受過教育的朝鮮人會讀也會寫中文——表示自己是朝鮮官員，並詢問此處為何地。中國人答說，這裡是大唐國浙江寧波府地方（上海南邊）。大唐早在六百年前便以滅亡，但來人還是用這個名字。

朝鮮人想找定泊之處過夜時，另一艘中國小船靠了過來。首領自稱「大唐林大」。林大稱，風向海流順的時候，他們只需要兩天就能回到朝鮮。崔溥解釋，他們的船已經撐不過這一程時，林大便指示他們在他的戒護下靠岸——但要交出寶貨，作為保護費。由於已經沒有貴重物品，崔溥改給林大一點米，接著隨林大的船前往島上無風處避風。夜裡二更，林大率領二十餘人登船，把所有能拿的、還有價值的東西全拿走了。崔溥被人扒光、挨揍，差點掉了腦袋。不過，當林大一黨了解朝鮮人身邊沒什麼東西好搶之後，就丟下這艘船走了。他們離船時，還斬斷所有船索，把船推進海裡，確保這些朝鮮人哪裡都去不了。

四天後的清晨，又有人包圍朝鮮人的船，這一回則是六艘船。他們舉著一張紙：「看你『異類』」，這是稱呼外國人的古老用語。「來從哪裡？」崔溥也用寫的回答：「我是朝鮮國朝臣，奉王事巡海島。奔喪過海，被風而來。不識此海何國地界？」來人的回答與林大無異，表示此地是大唐國，只不過如今朝鮮人來到台州府外海。台州府位於寧波以南，等於他們方向偏了。這些中國人要崔溥給他們一點胡椒。來自東南亞的貢使經常會進貢胡椒，數量多到在明朝初年可以作為某種儲備貨幣——有時候海盜也懂得索要胡椒。崔溥告訴來人，朝鮮不產胡椒。他們於是掉頭離開，但又在隔天清晨回來，擅自取走他們的東西，再小也不放過，還堅持崔溥應該跟他們上岸。

這些人究竟是想盡可能發橫財的漁民，還是一有機會便要淹死他們的海盜？崔溥判斷不出來。但他確實了解，自己這邊的人一旦輕舉妄動，後果恐怕不堪設想。他告訴屬下：「誣我為賊，語且不通，難以辨明，必皆為邊將所戮。」崔溥想了一個計畫。他請這些中國人給他們吃點東西，恢復一下，之後就跟他們走。中國人稍微把船退開些，接著為了躲雨而躲進船艙，此時崔溥一行人悄悄靠岸，在無人發現的情況下躲進小山樹叢間。事實證明他下對了棋，因為崔溥後來得知這些人確實是海巡，而且試著想騙他們上岸殺頭，把他們的人頭當成自己殺了日本海賊的證據——可以換賞。

朝鮮人到了第一個村落，村民紛紛從屋內湧出，築成人牆，盯著他們看。崔溥拱手作揖，掏出筆來，說明自己是朝鮮人。村民想知道他們是賊人、進貢之人，抑或只是遇難者。崔溥回答：遇難。一開始，村民同意讓他們待在村外的佛寺，但又改變主意，要求他們離開。他們在夜裡吃力地走著，每一次遇見人，都遭到一樣的對待。一行人從一個村子被趕到另一個村子，終於在隔天早上抵達一處規模夠大，足以駐兵的聚落。他們告訴軍吏，接著從這一刻起展開漫長的程序，被人當成我們所說的偷渡客，從一個層級的官府送往上一個層級，直到抵達浙江省會杭州，得到通關證明，繼續在護衛之下送往北京，遣返朝鮮為止。

朝鮮人與儒生

朝鮮半島伸入中國人所說的「東海」超過六百英里。半島的整個西岸都面對中國。兩國關係向來都不平等，因為不平等所以緊繃。中國在各項事務皆占據上風，朝鮮因此得琢磨出既能讓中國滿意，又能讓中國保持距離的政策。大陸上的統治者一而再、再而三試圖征服朝鮮，但只有忽必烈汗一人成功。

建立大明國的人選擇不去強迫高麗王朝（他登基時統治朝鮮的王朝）留在他的「大國」範圍內，而且坦白說，他也沒辦法。他選擇較不花錢的手段——要求高麗王朝對他的王朝朝貢。高麗試圖表現順服，但兩國共同國界上的小衝突仍舊傷害了這份關係。一三九二年，李成桂將軍推翻高麗國王，有一部分原因也是想解決國內對於應對新成立的明國而起的爭議。為了不讓中國插手干預這場政變，隔天李成桂便派使者前往南京，報告政權遞嬗之事，並請洪武帝為他的王朝取個新名字。洪武帝決定接受李成桂奪權的做法——畢竟在不出兵高麗的情況下，他也沒什麼選擇——選了「朝鮮」作為新王朝的名字。朝鮮王朝之名從此開始，直到在一八九七年改制，建立自己的「大國」為止。三年後，大明建國者向後代子孫指定幾個國家為「不征」之國，朝鮮就在名單上。新關係就此塵埃落定，當年的李成桂將軍如今成為朝鮮國王，採取模範朝貢國的姿態，在每一個想得到的場合派遣使節，確保大明對他沒有意見。

大明初期定都南京時，朝鮮使節會搭船進貢。我選來作為本章插圖的那幅畫（今藏於韓國國立博物館），描繪的正是使節從南京離開的場面（見圖9）。超出圖框頂部的標題——〈遣天朝貢使返國〉（Sending the Envoy to Heaven's Court Home to His Country）說明了當時的情況。八名中國官員聚在南京城外牆東水門外的河濱。他們的官服顯示出其地位。兩名官員著紅色官服，紅色是民事官員最高等級的顏色。三名官位次之者著藍色，他們身後又有三人著綠色。三名僕人拿著禮物，站在他們後面。船艄有一名朝鮮貢使面對他們，等待潮水轉向。這艘船可能是所謂的「冠船」，造船的地點就是南京的龍江船廠，鄭和有些船就是在這裡打造的。船上飄著紅色與藍色的船旗，這是傳統上用於朝鮮旗幟的顏色。

圖上描繪的朝鮮——大明關係既正面又大度，雙方官員的大小相仿，位置也大致落在同一水平。這是一幅互相承認、賞識的畫面，而不是像以前把高麗置於卑位的做法。由於開國皇帝——洪武帝的陵寢擠在圖上南京城的右邊，而首都直到一四二〇年才遷往北京，我們因此可以把畫定年在一四一〇年代。據我判斷，對於細節的眼光（這堪稱對當時南京市容最精細的描繪）顯示畫師就生活在南京，而且是中國人——不然就是有人臨摹南京畫師所作的畫。畫工本身並不突出，我猜，這是傳統上送給船中人的臨別贈禮，亦即送給每一位貢使帶回家，一方面紀念此行，一方面讓朝鮮人一窺大明的繁榮。畫上第三位僕人手上用綢緞包的卷軸，會不會就是這幅畫呢？

正式遷都北京後，外國貢使進貢皇帝時便不再前往南京，而是北京。對朝鮮人來說，這意味著在一四二〇年棄海路，改走陸路，經平壤與大明東北的遼東。妙的是，那些想知道崔溥是何許人也的村民，給他提供了幾種可能的選項來回答，其中之一就是貢使。顯然他們以為朝鮮貢使依舊乘船前往南京。早在六十八年前，往南京的海上朝貢路線就已廢止，但當地人對世界的認知很難就此改變。

崔溥未能表現出卷軸中那種親善的場面，他的經歷艱困得多。我們之所以能知道，是因為他甫自中國歸國，就必須向朝鮮國王呈交旅行日誌。每一位朝鮮貢使都會這麼做，協助本國蒐集情報，了解最靠近他們，也是最大的鄰國。我們很幸運，因為崔溥是個很愛講話的作者，而且能注意到中國作者不會費工夫提到的細節。生活在一四八八年的明代中國是什麼光景？他的旅行日誌是迄今最好的報導。若想理解身為儒者的朝鮮人，在儒家國度所遭遇的認同困境，這也是極好的材料。崔溥曉得自己無法期待受到與畫中人相同的招待、相同的離境方式，但他原以為自己嚴守儒家典範的生活方式，理應為自己帶來一點喘息空間才是。

崔溥的私生活嚴守儒家教誨，若非如此，他也不會被沖上中國海岸。他是朝鮮朝廷命官，得知父親過世的消息時，正任職於朝鮮南海岸最大的島嶼——濟州島上查核稅籍資料（島上地主有蓄奴、將奴隸從稅籍中抹去的嫌疑）。父喪是儒家生命循環中最大的危機，崔溥也確實抱持這種態度。咸認父子關係不只是家庭的骨幹，更是君臣關係典範的基礎。儒家規定，兒子必須放下一切，返家守喪，披麻帶孝，在父親墳墓旁結草屋而居，為時二十七個月。離開濟州島之前，就有人警告崔溥海上起了風暴，但他守孝的責任心實在太過強烈，不顧一切出航，下場就是漂流到中國。

一到中國，他就希望中國人了解：他不只是一個人，不只是一個朝鮮人，更是一個道道地地的儒家弟子。對他來說，儒家身分理應能為他掙得與大明菁英成員平等的地位。抱持這種想法的人，不只他一人。說起來，這形塑了朝鮮身處與中國的不平等關係時所採取的戰略。朝鮮王朝的朝鮮是一個小國，明代中國是一個大國。位卑者因應這種心理上、戰略上不平等程度巨大的關係時，唯一的方法就是讓對方認為自己達到位尊者訂下的任何標準，甚至要超越對方。朝鮮必須跟大明一樣遵奉儒家，崔溥也得比他遇見的任何中國人都更像個儒生。

他北往北京這一路上遇到許許多多的中國人，三教九流都有，而且無一不奇於和朝鮮來的夷人交談。大多數人從沒看過外國人，更別說是與之筆談了。發現崔溥不會講漢語，卻能讀中文時，大家都很困惑。崔溥一行人接受安置於一處旅館時，當地的學者問他：「書同文，獨你語音不同中國，何也？」問得很合理。明人沒有道理會曉得朝鮮人已經熟習中文數個世紀，不只是為了閱讀中文典籍，也是為了書寫自己的語言。崔溥抵達中國前的四十多年，當時的朝鮮國王便已下令官員發明文字——即今天所謂的「韓字」，要更貼近韓語、更方便學習，但受過教育的菁英仍舊用中文書寫。

崔溥回答此人時，引用古老的中文諺語——千里不同風，百里不同俗。「足下怪聽我言，我亦怪聽足下之言，習俗然也。」比起把朝鮮人用中文一事當成要從歷史加以解釋的問題，崔溥更是急著將朝鮮與中國之間的語言差異重要性減到最低。重點是外國的文化多麼開明，而不是外國人的語言有多麼不同。崔溥希望與自己交談的這位仁兄，能把重心放在共通點，而非相異處。「然同得天所賦之性，則我之性亦堯舜孔顏之性，豈嫌於語音之有異哉？」

他最常得想辦法辯護的指控是，別人懷疑他和他的部下是洗劫沿海惡名在外的日本海盜。頭幾回偵訊時，曾有一名官員試圖讓崔溥在這一點上套。

「你以倭人登劫此處，何也？」他突然發難。

「我乃朝鮮人也，」崔溥答，「與倭語音有異，衣冠殊制，以此可辨。」

「倭之神於為盜者，或有變服似若朝鮮人者，」官員又繞回來，「安知你非其倭乎？」

「觀我行止舉動，證我印牌、冠帶、文書，則可辨情偽。」

「你無乃以倭劫朝鮮人得此物乎？」

「若少有疑我之心，姑令送我北京，與朝鮮通事員一話，情實立見。」從他的說法來看，沿岸都沒有任何人能通韓語。

隔天，一位疑心沒那麼重的官員希望多聽一點關於朝鮮的事，問他朝鮮是否如大明一樣，統治者也稱為「皇帝」。崔溥用一句老諺語回答：「天無二日，安有一天之下有二皇帝乎？」兩國統治者之間的不平等，是朝鮮得以用獨立國家姿態，生存在中國隔壁的唯一途徑。他接著說「我王心誠事大而已」，用了「事大」這個標準的說法。

偵訊結束，客舍裡其他人於是帶著各自的問題，圍到崔溥身邊。有人為此拿紙給他，但崔溥實在應付不過來，這時一名官員塞來紙條，上面寫著：「此處人輕薄，休與閑講！」儘管從官方的觀點看，實在不該鼓勵對外界的好奇心，但一般人跟外國人面對面時，還是忍不住想聽聽這人能告訴自己什麼。等到換崔溥問問題時，他們卻寧可閉口不言，免得落得為外國間諜提供情報的罪名。

真要說是誰試圖打探政府機密，那就是審問崔溥、試著挖出情報的官員了。一名把總官要求他透露朝鮮國王的名諱，而這是誰都不允許說或寫的，這麼做等於洩漏朝鮮國家機密，崔溥因此拒絕了。

「孝子不忍舉父母之名，故聞人過失如聞父母之名，況為臣子其可以國君之諱輕與人說乎？」崔溥答道。

「越界無妨」，把總官暗示他。這部日記是為了國王而寫，而此時正是他表現自己應對誰盡忠，如何守分際的完美時機。

「我不是朝鮮之臣乎？」崔溥以儒家忠臣之義憤反駁，「為人臣者，其可以越界而負其國，異其行，變其言乎？我則不如是也。」

孔子與皇帝

崔溥順著大運河北行，愈來愈接近北京，滿足明人要求的壓力也愈來愈大。奉命送他進京的官員傅榮告訴他，兵部、刑部、吏部等各司的船隻與他們反方向，絡繹不絕，是為了將革職的先朝朝臣送回故鄉。弘治帝對效率的要求有多高，先皇的要求就有多鬆。傅榮告訴崔溥，先前參與處理他們一行朝鮮船難生還者的官員，有些也已經因為太慢將此事上報朝廷而被貶。

崔溥表示此事值得慶賀。「當今天下再得堯舜之君，舉元凱，黜四凶，」他肯定，「朝廷肅清，四海妥帖，不亦賀乎！」

「正是，正是」，傅榮應聲後接著告訴崔溥，他聽說弘治帝在十二天前躬幸國子監，釋奠先聖孔子。傅榮跟崔溥分享這個消息還有一層意思：新皇帝決心整頓吏治。崔溥此時卻有意外之舉。從純儒家的觀點來說，皇帝在孔夫子之前也該屈尊。然而，若從治國的角度來看，孔子與皇帝的相對地位再清楚不過了：皇帝可以祭孔，但就儀式上，他是孔子的上級。誰知崔溥出我意料之外——傅榮可能也沒想到，他批評後一種立場，開了日記中唯一的一次玩笑。

「天子亦拜於列國之臣乎？」

這話有點咄咄逼人，傅榮擋了回去。「孔子萬世之師，豈以人臣之禮待之乎？」他接著解釋贊禮郎如何用心良苦，處理這個難題。皇帝應該鞠躬拜孔子時，贊禮郎曰：「鞠躬拜。」正當皇帝準備拜下去時，第二名贊禮郎曰：「孔子曾為魯司寇。」意識到孔子的官位低於皇帝時，第一位贊禮郎便高喊：「平身禮。」傅榮對崔溥說明：「當拜而實不拜，此尊先師、尊天子之禮兩不悖也。」崔溥也坦率得可以，直接對傅榮說這種妥協貶低了孔子，而至聖先師地位總是高於皇帝。這番評論想必讓傅榮進退皆不是，只不過崔溥顯然沒有發覺自己讓東道主感到難堪，僅僅提到傅榮一言不發。

一星期後，當局將崔溥安置於貢使在北京下榻的招待所。這是一個忙碌的地方，外國使節來來去去，中國商人紛至沓來，想盡快在朝貢貿易的五天限期內談好生意。過了幾天，上面才派一位中國通事李翔，告訴他目前的處理進度。當船難消息抵達京城時，李翔便轉告來北京的朝鮮使節，使節立刻返回朝鮮，通知崔溥的家人，他並未葬身大海。八天後，崔溥從李翔處得知，他必須等到朝鮮國王上奏弘治帝，為拯救其使節一事謝恩之後才能離境。「惟僕之到此不係國家事，」崔溥盡顯失望之情，「特蒙大國深恩生還本國，祇自仰天祝乎而已。但瑣尾逗遛，遷延日月，不得全吾哭柩廬墓之心，所以痛哭耳。」這對皇帝來說並不重要。奔喪確實是光明正大，而且也必須奔喪，但重要性仍然不比嚴守對外關係之法度。崔溥的怨言符合他對儒家的堅持，表現出高於國家的普世標準——他的核心主張是，在儒家子弟之間區分「華夷之別」沒有意義，而朝鮮人比中國人更儒家，文明程度並不輸人。

崔溥別無選擇，只能閒著，跟好奇經過的中國人閒談度日，其中有些人能通韓語。過了五天，一名錦衣衛告訴崔溥，他在禮部的檔案有點問題。崔溥重申他來中國與國家事務無關，奔父喪的義務應當優先處理。兩天後，禮部才把程序跑完，召他前去，告訴他必須到皇帝面前謝恩。場合需要，禮部送了朝服給他們。但新朝服又導致另一輪爭議。崔溥堅持自己正在守喪，不能穿給他的這些袍服。但李翔已經先他一步，料到他會有這個理由。

「今日我與禮部尚書大人已議之。當是時，親喪輕，天恩重，拜謝之禮不可廢也」，李翔說的「是時」，意思是見皇帝時。隔天，也就是一四八八年五月三十日，李翔一早就來確認崔溥是否為皇帝召見穿戴妥當。他沒有，他依喪制著服的儒教義務，勝過其他所有義務。

李翔重申禮部的要求，叫他對自己的處境採取實際一些的態度。「你在殯側，則爾父為重，今在於此，知有皇帝而已。」李翔提到，大明禮制包括在入闕拜謝皇帝時暫時換下喪服，作為對策。「蓋以皇恩不可不謝，謝之則必於闕內，闕內不可以衰麻入，此嫂溺援手之權也」，身為儒者，絕不能碰嫂子的手，但危急時例外。「你今從吉，事勢然也」是他的建議。儒家弟子有時候也可以審時度勢。

崔溥堅持到宮門之前。李翔知道破壞禮制的話，受罰的人會是誰，於是摘下崔溥的喪冠，把紗帽硬戴在他頭上。直到宮門打開，上朝的官員魚貫通過列隊的大象時，崔溥才同意換衣服。他打算不停扮演「我比汝更儒」的角色，直到可能造成國際事件才稍止。朝鮮人進了宮，列於朝班，站在指定的位子上。他們對著皇帝所在的廳堂五拜三叩頭謝恩（皇帝坐在內殿，他們是看不到的），接著從一道側門出宮，一出宮崔溥便換回喪服。

責任已了，朝鮮人獲准返國。奉命護送他們在隔天回國的軍官，帶著兵部關文而來。崔溥想必對公文上的用詞很感冒：「緣係處置遭風外夷歸國。」看來，即便他們一行人盡了一切努力，想化入「華」的範圍，他們仍然是「夷」。無論他們重視舉止，在「華」度上與人一較高下，朝鮮人永遠都是「夷」。崔溥終於在日記中吐實：他描述一行人留置北京的情況形同軟禁，而且事實上就是如此，畢竟大明禮制只允許朝鮮人每五天出門一次。「朝廷視臣等以漂海夷人，令把門館夫劉顯等直臣等，非奉上司明文稟帖呼喚，不許擅自出館，亦不許容放牙行及無籍之徒入館串引交通。」無人在場監督的情況下，一律禁止對外接觸，這也是為了維持華夷之隔。

崔溥一行人在隔天——一四八八年六月四日離開北京，踏上帶他們返回朝鮮的陸路旅途。現在一看，過去的那些時日實在沒那麼重要，崔溥一行人感覺就像是又一個來自朝鮮的使團而已。

離境不到十天時，崔溥跟名叫戒勉的佛教僧侶有了一場趣味交談。戒勉的祖父是朝鮮人，逃到這個地方。戒勉解釋，該地區在千年之前，曾是高句麗王朝領土的一部分，後來雖然被中國占領，但高句麗舊習仍流傳下來。他祖父那一輩人來到這裡討生活，但這個邊境社群卻夾在跨邊界的認同之間。戒勉對崔溥保證他們「敬祀不怠，不忘本也」，但往西跨入中國，就沒有回頭路。「我等亦欲返本國以居，但恐本國反以我等為中國人。刷還中國，則我等必服逃奔之罪，身首異處，故心欲往而足趑趄耳。」

戒勉所身屬的群體，受困於國界兩側同時採取的排外政策。朝鮮這廂拒絕那些變成中國人的朝鮮人，大明那廂則排斥所有出國之後還想回來的人——哪管他是不是中國人。我們總是把排外的國民身分與近代民族主義世界相聯繫，但就連在十五世紀，也有成為無國籍者的可能性。更有甚者，當時的人是統治者的臣民，而非一國的公民，不可能切斷君臣關係。無國籍不僅是一種狀態，更是一種罪行。屋漏偏逢連夜雨，新登基的皇帝下令新設寺庵內沒有度牒的人必須還俗，戒勉就是其中之一，他不只沒有國籍，還丟了僧籍。

崔溥既沒有為戒勉提供解決方法，也沒有安慰他。根據他奉行的儒家基本教義派，佛教僧侶是社會的寄生蟲，而他們為皇帝長壽祈福的做法，只是資源的揮霍浪費，富了寄生蟲，苦了田裡辛勤工作的老百姓。他對戒勉說，應該把他們全部充軍，遠比待在寺院裡更有用處。崔溥再度選擇羞辱他在路上遇到的陌生人——這回是一個朝鮮陌生人——好展現他認為能讓自己與中國人平起平坐的道德優越性。

一回到朝鮮，崔溥逕直返家，展開因意外之旅而延誤的丁憂。他在一四九二年復職為國王效力。十四年後，經歷兩次士禍與一任新王，崔溥因為在黨爭中站錯邊而遭到處刑。道德終究無法勝過政治。

儒家孤立主義

崔溥的儒家思想是堅守不可更易的倫理規範，將個人與家庭、與統治者緊緊相繫，這是一種。當時對於孔子的另一種解讀，則能在丘濬的著作中覓得。丘濬是海南島人，就算到了這麼南邊的地方，也仍然是大明子民。身處一個以記憶經典的能力為部分根底的教育體系，他過目不忘的天賦顯然很有用。不過，他直到十六歲才開始為了科舉考試讀書，算是晚了。八年後，丘濬不僅在廣東鄉試中舉，還是第一名解元。他四度前往北京參加會試，終於在三十三歲之年通過，並且在殿試中成為二甲第一名進士。據說，要不是他其貌不揚，不然可以進入一甲。他從來不改個性中的這一面，住在北京一處破房子裡，甚至不打算費工夫，練好身為官員理應學會的官話口音。

丘濬其貌不揚到不適合在公眾場合當地方官，但又聰明到不能派一個小管理職浪費才能，於是上級把他任命至翰林院——皇帝的智庫，後來改至國子監擔任祭酒。丘濬全心投入國子監，也將這種投入貫注於一代又一代的學生身上——他們致力於琢磨方法，解決困擾國家、增加百姓負擔的問題。丘濬信奉儒家思想的程度不下於崔溥，但他信奉的卻是一種完全以實用為導向的儒家思想。對他來說，真正的儒者要「治國平天下」——引自他最愛的儒家經典《大學》。對眾人來說，求諸外遠比求諸內更有價值。為了幫這種理想的骨幹添上血肉，丘濬組織了大規模研究計畫，對所有已知文獻進行歷史性的耙梳，以此為基礎製作出國家政策大部頭參考資料。計畫成果卷帙浩繁，有一百六十卷。他將之命名為《大學衍義補》。論其精要，該書等於是給皇帝用的政策百科。志向值得欽佩，但問題在於要找一個願意讀這部書的皇帝。丘濬在成化帝治世時展開計畫，但成化帝興趣缺缺。一四八七年成化帝駕崩，兒子繼位，丘濬突然得到他原本缺的那個皇帝。

弘治帝登基之後，丘濬將自己的巨作呈獻給他。弘治帝印象深刻。他批准將書刊行（在隔年問世），並任命丘濬為禮部尚書。丘濬並未特別期待這樣的結果，而他在尚書任上的成就也讓他再也離不開官場。獲此殊榮後不久，丘濬求皇帝允取他致仕。弘治帝的回應卻是提拔他為文淵閣大學士——最高的官職。丘濬未能退休，返回海南島的故鄉：七十五歲時，他死於任上。

丘濬在《大學衍義補》探討諸多問題，外交關係就是其中之一。為了掌握他的政策偏好，我得從全書的結構下手。書中假設皇帝是丘濬談話的對象。首先，每一個主題的安排方式都是：各家集注一條接著一條，創造一種丘濬彷彿真的在跟過去的大儒對話的效果。這種編排讓我得以把書中「觀點—回應」的形式，轉變成有如殷切的新君與他的老臣子交談的樣子。交談中的每一句話，皆摘自《大學衍義補》，一字不差。假如丘濬與弘治帝真有就外交政策交談過的話，想必會是這樣：

「有虞之世……蠻夷處邊鄙之外，負險阻以為固，」丘濬向皇帝說明，「不可以理喻，不可以言馴，非用甲兵不可也，豈區區刑法所能制哉。蓋人君為治，必先去其梗吾治者，然後其治可成。所以梗吾治者，其大在蠻夷……必使外而蠻夷，不敢亂吾華夏之地。」

皇帝想知道，「先王當中是否有誰留下好榜樣？」

「後世為治者往往昧於華夏輕重緩急之辨，固有詳於內而忽於外者，亦有專事外而不恤其內者，又有內與外皆不加之意者，胥失之矣。」

那我們該怎麼做呢？畢竟不能就這麼無視外界。大明身為天子的權威，應該要及於國界之外，使蠻夷開化。教化夷人，不正是我們要扮演的角色嗎？

「《春秋》內諸夏而外夷狄……隔以山谷，壅以沙漠，天地所以絕外內也……未嘗體國經野，設官分職，而以內治治之也。此無他，天地間有大界限，華處乎內，夷處乎外，各止其所，而天下之理得矣。」

「我們大明應當統治全天下，如今大明的疆域是否已經推到天下的邊緣了？」

「臣竊以為今日地勢東南已極於海，至矣盡矣，更無不盡之處。惟西與北及西南之地尚未底於海耳，然皆限以重山疊嶂，大荒絕漠，地氣既惡，人性復獷，非復所居之處，有與無不足為中國輕重焉，惟明主寶吾華夏文明之域，以瓦礫視之可也。」

「難道不能憑藉我們的軍力優勢，將這些地區納入控制之下？」

「自古帝王皆以能致外夷以為盛德，殊不知……」，丘濬答道。在他看來，這方面已經做得夠多了。皇帝應該把行動綱領侷限在「德在華夏文明之地，而與彼之荒落不毛之區無預焉」。

「那麼，跨過邊界歸順於我們的夷人，該怎麼處理？」

「彼以窮困而歸我，我不受之，仁者不為也。彼以慕義而歸我，我不受之，義者不為也。」

皇帝好奇，「面對已世居大明疆域內的夷人，又該如何做？」

「彼自其乃祖乃父，慕義來歸，歷世已久。荷國厚恩，非不知感。染華雅俗，既已久變。固無外慕之心，亦無內訌之意。」但丘濬對那些先祖為夷狄的人並不放心。「不幸一旦板蕩塵坌，遇有機會，轉移之間有興有亡，趨避之頃有安有危，彼或不能不為騎屋極之計耳。不可以久安而僥倖苟且，而不為之遠慮也。」

「我們該把所有夷人趕出大明疆域嗎？」

「彼生長中華，世有爵祿，結為姻婭。相與聯比，皆華夏之人，已久忘其為夷矣。一旦無故分辨之，彼誠不自安也。必欲安其心而無後患，必須以漸而為之，因事而處之，不使之群而居也，不使之專其位也，不使之聯其職也，不使之統其類也，不使之臨乎邊也，不使之使其國也。」丘濬固然期待同化他們，但他不準備完全仰賴這種做法，希望設下限制。「所聚之處一郡不許過百，所居之市一縣不許過十，所任之官一署不許過二，如此消之以其漸，為之因其機，處之服其心，使彼不知不覺則久久自然潛消而日化矣。」

那位碰上船難的崔溥到了中國之後，身處的正是這種氣氛。無論朝鮮人表現得多麼儒家，華夷之別都是鐵律。「天地間有大界限，華夷是也，」丘濬為弘治帝引經據典，「華處乎中，夷處乎外，是乃天地以山川險阻界別區域，隔絕內外，以為吾中國萬世之大防者也。奈何自決其防，引而入吾腹心之內乎？」再也不要深入外國領土的「大國」冒險，再也不要華夷混處。丘濬給皇帝的外交政策基本方略，就是不要管夷人之事。「夫人君儆戒於宮闈之中、朝廷之上、京邑國都之內，何預於四夷哉？」

丘濬身為儒家基本教義派的程度不亞於崔溥。只不過他的界線不是劃在儒與非儒之間，而是劃在華與非華之間，這下子崔溥就站錯邊了。界線劃歸劃，碰上朝鮮議題時，丘濬還是頗為寬大。他表示，朝鮮與大明皇帝非得打交道的其餘朝貢國還是有點差異，畢竟「朝鮮恭順朝廷」。就此而言，這正是朝鮮人希望中國接收到的訊息。聽話，就不對付你。

馬匹與土木堡

假如當年有「仇外」（xenophobia）一詞，丘濬想必不會認為自己仇外。「仇外」是對外國人不理性的恐懼。根據丘濬本人的信念，他建議皇帝夷狄保持距離的做法，完完全全是出於理性而為之。但要了解他的理路，我們得探討馬匹的問題。

大明是一個廣泛使用馬匹，但育馬不算成功的國家。對中國北方的農家來說，養馬是稅負中的一環，但馬匹的品質很差，購買草秣的成本經常讓農民破產。假如想要較好的馬匹，就得跟長城以北的民族購買，尤其是比誰都精通於馬匹的蒙古人。另一方面，蒙古人與他們一度統治過的中國人之間存有敵意，而這份仇恨正好就是大明需要馬匹的緣故——不讓游牧民族越過長城，回來搶奪曾經屬於他們的東西。

朝鮮人沒有蒙古人那麼善御馬，但他們確實懂得養馬，永樂帝於是轉而從朝鮮找馬。登基第一年，永樂帝命令朝鮮國王每年送來一千匹馬。四年後，他把數字增加到每年三千匹。（永樂帝還要求送朝鮮處女來充實自己的後宮，只不過是數以百計，而非千計。）接下來從一四〇七年至一四二七年這二十年間，朝鮮一共送了一萬八千匹馬給大明。

只是，朝鮮的供應永遠追不上中國的需求。大明別無選擇，只能從蒙古人處大量買馬——趁著還沒有跟他們真刀真槍打仗時買。永樂帝第一次要求朝鮮進貢馬匹的一年後，就不得不在邊境的好幾個地點（包括上都）定期開設馬市，與蒙古人交易。後來，他訂出每三年一萬四千匹馬的定額。馬匹的貿易表面上是歸順的蒙古王公進貢的貢品，實際上就是購買，只是價格說一不二，通常以布疋為單位，蒙古人的要價可高了。

大明財政撙節的做法，終究結束了鄭和下西洋，也終結了與蒙古人的邊境馬市。這麼一來，朝貢體系就是大明唯一能設法獲得馬匹的唯一機制。對蒙古人來說，邊市也是在不訴諸走私或劫掠的情況下，唯一能購買茶葉與紡織品的方式，這正是蒙古人多少願意接受這種安排的原因。政局主導著交易，但交易條件也有可能反過來引發政治上，甚至是軍事上的反應。一四四八年，大明朝廷認定蒙古人為貢馬索要的價格太不合理，因此拒絕接受朝貢團帶來的馬匹。對大明來說，拒絕就等於沒了馬匹。但事情還有另一面——對蒙古人來說，這等於馬賣不出去。當時並非疏遠這個貿易夥伴的好時機，因為草原上的領袖之一——也先，正設法將大半個蒙古世界納入其統一指揮下。也先認為這是興兵的理由，也是出擊的機會。

當時的皇帝是二十一歲的正統帝，他迫切想為自己贏得軍事上的名聲，好跟偉大的先人——洪武帝與永樂帝平起平坐。大臣們毫不費力便說動他該對也先發動大攻勢。總之，他率領大軍往北通過居庸關，沿路前往上都——此時的上都位於蒙古領土深處。原本的計畫是從邊境城市大同出發，進兵草原。但到頭來，軍隊完全沒有離開大明領土。正統帝的幕僚意識到自己低估了也先部隊在長城以北的實力，斷定繼續進兵太過危險。他們向民眾宣稱皇帝親征突襲大同已取得勝利，接著送皇帝返回北京。一四四九年九月初，撤退的部隊距離居庸關只差四十英里時，也先的騎兵在名叫土木堡的驛站追上他們。蒙古人屠殺了半數部隊，人數恐怕高達二十五萬人。更讓人震驚的是——至少在政治上震驚——他們俘虜了皇帝。

也先本來有優勢可以運用，但大明朝廷迅速行動，讓新皇帝就任，等於消除了正統帝作為人質的價值。無論如何，也先的大志主要是對自己的蒙古對手，而非大明。一年後，也先眼見沒有別的選擇，於是將手上無用的人質送回去。四年後，也先大膽自稱「大元田盛大可汗」，結果遭人暗殺。只有成吉思世系出身——成吉思汗的後代，才能自稱可汗。也先不是這個家族的人。

這次戰敗令大明為之震動的程度，怎麼說都不為過。到了弘治帝的時代，土木堡之變早已是四十年前的往事，但正統帝是他的祖父，而弘治帝不願重蹈覆轍。後人理解明代歷史時，常以土木堡為分水嶺。土木堡的教訓在於皇帝應該遠離戰場，而夷狄則盡可能離得愈遠愈好。對大明來說，唯一合情合理的外交政策，就是退入中國的國界內，然後待好。土木堡之變扼殺了大明成為正統「大國」最後一絲猶存的希望。對蒙古關係由此懸置二十年。馬匹供應因此次出兵而中斷，大明於是再度訴諸朝鮮。朝鮮克盡厥職，立刻送來兩千匹馬。

尋常外國人

使節與遭遇船難的官員，並非一四八八年唯一前往中國的朝鮮人。朝鮮馬商顯然也是。我們如履薄冰，畢竟從來沒有人找到關於朝鮮個別商人跨過大明—朝鮮邊界的史料，更別說是馬商了。但有一個有趣的例外：一部供朝鮮人學習中文的課本——《老乞大》。書名讓人想起蒙古人原本用「漢人」稱呼中國北方人的名字，因為他們曾是大契丹國的臣民。（蒙古人後來改稱他們為「契丹人」，也就是我們今天對中國漢族的稱呼。）「老」意思是「年紀大」，但也是朋友間表示關係親近的用詞，至今猶是。我們可以把「老乞大」翻譯成「老契丹人」，但「我的契丹老兄」可能更貼近原意，而「契丹」則代表「中國人」。

大多數的課本都是提供短篇、無連貫的段落供學生學習。但《我的契丹老兄》不同，讓兩名角色講話，學生則隨著他們的經歷，從課本開頭到結尾。書中的主角是一個朝鮮人，其姓名始終不為我們所知。他懂一點中文，隨著穿越中國北方，他也學到更多。此人從事馬匹買賣。另一位重要角色就是他的契丹老兄，姓「王」。這名馬商和他的朋友只是課本裡的角色，不是真實人物，但在構成本書的口語對話之後，感覺我們聽到的是真人的聲音，這正是本書魅力始終不減的原因。《我的契丹老兄》在十三世紀蒙古人統治時代首次成書，後來在十五世紀時改寫。一四八五年，也就是崔溥登上中國岸邊前三年，一名朝鮮宮廷教師上奏國王，採用《我的契丹老兄》為正式教材，但顯貴們喝斥他，因為他們推崇文言文，認為這本書很低俗。我猜測，這項提議反映一四八〇年代初期出現了新版，但上奏的結果卻是朝廷禁止官方通譯採用本書為教材。不過，其他人都用這本課本。

總之，老王和這名朝鮮馬商都不是真人，但我的耳朵覺得他們的對話能讓我們聽到真實的交談，原音重現，反映出一四八〇年代的朝鮮人如何說話，對中國人有什麼看法。我們有機會下降到比崔溥和友人所處的同溫層低得多的地方，一窺人們如何生活。不妨把《我的契丹老兄》當成盜錄的錄音。

本書的背景如下：老王拉著一群馬，前往北京西南門內一處大型馬市賣馬，在路上與未來將結為好友的朝鮮人相遇。他從遼東城出發，意即這一程有五百英里。兩人在通過山海關之後結識，而山海關的位置甚至還不到馬市路途的一半。（崔溥奔父喪的時候，也曾從反方向通過山海關。）朝鮮人還有三個同伴同行，一起拉著一批馬。老王先搭話，問朝鮮人從哪裡來（首爾）、往哪裡去（北京）、走了多久（超過半個月）。接著他問起中國人面對會講中文的外國人時一定會問的問題：他們怎麼學中文的？朝鮮人說，他在學校裡學過半年。

「你是高麗人，學他漢兒文書怎麼？」老王問。

「你說的也是，各自人都有主見。」朝鮮人回。

「你有甚麼主見？你說我聽著。」

朝鮮人回：「如今朝廷一統天下，世間用著的是漢兒言語。我這高麗言語，只是高麗地面裏行的。過的義州漢兒地面來，都是漢兒言語。有人問著，一句話也說不得時，別人將咱們做甚麼人看？」崔溥想必會同意。他在日記中兩度將「身在中國卻不懂中文」比做聾啞。馬商接著承認自己之所以開始學中文，是因為父母逼的，他們認為講中文是出人頭地必須學會的技能。事實上，他念的學校就是中國人當老師，班上有一半學生是中國人，顯見學校位於邊境地區，只不過書上沒有提到是在大明—朝鮮國界的哪一邊。

「你那眾學生內中，多少漢兒人？多少高麗人？」老王問，「裏頭也有頑的麼？」

「可知有頑的。每日學長將那頑學生師傅上稟了，那般打了時，只是不怕。漢兒小廝們十分頑，高麗小廝們較好些。」

對話主題接著轉到馬匹。

「哥哥，曾知得京裏馬價如何？」朝鮮人問。

「近有相識人來說，」王說，「馬的價錢這幾日好。似這一等的馬，賣十五兩以上，這一等的馬賣十兩以上。」朝鮮人還帶了人參與朝鮮毛施布去賣——毛施布是用蕁麻纖維織的布，中國人稱為高麗布。把馬跟其他東西賣了之後，他打算繼續前往山東省買絲綢，然後乘船渡過黃海，把買來的東西帶回朝鮮賣。他估計自己能在十一月時回到首爾，在首爾買更多馬和毛施布，然後在新年時重啟循環。

幾天後抵達北京，老王在北京城西南角宣武門外馬市附近，幫大家找了一間客棧。明、清兩朝，從北方拉著牲畜來賣的商人都會集中在這裡做買賣。一行人住下之後，店主人趨近前來。

「客人們，你這馬要賣麼？」他問。

「可知我要賣裏。」

「你既要賣時，也不須你將往市上去，則這店裏放著，我與你尋主兒都賣了。」朝鮮人婉拒，表示明天再說。店主人走開後，老王建議他的朝鮮有人慢慢來。「咱這馬們路上來，每日走路子辛苦，餵不到，都沒甚麼膘。便將到市上，市上人也出不上價錢。咱們舍著草料，好生餵幾日發落，也不遲裏。」

「你說的是，我也心裏這們想著。」朝鮮人答道，「我又有人參、毛施布，明日打聽價錢去來。有價錢時賣了著，怕十分的賤時，且停些時。」他們還順道拜訪吉慶店——這間店為來到北京的朝鮮人介紹生意，並提供往返朝鮮的郵務服務。兩人返回客棧時，店主人已經讓兩名來自山東的買家看過他們的馬。買家有牙子陪同，顯然有簽約的準備。店主人建議兩人一次賣整批馬，不要一匹一匹賣，買家也願意。朝鮮人還沒回話，其中一名買家——李五，就開始問起馬來。

「這個青馬多少歲數？」他問。

「你則拿著牙齒看。」朝鮮人答。

「我看了也。」李五回，「上下衢都沒有，十分老了。」

「你敢不理會的馬歲。」朝鮮人嗆回去。

李五往後一站，目光快速掃過這群馬，「這些馬裏頭，歹的十個：一個瞎，一個跛，一個蹄歪，一個磨硯，一個打破脊梁，一個熟蹶，一個疥，三個瘦，則有五個好馬。你這馬，好的歹的，大的小的，相滾著要多少價錢？一個家說了價錢。」

「通要一百四十兩銀子。你說這般價錢怎麼？」

「你則說賣的價錢，沒來由這般胡討價錢。」李五激動起來，「我不是矯商量的。你說的是時，兩三句話，交易便成了。不要你這般胡討價錢，怎麼還你的是？」

此時牙子介入了，「客人們，你不要十分多討，你兩個枉自成不得。我是個牙家，也不向買主，也不向賣主，我只依直說。你要一百四十兩銀子時，這五個好馬，十個歹馬，你算多少？」

買賣雙方又展開新一輪講價，接著牙子再度介入，「這五匹好馬，每一匹八兩銀子，通該四十兩；這十個歹馬，每一個六兩銀子，通該六十兩。共通一百兩，成了罷。」

「似你這般定價錢，就是高麗地面裏也買不得。」朝鮮人發起牢騷，「那裏是實要買馬的？只是胡商量的。」

「你還要想甚麼？」此時一群人圍了過來，閑看取樂。牙子再次推波助瀾，向雙方提議折衷方案，而圍觀群眾中也有人說牙子提的價錢相當公允。

「罷，罷，」朝鮮人回答，「咱們則依牙家的言語成了罷。莢燴般時，價錢還虧著我。只是一件，低銀子不要與我，好銀子與我些。」老王此時插話，向他保證李五的銀子成色都好，馬上就能交易。牙子同意寫合約，提交給有司官員，代賣方繳稅。朝鮮人笨拙地試著計算稅金，最後算出來是三兩一錢五分。他另外需付牙子三%的牙錢。

老王有一匹馬，李五不買。之後老王提醒朝鮮人，他還有人參跟毛施布要賣，還說他得去了解一下羊的價格，打算把賺到的錢拿去買羊，趕去南方賣。當朝鮮人和他的中國朋友徐步前往羊市時，讀者也差不多讀完課本了。我們就在這裡跟他們道別。

外友

朝鮮馬商在和老王前往北京的路上，碰上一些尷尬場面——不是因為他賣的是馬，而是因為他是外國人。故事中有一位客棧主人對老王說：「你這幾個火伴的模樣，又不是漢兒，又不是達達，知他是甚麼人，我怎麼敢留你宿？」

老王為他們說話，「主人家，你說那裏話！好人歹人怎麼不認的？這幾個火伴，他是高麗人，從高麗地面裏來。他們高麗地面，守口子渡江處的官司，比咱們這裏一般嚴。驗了文引，仔細的盤問了，才放過來。」他們確實是朝鮮人，但朝鮮人也有好人，只有好人才能進關。

老王接著談到讓崔溥跌跤的問題——語言隔閡。「他見將文引趕著高麗馬，往北京做買賣去。」

他告訴店主人，「他漢兒言語說不得的，因此上不敢說語。他們委實不是歹人。」老王其實是請店主人往好處想，朝鮮人固然是外國人，但這不表示他們不可信任，假如你們雙方能交談就曉得了。這正是這本課本的宗旨：有了以中文交談的能力，在中國就能受人理解。這本課本彷彿在說，有了語言作為藥方，仇外的問題就會自己迎刃而解。

當然，事情不可能那麼簡單。土木堡之變提醒所有中國人，外夷能為中國帶來什麼麻煩。日本海賊又將沿海地帶的不信任提升到另一個層次。崔溥和同伴聚在一起生火，溫暖身子的時候，就嘗到這番滋味。以為他們是日本海賊、押送他們的人當中，有人看見他們生火，暴跳如雷，衝過來把火踩熄。夷人怎麼可以過得舒服？要就處罰他們，不然就是趕走他們。一四八八年，謠言四起，說新皇帝下詔，要將洩漏情報給夷人者流放，作為處罰，而此事只是加深不信任的鴻溝。說句公道話，弘治帝固然重視情報洩漏問題，但也同樣重視夷人遭受的對待。當他得知北京居民對街上看到的夷人出言侮辱、投擲東西時，便下詔命百姓不要擾夷。

恐外的影響程度，取決於你的身分而有所不同。馬商希望在生意中得到公平對待，崔溥希望因同為儒者而受人尊重，不妨說兩人都希望東道主平等以待，人在國外都會這麼希望。兩人對大明的期待，恐怕都比大明的實情更為寬容。以下就是他們各自的說法。

崔溥準備一小段別辭，感謝那位客氣對待一行人的軍官：「僕一遠人也，相逢未一日也，而嚴以示之，寬以待之，厚以別之，其意固有在也。蓋我朝鮮地雖海外，衣冠文物悉同中國，則不可以外國視也。」崔溥希望人們起碼能以這種方式看待他和他的國家，只是從禮部送他回國的指令文字來看並非如此。但崔溥堅信華夷之別可以克服，並且用「大國」四海一家的表述方式為他的呼告定調。「況今大明一統，胡越為家，則一天之下皆吾兄弟，豈以地之遠近分內外哉？」他希望對方想到他的時候，不要把他當夷人，而是當朋友，別辜負了天下之名。

降到賣馬的人之間，人生就稍微直截了當，也沒有人嘮叨著什麼「大國」。讓我來一段那位朝鮮馬商的離別辭——他對朋友老王道別：「大哥，我們回去也，你好坐的著。我多多的定害你，你休怪。咱們為人，四海皆兄弟。咱們這般做了數月火伴，不曾面赤。如今辭別了，休說後頭再不廝見，山也有相逢的日頭。今後再廝見時，不是好弟兄那甚麼？」

「天下」、「四海」。我寧願想像，寫出《我的契丹老兄》的人確實有過一位叫老王的朋友如此待他。秉持這番精神，老王給我們這位馬商一點能跟世人分享的好建議：「咱們結相識行時，休說你歹我好，朋友的面皮休教羞了。親熱和順行時，便是一個父母生的弟兄一般，相待相顧眄著行。」崔溥讀過《我的契丹老兄》的話，說不定能有點收穫——話說回來，他恐怕沒有讀過。在儒家的秩序體系中，平等待人並非很有分量的課題。

第六章 海盜和官員

廣州，一五一七年

幾艘葡萄牙船隻在廣州之下的珠江主流下錨，船帆雖降，但船旗飄揚。艦隊長費南・佩剌・安篤拉篤（Fernão Pires de Andrade）用了兩年半差一星期的時間，才從里斯本抵達南中國海岸的這個河口。這一程並非一路通到底。一年前，他曾遠至占婆（越南南部），卻在此時因颱風而被迫返回滿剌加，等待颱風季節過去。到了一五一七年，他設法盡早在六月出發，抓緊季風，往東北向前往中國。如今他等在河畔驛站一段距離之外，透過驛站傳遞與廣州城的正式通信，等待地方政府回覆他往上航行至廣州城並登岸的請求。

安篤拉篤原本同意巡海道副使的要求，將他的八艘船停在珠江之外。他請求讓葡萄牙使團前往北京，向他所說的「中國國王」遞交開闢通商關係的提案，而他會在珠江口外等待。（幾年後，通商要求才真正通過。）但時間不斷流逝，一天天接近東北季風的季節。船都開了這麼遠，卻只因為中國官僚的步調太慢，結果被迫空手返回滿剌加的話，實在是他承受不起的失敗。拉斐爾・佩雷斯特雷洛（Rafael Perestrello）在一年前曾到廣州走一遭，若熱・區華利（Jorge Álvares）則是在前年，這兩次行動都帶來巨大的獲利。安篤拉篤不能掉頭，但只要巡海道仍將他拒之門外，他也不能前進。強行逆流前往廣州的話，將會引發一場他沒有把握獲勝的衝突，尤其安全的港口與援軍如此之遙。因此，他決定對巡海道副使施壓，他揚帆表態，率領幾艘船隻逆珠江而上。幸好在巡海道非得採取行動之前，他們就碰上一場暴風雨，迫使他們返回下錨地。巡海道也回應了——要求安篤拉篤多等幾天。安篤拉篤答應了，畢竟他也別無選擇。

安篤拉篤並不了解：從大明官員的角度看，有人駕船從海上來，卻不是來朝貢，只打算進行私人貿易，此舉與海盜無異。大明國認為，海岸線、近海島嶼和鄰近水域皆處於其絕對管轄之下。若沒有正式允許，外國船隻不得進入這些水域。除非是遇難船隻，否則船隻在未經許可的情況下，一律禁止靠岸。廣州內部有聲音，願意採取更開放的觀點，允許外國船隻前來，在監督之下進行貿易，但是當目標在於改變整個帝國的政策時，就必須在政治上極端小心；否則，一旦海岸邊爆發任何爭議，讓北京認為地方官沒有做好工作，就足以讓你丟官——甚至更慘。

巡海道副使終於給予安篤拉篤許可，讓他能逆流而上，也派當地引水人指引他的船隻通過珠江淺灘——這些沙洲保護著廣州，不受海上來人的威脅。短短的行程，這支小船隊用了三天時間才走完。一在驛站外下錨，安篤拉篤便下令炮手做了一件所有歐洲船隻抵達外國口岸時，禮貌上應該做的事：發禮炮向東道主致敬。廣東右布政使（相當於總督）吳廷舉聞禮炮響，大駭。葡萄牙人一方踩錯許多步，有許多計算錯誤，這只是第一件而已。

瓜分大西洋

葡萄牙人在一五一七年的中國海岸碰上的劇情，其實在一四九三年就已經寫定了。我們都知道在一年之前，壯志凌雲的熱那亞航海家哥倫布，說服支持者資助他冒險西向橫渡大西洋。他的目的地是中國，而他也有絕對的把握往西航行一定能抵達。一四九二年，水手與製圖師已經知道世界是圓的，而且歐洲的西岸正對著亞洲的東岸；他們只是不確定地球的直徑有多長，因此也無法預估前往歐亞大陸的東岸一端，究竟要花多久的時間。當時的人已經知道，南下非洲海岸是較有把握的做法，但葡萄牙人主宰沿路的水域。哥倫布想要有自己的中國航路。

同一年，日耳曼航海家馬丁・倍海姆（Martin Behaim）為人製作一個地球儀，稱為「地球蘋果」（Erdapfel），上面的歐亞大陸涵蓋大致三分之二的地球圓周，其餘空間則由一個廣袤的大洋所填滿（見圖8）。歐亞大陸的東端隔著「大東洋」（Oceanus Orientalis）與歐洲相對，幾個地名從南到北星星點點。倍海姆從馬可・波羅等旅行作家的著作中找來這些地名，而它們適切反映十至十三世紀的東亞國家建構史：党項、韃靼利亞（Tartaria）、契丹雅（Cathaia）、圖博特（Thebet）與蠻子（Mangi）。我們在第三章提過党項。藏族出身的党項人建立大夏國，在一二二〇年代被蒙古人併吞，此時蒙古人還沒有進軍中國。「韃靼利亞」是俄羅斯人對女真人大金國的稱呼，大金國同樣毀在蒙古人手中。「契丹雅」是契丹，這個稱呼中國的古名源自於契丹人——他們建立的大遼國比大金國更早。當然，「圖博特」就是吐蕃。吐蕃一度是一個歐亞大帝國，但在一四九二年只是數個佛教國家彼此相爭的破碎地區。在這些四散的地名中，最南邊的就是「蠻子」——蒙古人（和他們的代表馬可・波羅）用這個詞彙稱呼南宋的人。倍海姆在蠻子的外海畫了一個大島，標上「Cipangu」——這是中國南方人對「日本國」的稱呼。一四九二年，這些地名僅僅是馬可・波羅記憶中所知或聽聞過的地方，沒有任何人確切知道其存在。哥倫布首度航行時只帶了幾本書，其中之一就是《馬可・波羅遊記》，這本書當時仍是歐洲人對於世界另一端最豐富的參考資料。

哥倫布的贊助人——卡斯提爾女王伊莎貝拉（Queen Isabel of Castile）與阿拉貢國王斐迪南（King Ferdinand of Aragon）在一四六九年聯姻。他們在一四七九年成為共同統治者，統治著今人所說的西班牙。對於他們的兄弟王國葡萄牙，兩人絕不能掉以輕心。葡萄牙在遠洋航行上有一日之長，部分是因為該國有一條漫長的大西洋海岸，部分則是因為有良港可以處理海上貿易，又有出海的悠久歷史。一四七九年，也就是哥倫布出航的十三年前，葡萄牙與西班牙這兩個君主國簽訂《阿爾卡索瓦什—托雷多和約》（Peace of Alcáçovas-Toledo），其中包括四條協定，終結葡萄牙對伊莎貝拉繼承權的挑戰，但也確立葡萄牙在海上的霸權。根據條約，葡萄牙獨占在加那利群島以南航海與貿易的權利，並且擁有所有「從加那利群島起往幾內亞方向之外已發現與未發現陸地……，與所有已發現與尚待發現之島嶼，以及可能發現、征服之其他島嶼」。

《阿爾卡索瓦什—托雷多和約》在當時相當合理。然而，一旦兩人穩固王位，對於伊比利半島的穆斯林占領區有更多的掌控後，伊莎貝拉與斐迪南便野心勃勃，想涉足海洋世界，與葡萄牙對手一較高下。哥倫布多少算是在正確的時機出現在正確的地點。但即便如此，這位熱那亞航海家還是費了好一番工夫遊說，才讓兩位陛下提供必須的財務支援，為他那支由三艘船組成的小小艦隊充實設備與人力，並取得政治許可，挑戰西邊那個富有但危險的鄰國。錢，決定出發的時間點。直到一四九二年，兩位國君才獲得這筆錢。這一年以一月二日格拉那達（Granada）陷落為序幕——當天哥倫布本人就在阿爾罕布拉宮（Alhambra），見證最後一位伊比利穆斯林統治者走出城門，親吻伊莎貝拉與斐迪南的手。從摩爾人手中奪取格拉那達一事，為清洗其他不受歡迎的異國人揭開序幕。三月三十一日，兩名國君在《阿爾罕布拉詔書》（Alhambra Decree）上簽字，驅逐所有不改信的猶太人。十五萬猶太人在接下來四個月逃離這裡，蘇丹拜耶濟德二世（Bayezid II）為部分人在鄂圖曼帝國提供庇護，並派船帶他們安全抵達希臘與土耳其。

八月三日，哥倫布啟航，並於九星期之後抵達他認為是亞洲的地方。他在自己新發現的島嶼之間航行四個月後，掉頭東返渡過大洋，在三月四日寫信給他的王室支持者報告自己的勝利，並且在抵達西班牙海岸後立刻送出。信的開頭是：「我隨著兩位陛下交付予我的艦隊，從印度群島返回」，證實自己已經確實達成當初承諾的目標。他發現「無數之民，眾多島嶼」，根據歐洲人的規矩，「以兩位陛下之名，由王室宣禮官」占領之，「讓兩位陛下的王家旗幟飄揚，且未遇對立。」這場表演不僅是一場多采多姿的儀式，更是為了讓取得「無主地」（terra nullius）主權必不可少的法律要素發揮作用：站在君主的旗幟下以顯示君主之臨在，大聲宣讀主權宣言，對象則是那些被置於該主權之下的人——而且要提到新子民並未提出異議。此舉等於搶先一步，不容未來有人挑戰西班牙人對哥倫布找到的土地所做的主權宣告。

提到這些人沒有私有財產觀念之後，哥倫布繼續在信中跟主君描述自己去了哪些地方。他告訴兩位國君，他抵達我們今天所說的古巴之後，沿著海岸航行四天，岸上似乎一個人都沒有。他放膽斷定，「這兒恐怕不是一座島，而是一塊大陸，而且很可能是契丹之地」。他已經抵達自己的目的地了，大概吧。接著以熱情的方式描繪他所說的「印度」——這個詞彙是歐洲人往東看的角度，泛稱從南亞到東南亞島嶼之間的區域。他說，當地盛產黃金，香料豐富（「印度」正是以此聞名），棉花綿延無邊，奴隸「不可勝數」——馬可・波羅的遊記早已告訴他會發現這些。他還道出他那知名的主張——印度居民相信「一切權柄歸於上天」，而他的人馬與船隻是從天上來到他們這兒的。「快來看天上人啊！」他報告中的當地人這麼說。

現在要來要錢了。儘管有大筆財富等著人拿，但哥倫布花費的還是比獲得的多，必須重新補給他的遠行隊伍。已經投入的，眼下還看不到回報，兩位陛下還會增加投資嗎？哥倫布提出的非但不是一小筆現金，讓他能打平回程的花費，反而是更大的一筆生意。他承諾兩人在七年後償還（一五〇〇年三月四日為期）。到了那天，由於財富將如山洪爆發般滔滔不絕流入他的手中，「我將能為兩位陛下提供資金，支付征服耶路撒冷大業所需的五千騎兵與五萬步兵」。

追尋中國畢竟不只是為了追尋財富，也是為了對抗伊斯蘭的聖戰所需的資金，直到光復耶路撒冷，聖戰才會結束——至少哥倫布是這麼跟他的主君說的。但找到中國並非結束，畢竟五年之後還會有那個數量的騎兵與步兵依約而來。為了怕伊莎貝拉與斐迪南遺漏這個訊息，哥倫布提醒他們，他所提的是一筆非常划算的交易。他們將能「得到一切，只要兩位陛下這一邊，在取得印度及其所有物的行動之初有些許投入」。這筆交易的真正核心就是：只要金援他占領印度，西班牙就能獲得印度，並把穆斯林趕出聖地。他用一種不太大方的口吻補充表示，這一回千萬別像他這趟首度出航一樣有所耽擱：「願上帝原諒任何造成這種情況的人。」他在這個高尚的計畫後面加了一大段難堪的抱怨，表示儘管兩位陛下意興闌珊，但他在這七年間已經為了效力兩人而投入一切，期待他們能給予一點回報。無論兩人對哥倫布的怨言作何感想，都難以拒絕他的提議——也確實沒有拒絕。六個月後，哥倫布將再度西航。

哥倫布獲得的這一切，催生出新的問題。《阿爾卡索瓦什—托雷多和約》已經把加那利群島交給西班牙，但在加那利群島以南的大海中，一切都屬於葡萄牙。那麼，群島以西的一切呢？西班牙對這些新領土的權益穩固嗎？伊莎貝拉與斐迪南不讓葡萄牙有挑戰的空間，他們先發制人，訴請教宗亞歷山大六世（Alexander VI）仲裁，而教宗正好出身斐迪南統治的阿拉貢。得知哥倫布發現新領土的消息後不到兩個月，這對王室夫妻便得到一紙教宗訓諭——由教宗頒布的詔書，具有法律效力。這一招不僅迅速，說不定還挺精明。

這份訓諭以開頭的兩個字「Inter caetera」（在眾多成就中）為名，將新領土的完整管轄權授予西班牙。在教宗亞歷山大心目中，位居這些「令天主喜悅」的「成就」之首的，就是基督教世界上上下下（尤其是西班牙）近年來為了傳播基督信仰，推翻「野蠻國度」所做的努力。亞歷山大提到，西班牙君主們長年以來「試圖尋找、發現遠方未知，且此前未有其他人發現的土地與島嶼」，志在「將對於我們救主的崇拜，以及對至公信仰的衷心服事帶給這些地方的居民」，只是此前為了將穆斯林逐出格拉那達而耗費過多心力，以致無法投入新領土的發現。這種措辭方式暗示伊莎貝拉與斐迪南是為了擊敗穆斯林的大業而放棄西班牙的福祉，因此如今有資格得到特定的報償。哥倫布提到有黃金跟香料，此事引起教宗的注意。他嘉許兩位國王堅定履行為基督教帶來新信徒的責任，接著頒布他的仲裁結果：「將前述地域與島嶼——此前所未知者、如今與未來由汝使節所發現者皆然——連同其領土、城市、營寨、地方與村落，以及所有財產權、司法權與一切特權……但凡未曾有任何基督徒所有權人於實際世俗方面占有者，盡皆正式給予並分配給汝等、汝等之後裔與繼承人。」

此前，亞歷山大用同樣的措辭方式，透過教宗訓諭肯定葡萄牙對某些地域的管轄權。為了將西班牙的新領土與上述地域區分開來，亞歷山大提議在亞速群島以西一百里格之處（對應到赤道處時，相當於差五個經度，約三百五十英里），畫一條從南極到北極的線。只要是位於這條線彼側「往印度方向」及亞速群島以南之處，皆屬於西班牙。唯一的例外是，這些土地必須是「未曾有任何基督徒所有權人於實際世俗方面占有者」。除此之外，哥倫布發現的一切，以及尚待他發現的一切，都屬於西班牙人。

這項新的仲裁讓葡萄牙國王若奧二世（João II）憂心忡忡。他的父親阿方索五世（Afonso V）治世時也做了一樣的事，訴請教宗尼閣五世（Nicholas V）頒布訓諭，以葡萄牙人先前在大海上的舉措為基礎，批准其領土主張。尼閣透過一四五二年的訓諭《直到》（*Dum diversas*），授權阿方索從穆斯林與其他異教徒手中奪取土地。兩年後，他更以訓諭《羅馬教宗》（*Romanus pontifex*），清楚將摩洛哥海岸波哈多角（Cape Bojador，阿語名為「危險之父」〔Abu khatar〕）以南整個非洲的統治權授予葡萄牙。早在二十年前的一四三四年，葡萄牙航海家便首度鼓起勇氣，面對淺海與強風，繞過波哈多角（正是在這一年，里斯本接收第一船非洲奴隸）。到了一四五四年，他們南行非洲海岸的距離，已經遠得足以讓阿方索提出主張。

若奧反對教宗亞歷山大所做的安排。為了因應他的反對與戰爭的威脅，律師與教廷代表於一四九四年五月，在西班牙—葡萄牙邊境城鎮托爾德西利亞斯（Tordesillas）齊聚一堂，試圖推敲出折衷方案。新協議明確將業已發現的世界分給西班牙與葡萄牙，但把亞速群島以西一百里格的那條線，挪到維德角（Cape Verde）以西三百七十里格。這項改變等於是把線又往西推了十四又二分之一個經度，亦即九百五十英里。有鑑於當時的船員沒有測量經度的可靠方法，人們還得另外用三十年的時間，才能確定這條線位於我們所說的西經四十六度三十六分，巴西東部也因此劃進葡萄牙領土範圍。葡萄牙代表團當時知道會發生這種事嗎？我們說不準，但不難想像在接下來數十年時間深入南大西洋的航行中，會有某艘葡萄牙船隻被風颳過維德角的西南，接著繞行西班牙人當時仍未知的大陸。

本書提供的插圖中，就有現存最古老、記錄此項安排的葡語世界地圖。這張地圖人稱《坎迪諾地球平面圖》（Cantino Planisphere），向義大利人阿爾貝托·坎迪諾（Alberto Cantino）致敬——只是這多少有點不光彩，因為這張地圖是他在一五〇二年時，從葡萄牙偷渡出來的（見圖7）。《坎迪諾地球平面圖》用鮮豔的藍色畫出托爾德西利亞斯線。線的兩側分別寫上「Las Antilhas del Rey de Castella」（屬於卡斯提爾國王之島嶼）與「Terra del Rey de Portuguall」（屬於葡萄牙國王之地）。圖上有一大塊的南美洲，與非洲的曲線輪廓完美對應，突出到線的另一側屬於葡萄牙的區域。三隻羽毛顏色鮮豔的鸚鵡棲息於溼地與叢林背景上，證明該地確實存在。這種呈現方式其實只是反映出佩德羅·阿爾瓦雷斯·卡布拉爾（Pedro Álvares Cabral）在一五〇〇年偶然發現巴西的標準說詞，他在這一年率領葡萄牙人第二支印度遠行船隊。不過，洋流與貿易風很可能早在一四九四年之前，便已把葡萄牙船隻推到這個遠西之地。

假如葡萄牙人與西班牙人在地球的另一端相遇，那該怎麼做？《托爾德西利亞斯條約》（Treaty of Tordesillas）對此沒有任何規劃。畫在大西洋上的這條子午線純粹是局部性安排，為的是區分葡萄牙與西班牙的經濟區域。但當歐洲人往四面八方前進，到達世界各地之後，這條線肯定也影響事件將如何開展。托爾德西利亞斯子午線非但不是領土主張的最終決斷，反而是一條起跑線，看誰能主宰哪兒的貿易。經歷兩個世紀的孤立之後，歐洲從這一刻開始與中國接觸——不是整個歐洲，不是英格蘭、法蘭西或西班牙，而是只有葡萄牙。一連串紛至沓來的事件，先是驅使瓦斯科·達伽馬（Vasco da Gama）深入印度洋，接著讓阿方索·德·阿爾布克爾克（Afonso de Albuquerque）來到滿剌加海峽，最終帶著安篤拉篤抵達中國，而托爾德西利亞斯只是其中的一個瞬間。

葡萄牙人起先對中國一無所知。早在還沒有葡萄牙人到達滿剌加之前，《坎迪諾地球平面圖》的製圖師便寫上「Malaqua」，並在南邊畫出馬來半島的尖端，也就是今日新加坡的位置。然而在半島東岸以外的部分，製圖師只能自己摸索，將看似寫實的海岸線往東北方延伸，直到隱沒於地圖的右側。他確實在地圖上插入一個可靠的地名——「Chinocochum」，也就是後來所說的交趾支那。這個名字指的是越南的南部，亦即占婆。葡萄牙製圖師把「交趾支那」之名擺在某個河口，緊貼北回歸線以南，大致上是河內與紅河的位置——絕對是幸運猜到的。接下來，整個亞洲的東端都是未知之地（terra incognita），沒有中國的蹤影。

葡萄牙水手將目光投向滿剌加，或許是因為從人在印度的中國商人那兒，聽說滿剌加是關鍵的轉口港，介於印度洋與位於東方的神祕區域——香料群島之間。第一艘以滿剌加為目的地的葡萄牙船隻在一五〇八年出發，執行國王馬努埃爾一世（Manuel I）的訓令，盡可能了解中國人：「他們何時來到，又從多遠的地方來到；他們何時前往滿剌加或他們進行貿易之處，帶來哪些商品；他們一年來船幾艘，以及船型與尺寸；他們是否在同一年中往返，抑或在滿剌加或其餘地區有經管人〔代理人〕」。馬努埃爾還想知道中國人的軍事實力、他們的外表體態、他們的政治制度（「他們之中是否有多個國王」）、他們的國家大小與疆界位置、他們的宗教信仰，以及他們是否容許穆斯林商人經商——葡萄牙人認為，穆斯林是他們在印度洋上最主要的貿易對手。

事實證明，滿剌加的確是印度洋與南中國海之間的關鍵轉口港。印度洋與南中國海之間所有的船運都匯聚於此。據後來成為葡萄牙第一位前往北京的大使——托梅．皮萊資（Tomé Pires）所說，你可以在滿剌加聽到八十四種語言。滿剌加同樣具有戰略重要性，能扼住兩個海域之間的交流。只要控制這個港口，就能確保往兩個方向的航路。一五一一年，蘇丹媽末沙阿（Mahmud Shah）拒絕讓葡萄牙在自己的口岸自由貿易，此時阿爾布克爾克便炮轟滿剌加，轟到蘇丹逃走，滿剌加也落入葡萄牙人之手。

由於滿剌加作為明朝朝貢國已超過一個世紀，媽末沙阿於是遣使納散．摩打里爾（Nacem

Mudaliar），前往北京告難求援。他請求中方協助驅逐葡萄牙人，此舉確實合於朝貢體制的常態，但正德帝的臣子態度並不積極。朝貢體制下，若朝貢國統治者遭到推翻，中國有義務出手援助，但一五一一年的大明不準備這麼做。滿剌加太小、太遠，十五世紀時那支有能力介入的海軍也早已解編。滿剌加固然位於中國的商業地圖上，不過皇帝對這張地圖興趣不大——時人多半認為海外貿易或許能讓個人致富，但帶給國家的卻只有頭痛的問題。總之，比起某個遙遠的港口，正德帝更關注其他的對外方針議題，尤其是計劃對北疆的蒙古人採取軍事行動。

不過，媽末沙阿身為滿剌加統治者的二十多年間，對中國商人態度多有敵意，不僅在中國船隻進港時限制商人不得下船，盡其所能從他們身上擠稅，甚至在自己打算對沿海發動戰爭時占據他們的船隻，而這一切對他的處境都沒有幫助。人在滿剌加的中國商人見風轉舵，在阿爾布克爾克出手時幫忙他。當時，北京當局對葡萄牙一無所知，只知道該國在印度以西的某個地方。蘇丹的使節摩打里爾等待皇帝回覆的時間之久，甚至連與他同行的妻子都在北京過世了。最後，皇帝雖然對蘇丹的遭遇感到遺憾，但選擇不干預。摩打里爾無功而返，回程時在中國南方過世。大明所做的，頂多就是為他辦一場體面的葬禮。

葡萄牙人沒有遭遇明朝的任何挑戰，於是開始從滿剌加往中國方向派遣遠航船隊。第一支隊伍由區華利率領，於一五一三年出發，一年後抵達中國，卻無法靠岸。區華利在珠江口外一座海島停泊一陣子，賣掉船上的蘇門答臘胡椒，並堆石紀念其「發現」——第四章提到，葡萄牙人經過非洲與亞洲時沿路立發現碑，這就是其中之一。第二個航向中國的葡萄牙人，是一五一五年夏天登上滿剌加船隻出航的佩雷斯特雷洛。佩雷斯特雷洛跟哥倫布是遠房姻親。他在一年之內就從中國返回，大家都說這趟短程之行就賺了二十倍的利潤。佩雷斯特雷洛在一五一六年夏末回到滿剌加之前不久，安篤拉篤便率領四艘葡萄牙武裝船隻與四艘滿剌加戎克貨船啟程了。

右布政使吳廷舉知道安篤拉篤和手下人是來大明海岸做生意的。他稱之為「佛朗機」，也就是「法蘭克人」——中國人從阿拉伯語借來稱呼歐洲人的舊詞彙。但他們的到來，卻引發行政管理上的問題。朝貢體系的管理章程中並未提到這些法蘭克人。外國生意若非朝貢，就是走私，那要以什麼名義允許他們入境？右布政使吳廷舉也把世界分成兩半，只不過這兩半不是葡萄牙與西班牙，而是大明透過朝貢體系投射國威的廣大國界外區域，以及不在該區域範圍內的地方。朝貢體系的邊界是可變動的，取決於誰希望進入體系，以及大明朝廷為了追求其對外政策目標而希望與誰結盟，但沒有任何可循的先例提到葡萄牙的存在，那麼能視之為大明朝貢國嗎？

尋找共通點

安篤拉篤看似了解中國貿易規矩。大致上，每個蘇丹都會實施某些規範，一方面維持其權威，一方面從通過其口岸的貿易中得到經濟利益，而中國的規矩與此並無多少不同。差異主要在於管理的規模：大明透過明確制定的程序與政府機構，處理與數十個國家的關係。但凡首次接觸的國家，都必須符合程序，否則就會遭到斷然拒絕。安篤拉篤的中國夥伴——至少有中國人為他工作，擔任口譯與領航員——想必知道什麼樣的做法才能為官府所接受。就安篤拉篤這廂來說，比起挑戰大明的期待，他寧可滿足其要求，畢竟他是來做生意賺錢，不是追求外交目標。不過，身為提出請求的外國商人，他的期待跟大明的預期之間，本來也不會出現鴻溝。在這個階段，葡萄牙人只不過是又一個角色，參與眾所周知的海上貿易體系。

他提交給大明官員的文件皆未能存世，但寫給巡海道副使、進入中國的書面要求必然採用朝貢辭令，因為沒有別的措辭方式能讓他入境。安篤拉篤想必清楚知道大明是強大的國家，自視為理所當然的區域霸主，而且這並沒有錯。身為商人，他提升自己獲利的唯一方法，就是以畢恭畢敬的方式面對霸主。他是葡萄牙國王的子民，不得損及國王的尊嚴，必須照章辦事，他肯定心知肚明。但是無論他的國王跟大明皇帝之間可能浮現什麼樣的關係，他們必然都是位卑的一方。

無論安篤拉篤追求什麼，大明政府都會把他的通商請求，視為跨越國界線的請願，而他的到來也將因此落入政治外交框架中。正因為如此，巡海道副使首度接獲安篤拉篤的請求時，無法在缺少中央明確授權的情況下，允許他繼續逆流而上。倘若他放行安篤拉篤，就成為未能守住國界，是會立即遭到彈劾的罪證。一旦安篤拉篤到了廣州，就輪到右布政使吳廷舉得堅守章程，讓朝廷知道每一步，而地方政府還必須同時衡量究竟是讓這一行人上岸，抑或要求他們掉頭回到海上。

吳廷舉一聽到禮炮，就知道自己必須行動。他可以下令大明海軍驅逐安篤拉篤，但他沒有，反而命令安篤拉篤上岸，並且就三點事項加以訓斥。第一點，安篤拉篤不應在沒有接獲明確指令的情況下，繼續往上游前進，此舉等同沒有授權便進入大明領土，可以解釋成敵對舉動。第二點，他來的時候還掛上旗幟。在中國水域升起其他統治者的旗幟，可以視為對大明權威的直接挑戰。第三點，也是最嚴重的一點——安篤拉篤還開炮了。中國沒有任何章程允許以鳴炮作為歡迎或致敬的信號。開炮只能解釋成敵意，少說也是某種警告。安篤拉篤在八月首度靠近岸邊時，大明巡海道就是這麼做的。他們開炮不是為了擊中來船，而是為了引起注意，並衡量對方的反應。安篤拉篤妥切應對，並未還擊，舉手投足盡皆展現出他的遠航船隊是懷抱和平之意而來。

假如吳廷舉想找理由趕走安篤拉篤，那幾聲炮響就是口實。啟人疑竇的是，他沒有這麼做。安篤拉篤道歉，把情況處理得服服帖帖，但他的致歉卻跟吳廷舉接下來的做法——將他的請求上達北京，一點關係都沒有。吳廷舉有自己的利益考量。他深信，只要能將對外貿易與朝貢外交所施加的限制脫鉤，就能有益於國家。讓貿易就純粹是貿易。以當時的脈絡而言，這是很激進的構想。朝貢體系的思路是：但凡中國跟中國以外的世界有所互動，都是為了安排秩序，而中國的朝貢國也都是為了追求這種秩序。交換禮物意在鞏固尊卑之間的紐帶，而非從中獲取利益——對中國來說尤其如此，怎麼能犧牲來朝廷進貢的人，來獲取自己的利益呢？一旦儀式性的禮物交換大功告成，貢使就有機會獲准順帶進行貿易，但這是種恩准的姿態，而非商業上的激勵。外國人只能在遵守條件的情況下貿易，不遵守就是走私。

南方少數官員的做法是將海上貿易與外交交換區分開來，但這種想法牴觸朝貢貿易的規範。大明治國有一個根本論調：國家應當致力於確保百姓在物質與道德兩方面的福祉，而非利用可能的機會增進自己的歲入。土地稅是政府財政收入與歲入的根本，政權因此得到有限的財政基礎，但一般認為這就足以滿足百姓與國家的需求。商業活動也要收稅，但稅率不高（介於三%與一〇%），在政府預算中僅構成次要的會計單行項目。朝貢制度對政府預算毫無助益；事實上，支應外交使節的開銷，遠遠超出朝廷收到的貢禮與款項。然而，中國南方的官員深深了解對外貿易可能帶來的利潤，他們認為對外貿易能挹注大量財富，有益於海岸地區的經濟——當然也能裝滿他們的荷包。只要適當監督、抽稅，對外貿易對整個國家都有潛在的好處。若要讓一切水到渠成，就意味著將對外貿易與朝貢制度脫鉤。但是，建立大明的人禁止子孫更動王朝的根本制度，讓兩者脫鉤實在太苛求了。儘管如此，還是有官員願意嘗試。

指導貿易與外交的體制紋理非常複雜。外國使節抵達中國海岸之後，由稱為「市舶司」的機構經辦。十五世紀初，市舶司的控制權轉移到宦官身上，而宦官所構成的平行管理體系並不對政府負責，而是完全效力於內廷。宦官的任務在於確保皇帝的利益，尤其是他的財政收益，這正是他們之所以爭取控制市舶司關稅徵收的緣故。禮部監督大明與外國關係的章程，外交也是禮部的職權。宦官只跟貢使團進入紫禁城、向聖上獻禮等事務有關。邊防則是兵部的管轄範圍。

絕大多數乘船而來的朝貢使團會在廣東省上岸，而日常貿易與外交事務則屬於廣東地方官的職責。簡單來說，地方行政安排是這樣的——廣東省與西邊的鄰省廣西省，是由一名總督（政府官員）與一名鎮守太監（宦官）管理。在兩人之下，省一級的領導權分成三份，分屬三個不同的衙門。「承宣布政使司」主管政務，「提刑按察使司」是中央政府在地方上的看門狗，「都指揮使司」則處理軍事與治安運作。此三司有義務彼此合作，處理主要事務。海上來的外國人所引起的問題，多半會出現在布政使的辦公桌上，除非此事造成治安漏洞，指揮使也可以參與。

首先動手將海上貿易當成稅收發電機來發展的人，很可能是宦官組織。宦官身為皇帝的私僕，擁有相當程度的自由，可以選擇處理那些與內廷有關的事務。只要有利於內庫（以及自己的荷包），更可以置麻煩的前例於不顧。正德帝治世時尤其如此，比起管理錯綜複雜的國家大事，他寧可釣魚和帶兵打仗，宦官們當然樂得任由他心血來潮。而正德帝的大太監是名叫劉瑾的強人，皇宮內苑皆由他自由管理，直到貪汙指控扳倒他為止。這些指控的由來相當複雜，始於一五〇九年春天一起捲入宦官的事件。有人發現幾艘來自暹羅的船隻停泊外廣東外海。船員聲稱是風把他們吹偏航道——這是一個藉口，掩蓋他們其實是來跟中國的對口做生意，而且是在沒有貢使所需的書面授權情況下為之。該怎麼處置他們呢？省級的三司把這個問題上陳給頂頭上司，讓鎮守太監與總督決定。他們建議皇上對這些遠離家鄉的船員寬大為懷，允許船隻卸貨，但必須為這些商品繳交進口稅。收到的稅款則投入南方的軍事預算，畢竟他們得負責查緝走私的花費。

假如沒有人反對的話，這次不起眼的安排便將成為有力的前例，讓外國貿易得以在政府的監督下成長。但還真有人反對。根據《明武宗實錄》中不帶感情的記載，廣州市舶司太監熊宣「計得預其事以要利，乃奏請於上」。熊宣支持他們的提案，但要求把針對這些不定期船貨收稅的權責交給市舶司。禮部堅決反對。禮部願意支持稍弛海上貿易禁令，但主張宦官在市舶司的角色，是監督、管理貢使團，而非涉足稅收。正德帝決定支持禮部，他嚴懲熊宣妄攬事權，將之召回南京，由另一位太監畢真取代。第一回合是宦官輸了。

畢真的使命是堅守禮部的指示，將市舶司的職責限於朝貢事務的範圍內。十七個月後，畢真在一五一〇年八月請求聖上允許市舶司監理商船抽分事務，和他的前任要求一模一樣。畢真的主張完全是為了圖利。他提到，除了鎮守太監與總督，連省級的三司也經手來自這些船隻的高度獲利，惠及其預算。他希望把這些收益導向內廷，成為內廷財源。皇帝將他的奏摺轉到禮部，徵詢意見。禮部再度反對。「市舶職司進貢方物，其泛海客商及風泊番船，非敕書所載，例不當預。」禮部肯定會一直站在宦官做法的對立面，認為宦官此舉會削弱國家的正常行政。無論禮部出於什麼樣的動機而反對，皇帝仍然支持上一次的做法，下詔按照熊宣在一五〇九年三月試圖掌握進口稅之前的舊例而行。

禮部雖然算是又贏了一回，但一部分也是因為體制中有其他意見使然。史官在《明武宗實錄》中，記錄皇帝對於畢真請求所做的判斷，最後又加了一句：「劉瑾私真謬以為例云。」史官之所以敢對正德帝的大太監有這麼直白的觀察，是因為不過兩星期之後，皇帝便下令逮捕並處死劉瑾，罪名是謀反。這項指控恐怕言過其實，但不失為一種讓反對之聲消音的好方法。不過劉瑾無可辯駁，他確實犯下整個明朝最嚴重的貪汙勾當，壓榨每個對他負責或是受到他控制的人。正德帝把目光投向他處的這些年以來，劉瑾的大規模回扣與威脅恐嚇已經敗壞朝綱，讓全國官僚體系烏煙瘴氣。最後，皇帝再也無法視而不見。劉瑾遭到逮捕，判凌遲處死，悽慘死去。原本根據其罪狀，是要慢慢凌遲三天，誰知他在第二天就斷氣了，令國人大失所望——處死他，是正德帝最為人稱道的決策。

劉瑾的因素，或許能解釋畢真為何違背劉瑾「不要抽分」的明確指令而上奏提出要求。劉瑾脅迫他，而他必須吐錢。不過，我們也不該小覷對外貿易稅收與宦官的貪腐之間，或是宦官與政府官員之間無止境鬥爭有關的議題。當時，中國南海岸正經歷重大轉變。有愈來愈多的船隻，載著愈來愈多的商品往返進出中國，中國南方官員則焦頭爛額，想琢磨出如何管理國家對於海上貿易及外交接觸上的獨占，以有利於全國。

爭論不休的海洋貿易議題，在四年後的一五一四年邁入下一個階段——這一年，布政司參議陳伯獻向正德帝上奏，指控高他兩級的長官讓海上貿易脫了韁。他的這位長官不是別人，就是右布政使吳廷舉。陳伯獻為何會對吳廷舉採取如此激烈的行動？我們恐怕永遠不會知道。說不定只是為了仕途：打倒你的上司，你就可以取而代之。陳伯獻在奏章一開始，概述從廣州角度看到的貿易情況，他提到滿刺加、暹羅與爪哇，對來自這些地方的物產不屑一顧，「不過胡椒、蘇木（作為染料、入藥，有極高價值）、象牙、玳瑁之類」。這些都不是「布、帛、菽、粟，民生一日不可缺者」。受到審慎管理的經濟體，才不需要這種浪費鋪張。陳伯獻接著提到轉變中的風氣：「近許，官府抽分，公為貿易。」一五〇九年對暹羅水手的優待，等於是往新政策的方向發展，而陳伯獻認為影響不佳。「遂使姦民數千，駕造巨舶，私置兵器，縱橫海上，勾引諸夷，為地方害，宜亟杜絕。」陳伯獻聲稱，在背後造就這種嚴重情形的官員不是別人，正是吳廷舉。

當這項突如其來的指控傳到北京時，皇帝採取自己以往的做法。他徵求意見，並且再度責成禮部，畢竟外交章程是禮部的權責。禮部在六月二十七日回覆，支持陳伯獻，堅持番船非貢期而至者則不得抽分——畢竟一開始就不應該允許它們靠岸。禮部狠狠補了一句：「奸民仍前勾引者，治之。」

朝貢與貿易

右布政使吳廷舉究竟做了什麼，才會引來陳伯獻的炮火？這取決於我們如何了解吳廷舉這個人。從他在官修史書中留下的蹤影，我們曉得他任官將近四十年。他從一四八〇年代晚期擔任知縣，開始慢慢往上爬，於一五二〇年代初期擔任幾個不同的副使職。但是光憑官修史書，還不足以說明他在有明一朝歷來人物中的特殊地位。吳廷舉本身就是一號引人注意的人物，穿戴不修邊幅出了名。《明史．列傳》中的說法相當直白，「面如削瓜」。他言行無畏，不在乎別人的反應，當情勢需要時也不怕採取行動。這意味著他不時惹惱從宦官到皇帝等一系列的大人物，只不過政府高層也有要人支持，才能讓他在多次遭人攻訐的情況下倖存。

吳廷舉的名字最常出現在一五一〇年代的官方文獻上，而且跟陳伯獻的攻擊有關。對於提倡改革對外貿易的人來說，這件事情成為反對者撻伐他們的爆點。例如，陳伯獻上奏的三年後，另一位南方的官員提到陳伯獻在一五一四年的抨擊，指責吳廷舉「巧辯興利，請立一切之法，撫按官及戶部皆惑而從之」。又過了四年，另一位敵對立場的官員試圖把廣東省後續的外國人問題，全都推到吳廷舉的腳邊。他宣稱，只要有稅可抽，能填補當地軍門給養的短缺，吳廷舉願意聽任所有船隻靠岸。這名官員表示，「以至番舶不絕於海澳，蠻夷雜沓於州城」——大家最擔心也最難察覺的，就是日本人——「法防既疏」。在控訴的末尾，他指控吳廷舉的方針釀成外國的刺探。「道路益熟」，間諜來去自如。那些對外界感到恐懼的人，花了十年時間，把自己不樂見的事情都怪到吳廷舉身上。

吳廷舉真的支持把貿易與外交區分開的做法嗎？儘管他的職涯可謂留下不少痕跡，但他似乎沒有留下自己的著作。一四八七年，吳廷舉通過殿試之後擔任的第一個官職，就是到廣州南邊的順德縣擔任知縣。《順德縣志》對他的生平留下正面口吻的記載，大加讚賞，說他是不修邊幅的高個兒，言出必行，行之必果。下一個朝代的史官，把這些評價放進正史中的列傳。任職知縣期間，吳廷舉活絡地方，掃除不良風俗，抵制上司索賄的企圖——說不定就是因為此舉，他才會在第一個官職上打滾九年，而不像一般人在三年後就晉升。吳廷舉在一五〇五年回到廣東省擔任參議。他受到輪調，外調北邊的江西省，組織幾次消滅土匪的行動，後來重返廣東擔任右（副）布政使。也就是說，他頭二十五年的職業生涯大半在廣東度過，之所以一再被指派到廣東任官，想必是因為上級認為他對管理該地區的挑戰有充分了解。

但這一切都無法解釋陳伯獻攻訐吳廷舉的原因。皇帝對禮部點頭，支持陳伯獻的提案。但令人費解的是，吳廷舉保住官位——非但如此，他還在一年內升官為左（主）布政使。儘管公開擁護更自由的貿易政策，但他顯然享有高層足夠的支持，足以保護自己。或許貿易帶來的一份利益，幫助他站穩腳跟。

吳廷舉在一五一五年五月再度成為箭靶，禮部上奏，批評前一年限制外國貢使進口的決定沒有確實實施。禮部的措辭多少有點拐彎抹角，抱怨「奉行之人因循未止」。字裡行間並未點名吳廷舉，但其中必然有他的角色。然而，這一回禮部提升指責的層級，聲稱「後以中人鎮守，利其入，稍弛其禁」。一五〇六年至一五一四年間擔任兩廣鎮守太監的人，是宦官潘忠（這樣的任職時間算是相當長的）。

這件事相當耐人尋味。吳廷舉是否跟貪腐的鎮守太監勾結？不太可能。吳廷舉長期與當權的宦官對抗，人盡皆知，而且早在他順德知縣期間就開始了。一回，他的上級打算用公帑為一位順德縣出身、權傾一時的宦官蓋祠堂，他阻止了。另一回，任職於市舶司的宦官賄賂他，他拒絕了，結果人家託詞他越權涉事，將他丟進監獄。等到他在一五〇六年以布政司右參議身分回到廣東時，又跟鎮守太監潘忠起了衝突，參了潘忠二十條罪狀。潘忠反擊，吳廷舉遭到逮捕，押送北京，處罰他的人正是可恨的大太監劉瑾。劉瑾給他上了木枷（一種活動式的刑具，戴在犯人的脖子邊），在吏部外示眾十多天。要不是他的弟弟這十多天都在旁邊照顧他，他恐怕就死在折磨之下了。吳廷舉活了下來——性命得保，仕途得全，但只要潘忠一天是鎮守太監，他就一天不可能回到廣東任職。直到潘忠在一五一四年退休，吳廷舉才被調回廣東。

到頭來，剛正不阿的吳廷舉，怎麼會跟他的死敵——貪腐已極的潘忠，在海上貿易議題上站在同一邊——至少在禮部看來是如此？針對這個謎團，唯一的解決方式是假設：潘忠弛禁對外貿易，為的是將收益導向市舶司，但吳廷舉於一五一四年重返廣東任職時之所以延續相同政策，目的卻不是利於宦官，而是確保從進口上徵收的關稅能妥善分配於省級預算。一五一〇年代，圍繞著大明對外貿易方針的政局相當複雜。單一共識並不存在，但一再有人對吳廷舉表示異議，意味著這位貿易觀較為自由的人物，只不過是一個人而已，偏偏與他對立的派別卻構成主流的意見。

無論是提出保羅・甘迺迪（Paul Kennedy）在《大國的興衰》（*The Rise and Fall of the Great*

Powers）一書中所做的那種「明代中國在活力與進取心上遠遠不及宋代中國」的結論，或是指責「極端保守的儒家官僚體制」，都是把情況兩極化，而非從歷史角度實事求是。明中國並非誕生於厭乏與保守；明中國是個活絡的政治空間，資訊充足的人們有餘地對適合海上貿易的機制抱持極為不同的意見。即便是大明政府內部外交方針分析的實質來源——禮部，都會有搖擺不定的意見。接連不斷的變化終究未能導引出歐洲國家在十六世紀之後採用的那種政策，但我們既無必要，亦無根據落入「中華國家敵視貿易」或是「中華官僚貪贓枉法」的刻板印象（雖然確實有些貪官）。

葡萄牙人抵達時所踏入的正是這樣的脈絡，一個他們渾然不覺的脈絡，造成令人遺憾的影響。

「廷舉之罪也」

葡萄牙人最早在一五一四年與一五一五年數度航至廣州，但並未引起大明朝廷注意。《明實錄》在一五一七年六月十五日首度提及「佛朗機」，是安篤拉篤的船隊出現在珠江口的一個月前，作為海上貿易整體指示的附加說明而出現。指示如下：「命番國進貢並裝貨舶船，榷十之二，解京及存留餉軍」。「外交」與「貿易」並未當成兩種平行項目分隔處理。接下來的文字清楚表示「俱如舊例，勿執近例阻遏」。這絕對不是實情，畢竟「舊例」小心翼翼，不會明確談到進口稅。提到「俱如舊例」，其實是一種不可謂少見的修辭方式，用來掩蓋完全相反的事實。這道指令並未對非朝貢團開放對外貿易的邊界，但確實承認對歲入來說，讓使團進口一整批的船貨是多麼有價值。正德帝的行政部門已經走在徹底修正海上貿易政策的半路上。

編纂《明實錄》的史官對歷史背景進行附加說明。他提到，早在一五一七年之前，廣東與廣西當地人便已涉及舶來品私人貿易。他把各種為人所熟知的修辭方式都挖出來用，抱怨當地人「私通番貨，勾引外夷，與進貢者混以圖利，招誘亡命，略買子女，出沒縱橫，民受其害」。個個都是奸民。史官接著提到陳伯獻在一五一四年對吳廷舉的攻訐，從這裡帶出葡萄牙人：「不數年間，遂啟佛朗機之釁。〔巡海道〕副使汪鋐盡力剿捕，僅能勝之。」史官此處指的是稍後於一五二二年的海上對峙，我們不久後就會談到。「於是，每歲造船鑄銃為守禦計，所費不貲。而應供番夷，皆以佛朗機故，一概阻絕，舶貨不通矣。利源一啟，為患無窮。」這則實錄以當時標準的控訴作結：「廷舉之罪也。」

史官對一五一七年的指令做出評論時，之所以插進這一段對右布政使吳廷舉的簡短描述，是因為他認為這項指令旨在回應廣州地方官採取的措施，進行政策變更。他往前回溯，注意到放寬貿易禁令的措施試行之後不久，葡萄牙人就來了。「佛朗機」的到來並非這段過程的起因，但造成的結果確實導致吳廷舉等人的實驗出格。儘管有這道新的指令，政策的更張在一五一七年夏天——安篤拉篤此時尚未現身——仍然是實驗性的。大明國的海上貿易會往哪個方向走？此時仍然說不準。稍微整理我們從文獻中堪堪得知的史實：右布政使吳廷舉在一五一四年前後推動貿易開放，陳伯獻等人在一五一四年至一五一五年間建議加以限制（正好是葡萄牙船隻開始到來之時）；接下來到一五一七年間，朝廷都在猶豫要走哪一條路，但情勢似乎是漸漸往貿易自由化而去。危機還沒有發生。

接下來在《明實錄》首度提及葡萄牙人的兩個月後，安篤拉篤的艦隊抵達廣東外海，請求以貢使身分登陸。當然，安篤拉篤完全不知道檯面下有什麼動靜正在醞釀。他很識相，領會到吳廷舉給他的提示，不只道歉，還解釋他開炮是出於禮節——他身為船長，是想對中國致敬。這正合吳廷舉下懷。吳廷舉接受致歉，採取措施，讓安篤拉篤有機會把葡萄牙希望成為大明朝貢國的申請交給他的上司——兩廣總督陳金。陳金並不好惹。他在生涯初期鎮壓土匪，狠名在外，地方百姓甚至為他作了一首歌謠：「土賊猶可，土兵殺我。」但陳金與吳廷舉關係友好——吳廷舉過去剿匪功勞也不小——陳金也願意讓朝貢國身分的申請繼續上行。「葡萄牙國王自願屈尊於中國皇帝」的說法簡直是異想天開（至少葡萄牙人會這麼覺得），但這對大明—葡萄牙關係初始階段來說沒有壞處，畢竟唯一的實際作用就是讓貿易得以進行。總督陳金同意把請求交給北京，於是和鎮守太監共同上奏皇帝。

安篤拉篤以為外交事務順利進行。但從一五一八年二月十一日——也就是四個月後，出現在《明實錄》的陳金奏摺片段來看，給人的卻不是這種印象。陳金在文件中評論，海南諸番裡沒有佛朗機人，何況其使者「無本國文書」能證明自己是葡萄牙國王的代表。陳金根據這兩點證據小心推論，認為申請朝貢國地位的使團「未可信，乃留其使者以請」。說不定這是陳金手法謹慎，一方面對自己面前的葡萄牙人留有一定限度的信任，但一方面又為自己留餘地，以免北京有不同的決定。陳金也許對右布政使吳廷舉試圖讓對外貿易成長的做法深有同感，但他不希望成為那個打開大門，接受朝貢國的人。就算要接受朝貢，也該完全由朝廷來決定。

把中文的「留」解釋成「拘留」可能是過度發揮，畢竟「留」就是「允許停留」，但這個字也可能帶有「不許離開」的弦外之音。安篤拉篤獲准停留，但也獲准在必要時離開。他卸了貨，賣給當地商人，接著在船員因為疾病（或許是瘧疾）而出現更多病號之前離境。安篤拉篤留下一名使者皮萊資，以及一批隨員。過了三年，皮萊資一行人才獲准從廣州出發，經由漫長的河運、陸運與大運河，前往正德帝御前，提出國王馬努埃爾的主張。

大明朝貢國葡萄牙

朝廷起先對於陳金奏陳之事的反應並不正面。《明實錄》先是引用那段佛朗機人不可信任的文字之後，提到皇帝再度把這件事交由禮部議處。禮部迅速回覆，建議打發使節返國，退還他們獻給皇上的貢禮。此事出現在一五一八年二月十一日的《明實錄》，暗示依此決行的詔書就是在這天頒布的。但《明實錄》此後就未置一詞，完全沒有提到發生什麼結果——如果有結果的話。似乎什麼事情都沒發生，過了兩年半，事情才再度浮上檯面，讓編纂《明實錄》的史官注意到——一五二〇年十月，《明實錄》出現一則簡短的評論，暗示正德帝尚未回應兵部希望他下詔驅逐佛朗機人的請求。也就是說，儘管兵部立場如此，但這項意圖尚未蓋棺論定。葡萄牙獲得朝貢國地位的正式請求還在進行。皮萊資還在廣州等待，可見大明政府中仍有人（例如右布政使吳廷舉）在設法處理與日俱增、要求大明開放貿易的外部壓力。

當議題仍在朝廷呈現僵局時，又有其他葡萄牙人來到廣東海岸，做出無助於中方重視其目標的舉動，其中以西眇・安篤拉篤（Simão de Andrade）最為惡名昭彰。西眇是安篤拉篤的弟弟，在一五一九年擔任船團的新任艦隊長。一九三〇年代，第一位研究中葡互動的中國史學家張天澤表示，西眇「旋即犯下一連串暴行，完全破壞他的兄長在葡萄牙人與中國人之間建立的友好關係，甚至把中國人變成死敵」。張天澤此處所說的「暴行」，包括在大明領土上處死別人，以及阻止其他船隻在葡萄牙人賣完船貨之前靠岸。等到一五二一年一月，朝廷願意重新聽取有關授予朝貢國地位的主張時，原本對於重新詮釋法律抱持開放態度的風向早已轉變。這一回，問題已經不純粹是「大明是否應該承認新的朝貢國」，更不是「朝廷是否應考量新的對外貿易管理規範」，朝廷的討論完全轉向葡萄牙人的舉止紀錄。裁量的標準——或者我們應該說是衝突的導火線——偏偏是葡萄牙人在十年前占領滿剌加一事。但針對這一點，各方論點不可謂不複雜。

監察御史丘道隆在這一回合的意見算是中庸。他堅持，滿剌加蘇丹求援一事尚未解決，解決之前都不應該承認葡萄牙。只不過，關於怎麼樣才能解決求救問題，他的態度則相當模糊，他相信必須透過軍事手段才能處理，而他也意識到大明國不太可能把軍力投射到這麼遠的地方。然而，丘道隆的看法並非徹底拒絕葡萄牙的請求——他提出建議，為自己的看法作結：「請卻其貢獻，明示順逆，使歸還滿剌加疆土〔予其統治者〕之後，方許朝貢。」易言之，接納的大門應保持敞開。丘道隆初入官場時，同樣在廣州附近的順德縣當過知縣——也就是右布政使吳廷舉的第一個職務，而他在縣志中也因為優秀的治理，得到與吳廷舉類似的讚賞。這很難說是巧合：管理廣東沿海縣分的經驗，必然讓他有如以前的吳廷舉一樣，浸淫於當代人多半看不穿的複雜海上貿易世界中。

另一位御史何鰲，抱持更嚴厲的看法。何鰲陳言：「佛朗機最號凶詐，兵器比諸夷獨精。」他回想當年安篤拉篤的禮炮，「銃炮之聲震動城郭」。他繼續說明：「留驛者違禁交通，至京者桀驁爭長。今聽其私舶往來交易，勢必至於爭鬥而殺傷，南方之禍殆無極矣。」御史何鰲希望一口氣解決南疆出現的破口：驅逐所有與貢使團無關的外國人，恢復原有體制。當然，假如真要怪誰，就怪吳廷舉——只是當時吳廷舉已經升官，到國內其他地方任職。

但禮部的回覆出人意料（尤其是回想一五一八年把葡萄牙人遣返回國的決定），站在丘道隆那一邊。整件事取決於滿剌加的重要性——至於葡萄牙人對此是否了解，我們就不得而知。禮部建議，只要滿剌加情勢徹底調查完成，對葡萄牙人未必不能加以承認。禮部也認為必須追罰吳廷舉，並強調要強化邊防，但此外就沒有進一步的措施。儘管吳廷舉一再受到妖魔化，但皇帝在之前、當下與之後都沒有處置他。開放海上貿易的可能性尚未完全粉碎，禮部仍然在這個議題上兩面押寶。到頭來，最重要的問題並非朝貢體系的完整性，而是邊防。

一起完全出於偶然的事件，讓這場曠日廢時、漫無邊際的外交討論告終：皇帝在一五二一年四月二十日駕崩。第一個影響——每當皇帝駕崩時都如此——就是懸置政事。先前來進貢大行皇帝的使團要先送回國，接著得等到有新皇帝之後，朝廷才會接待新使團。這次的繼承有些曲折，因為正德帝死時無嗣。根據《皇明祖訓》，皇位應當從正德帝傳給他的堂弟，也就是後來即位的嘉靖帝（一五二一年至一五六六年治世）。但這次的過渡卻化為一場政治動盪，讓朝廷大事懸置半年之久。皇統繼承突然化為一場危機，整個朝廷意見嚴重兩極，任誰都沒有那種時間與精神去思考修正貿易政策的問題。雪上加霜的是，十三歲的新皇帝在內陸深處長大，對海上貿易不僅完全沒有概念，也沒有絲毫興趣。皮萊資使團遭到遣回廣州，在廣州做生意的葡萄牙人也全部勒令出境。這項命令有軍事實力為後盾，沒有離開的葡萄牙船隻，將受到大明海軍攻擊——指揮的人我們先前提過，正是那位《明實錄》挑出來褒獎的巡海道副使汪鋐。雙方軍事科技不相上下，但中國軍隊人數遠多於葡萄牙人，並封鎖他們的船隻出入。海戰於是展開。幾艘葡萄牙船隻終究突圍而出，返回滿剌加，皮萊資使團則身陷廣州。

來年夏天，第二支葡萄牙使團抵達，試圖簽訂友好協議，但北京對他們的請求置若罔聞。禮部建議皇帝把葡萄牙人當成海盜、間諜，「亟逐之，毋令入境」。至於滿剌加，禮部也承認束手無策。難道派海軍遠征，迫使葡萄牙將滿剌加還給流亡的蘇丹？怎麼可能。不過，遲至一五二四年，若熱．德．阿爾布克爾克（Jorge de Albuquerque）仍向葡萄牙國王提出警告，表示有大明艦隊揚帆滿剌加，將葡萄牙人趕出其據點的風險。換做一個世紀前，或許還有機會，但一五二四年絕對不可能。此時的大明國徒餘「大國」之名，而無其雄心之實。大明腳步不出國界，而且也沒有非得這麼做的明確理由。

海禁

一五二五年，嘉靖帝實施海禁：範圍不只是廣東，而是整個中國海岸。一桅以上的船隻都不能出海。這項禁令仍允許漁船按時在岸邊從事買賣，但合法的海上活動僅止於此。外國統治者派來、得到官方授權的貢使可以登陸，但其他外國船隻都不能靠岸。一五二九年上任的兩廣總督倡議再度開放貿易，估計一個月的關稅就有幾萬盎司的白銀，但他爭取來的貿易弛禁僅適用於貢使團。濱海地區維持封閉，而且接下來四十二年都保持這種狀態，直到實施海禁的皇帝駕崩為止。

在一五二五年的禁令頒布之前，那些曾試圖為海上貿易減少限制的官員們，倒也不是主張貿易應該無所限制。大明官員一律同意，國際貿易根據外交關係而行，且由政府獨占。進入本國的商品必須在種類與數量上加以限制，在外交上沒有立足點的貿易商不得進入體系（再怎麼樣都必須透過代理）。一五一〇年代曾有態度上的轉變正在醞釀，朝著承認「海上貿易在歲入上與外交上或許都有合理邏輯」的方向轉變。貿易仍然由國家獨占，但這種獨占不只是為國家的地位服務，對財政健全亦有貢獻。

當時歐洲各地的人肯定都不會對這種觀點感到意外——起碼所有的葡萄牙人都不該感到意外，畢竟他們的海上貿易同樣是以受政府監督的獨占方式運作。其實，直到十九世紀為止，歐洲水手都無法避開政府的獨占。他們的問題並非單純的貪婪，而是亞歷山大心態（請容我拿《在眾多成就中》

的作者之名作文章）。這種心態瀰漫於幾個世紀以來的歐洲，以為全世界都是他們宗教征服的標的。說起來，葡萄牙人剛抵達廣州時之所以誤判情勢，恐怕是因為他們的做法在亞洲沿海小國都相當成功。非得等到他們到了中國，才對上一個能實施獨占、認為外國人皆應遵守，且有海軍實力能強效推動獨占措施的國家。大明確實發現葡萄牙人在海軍槍炮技術上有一日之長，但一五一七年時，雙方武器上的差距並未嚴重影響中國的自衛能力。多虧有大膽的巡檢何儒，他繳獲一批葡萄牙火器，大明旋即習得葡萄牙的鑄炮技術。中國南方的將領在一五二四年請求朝廷允許學習鑄造技術，在廣州與南京生產類似的武器。朝廷不只允許，而且指派何儒負責這個計畫。

對於轉變中的大明海洋政策來說，葡萄牙人的不檢行為並非扭轉方向的唯一原因。貿易從開放轉向封閉的決定，跟既有政策和大明政局之間的內部衝突有關。但對政治來說，時機經常決定了一切。像葡萄牙人在滿剌加和中國沿岸那種訴諸暴力的做法，就特別不合時宜。暴力讓他們在印度洋與南中國海的某些地方大發橫財，但無法為他們贏得入口，打進大明貿易。事實上，效果根本相反，等到嘉靖帝的繼承人終於同意重啟廣州的對外貿易時，他特別點名排除葡萄牙人。一五五七年，葡萄牙人為了對中國貿易，設法在澳門半島取得一個立錐之地，並且經營澳門至日本間利潤甚豐的貿易，時間長達一個世紀之久，但大明從未授予其正式地位。壞名聲揮之不去。一個世紀後，中國人還在講葡萄牙人在滿剌加行為舉止有多差。一六一七年，一位對滿剌加情況知之甚詳的作者表示，當地是危險的地方，一有鹹水巨鱷，「過人則嚙，無不立死」；二則山有黑虎，「虎差小或變人形，白晝入市」；接著就是重點了：「今合佛郎機，足稱三害云」。

另一個始料未及的影響，則是因為海禁而投射到全世界的中國涉外形象。把葡萄牙人拒之門外，一直是世人心目中的中國外交政策原罪，足以證明大明已經迷失在「過時輝煌」的濃霧中，無法巧妙應對到來的歐洲人。明代中國人「懷抱一種斟酌過的自尊，從華國心不在焉地望出去」，有個花裡胡哨的作者在一九七〇年如是說。他們迷失在「一場精心的中式愚民夢境中。中國把強烈的民族白日夢愈作愈長，不願意在世界的真相早晨中醒來，倒也一度把懷抱敵意的世界成功隔絕在外」。這一切都是無稽之談，都是十九世紀以降反鴉片修辭的過時殘渣。我們不費工夫就能對這種言詞等閒視之，可是一旦要找出在今日全力反撲而來的懷疑遺緒，就沒那麼容易了：像是「中國採取傲慢的外交政策」，「華國繼承了對對外貿易的敵意」，「中國偏好獨占甚於自由貿易」，「中國對其貿易夥伴國施加不公平、不利的條件」，以及「任何偏離這種姿態的跡象，必然與政治論辯無涉，而是源自派系利益，當然還有腐敗、宦官等因素」。上述的指控有些也許言之成理，但都是從誤解的深井中流出來的。

我們從這一章可以清楚知道，中國在十六世紀的貿易方針是流動的，而且中國對於發生在國界外的世界相當敏感。貿易本身沒有好壞之分，其善惡端視增進貿易是產生衝突，或是減少衝突而定。有些大明官員（尤其像右布政使吳廷舉）看到的是對國家歲入的好處，而歲入能用於強化政府維持南海岸治安的能力；其他人則只看到外國水手在中國沿海帶來的暴力與失序，不認為從貿易中能得到什麼足以抵銷這些損失。朝廷的決策是以不夠充分的知識，以及短期的焦慮為基礎，但各國的決策通常也是如此。造化弄人，政策的轉變原本能讓中國與歐洲之間的貿易踏上相當不同的臺階，然而葡萄牙人卻讓過程脫軌，一口氣擾亂對外貿易與外交關係這兩件事——他們當然不是故意的，但影響卻扎扎實實。不過我們必須當心，不要把雙方劃歸為做法相反的陣營。大明政府在一五一〇年代為了保護邊境與其利益所採取的措施，跟歐洲國家在相同時代的做法相去無幾。換作是中國武裝船隻出現在葡萄牙海岸邊境，一旦葡萄牙王室面對來到其口岸的貿易活動，為了捍衛獨占權，作為也不會有所不同。總之，明代中國真的不像某些人以為的那樣，並非歐洲的反例。假如中國與歐洲在海洋政策上真有重大差異，也得等到十八世紀之後才會出現——全球帝國結構在此時轉型，而軍事科技的快速發展也讓歐洲國家有實施不平等貿易條件的手段。

嘉靖帝在一五二五年封閉濱海地區時，說不定以為自己正在保護大明王朝，但他也將大明置於嚴重的不利境地中——他同樣不是故意的。只要沒有接觸（走私者除外），大明老百姓就無從得知外界發生的事情。這不是一個從全球交流登出的好時機，畢竟歐洲國家一個接著一個來到海上，建立帝國，而且一個個都試圖比過去更接近中國。當邊界限制中國人時，疆界則引誘著外國人：世界被又一條線分隔，只是這條線沒有亞歷山大那條線來得直。

第七章
英格蘭人與金匠

萬丹，一六〇四年

埃德蒙·史考特（Edmund Scott）在第一輪巡更時，檢查了東印度公司（East India Company, EIC）的整個園區，巡完才爬上樓梯，回到自己的臥室。這天是一六〇四年六月五日，他在爪哇島萬丹的英格蘭商館，一頭栽進睡眠中。一小時後，他手下九名英格蘭人之一急忙跑來，表示房子著火了。「噢，『火』這個字啊！」他後來在回憶錄中寫道，「就算我人正熟睡，只要聽到有人在附近用英語、馬來語、爪哇語或漢語講這個字，都會從自己的床上跳起來：有時候，我們巡更的人小聲講話時會講到這個字，我連這都會醒。」

一六〇〇年，英格蘭女王伊莉莎白一世（Elizabeth I）把對亞洲貿易的特許狀，交給一群倫敦商人。這些商人組成公司，而史考特則是公司的代理人之一。一六〇三年，這間公司在人們所說的「首度出航」（First Voyage）時，把史考特與另外二十二名英格蘭人載到爪哇。史考特付了一筆大錢——兩百鎊，作為新公司股份，確保自己擁有一席之地。一行人的任務是建立營運根據地，當時的用語叫「商館」，公司打算從這裡涉足整個區域的貿易。萬丹位於爪哇島西端，當時是個人口四萬人的港口城市，規模大約是阿姆斯特丹的三分之二，說不定是東南亞最大的城市。由於職位在史考特以上的兩個人在前六個月就亡故了，因此商館的領導權落到他身上。他在萬丹城西郊幫公司找了一處地產，外國商人都住在西郊，其中又以中國商人為主。英格蘭人蓋的房子寬六公尺，長十二公尺，咸認是萬丹最漂亮的私人建物。這棟房子就是蓋來讓人印象深刻用的，讓英格蘭人有別於其他人。上層有廊臺、餐室、廚房與臥室，下層則充作貨物倉庫。幾個較小的附屬建物（包括一間胡椒倉庫）安排在園區中間的水池周圍，整個園區用木柵欄與一道溝渠圍起來。

巡更的人告訴史考特，他「感覺到有濃重的燒焦味」，但找不到火源。史考特急忙加入尋找行列。有人想到，廚房的水箱後方有個一直沒有封起來的老鼠洞。當一行人把水箱從牆邊拉開，就看到一縷煙從洞口飄出。史考特衝下樓梯，推開通往倉庫的門，「冒出來的焦味與黑煙之濃，幾乎讓我們窒息：因為空氣不流通，煙霧實在太過混濁，我們看不到起火點的位置」。門內那兩桶火藥有立即性的危險，桶子熱到碰不得，但史考特和手下改用滾的滾出倉庫，安放在距離商館一段距離的地方。等到他們返回倉庫，手上的燭火已經因為缺氧而熄滅。他們得把十二根大蠟燭綁成火炬，才能產生足夠的光，在煙霧迷漫的黑暗中照路，把裡面存放的商品搬出來。此時，騷動已經引來史考特的中國鄰居注意。史考特需要他們幫忙，於是讓他們進來。

「乾脆在屋頂上鑿個洞，倒水進去如何？」有個中國商人建議。史考特說不，他擔心在屋頂上開口，會讓火往上延燒，「在我們還來不及弄到一半量的水之前，就燒到乾草屋頂：我們的頭上有火，腳下也有火，周圍都是房子，連價值一粒米的東西都不可能救下來」。

「那咱們把牆推倒吧！更快」，另一人提議。史考特擔心，此舉反而會讓打火變成趁火打劫公司財物。他希望貨物從倉庫大門進出，搶救才有秩序，他和他的二把手才能記錄每件移出的東西，確保不會有任何一件被人偷偷丟到籬笆的另一邊——中國人的那一側。

史考特突然想起，自己在臥室的箱子裡藏著價值一千英鎊的黃金。這可丟不得，於是他連忙跑回去救箱子，打算把箱子丟進池塘裡。但他一到臥室，就決定還是放著別管了。他往餐廳裡看，發現幾個中國人正在拆樓地板，以便鑿穿下方倉庫的磚造天花板。他懷疑這些人意在打劫，於是粗魯地趕走他們。接著他回到屋外，發了四十張票子給願意幫忙清空倉庫的人，承諾在隔天早上給每人八（披索）的硬幣。他認為，對於半小時的勞動來說，這已經是很慷慨的價格，但這些人卻抱怨自己是在拯救他免於巨大的損失，應該得到更多獎勵才對。

等到貨物都撤出，火勢也撲滅後，史考特才環顧四周。「我們的屋子和院子就像不久前遭受敵軍肆虐的小鎮，貨物擺在地上，有一半被火燒焦，有些在泥濘塵埃中被人踩過，大半都毀了。」

至於火是怎麼燒起來的？答案在隔天早上開始浮現。一名在萬丹執業的英格蘭外科醫生跑來，跟大家說他當天早上和一名荷蘭病人的對話。荷蘭人在對話中告訴他，有個中國泥水匠說是中國人放的火。醫生希望能看看倉庫裡是哪間房間的溫度最高、煙霧最濃密。大夥兒四處看看，在一塊地板找到小洞。史考特拿了一根棍子穿過小洞，卻觸不到底。他叫人拿斧頭把木板撬開，正下方居然是一條往南通的隧道，方向就是籬笆隔壁的中國客棧。其中一名英格蘭人下到洞裡，發現大得足以讓人從倉庫把商品拿去隔壁的房子。

史考特找來三名手下，悄悄到客棧附近埋伏。他叫一人守在大門口，免得有人逃跑，接著和另外兩名同伴衝進屋裡，抓住在第一個房間裡找到的三個人。隔壁房間有兩個人從後門逃跑，英格蘭人來不及抓住他們。史考特把這三名俘虜押回英格蘭人的院子，給他們上鐐銬，接著去萬丹官府要求審判。

一六〇五年，史考特返回倫敦，發表自己的回憶錄《東印度群島的智慧、風俗、政治、宗教與儀軌的精確描述》（*An Exact Discourse of the Subtilties, Fashions, Pollicies, Religion, and Ceremonies of the East Indians*）（以下簡稱《東印度群島》）。我們就是從書中得知此一事件。該書內容非常有趣，除了提到英格蘭人打入亞洲市場時碰到的諸多難題，也充滿前往海外工作的中國人胼手胝足生活的迷人資訊。中國商人留下詳盡的紀錄，但沒有任何來自萬丹的文獻存世，我們只能用歐洲人的說法來講述他們的故事。史考特的看法絕對會因為個人的盲點與焦慮而有所偏頗，但若是沒有《東印度群島》這類著作的記載，我們就無從重返當年的中國社群。

南中國海的貿易條件

南中國海各地的商品互通有無，形成一套大範圍的貿易體系，而萬丹就是在過去數十年間浮現的輻輳點。起先，歐洲人對當地的貿易來說並非不可或缺，但他們積極尋求區域市場，用他們帶來的貴金屬購買貨物，成為貴金屬的來源，進而讓他們在形塑市場的過程中發揮愈來愈大的影響力，並最終主宰市場的上層。史考特於一六〇三年抵達南中國海海域時，葡萄牙人已經占據中國南海岸的澳門，西班牙人在他們稱之為「菲律賓」的呂宋島馬尼拉擁有據點，荷蘭人則是不久前於萬丹建立據點。一度屬於亞洲內部的貿易體系，至此已經演變成國際貿易體系。

萬丹的優勢在於其天然大港，位置就在蘇門答臘與爪哇間的巽他海峽內，能通往南中國海的南方海域，或是更東向前往香料群島（見地圖4）。萬丹城沿著海濱分成三區，每一區都有自己的市集。中區是王宮區，磚牆圍繞，牆頭每隔一段距離架設大炮。城中的大廣場是國王召開御前會議、主持法庭的地方。此外，廣場也是早市的地點。王宮坐落在廣場南側，沙班達爾（Shahbandar，港口長）官邸位於東側，清真寺則位於西側。城池內其餘地方則為貴族的宅院所占據（見圖11）。另外兩個城區同樣有柵欄包圍，分別與王城區隔著狹窄的河道，構成左右兩翼。西邊是「中國城」（Pacinan）。史考特提到自己在當地時，中國城多數的房舍與倉庫都已改為磚造，才能抵擋一再發生的火災。伊斯蘭口岸城市的習慣做法，是把外國人分配至獨立區域——不只中國人，荷蘭人與後來的英格蘭人也全都按規定在該區興建房舍。這說明史考特何以與中國人為鄰。城市東翼以卡蘭加圖（Karangatu）市場為中心而成形——英格蘭人將這座市場稱為大市場（Great Market）。大多數的稻米、糖、香料等進出口貿易，以及從水果到小刀等日用品的買賣，都是在卡蘭加圖市場進行。由於胡椒氣味嗆鼻，胡椒批發生意都在市場東邊的柵欄外獨立進行。中國人、孟加拉人與古吉拉特人（Gujarati）在市場裡擺攤，經手多數的散裝買賣。

萬丹城由多樣化的社群構成，吸引來自整個東亞與南亞的商人與勞工。中國人是最主要的貿易與技術勞工群體，控制幾乎整個對東亞的貿易，同時還是當地商品的製造商，他們在山區種胡椒，收成後運往山下的城市；他們是萬丹的農夫與營建承包商、釀酒人與廚師、裁縫與家具工、領航員與水手。

西班牙從墨西哥與秘魯殖民地獲得白銀橫財，歐洲人得以買出一條路，直通萬丹裡裡外外的貿易網路。美洲白銀洪流湧入歐洲與亞洲所造成的影響，便是將南中國海經濟體從相當鬆散的季節貿易網路，轉型為常態性的商品交換緊密體系。歐洲人對中國商品的需求，加上中國經濟體吸收大量白銀的能耐，讓中國商人成為整個體系的中樞。假如少了他們的參與，我們所謂的近代早期世界全球經濟體便不會成形。

我們在前一章了解到，大明朝廷一直不願意允許中國人與外國人之間有私人交易。嘉靖帝在一五二五年實施海禁，禁令在他有生之年始終延續。一五六一年，曾有官員試圖恢復沿海的三處市舶司，以便積極回應海上局勢的變化，但此事只到達六部層級，並未上達天聽。直到嘉靖帝於一五六七年一月駕崩，他的兒子隆慶帝即位之後，才得以弛禁。海禁解除的時機準得出奇，正好與美洲白銀異軍突起，躍上世界市場的時間吻合。白銀一路流向菲律賓、泰國、中國、摩鹿加群島與日本等地，南中國海貿易網也隨之轉型成國際經濟體，將這個區域與遠至馬達加斯加、墨西哥與馬德里的地方結合起來。假如上述變化缺少任何一項，史考特就不會出現在一六〇四年的萬丹，大多數中國商人也不會出現在此。歐洲人帶來白銀，中國人帶來商品。

大明朝廷拒絕讓外國人在中國土地上做生意，意味著對外貿易必須離岸進行。唯一的例外是一處深入海洋的狹長岬角——澳門：一五五七年，葡萄牙人得到默許，得以停靠在澳門修復船隻。此時的中文文獻對於萬丹隻字未提，但對澳門卻有許多記載。澳門是中國最早的外貿城市，吸引大量的中國人口。從銀匠到娼妓，形形色色的人湧入澳門，謀求生計。然而，猖獗的走私卻在官員間引起極大的擔憂。不少官員與仕紳溜進澳門，瞧瞧這些外國人究竟在幹什麼勾當——他們發現當地成為熙來攘往的城市，大為驚訝。

王臨亨是十六、十七世紀之交時任職於廣州的官員，他聽說「今聚澳中者，聞可萬家，已十餘萬眾矣」。王臨亨可能從未跟歐洲人講過話，但他對這些人很有興趣。王臨亨死於一六〇三年，在死前不久留下自己的回憶錄，分為八個部分。其中有一個部分完全用來寫自己對歐洲人的見聞。「西洋之人，深目隆准，禿頂虬髯，」王臨亨道，「身著花布衣，精工奪目。語作撐犁孤塗，了不可解。」（王臨亨無法把葡萄牙語的發音轉為中文字，於是借用漢朝時所轉寫的匈奴王頭銜——「撐犁孤塗單于」，意為「騰格里之子」，用這種方式來表示這些外國人講話嘰咕，聽不懂。）一六〇一年，葡萄牙人曾俘虜六名荷蘭水手，並遞解給中國。王臨亨聽說這些荷蘭人「其人鬚髮皆赤，目睛圓，長丈許」。

不過，最吸引王臨亨目光的，卻是歐洲的工藝。他說，歐洲人無論吃用，都是上好的工藝品。曾有一名宦官稅使把外國人送的一盤十多個蛋糕，和一瓶葡萄酒轉送給王臨亨，王臨亨一下子就迷上了。他先把酒擱著，先嘗蛋糕。每一塊蛋糕都有不同的風味，精緻的妝點，展現的工夫遠比任何中國糕點師傅都來得高明。他還注意到，盤子上蓋著織工精巧的亞麻布，「精甚」，是蘇州織工所遠不能及。王臨亨對於歐洲繪畫與雕像的寫實作風亦有著墨，這暗示他曾造訪澳門的大三巴教堂（Church of St Paul）——教堂的遺跡至今仍矗立於當地。他提起友人發生的逸事——友人以為這些雕像是真人，還上前與其中一尊攀談。王臨亨也提到聽過風琴、維吉那琴（virginal）演奏，以及一座水鐘的鐘聲（可能位於教堂內），對製作這些機械的精妙工藝讚嘆不已。

王臨亨完全了解，貿易是這一切奇景的推動力。他寫道，歐洲船隻在四月或五月間前來貿易，接著前往日本與東亞各地尋求生意機會，然後載貨回來賣。買賣間涉及的資本可謂鉅資。他提到自己曾看到三艘航入珠江口的船隻，「舟各賫白金三十萬投稅司納稅」——就是納稅給那個送他蛋糕和紅酒的稅使——「聽其入城與百姓交易」。如此的財富既讓他讚嘆，也令他煩惱。外國人原本應該把船遠遠停泊在河口的澳門，並且在年度貿易集會結束後盡速離開廣州。「日久法弛」，因為外國商人賄賂中國官員，讓他們對走私睜一隻眼閉一隻眼。「不能盡法繩之，姑從其便。」他表示，有些官員希望將貿易控制在中央政府的限制範圍內，「然夷人金錢甚伙，一往而利數十倍，法雖嚴，不能禁也」。王臨亨並未提倡終止貿易，但貪腐的可能性令他憂心忡忡。

沒有哪個在萬丹的中國人，曾對外國人有如同王臨亨所留下的印象。我們所知的，盡是英格蘭人與荷蘭人認為需要記下來的東西，而他們身為這個市場中的劣勢競爭者，提筆為文的角度必然反映如此的觀點。「爪哇人與中國人從最上層到最下層者，全都是一堆惡棍，一點風度都沒有，」史考特在氣頭上寫著，「要不是有沙班達爾與其他一兩人，基督徒就非得有一座碉堡，或是非常堅固的房子——全由磚造或石造——才能生活在這些人之間。」不過，史考特同樣以同情的目光一窺他的中國生意夥伴，也就是和他做買賣的那些人、幫他囤貨的那些人，以及為他傳遞當地政局小道消息的那些人：「吾友」，他曾在某一刻如此稱呼他們，但《東印度群島》的內容多半跟他們沒什麼干係。這本書談的是在不友善的環境中經商所面臨的無盡困難，談的是他身為商館主事者必須因應的衝突，以及他為了確保英格蘭人受到公平對待與審判所付出的無窮心力。出版商把這本書當成談「東印度群島風俗、政局、宗教與儀軌，兼談中國人與爪哇人」的專論來包裝，書中確實有大量的民族誌內容，但《東印度群島》其實是一部道德神話，揭櫫史考特所認為的「英格蘭人天生有堅守法治的能力」，旨在講述搶占道德制高點的重要性。

域內與治外司法權

就法律層面來說，史考特心中之所以起了擔憂，一部分是因為他抵達萬丹時，當地正深陷一場已經發展二十年的政治危機。這場危機是萬丹城商業成就所造成的結果。功成名就帶來了大量的商人與勞工湧入（以男性為主），他們原先來自整個區域的各社群，當時又以中國人社群規模最大，但最終甚至連遠從歐洲北方來的人都出現了。來人的出現，一方面使以土地生財的貴族富有起來，但一方面也威脅到他們。貴族希望商人供應日常所需與奢侈品，但又不希望商人跟他們在社會地位上爭個平起平坐。然而，日子一久，王室卻傾向從商人階層中招募管理國家所需的人才——他們才能帶來貿易必需的文字能力、算術能力與組織能力，舊貴族不大高興。

隨著商人攀上政府高層，地方貴族和外來專家之間的分野也漸漸模糊，只不過人人都知道誰是「邦格浪」（pangeran，地方貴族），誰是「彭嘉哇」（ponggawa，商業背景出身的行政官員）。史考特人在萬丹時，攝政是邦格浪，但前一任的攝政則是彭嘉哇。（史考特離開萬丹三年後，彭嘉哇集團出於對失去攝政位置的不滿而殺了現任攝政，但也無法成功讓國王任命他們之中的一員為新攝政。這個位子落到國王的叔父手上，同樣是邦格浪。整個一六二〇年代，彭嘉哇集團不斷試圖罷黜他，但他堅持住，結果其中一個彭嘉哇派系放棄萬丹，轉往雅加達。荷蘭人隨著他們離開，利用新的情勢，將雅加達轉為他們的殖民基地，冷落萬丹。但這個結果在當時還不明顯。）史考特顯然對這起衝突的牽連範圍一無所知。我之所以會提起這件事，是因為當史考特為了園區內的火災而尋求司法解決時，法庭回應的方式勢必受到這起政治衝突所影響。

萬丹是一座擁擠的城市，建築多為木造或竹造，以茅草為屋頂。根據「該國的法律」，縱火犯必須處死。史考特在火災發生隔天前往法院，要求伸張正義。當時的國王是阿卜杜勒·卡迪爾（Abdul Kadir），史考特初見他時，他還是十二歲的男孩。（卡迪爾克服困難，擔任國王直到一六五一年過世為止，令人刮目相看。）宮廷中最有權勢的人是太后乃艾·吉德·翁農吉里（Nyai Gede Wonogiri）。史考特不時會找太后打通關節，但都是要付錢的。國家大事由名為卡瑪拉（Camara）的邦格浪攝政來節制。卡瑪拉與卡迪爾的寡母結婚，或許是確保自己權威的一筆交易。史考特還常跟另外兩名大人物打交道：其一是恩嘉比西（Ngabehi），他是國王的海軍暨衛隊司令，也是外國人有事相求時訴諸的對象，史考特說他是「我們非常好的朋友」；其二則是沙班達爾——這個詞彙源於波斯語，季風帶世界的人廣泛用這個頭銜，稱呼檢查每艘船並徵收關稅的港口長。這兩人都是彭嘉哇，後者據說是泰米爾人。

EIC倉庫大火一事，並非史考特第一次向法院興訟。去年夏天，他的手下逮到一名爪哇奴隸在園區上風處的茅草屋頂放火，想造成足夠的混亂，讓他有機會偷東西。（萬丹大多數的爪哇人都是奴隸，屬於邦格浪與彭嘉哇主子。）史考特把此人交由恩嘉比西發落。恩嘉比西把這名縱火犯交給國王，但沒有進一步懲罰，因為該奴隸的主子是國王的友人。邦格浪認為自己高於法律，甚至高於國王的法律。未幾，恩嘉比西在另一個情境中告訴史考特：「這裡的貴族跟吝嗇的窮人差不多，會試著從你們這種為了做貿易而往來的商人身上盡可能揩油。要是你們房子不夠堅固，沒有睜大眼睛守著，假以時日，他們會割了你的喉嚨。」這是一名彭嘉哇針對邦格浪提出的警告，至於史考特懂不懂人家跟他說什麼，我們就不得而知。

同一名爪哇男子不久後再度成為嫌疑犯，這一回跟殺害一名荷蘭人有關。荷蘭人前往法庭大聲要求處死那名男子。這件事有兩個問題：其一是他們沒有證據是該名男子所為；其二則是「謀殺」在歐洲固然要處以死刑，但在萬丹不用，這樣的差異等於讓荷蘭人要求攝政實施域內仲裁，但判處域外的刑度。

「治外法權」（extraterritoriality）是一種法權上的安排，允許外國人接受自己國家的法律仲裁，不受所在地施行的不同法律所管轄。治外法權的概念至今仍與你我同在，最常見的例子就是外交豁免權。統治者能否在涉外事件中採用當地法律？這個問題將逐漸成為歐洲商人與亞洲統治者之間關係的重大障礙，直至十九世紀，尤其是鴉片戰爭期間，不列顛施壓中國，要求將正式的治外法權身分授予不列顛公民，這將他們從中國官府單方面的仲裁中釋放。對於中國法律的豁免權直到一九四三年才結束：日本宣布放棄在中國的治外法權——此舉其實只是空做姿態，畢竟當時有三分之一的中國領土處於日本軍事占領之下，但這種做法確實很受中國人歡迎，也讓日本的敵人顏面無光，只得做出同樣的妥協。

其實，地方統治者通常願意把特定的司法職能交給外國人處理，只要域內與域外法律之間能有普遍共識就行——比方說竊盜。史考特抵達萬丹之後不久，國王便告訴「首度出航」的指揮官：「無論他在夜裡於自己的屋舍中執住誰」——意即逮到誰溜進屋裡——「他都可以殺了此人」。等到他們射殺了四、五名闖空門的人之後，「我們的生活也就變得相當安寧」。縱使行竊者是自己的子民，國王也不認為有必要自己執法；他把事情留給英格蘭人去解決。雙方的共識範圍最終擴大到允許英格蘭人追捕犯人，不只是在他們自己的園區內，而是包括萬丹城的整個西區——中國城在內。

對統治者來說，一旦子民在國外犯法，此時把懲罰的權力交給犯罪地點的最高司法仲裁者，也就是交給當地統治者的做法，也不可謂不常見。德川家康在一六〇〇年建立日本最後的幕府政權，這位將軍便通知東南亞的統治者：假如有任何日本人在其司法管轄範圍內犯罪，可以「立刻根據貴國法律加以懲罰」。德川幕府將懲罰日本人的權力授予外國統治者，等於放棄治外法權。英格蘭人得到的授權內容不太一樣：國王授予他們域內法權，以保護位於萬丹的英格蘭商館，但其他司法管轄權責不必然包括在內。但荷蘭人在凶殺案中，向國王的叔父卡瑪拉所要求的又是另一回事：對一位在本國境內犯罪的國民，處以域外罰則的域內法權。如此靈活變通的可能性之所以廣為接受，可說是一種法律多元主義措施——對於不同民族非得在一起生活，訴諸治外主權的資源卻又有限的地方，這種情況就很常見。

卡瑪拉對荷蘭人的回應，是把討論拉到共通的原則上，詢問荷蘭人覺得應該採用什麼規矩。「你們到外國做生意的時候，」他問，「你們是用自己的法律，還是受到你們所在國家的法律管轄？」這正是最棘手的關鍵，攝政對這個問題也頗為關切。荷蘭人是否接受他身為司法仲裁者的權威？他們還確實接受——從未來的歐洲殖民主義史來看，這挺令人意外。

「如果我們在自己船上，就受我們自己的法律管轄」，荷蘭代表團長回答。人在海上時沿用本國法律的原則，至今仍是慣例。「但當我們上了岸，就受到所處國家的法律所管轄。」荷蘭人此時並未尋求治外法權——不受其所在地之法律所管轄的權利，後來才會。

「好，我就告訴你們，我們國家的法律是這樣的，聽好了，」卡瑪拉細說分明，「假如誰殺死一個奴隸，就得付二十枚八塊硬幣，」卡瑪拉所指的是墨西哥當地鑄造的西班牙披索，此時已經成為該地區的標準貿易貨幣；「假如他殺的是一個自由人，則付五十枚；仕紳的話，則是一百枚。」（注意：一六〇四年時，對外貿易已經成為日常生活中不可或缺的一環，最多人使用的通貨居然是西班牙貨幣。）歐洲法律將這種懲罰稱為血償金（bloodwit，又稱人頭金〔weregild〕），只不過血債的做法已經消失三個世紀以上。荷蘭人對這種法律很不滿意，根據他們的法律文化，一命就是要用一命償還，但他們也無法在當地採取這種做法，他們接受屬地原則，要求攝政簽署一份關於這筆代償金的聲明。不過，他們倒是拒絕了原應支付給他們的款項，稍稍減損對於屬地原則的接受程度。荷蘭人把這件事當作名譽問題，而非財產問題，但此舉也等於是以一種微妙的方式，暗暗拒絕全面接受萬丹法律的管轄。

來年四月，英格蘭人自個兒也捲入一場涉外的謀殺案。此案的焦點人物是史考特所說的「穆拉托」（mulatto）男子，當時，「穆拉托」一詞指的是歐裔（白皮膚）與亞裔（黑皮膚）的混血兒。

今天，「穆拉托」已經不流行了（不過仍是二〇〇〇年美國人口普查的一個族群類別），但我之所以還使用這個詞彙，是因為想充分耙梳此人的身分，好用我們的方式重新勾勒他。史考特告訴我們，此人是基督徒，來自位於孟加拉灣東側的貿易港勃固（Pegu），在葡萄牙人之間長大。他搭乘英格蘭船隻從暹羅到萬丹，待在東印度公司的商館。他偶然跟來自勃固的老鄉相遇，此君在荷蘭船隻上擔任船人，不久前才從北大年（Patani）來到萬丹。兩人出去喝酒，撞見後者船上的軍官。同樣醉醺醺的這名軍官，下令叫那位水手回到船上。勃固老鄉不願意，他的上級於是因為他抗命而毆打他。這個穆拉托基督徒「腦袋裡酒氣一陣上來」，跑到商館抄了一把銳劍和一把小刀，回到現場對付荷蘭人。他還帶了另一名友人助陣，是一名沙班達爾的奴隸，在馬尼拉長大。穆拉托人跟荷蘭軍官爭執，捅了對方，接著又在發酒瘋的情況下捅了自己的勃固老鄉。要是沙班達爾的奴隸沒有逃走，肯定也會死在他手上。這名穆拉托人返回英格蘭商館的路上，捅了另一個他遇見的人——是一個爪哇人。

中刀的荷蘭軍官在死前表示，襲擊他的人是一名黑皮膚的英格蘭人。他的荷蘭軍官夥伴趕往英格蘭人的地盤，要求血債血還。根據荷蘭人的觀點，那個穆拉托人是非屬地個人（non-territorial person），因此不必根據當地法律審判。他們擔心判決結果會是血償金，讓所希望的處罰無法實現——也就是要那名穆拉托人死。史考特不想在這件事情上受到荷蘭方面施壓，他沒有堅持治外法權，反而希望萬丹法院處理此案，畢竟沙班達爾跟此事也有利害關係——只不過，「假如他殺的只有爪哇人，就不用為此受死」。荷蘭人隔天跑來要求交出罪犯時，史考特便把大家全帶去法庭。

在他們到達之前，攝政便已聽說這件事，因此卡瑪拉直接切入主題，針對死亡的爪哇人要求五十枚八披索錢幣。卡瑪拉的要求落空了，因為歐洲人提醒他，他過去曾就血償金簽署文件，而五十枚錢幣是自由人的價格，不是奴隸。史考特進一步指出，假如囚犯受罰而失去性命，則能抵銷較為輕微的血償金。

「被殺的荷蘭人與我無干，」卡瑪拉回答，「你們的法律也跟我無關。你們兩造也許有共識，但就那個爪哇人來說，一定要給國王錢，國王也必然要拿到錢。」他聲明，價格就是五十枚錢幣。

「我寧願把罪犯交給你，」史考特答道，「你可以用此人相抵。願意的話，你可以留下他的小命。」史考特知道事情就卡在這裡。他心知肚明，五十枚錢幣是最起碼的要求，也曉得就算他不付這筆錢，攝政也不可能進一步傷害英格蘭人。史考特語中暗示攝政說不定會讓犯人活命，荷蘭人為此暴跳如雷。「就算世界上就剩這麼一個活人，他也得死」，一名荷蘭人堅持。史考特回應，這件事得由攝政定奪，由不得他們。不過他說這些話，只是為了激怒荷蘭人，他斷定此人非死不可，畢竟「他做的事情人神共憤，何況我也擔心那些遭到殺害的基督徒所流的血，說不定會從地裡對著上帝哭號，要求報復在我身上」。

卡瑪拉擔心爭執愈演愈烈，於是請國王先離席，接著告訴歐洲人，他還有其他事情需要處理，但為了快快擺平這件事，他願意接受二十枚八披索硬幣的公訂價。荷蘭人想付這筆錢，如此一來，便能主張犯人屬於他們，然後處死犯人。史考特則堅持應該由他支付這筆錢，並繼續羈押犯人。如今荷蘭人了解史考特將處死此人，於是放手了。其中兩名荷蘭人告訴史考特，殺掉犯人時應該讓他受苦——一人說「應該打斷他的手腳，留他等死」，另一人則堅持「不然就砍斷他手腳，然後餓死他」。但史考特回答，「他應該以這個國家常見的死法受死，別的都不行」：死刑，但不折磨人。

史考特把穆拉托人帶回公司的商館，告訴他：身為基督徒，他應該準備赴死，畢竟明天早上就要處刑了。穆拉托人輕蔑拒絕了他的建議。一名會說西班牙語、信奉基督教，並乘坐荷蘭船隻抵達萬丹的阿拉伯人聽到兩人的對話。阿拉伯人在穆拉托人身邊坐下，跟他講起他的滔天罪行，但若是他悔罪，上帝亦有無盡的垂憐。阿拉伯人的說服力令史考特感到不可思議。「不到半小時，他就使穆拉托人成為我這輩子看過最真心悔罪的人。」

史考特接下來得跟劊子手預約。幹這行當的人一星期前就來跟他索取報酬。此人先前處死了一名鑄造假八披索硬幣的中國人。荷蘭人密切注意這個案子，給了劊子手兩枚半的八披索硬幣作為報酬。這人以為史考特也會一樣慷慨。史考特一星期前拒絕他，說這個案子跟他無關，但承諾假如未來需要他效勞，將支付給他兩倍的報酬。為了顯示英格蘭人說到做到，史考特如今同意支付他五枚八披索硬幣，給這名穆拉托人致命一擊。史考特曾經承諾，假如穆拉托人悔罪，就讓對方死得痛快。支付這筆錢也就意味著他要信守承諾。劊子手之前讓那個鑄造假幣的人死得很慘，但史考特把自己的匕首交給劊子手，要求他將穆拉托人一刀斃命，他也從善如流，「很可能是因為他期待我在不久後還會給他更多工作」。

史考特的主張——穆拉托人要麼接受血償金為懲罰，要麼受死，不能兩者皆罰——其實並未實現。他支付了穆拉托人的血償金，因此有權根據英格蘭法律處死此人。不過，由於此人殺害三名受不同法律所管轄的人，理論上可以根據這三者規定的法律救濟方式加以處罰。就爪哇死者的部分，支付血償金後就沒有進一步針對穆拉托人的行動；就荷蘭軍官的部分，穆拉托人被判死刑；至於穆拉托人的勃固老鄉，看來則沒有人在乎。儘管該名勃固人是荷蘭雇員，但荷蘭人並未代提主張。從治外法權的羈押到治外法權的處刑，整個過程完全是根據穆拉托人身為基督徒與英格蘭雇員的身分決定的。假如殺人犯是爪哇人，適用的就是萬丹法律。

實施英格蘭司法

兩個月後，史考特卻發現自己落入向萬丹法庭要求域內司法審判，卻只能自己執法的境地。他羈押了三名中國裔縱火嫌疑犯：已知一人就住在隔壁產業（從史考特後來取得的證據中得知，此人可能名叫「蘇雲」〔Sawwan〕），一位來自柔丹（Jortan，今室利佛逝〔Srivijaya〕沿爪哇海岸往更東方走）的中國人，以及第三個人。他曉得還有其他人涉案，想要把他們全部繩之以法。他做的第一件事，就是叫副手去找卡瑪拉，「向他正式立案，希望他調查個水落石出，加以制裁，這是他承諾所應當做到的」。都還沒中午，國王的大臣就來到現場，為第三個人擔保，表示他是親人，並堅持此人對事情一無所知，若有對他不利的證據，將會送他來接受司法制裁。史考特只能放他走。沒有人為蘇雲的無辜出聲，但有好幾個萬丹人來找史考特，為那名來自柔丹的人求情。由於不願多釋放一名嫌疑犯，於是史考特答應眾人會善待此人，假如沒有犯罪證據，就會釋放他——他最後也確實獲得自由。

卡瑪拉隔天早上才現身，這讓史考特相當惱怒，也讓他懷疑卡瑪拉與此事有關（事實證明他懷疑錯了）。史考特帶他下到隧道，讓他看看這一切，要求司法制裁。卡瑪拉叫史考特自己來，想怎麼審判就怎麼審判，反正拘留的人裡沒有一個是萬丹人。卡瑪拉猜想，從柔丹來的那個人是無辜的，但他把這件事也交給史考特定奪。只要史考特想這麼做，也可以處死柔丹人。史考特不希望因為處死無辜的人而引發眾怒，但重點是希望攝政展現出當英格蘭人蒙受損失時，會作為他們後盾的姿態。但一切只是徒勞無功，史考特必須自己追求正義。

史考特必須得到蘇雲的自白，才能處死他。蘇雲在刑求之下認罪，並供出共犯的名字。他跟客棧老闆烏尼特（Uniete）是計畫首腦。夐天（Hynting）與保怡（Boyhie）則負責挖隧道，但史考特並未當場逮到這兩人涉案。這份口供對史考特來說還不夠，他擔心蘇雲一黨是受「該國某個大人物，或是有錢的中國人」指使動手腳，目的是想看到英格蘭商館毀於一旦。他再度刑求蘇雲，但據說蘇雲「大喊說，無論他們怎麼折磨他，他都不會控訴無罪之人」。不是只有英格蘭人曉得什麼是正義的要件。

豈料當天下午蘇雲就翻供，史考特又回到原點：沒有確切證據。他決定改變戰術，向蘇雲提議：只要他願意重複先前在刑求下招供的內容，就饒他一命。蘇雲照做了，但史考特仍懷疑他有所隱瞞。最後，史考特放棄挖出更多內容，下令在隔天早上處死蘇雲。史考特讓蘇雲留下遺言。當蘇雲被帶出來受刑時，一群爪哇人聚集在英格蘭人的院子外，要看他受死。（假如受死的不是中國人，中國人也會聚集在外面看；先前那名穆拉托人處死刑時，就有中國人圍觀，想看英格蘭人受死過過癮，卻失望發現此人不是白人。）被拉出院子時，蘇雲對圍觀的人大聲呼喊：「英格蘭人這麼有錢，中國人這麼窮，如果可以的話，我們幹麼不從他們身上偷？」史考特把這番發言當成證據，證明當地的中國人與爪哇人「因為我們發達，所以恨我們」。富人與窮人之間缺乏信任，中國人跟英格蘭人之間也同樣缺乏信任。

蘇雲受刑的隔天，恩嘉比西把第二個人交給史考特，是一個有縱火嫌疑的金匠。恩嘉比西雖然成功讓此人坦承自己剪幣（把銀幣邊緣剪掉），並鑄造成色不佳的假錢（把錫與其他卑金屬鎔進銀裡），但後者並未供稱自己點燃倉庫大火。光是這些罪名，恩嘉比西就可以處死金匠，但他反而把金匠交給史考特，向英格蘭人展現出他身為治安首長，身為彭嘉哇派領袖，願意保護英格蘭利益的態度。金匠拒絕再吐露哪怕是一個字，此時史考特再度刑求對方。他描述手下的人對付嫌疑犯的方式：燒、割、鑽、揍，讓螞蟻咬此人的身體——在詹姆斯王時代的文字紀錄中留下堪稱最殘虐的一筆。刑求的過程過於駭人，連恩嘉比西派來保護英格蘭園區的萬丹士兵，都懇求史考特讓金匠一槍斃命，讓事情就此結束。史考特假惺惺地回答：「在我們國家，犯下死罪的人倘若是紳士，或者是軍人，就他可以接受槍斃。」既不是紳士，又不是軍人，就沒有這種特權。然而在當天結束時，史考特還是輸給此人的三緘其口，命人把金匠綁上柱子，接著下令讓一群英格蘭人與荷蘭人把金匠打成蜂窩。

史考特以賄賂萬丹當局的方式，得到當局拘留的第三名嫌疑犯。英格蘭人已經知道保怡偷了EIC指揮官的配劍，保怡也已經因此受處罰。史考特希望讓保怡屈打成招，但保怡早已自白，因此得到快刀斬亂麻的優待——一刀插進他的心臟。保怡指認隔壁的釀酒人烏尼特和他的合夥人蘇雲為主謀。他承認自己和夐天（蘇雲先前已指認）是主要負責挖隧道的人，但還點名烏提（Utee）、伊考（Iccow）、萊考（Laccow）、烏尼巴約（Onygpayo）與休斯坎考（Hewscancow）。烏提此時已死，原因是跟他不該睡的女人睡在一起，結果被人刺死；伊考與萊考逃往雅加達，鞭長莫及；烏尼巴約與休斯坎考分別是兩名邦格浪的被保護者，因此也碰不得；至於烏尼特這名釀酒人早已逃往山區，但那年冬天糧食不足，迫使他回到萬丹，結果被一名有錢的中國人執住，交給史考特。此時，史考特忙著處理EIC船隻抵達事宜，於是接受萬丹傳統上就地正法的做法，卡瑪拉在徵詢宮廷卡迪（qadi，伊斯蘭教法官）的意見後批准死刑。「若情況有所不同，」史考特提到，「他可不會像現在這樣死得那麼輕鬆。」卡瑪拉把釀酒人的產業送給EIC，就此結案。

貿易與主權

對史考特來說，這些為司法斤斤計較的做法非常重要。萬丹擠著許多擁有法律地位的社群，都在爭取他人的承認，而史考特的社群是最小的一個。在回憶錄中，史考特通篇堅稱英格蘭人之所以能有別於其他客居萬丹的人，是因為「我們絕不容忍一點小錯，無論犯錯的人是爪哇人還是中國人，而且追求正義不假他人之手：當保護者對我們犯錯時，我們更是以不假辭色，直指其錯誤出了名」。英格蘭人人數比不上其他旅居的群體，競爭力又不如荷蘭人，只好靠他們在堅持或司法方面的名聲，讓生意能繼續做下去。

史考特雖然把自己對司法困境的處理方式寫得很有原則，但大部分的司法結果卻是順應情勢，甚至是隨著心情而擺盪。我們必須把史考特的解決方式，視為來自遠方的商人來到一個個亞洲口岸，在從事貿易時臨機應變的實例。一次性的買賣也許不會留下痕跡，但常態性的商業就少不了基礎建設與制度。港口必須有硬體設施，貨物必須存放，居所必須興建，貿易夥伴必須拉攏，性伴侶必須存在。在每個發展階段，都要提出並捍衛自己的主張，做事的程序必須得到各方同意，而當主張與章程遭人忽視或否定時，還得向若干權威求助。假如哪個口岸期待從貿易中獲利，就必須提供能化解法律爭議的手段，縱使主流做法是把法律職責推給治外法權也未嘗不可。

眾多貿易社群的存在，也就意味著眾多法律社群的存在。每個社群都根據各自認為（但別人不見得認為）正確且必要的標準、刑罰來行事。一旦社群之間的衝突能夠得到化解，我們便可稱之為「法律多元主義」；一旦無法化解，比較貼切的描述則是「法律無政府狀態」。至於哪一種解決方式可以成立，則取決於誰能在行使主權時占上風。

這種法律問題在一六〇四年九月九日出現實例：攝政下令禁止中國商人將胡椒售予其餘外國商人——以此事來說，所謂的「其餘」指的是荷蘭人與英格蘭人。由於胡椒是兩者最重要的貿易商品，禁止他們購買，相當於要他們關門大吉。荷蘭人過去為了在當地市場占得先機，於是借款給攝政。這紙禁令跟荷蘭人的借款有關，他們敦促卡瑪拉還錢，卡瑪拉便計劃利用國王的名義，強迫中國批發商不得把貨物賣給別人，只能賣給他，接著他再把胡椒轉賣給荷蘭人還債。無從交易令史考特火冒三丈，他找上既是太后，也是卡瑪拉妻子的翁農吉里，要求廢止這項公告。翁農吉里召見卡瑪拉，並讓史考特提出論點，史考特則訴諸兩國君主之間的條約義務。他提醒卡瑪拉，前任攝政曾與伊莉莎白女王交換國書，確立英格蘭商人在本口岸的各項權利。國家元首所作的承諾不能任意廢棄。

「你現在是打算讓國王的承諾，讓女王的承諾及其餘人等的承諾成為空話嗎？」史考特要求知道。「國王一定要守信，」他接著說，「不然就不叫國王。」

史考特這廂質疑國王的名譽，是很危險的一步棋，但他想購買胡椒的程度，就跟卡瑪拉想還債的程度一樣迫切。史考特更進一步，告訴卡瑪拉一五八五年發生在英格蘭與西班牙之間的戰爭，可是有成千上萬人失去性命。「各國都知道，」他誇下海口，「我們不僅在歐洲，更是在世界各地燒殺擄掠，搶走西班牙臣民的財物，你可以自己親眼看看。」

史考特沒有立場能代行主權，或是以英格蘭政府將強烈報復作為要挾。伊莉莎白一世在一六〇〇年最後一天簽署 EIC 王室特許狀，上面表示商人們作為「法人團體與政治體，依法有據有、購買、接受、擁有、享有與保有土地、租金、特權、自由權、司法權、經營權，並進行各種性質、特性與屬性的繼承」。即便充分行使這份特許狀，公司仍然不是政府的代理人，國家也沒有將主權委託給公司。不過，暗示公司有這種權力，其實是史考特口袋裡的魔術道具，變出英格蘭王室的保障，保障他在萬丹的活動。

史考特在其他場合也表演過類似的戲法。伊莉莎白一世統治時，每年最重要的日子就是十一月十七日，稱為登基日（Ascension Day，也叫加冕日〔Coronation Day〕）。（伊莉莎白一世的確是在這天登基，但直到一月十五日才正式加冕。）一六〇三年加冕日這天，史考特在商館屋頂升起聖喬治旗，讓手下少少的十四人戴上紅白色的圍巾與頭帶，來來回回踢正步、擊鼓、對空鳴槍。他之所以會這麼做，是為了清楚顯示英格蘭人與荷蘭人不同，而且似乎奏效了——據他記載，街上的孩子跟在隊伍後面高喊：「英格蘭人真棒，荷蘭人什麼都不是！」吵鬧的鳴槍也是隔年——一六〇四年慶典的一部分，而且場面令人印象深刻。甚至有人謠傳英格蘭人訓練鸚鵡和猴子來幫忙開槍，畢竟因為疾病的關係，當時他們只剩十個人。

史考特提到沙班達爾對於這個年度壯觀場面的反應，他「對於我們在這麼遠的國家，卻仍崇敬我們的君主，大表讚賞」。史考特此舉的目的就是為了展示實力，但這同樣是一個問題：距離擺在眼前，倫敦遠在天邊，而他的國君也沒有實質影響力。現實是，人在萬丹的史考特只能聽任萬丹王擺布，英格蘭女王救不到他，不像當年馬可．波羅在中國時得到的幫助。波羅一家人帶著教宗額我略十世（Gregory X）的信來到中國，但不是為了借用教宗的威信，而是憑藉他的推薦，為大汗效力。EIC 的代理人目的大不相同：他們意不在為新主子效力，而是為了援引英格蘭王室的主權保護。公司的商人不單純是做生意的貿易商，他們的下一步就是推翻當地君主，以本國國君取而代之（西班牙在菲律賓就是這麼做的）。荷蘭人在一六一九年依樣畫葫蘆，在位於更東方的雅加達海岸設立第二間商館。八年後，他們推翻雅加達統治者，成為當地的統治勢力，以排外的殖民地取代開放的口岸。至此，殖民主義已取代商業交易。然而，伊莉莎白時代的英格蘭尚未準備採取如此行動。

明中國同樣沒有這種打算，從中國搭船來的商人都是非法出航，畢竟唯一能獲得授權出國的人，只有皇帝派出去進行外交任務的人。大明政府沒有興趣為商人提供援助，更別說是允許中國人代行主權。史料提到，曾有代表團乘船從福建省前往馬尼拉，調查當地數以萬計的中國商人究竟在做什麼。代表團奉的是福建省稅監太監的命令，而非皇帝的命令。團員在一六〇三年五月二十三日抵達馬尼拉，引起西班牙當局的警覺，擔心大明可能計劃入侵菲律賓。總督佩德羅・德・阿庫尼亞（Pedro de Acuña）收下代表團的介紹信，但來訪的人卻在西班牙的管轄範圍內展示自己的官職徽記，甚至在隔天升堂審理中國社群內提出的訴訟案件，一件比一件更讓總督心生警惕。阿庫尼亞認為這些治外法權之舉不可接受，於是盡早把代表團打發回國。

事後證明，此行拜會的結果極為嚴重。西班牙人出於對安全的擔憂，實施好幾項不受歡迎的措施：拆毀城牆附近的中國人屋舍、對登記客居的中國人收繳武器，並且強迫中國人在城牆周圍挖護城河。緊繃的關係在整個秋天不斷升溫，西班牙人聽到傳言說中國人準備叛亂、殺害所有西班牙人，中國人則耳聞西班牙人要殺害所有中國人，暴力於是在一六〇三年十月四日一觸即發。中國人人數遠遠超過西班牙人，但西班牙人有武器與原住民援軍。約有兩萬名中國人喪命，被捕的人則被迫在船上做奴隸。

大屠殺的消息令萬曆帝大駭，但他對於離開本國的中國人是否值得關注，卻感到舉棋不定，於是把問題交給福建巡撫徐學聚解決。徐學聚希望出兵討伐，但得不到北京方面的支持。到頭來他唯一能做的，就是去信向阿庫尼亞表達抗議，而這封信直到一六〇五年三月才送達對方手中。徐學聚跟史考特差不多，認為只有在國內才能伸張正義。他要求西班牙當局將受到暴力所困的中國人遣送回國，並補償中國商人的損失，唯有如此，才能「未有兵革，投款效順，商船往來，交易如故」。

徐學聚在同一封信中指責荷蘭人擾亂中國海域，要求他們撤退，完全沒有意識到西班牙人跟荷蘭人正進行殊死鬥。他以威脅為這封信作結。假如正義未能伸張，則皇帝會派出上千艘船，以中國人與朝貢國民為兵。這只是虛張聲勢，但徐學聚不像史考特，他必須虛張聲勢，才能把統治者的主權投射到大明國界之外。很難想像徐學聚能找來上千艘船，找來所需的人力。萬曆帝曾在一五九二年出動一支規模相當的艦隊，擊退日本對朝鮮的侵略，但那一次的軍事干預是因應忠實朝貢國的求援，為捍衛朝貢國而出兵，而非確保海外中國商人的利益。令人印象深刻的是，徐學聚更上一層樓，挑明將會在入侵呂宋島之後，讓參與軍事行動的朝貢國瓜分呂宋島作為獎勵。這種在北京號令下動員東亞半壁同盟參戰的想法堪稱史無前例，而且從未成真。阿庫尼亞沒有回信，大明與菲律賓之間也沒有進一步的正式通信。萬丹等地的中國人只能自求多福。

馬尼拉大屠殺發生時，正好是商館縱火事件發生的半年前，史考特人就在萬丹。他在《東印度群島》一書中並未提及此事，但肯定聽過消息，萬丹的中國人想必也是。發生在馬尼拉的事情，一六〇四年時一定人人都還沒有忘。（到了一七四〇年，雅加達的中國人將在荷蘭人手中遭遇一樣的事情，但這是另一個故事了。）

盜亦有道

整體而言，史考特的法律戰其實與海洋法和國際法早期發展階段有關，而且不只是理論上，更有實質上的關聯，關聯就落在史考特藏在臥室裡價值一千英鎊的黃金上。這筆鉅款不單純是公司進行商業交易而累積的財富，而是某一回將胡椒售予特定荷蘭人獲得的收益。交易後，這名荷蘭人返航阿姆斯特丹，前往海事法院（Admiralty Court）捍衛自己對船貨的權益。

一六〇一年四月，雅各．范希姆斯克爾克（Jacob van Heemskerck）從阿姆斯特丹啟航，前往香料群島。此行一方面是為了購買胡椒，一方面也是為了挑戰葡萄牙對香料貿易的壟斷。荷蘭人在一五九〇年代首度航至東南亞，葡萄牙人則採取強力行動加以驅逐。激烈的衝突讓雙方益發麻木。王臨亨正是從最嚴重的其中一起事件裡，聽聞到紅毛荷蘭人身長丈許的說法。這些紅毛鬼是雅各．范內克（Jacob van Neck）麾下的船員，他們的船隻被大風颳到澳門附近的海岸。范內克派了兩批人上岸，一批十一人（包括一名中國領航員）、一批九人，表示自己無意為敵，請求補給。葡萄牙人把兩批人都抓了，並且拒絕協助范內克。中國官員耳聞此事，旋即要求葡萄牙人把人交出來，畢竟這些人是在中國領土上被抓的。葡萄牙人虛與委蛇，僅僅交出六個人。之所以選這六人，是因為他們只會說荷蘭語，無法與中國人溝通。官員無從得知事情的來龍去脈，只能把人送回給葡萄牙人，聽其自便。最後在這一名中國領航員與十九名荷蘭人中，只有三人生還，六人遭到處死，十一人（包括中國領航員）則被丟進海裡。

范希姆斯克爾克是在一六〇二年二月抵達萬丹時，得知這項暴行。四名中國人把消息從澳門帶給名叫勒梅（Lakmoy）的中國商人。六年前，勒梅曾與范希姆斯克爾克在萬丹的兄弟做過生意，對方在葡萄牙人試圖謀害他時救了他一命。范希姆斯克爾克先是讓手下的五艘船裝載胡椒，送回阿姆斯特丹，接著花六個月在香料群島各地打轉，找機會幫遭到殺害的同胞報仇，同時盡可能先葡萄牙人一步取得胡椒。最後，他來到馬來半島東側繁忙的港口城市北大年，與柔佛（Johor，今新加坡）蘇丹的兄弟拉惹蓬蘇（Raja Bongsu）成為朋友。柔佛正因為葡萄牙人採取高壓策略而與之僵持，范希姆斯克爾克因此找到機會與柔佛合作，打算挾持下一艘通過柔佛海峽的葡萄牙船隻。他往南航向柔佛海域星羅棋布的島嶼間，伏擊從澳門出發前往麻六甲，途經當地的一千四百噸葡萄牙巨型帆船「聖卡塔琳娜號」（Santa Catarina）。一六〇三年二月二十三日，范希姆斯克爾克把獵物困在柔佛外海。他用經過精密計算的炮擊，在不擊沉聖卡塔琳娜號的情況下，使之失去抵抗能力。葡萄牙艦長在一整天的炮轟後投降。這是一次精彩的奪船行動。價值連城的船貨絲毫未損，傷亡也少之又少。超過八百名的船員與乘客受俘，後來全數安全遣返麻六甲。

范希姆斯克爾克讓聖卡塔琳娜號隨著自己剩餘的船隻前往萬丹，這一路並不好走，他甚至有一艘單桅縱帆船被海盜劫走，但船隊終於在一六〇三年六月二十日抵達。聖卡塔琳娜號載著大量的中國製造品與加工品：絲、絨、香木、砂糖、銅、藥用植物、樟腦、麝香珠、家具、金條與六十噸的瓷器。范希姆斯克爾克在萬丹花費四個月整備船隻回航事宜，用若干劫掠來的黃金購買五千袋胡椒，其中一千袋是史考特賣給他的。這就是那筆價值一千英鎊的黃金，在火苗竄出時之所以在他臥室的緣由。范希姆斯克爾克在一六〇三年十月十四日從萬丹啟航，隔年夏天返抵阿姆斯特丹。船貨公開販售，價格創下紀錄，相當於聯合東印度公司（Vereenigde Oostindische Compagnie, VOC，荷蘭東印度公司）實收資本的半數，比史考特的 EIC 多了兩倍有餘。

葡萄牙人認為搶奪聖卡塔琳娜號一事為海盜行為，於是告上阿姆斯特丹的海事法庭，要求歸還船隻及其貨物。法官是荷蘭人，不難想像他在一六〇四年九月九日宣判時，表示船隻和貨物都是合法的戰利品。VOC 固然勝訴了，但公司也意識到自己對戰利品的法律主張很不穩固，畢竟葡萄牙與荷蘭實際上並沒有戰爭。判決出爐後過了五個星期，公司董事去信給一名前途看好的法學家，請他擬出一份堅實的法律意見書，以支持公司的主張。他們找的這名學者，是其中一名董事之弟的室友。當時，休·德赫羅特（Huig de Groot）尚未以拉丁名胡果·格老秀斯（Hugo Grotius）出名，但他聰穎過人，壯志凌雲，熱情擁抱這件委託案。對一位想進入荷蘭政治菁英圈內的年輕人來說，這是絕佳機會。

VOC想要的是一紙簡短的意見書，而且要盡快出爐。誰知道在接獲委任的兩年後，格老秀斯交出的卻是劃時代的大部頭巨作——《論捕獲法》（*De jure praedae*），將VOC的行動置於精挑細選的歷史法律文件中討論。格老秀斯從三個角度提出他為VOC的答辯。其一，葡萄牙人在法律上無權在亞洲將荷蘭人排除在貿易活動之外。葡萄牙人以《托爾德西利亞斯條約》為其主張的根據，但這種做法有瑕疵，因為這份條約完全是根據教宗權威所頒布，但教宗在此事上沒有發言權。其二，葡萄牙人對荷蘭人施加的暴行，相當於戰爭行為。為了主張這一點，格老秀斯透過荷蘭人的證詞，重建荷蘭水手在一六〇一年澳門外海遭到扣押與殺害的過程，其中更提到「廣州主官」調查過此案。他斷定，葡萄牙人在毫無原因的情況下「以荷蘭國家與荷蘭人為敵，在東方公開宣戰」。

格老秀斯的第三項主張影響最為深遠：貿易自由是本自俱來的權利。一旦是項權利遭受專橫剝奪，國家或其代理人有權以實力實施貿易自由，這意味著從事貿易的船隻應予以航行自由。《論捕獲法》的這一段後來經過選節，在一六〇九年以《海洋自由論》（*Mare liberum*）為書名出版。第三項主張還帶出另一個影響重大的看法：統治者皆無權廢除自然法所授予的權利。格老秀斯繼續把這一點發揮成一項普世性原則——統治者並不高於法律。他的原話是：「國王違反〔法律〕的權力，並不高於平民違反法令的權力。」

單就聖卡塔琳娜號一案，格老秀斯主張葡萄牙人無權妨礙荷蘭水手，也無權強行要求柔佛接受排外性契約。柔佛與荷蘭因此可以合理扣押葡萄牙船隻與船貨為戰利品。對EIC來說，荷蘭人聲稱自己「試圖讓海洋保持開放」的說法相當虛偽，畢竟荷蘭人盡其所能，不讓英格蘭人經營香料群島，與葡萄牙人對付荷蘭人的做法如出一轍。事實上，EIC對於格老秀斯的挑戰所做的回應，就是組織第八次出航，目的完全在於試探荷蘭人對於「海洋自由」的主張。完全不出所料，他們發現才不是荷蘭人所說的那樣。每一回，荷蘭人都會騷擾英格蘭人，威脅其貿易夥伴，讓史考特在萬丹的小小前哨站根本無法發展。不久後，EIC將撤出該區域，直到十八世紀時以不列顛、印度與中國間三方貿易為基礎建立帝國時，才會大舉返回。

金匠之死

史考特稱那位被他刑求致死的人為「金匠」。說到金匠，我們會覺得是製作金飾品的人，但史考特用這個詞彙指的究竟是什麼，倒是值得我們推敲一番。在史考特的時代，「金匠」（goldsmith）與「銀匠」（silversmith）是可以交替使用的。大多數的歐洲語言甚至沒有分成不同的字。比方說，法語用同一個字——「orfèvre」，來稱呼這兩者；義大利語也一樣。英語中，「金匠」也是受託管理資金的人，類似銀行業者。史考特為英格蘭讀者群而寫作，這些讀者所理解的「金匠」恐怕不只是加工黃金的人，而是更一般性的意思。無論此君究竟做什麼工作，我們所知皆來自史考特透露的內容，偏偏史考特完全沒有提及此君職業以外的事。不過，從他的職業來看，他肯定知道怎麼用火——入侵倉庫的手段。

雖然黃金在史考特的故事裡扮演交易媒介的角色——范希姆斯克爾克用黃金購買他手上的胡

椒——但當時用於買賣高價商品時所使用的標準貴金屬並非黃金，而是白銀。根據皮萊資所說，一個世紀前的萬丹以兩種媒介進行交易：其一是小額交易使用的銅錢（實際上是青銅鑄的）；其二則是大額交易用的黃金，但那個時代已經結束了。日本與美洲白銀湧入南中國海，取代黃金的位置。也就是說，史考特提到的那個人很可能是銀匠，之所以稱呼他是金匠，或許是為了方便他的讀者（甚或是他自己）理解起見。藉此而論，此人位居商品交易活動的不穩定核心。金錢理應用於穩定市場，但市場的穩定少不了信心，因此統治者才會鑄造銀幣，在上面打上君主的名字或頭像。王臨亨稱這些八塊錢銀幣（披索）為「西番銀」，對於上面有西班牙君主頭像感到趣味盎然。相形之下，中國只鑄造小面額的青銅錢幣，而且上面只打上年號，絕對不會有皇帝的形象。白銀以銀錠的形式出現，不會鑄成銀幣。交易的方式是由銀匠秤重，量出所需的白銀分量。有時候白銀會鑄造為元寶，重量有一定標準，但鑄成元寶多半是為了儲藏，而非便於轉移。恩嘉比西將那名金匠交給史考特之前，金匠便已承認自己鑄偽幣與剪幣，而這意味著換成是今天，我們不見得會用「金匠」一詞來稱呼他，他的工作想必多半牽涉到白銀。

在萬丹的經濟活動中，白銀是令人頭痛的存在。白銀本身就是商品，它的價格不只跟本身的供需有關，也跟銅的供需脫不了關係。比方說，在縱火案發生前一個月，一艘來自福建的中國船隻突然在冬貿易季結束後駛入萬丹。東南亞各地對於青銅錢幣都有持續的需求，而且銅錢是很方便的壓艙物，可以從船上大量卸貨。《大明律．兵律．關津》對於銅錢私出外境的處罰是杖一百，並且將船隻與船貨沒官，但感覺大家都不當一回事。這批錢幣突然間到來，拉低了當地的青銅價格，把所有白銀逐出市場，畢竟人人都不相信匯率了。沙班達爾正是其中之一，他整季持有胡椒，希望等大幅漲價之後再脫手，但是除非銀價重新穩定，否則沒有人會想購買他的存貨。

銀匠在這場銀價漲跌的中心進行操作，他們固然能從銀價波動中獲益，但當市場風向丕變或崩潰時，也很容易淪為代罪羔羊。史考特的「金匠」知道自己做了什麼，也知道無論自己說什麼，都無法躲過史考特的憤怒。他唯一能做的事情，就是拒絕給予中國與英格蘭法律同樣不可或缺的東西：口供。上述兩種司法體系都無法在缺少自白的情況下定罪。刑求嫌疑犯是取得口供的一種方式，但中國與英格蘭司法體系都擔心強行取得的供詞很可能是假的。史考特若想昭告萬丹眾人他抓對了人，而且是以最高的司法水準取得此人的充分犯罪證據，就不能沒有口供。但這名金匠選擇緘默，讓史考特得不到需要的東西。金匠拒絕開口，史考特束手無策。原本該有的審判變成作秀，史考特別無選擇，只能讓自己弄殘的這個人從苦難中解脫。而且他決定讓荷蘭人參與最後之舉，說不定是一種讓「只有英格蘭人不公不正」的指控消弭的手段。

雖然金匠沒有對史考特開口，但我想他八成在心裡對自己說：「這份計畫巧妙得很，而且愈來愈縝密——至少一開始是。為了掩蓋挖地道的事，烏尼特答應在英格蘭人的籬笆外蓋兩間小平房，一間釀酒，一間賣酒。因為中國城地勢低窪潮濕，我們得挖口井，把不停灌進隧道裡的水排出來。釀酒廠對處理這些水來說簡直是完美的偽裝。你不可能釀酒卻不賣酒，你釀酒也不能沒有水。在房子四周種東西是蘇雲的點子，這麼一來，只要有人問為什麼鑿井，我們就可以說是為了澆水。選擇種菸草實在太聰明了，因為菸草長得快，又很茂密，能掩蓋整起行動。」

「我們打算把地道挖到屋後的角落。原本一切都按照計畫進行，誰知保怡與夐天試著鑿通地面時，才發現建築物不是泥土地板，而是鋪了硬木地板。地板要用鋸的才能打通，但是不斷有人進進出出，一定會聽到鋸木頭的聲音。何況英格蘭人一直在院子裡巡邏。鋸啊鑽的，戲就沒得唱了。」

「我告訴他們：你們別想鋸穿木板，但你們可以燒穿它。找根好蠟燭就辦得到。蠟除火光愈亮，火就愈熱。我怎麼會不知道呢？我是鎔金銀吃飯的呀。把點起來的蠟燭往木板的下面靠，把木板燒焦，等到木板開始冒煙，就把蠟燭拿開，免得英格蘭人聞到。接著重複。我告訴他們慢慢來，一步一步來，別把整間房子跟裡頭的東西一塊兒燒光就好。只要我們燒穿木板，就隨我們了。」

「我們燒穿地板當晚，蠟燭熄過三次。我得一直重點蠟燭。接著燭火不知怎的，點著了我們頭上那間房間的什麼東西。這不在計畫裡。溫度太高，我們無法把洞挖更大，而且煙愈積愈多，我們只好急忙爬出地道，觀察整個院子。突然間有人喊失火了，我猛然想到新計畫。雖然我們沒有要爬過地板的洞，但說不定可以趁亂直接走大門。」

「英格蘭老闆擔心他的絲綢不見，但究竟是火災還是小偷比較需要擔心，他似乎拿不定主意。不過火苗的威脅就在眼前，於是他賭一把不會遭小偷。我跟第一批救火的人進入倉庫，假裝努力把貨物拉出來，但其實我在找的是別的。我聽說荷蘭人拿搶來的黃金買他們的胡椒。要是能趁英格蘭人忙著救火時找到那些黃金，我就發了。我猜屋裡還藏了大量的銀子，但後來我才發現他們把銀子放在罐子裡，埋在其他外圍建築的地下。」

「黃金不在進門第一間房裡，說不定在我們點火的那間，但我們得想辦法拖延英格蘭人進屋的時間，才能有機會先找黃金。烏尼特說，假如無法走門口，也沒辦法穿過地板，何不從天花板下手？我們心想有機會溜上樓，不會有人注意到，所以就跟另外兩個人一起上樓。我們進了那間應該是倉庫底端頭頂上的房間，開始撬開樓板，但沒有什麼進展。英格蘭老闆衝進房裡，一邊喊一邊揮劍，我們只好下樓。」

「我混在那些幫忙搬空倉庫的人裡。這時，英格蘭人已經把絲綢搬出來。我快快瞄了一眼，沒有金子的蹤影，可是其實在那個當口，就算找到，我也不知道拿它們怎麼辦。現在沒有道理在附近逗留，看接下來會發生什麼事情。該溜了，我無法相信蘇雲居然待在釀酒房裡。蘇雲啊！你想想看，就算他們沒有找到地板下的隧道，接下來他們會從哪裡開始找？不就是隔壁嗎？」

「我原本在廁所裡躲得好好的，誰知道恩嘉比西的手下找到我。一個月前那艘從福建來的船進港時，我太清楚手上留著胡椒的沙班達爾會多麼著急，攝政也應該跟他差不多。我還在琢磨他會怎麼找我，想辦法讓那些白銀為他所用。但他跟英格蘭人關係太密切，太擔心他們。我原本能為他運用我的才能。但他兩個月前才指控其他中國銀匠鑄假幣，處死他們，看來我對他來說更像是跟英格蘭人打交道時的過河卒子。」

「今天我就要落入那些狼心狗肺的人手裡。英格蘭人假裝公正，其實一點良心都沒有，誰幹得出他們幹的那些事呀。從我身上，他們啥都得不到。」

第八章

傳教士和他的受牧者

南京，一六一六年

深夜時分，神父耳聞禮部下令要捉拿他們的消息。此時正是一六一六年八月三十日晚上，他們料想一兩天內就會遭到逮捕。令狀上只有提到其中兩人——義大利人王豐肅（Alfonso Vagnone），以及葡萄牙人謝務祿（Álvaro Semedo）。年已五十的王豐肅在眾人中最長，三十一歲的謝務祿則年紀最輕。禮部不曉得房子裡還住著另外兩名義大利人——龍華民（Niccolò Longobardo）與艾儒略（Giulio Aleni）。謝務祿當時有疾在身，臥病在床，於是另外三人忙著整理房子，把值錢的東西聚集起來，送到附近中國信徒家中加以保全。由於禮部不知道龍華民與艾儒略的存在，大夥兒決定叫兩人天亮時溜出南京，找工部的友人幫忙，此人就任的地方在南京以北距離兩天腳程之處。王豐肅與謝務祿留在屋裡，等候令狀到來。

三名兵部官員在早上來到，建議他們為了自己的安全著想，趕緊把房子賣了，離開南京城。兵部無權下達逮捕令，但有可能聽令執行。逮捕或驅逐外國人，是禮部的權責。兵部負責比較日常、瑣碎的任務，例如為外國人提供保戶或主理其交通，但禮部控制外交與儀節，禮部才是主導者。這三名來自兵部的官員抱持同情態度，想讓這些歐洲人能領先一步。

當晚，南京守軍派出一隊士兵，守在房子外，以防他們逃走。隔天早上，三名官員執行對王豐肅與謝務祿的逮捕令，並搜索對他們不利的證據。無論怎麼看，雙方在這次逮捕中的態度都很客氣。官員耗費了大半天，卻找不到任何能讓這些歐洲人入罪的東西，只知道他們確實是基督宗教的虔誠信徒。這麼一拖延，恰好讓王豐肅有足夠時間派一位教名叫「多納圖司」（Donatus）的中國基督徒，帶信給龍華民與艾儒略，通知他們事情發展。多納圖司行動之迅速，不僅追上兩人，傳達訊息，還在夜色降臨前返回。官員們帶走王豐肅，留下病榻上的謝務祿，派人留守。兩名住在耶穌會所的家僕志願陪著王豐肅去收監。一行人先到當初下達逮捕令的主官住所，大概是報告任務，解釋為何沒有收押謝務祿。他們討論什麼姑且不論，討論的過程花了兩小時，期間王豐肅就在大街上等，承受來往行人好奇的眼光。等到官員與上司討論完之後，便出來把王豐肅帶去監獄。

神父們遭受諸多指控，但問題的核心在於：這些外國人並非其統治者派遣的官方使節。朝廷有規矩要接待貢使，但這些人卻是在沒有收到貢使通行證的情況下進入中國。他們來中國談論天上的事，會讓人認為他們侵犯了皇帝的神聖職權，只會使他們身分的非法程度更形嚴重。

這四名神父是耶穌會的傳教士。耶穌會成立於一五四〇年，以促進教會內屬靈的進深為宗旨。耶穌會士的教育水準與奉獻程度使他們獨樹一幟，他們受到歐洲各國君主的動員（尤其是葡萄牙國王），往海外確保基督徒的精神健康。下一步就是組織傳教，讓外國統治者改信。到了十七、十八世紀之交，許多耶穌會傳教士夢寐以求的，就是讓大明皇帝成為基督徒。早在一五八〇年代，兩名義大利耶穌會士羅明堅（Michele Ruggieri）與利瑪竇，便獲得允許於廣州城外設立傳教所。羅明堅在中國停留的時間不長，但利瑪竇一直待到一六一〇年過世為止，以包括印製世界地圖等方式，盡其所能地傳播基督教的道理（正是我們在緒論中看到的那張地圖）。

鎮壓發生在利瑪竇死後六年。教案一起，大明國內的十八名耶穌會士（包括六名中國人）迅速得知逮捕的消息。他們明哲保身，從公眾視野中消失。但中國信徒就沒有那麼謹慎了，南京有一名中國基督徒對於神父遭到逮捕非常生氣，他準備好為自己的信仰受折磨，在南京街頭舉著旗子走動，表明自己跟基督教的關係——他也因此被捕，先在牢裡關了一年，才被人帶出來處罰。

當逮捕王豐肅與謝務祿的官員，向南京禮部侍郎沈㴶報告時，沈㴶對於他們的疏忽大為光火。讓耶穌會士受法律制裁一事正是他的倡議，而他可不是打算給這些夷人柔性警告，他要這些人離開這個國家。於是，沈㴶即刻下令負責逮捕的官員返回會所，羈押謝務祿，徹頭徹尾搜索耶穌會的產業，連城外供應會所所需食物的菜園都不放過。官員照辦了，但在每個地方都找不到能揭露耶穌會士是間諜的證據。他們在主要的居所找到一對地球儀與天球儀、十九張地圖，以及一面繪有利瑪竇世界地圖的屏風，但這些地圖看起來都是歐洲地圖，而非中國地圖，因此對國家安全也不構成威脅。這些官員搜索來的東西，完全無法證明耶穌會士從事傳教以外的任何活動。

侍郎沈㴶著眼的不只是這些歐洲人而已，他希望把「絕不容忍這種異國教義傳播」的訊息，傳達給所有與之合作的中國人知道。官員從善如流，不只逮捕謝務祿，還抓了同住在會所的一名中國基督徒（此人是一名年輕的見習修士，從澳門來到南京學習）、四名家僕，以及另外四名出現在會所，想知道發生什麼事情的南京本地基督徒。到了九月二日日落時，共有十五名與基督教傳教士有關的人進了牢裡。接下來還有更多人會遭到逮捕。這時，人們還不清楚沈㴶的倡議是否會推及全國。沈㴶的意思雖然如此，但他的鎮壓還少了一項關鍵，他先前上奏萬曆帝，籲請皇上將所有耶穌會士逐出中國，但他尚未就此事得到回覆。沈㴶在沒有得到御座允許的情況下，展開他的整肅。對於推動他的目的來說，此舉非常大膽，而且肯定會引起注意。有人站出來反對沈㴶的作為。宗教寬容陣營的代言人是徐光啟，其他基督徒都稱呼他的教名「葆祿」（Paolo）。

挺歐／反歐

得知沈榷對於南京基督徒的攻擊時，徐光啟非常驚訝。徐光啟來自上海，這年夏天之前，他請了三年病假，在家養病。消息傳到他耳裡時，他才剛返回北京復職。八月時，他在寫給兒子的家書上提到，他向來認為「沈宗伯」（常見的敬稱）是「通家往還者」——意思是說，對人數少之又少的中國基督徒來說，沈榷是官場中的友人。徐光啟受到利瑪竇影響，在一六〇三年歸信天主。隔年，他通過國家考試的高牆，成為進士。由於他沉穩（他已經四十四歲）、知識淵博，在特定的政府政策又有一日之長，徐光啟因此獲命進入朝廷的智庫——翰林院。這項任命使他在利瑪竇過世之前，能一直親炙這位義大利人（見圖10）。他歷任各個中央政府職位，整個官場生涯一直留在北京。

沈榷比徐光啟小三歲，但比他早十多年成為進士，因此徐光啟才會用「宗伯」稱呼他。沈榷也待過翰林院，兩人的任期確實有重疊。他們結為朋友，是那種對很多問題都意見不同，但友誼並未因此破裂的朋友。當徐光啟因病告假時，沈榷升了官，從翰林院進入禮部，而這讓他得到發動進攻的制高點。

徐光啟並未預料到此事。「一旦反顏，」徐光啟在寫給兒子的信上說，「又不知其由也。」徐光啟百思不得其解：沈榷是南京禮部的侍郎，怎麼有辦法讓北京禮部為他的迫害背書？早在七月初上奏萬曆帝，羅列他認為耶穌會士將為國家安全與皇帝權威造成的雙重威脅之前，他就必須開始著手。但他的奏摺卻不驚波瀾，直到八月底都沒有得到皇帝的回應。返回官場不到幾星期，徐光啟便提筆上奏皇帝，一條一條反駁沈榷的提議。

把兩人的奏摺並陳閱讀，我們可以想像若沈榷與徐光啟真的在御前就各自的立場辯論，兩名官員之間的攻防將如何展開。情況想必如下：

沈榷展開辯論：「近年以來，實有狡夷自遠而至，在京師則有龐迪峨（Diego de Pantoja）、熊三拔（Sabatino de Ursis）等，在南京則有王豐肅、陽瑪諾（Manuel Dias）等。」（沈榷把謝務祿跟另一位葡萄牙神父陽瑪諾搞混了，陽瑪諾當時還沒有去過北京與南京。）「其他省會各郡，在在有之。南京禮部為奉旨處分夷情事。夷犯王豐肅等煽惑人民，懇乞聖明申嚴律令，以正人心，以維風俗事。依律究遣，其餘立限驅逐。」

徐光啟回應：「臣見邸報：南京禮部參西洋陪臣龐迪我等，內言：『其說浸淫，即士大夫亦有信向之者』；云：『妄為星官之言，士人亦墮其雲霧。』」邸報是每月一刊的政府方針與官員派任摘要，全國官員都必須閱讀，以隨時了解朝廷大事。「部臣恐根株連及，略不指名，然廷臣之中，臣尚與諸陪臣講究道理，書多刊刻，則信向之者臣也。又嘗與之考求曆法，前後疏章俱在御前，則與言星官者亦臣也。諸陪臣果應得罪，則豈敢幸部臣之不言以苟免乎？」

沈榷瞄準耶穌會士，認為他們對中國風俗與價值帶來有害的異國影響，但他的鉤拳卻打在細節問題上：這些傳教士並非來進貢皇上的貢使。「以太祖高皇帝長駕遠馭，九流率職，四夷來王，而猶諄諄於夷夏之防，載諸祖訓，及會典等書。凡朝貢各國有名，其貢物有數，其應貢之期，給有勘合，職在主客司。其不係該載，及無勘合者，則有越渡關津之律，有盤詰奸細之律。夫豈不知遠人慕義之名可取，而朝廷覆載之量，可以包荒而無外哉？正以山川自有封域，而彼疆我理，截然各止其所。」

「臣聞繇余西戎之舊臣，佐秦興霸；金日磾西域之世子，為漢名卿，」徐光啟反駁，「苟利於國，遠近何論焉。」

沈榷反駁，提到八世紀時曾經在北方為唐朝效力，後來卻舉起叛旗的粟特名將安祿山。「王夷甫識石勒，張九齡阻安祿山，其言不行，竟為千古永恨。有忠君愛國之志者，寧忍不警惕於此。」徐光啟沒有順著這個理路，而是轉而訴諸耶穌會士在中國的宗教目標。他指出佛教作為異國宗教，為中國帶來深遠的影響，試圖鋪陳自己的主張。「近何論焉？又見梵剎琳宮，遍布海內；番僧喇嘛，時至中國；即如回回一教，並無傳譯經典可為證據，累朝以來，包荒容納，禮拜之寺，所在有之。高皇帝命翰林臣李翀、吳伯宗與回回大師馬沙亦黑、馬哈麻等翻譯曆法，至稱為乾方先聖之書。此見先朝聖意，深願化民成俗，是以褒表搜揚，不遺遠外。」

徐光啟堅持這些神父絕不會造成禍害，「皇上豢養諸陪臣一十七載，恩施深厚。臣累年以來，因與講究考求，知此諸臣最真最確，不止蹤跡心事一無可疑，實皆聖賢之徒也。且其道甚正，其守甚嚴，其學甚博，其識甚精，其心甚真，其見甚定，在彼國中亦皆千人之英，萬人之傑」。

沈榷沒有興趣深入了解這些異國教義的倫理價值。對他來說，這些人是外國人，因此威脅了儒家道德秩序，這是無法解決的問題，絕不能相信他們會利益中國。「他們人在中國」的這個事實，也必須以政治威脅視之。「狡夷自稱其國曰『大西洋』。夫普天之下，薄海內外，惟皇上為覆載照臨之主，是以國號曰『大明』，何彼夷亦曰『大西』？且既稱歸化，豈可為兩大之辭以相抗乎？」

徐光啟知道，沈榷這是誤會了「大西」的意思。利瑪竇之所以創造這個詞，看樣子是為了將他們的「大西」（Great West）與「小西」（Lesser West）——也就是印度——區別開來。徐光啟不打算回應上述指控，而是指出「蓋彼西洋臨近三十餘國奉行此教，千數百年以至於今」。重點是這些教義的影響，而非其信徒來自何方。「大小相恤，上下相安，路不拾遺，夜不閉關，其久安長治如此。然猶舉國之人，兢兢業業，唯恐失墮，獲罪於上主。」

「然自狡夷名其教曰『天主教』」，沈榷駁斥。中國皇帝可是天子，他們怎麼能對天說三道四？皇帝是天下地位最尊的神職人員，也是跟上天最緊密的連結。「本朝稽古定制，每詔誥之下，皆曰『奉天』。而彼夷詭稱『天主』，若將駕軼其上者然。使愚民眩惑，何所適從？」

這項指控令徐光啟左右支絀，他既得為外國人保留敬天的餘裕，又不能讓他們落入反對皇帝為天子的境地。徐光啟的對策，在於化外國人對其一的崇敬為同時對兩者的崇敬。

「所以數萬里東來者，蓋彼國教人，皆務修身以事上主，聞中國聖賢之教，亦皆修身事天，理相符合，是以辛苦艱難，履危蹈險，來相印證，欲使人人為善，以稱上天愛人之意。其說以昭示上帝為宗本，以保救身靈為切要，以忠孝慈愛為功夫，以遷善改過為入門，以懺悔滌除為進修，以升天真福為作善之榮賞，以地域永殃為作惡之苦報。一切誡訓規條，悉皆天理人情之至。」

可是這一切對中國有何用處？「夫天堂地獄之說，釋道二氏皆有之，然以之勸人孝弟，而示懲夫不孝、不弟、造惡業者，故亦有助於儒術爾」，沈榷表示。「夫左道惑眾，律有明條，此臣部之職掌當嚴也。裔夷窺伺潛住兩京，則國家之隱憂當杜也。聖明自為社稷計，豈其不留念及此乎？」（沈榷此處指的是《大明律．禮律．儀制》——凡陰陽術士不許於大小文武官員之家，妄言禍福，違者杖一百。這條儀制不太適用於基督教，但不失為把徐光啟這種保護耶穌會士，把他們帶進自己家裡的官員拉下水的好方法。）

徐光啟退了兩步，回頭談佛教徒，閃過沈榷引用法條的招式。沒錯，佛教僧侶獲准進入中國，但就徐光啟所知，這些人也未能達成輔佐儒家完美教誨的使命。只要你不是死背書，就知道儒家的問題在於其教誨「能及人之外行，不能及人之中情。是以防範愈嚴，欺詐愈甚。一法立，百弊生，空有願治之心，恨無必治之術」。就此而言，佛教也相去不遠。「釋氏之說其言善惡之報在於身後，謂宜使人為善去惡，不旋踵矣。奈何佛教東來千八百年，而世道人心未能改易，則其言似是而非也，二百五十年來猶未能仰稱皇朝表章之盛心。」基督教的方案更有效。「使人何所適從、何所依據乎？」徐光啟自問自答：「必欲使人盡為善，則諸陪臣所傳事天之學，真可以輔益王化，左右儒術，救正佛法者也。若以崇奉佛老者崇奉上主，以容納僧道者容納諸陪臣，則興化致禮，必出唐虞三代上矣。」

沈㴶回過頭來，主張這些夷人的宗教造成的影響恰好相反。「臣又聞其誑惑小民，輒曰：『祖宗不必祭祀，但尊奉天主，可以升天堂，免地獄。』夫天堂地獄之說，釋道二氏皆有之，然以之勸人孝弟，而示懲夫不孝、不弟、造惡業者，故亦有助於儒術爾。今彼直勸人不祭祀祖先，是教之不孝也。其數實繁，其說浸淫人心，即士君子亦有信向之者，況於閭左之民，驟難家諭戶曉。臣不覺喟然長嘆，則亦未有以尊中國、大一統、人心風俗之關系者告之耳。」

沈㴶這是又繞回他的核心擔憂：無論耶穌會士在中國做什麼、教什麼，都會傷害「大國」的大一統權威。真正的威脅同時存在於政治與道德兩方面。針對外來影響所造成的政治風險提出最後一項論點之前，他先攻擊耶穌會士從歐洲帶來的科學理論與方法。耶穌會士以此修正中國曆算基礎天文計算的問題，沈㴶則斥之為「妖妄怪誕」，他不信任推算出來的結果。「是舉堯舜以來中國相傳綱維統紀之最大者，而欲變亂之。此為奉若天道乎，抑亦妄干天道乎？以此名曰慕義而來，此為歸順王化乎，抑亦暗傷王化乎？夫使其所言天體，不異乎中國？臣猶慮其立法不同，推步未必相合。

況誕妄不經若此，而可據以紛更祖宗欽定、聖賢世守之大統歷法乎？」

徐光啟三言兩語便打消這整個問題，「修曆一節，關係亦輕」，徐光啟很清楚自己在說什麼。他告訴皇帝，自己曾與耶穌會士深入討論宇宙學與天體數學。他甚至與利瑪竇共同翻譯歐幾里得（Euclid）《幾何原本》（*Elements*）第一章（他和利瑪竇一同出現在圖10，徐光啟居右，利瑪竇居左。這張圖是利瑪竇死後半個世紀，人們為紀念兩人的合作而繪製）。徐光啟知道沈榷自不量力，於是放他自己出錯。

沈榷提出叛國的指控，作為最後一項論點。為此，他提醒皇帝注意金流。「然閭左小民，每每受其簧鼓，樂從其教者。聞其廣有貲財，量人而與，且曰天主之教如此濟人。是以貪愚之徒，有所利而信之。此其胸懷叵測，尤為可惡。」他進一步懷疑，這些外國人在金錢交易上欺騙外國人，但是真正令他擔憂的，其實是錢跟地方串通者的關係。「既稱去中國八萬里，其貲財源源而來，是何人為之津送？其經過關津去處，有何文憑，得以越渡？該把守官軍人等，何以通無盤詰，嚴為條格？」

這項攻擊的思路，迫使徐光啟得從數個角度擋開重重挑戰。為了回應「夷人跟外界之間有祕密渠道」的指控，他指出這是因為耶穌會士的處境使然。「諸陪臣既已出家，不營生產，自然取給於捐施。」但為了防止他的澄清被人當成「夷人向中國人拿錢」的證據，他清楚表示，神父所有的金援都來自遠西。徐光啟也同意這是一個問題，但不是沈榷認為的那種問題。「凡今衣食，皆西國捐施之人，輾轉託寄，間遇風波盜賊，多不獲至，諸陪臣亦甚苦之。」這些外國人並無沈榷以為的那些管道能取得資源，自然動過跟中國人求助的念頭，但他們從未如此做過。「然二十年來不受人一錢一物者，蓋恐人不見察，受之無名，或更以設騙局科斂等項罪過相加。」事實上，徐光啟提議政府應承擔起給養他們的責任，就像給養所有來到中國的外國貢使一樣。如此一來，就可以讓外國人停止與澳門的聯繫，化解間諜刺探的指控。

不過，沈榷對於祕密金援的不滿，其實不在於金錢本身，而是在於神父居然可以在中國政府一無所知的情況下，得到外來援助。這些外國人不只在沒有適當授權的情況下進入中國，甚至還能獲得資金，換取情報，知道有誰參與機密消息。此外，他們還能用這筆錢收買中國人的支持。他最後呼籲：「今後再不許容此輩闌入，違者照《大明律》處斷。庶乎我之防維既密，而彼之蹤跡難詭，國家太平萬萬年，無復意外之虞矣。」

「臣與部臣為衙門後輩，」徐光啟回答，「非敢抗言與之相左，特以臣考究既祥，灼見國家致盛治、保太平之策，無以過此。倘欽允部議，一時歸國；臣有懷不吐，私悔無窮。是以不避罪戾，齋沐陳請。至於部臣所言風聞之說，臣在昔日亦曾聞之，亦曾疑之矣。伺察數歲，臣實有心窺其情實，後來洞悉底里，乃始深信不疑。使其人果有纖芥可疑，臣心有一毫未信。又使其人雖非細作奸徒，而未是聖賢流輩，不能大有裨益，則其去其留，何與臣事？」表明心跡之後，徐光啟懇求：「倘蒙聖明採納，特賜表章，目今暫與僧徒道士一體容留，使輔宣勸化，竊意數年之後，人心世道，必暫次改觀。乃至一德同風，翕然丕變，法立而必行，令出而不犯，中外皆勿欺之臣，比屋成可封之俗，聖躬延無疆之遐福，國祚永萬世之太平矣！」

一邊是「萬世」，一邊是「萬萬年」，明代的人會用這種說法遊說皇帝。然而萬曆帝絲毫不感興趣，他完全沒有對沈榷的奏章做出回應。據說萬曆帝在徐光啟的奏章結尾寫下「知道了」，表示他讀過了（原件今已不存），但也沒有進一步動作。整個秋天，沈榷還會發動兩輪言詞攻擊，直到冬天，皇帝才有所表示。

大西

假如皇帝有留心的話，就會注意到有一個遙遠的地方，而人們用「大西」、「大西洋」或「遠西」等各式各樣的名字稱呼。一邊說這是一個國家，另一邊說是三十多個國家。根據徐光啟的證詞，這裡是一個長治久安的地方，是大小相恤的地方，是上下相安的地方，是路不拾遺、夜不閉關的地方，老百姓只擔心自己能否達到標準，滿足天主對他們的期待。這個地方在中國的西邊，比印度更遠，距離中國八萬里。

以「西儒」自居的耶穌會士，便是這種想像的創造者。創造的關鍵人物，是第二位進入中國的耶穌會士，也是他慢慢發展出耶穌會士未來在中國採取的寬容態度——他就是義大利神父利瑪竇。中國友人稱呼他「泰西國人」。沈榷其實精準掌握到「大西國」與「大明國」之間的平行處。利瑪竇的說法，等於是投射出有個「大西國」與「大明國」遙相輝映的概念。這種平行既帶來熟悉的安適感，卻也造成競爭的躁動感。利瑪竇談歐洲時，其實沒有故弄玄虛，把整個大陸化為遠在世界另一端的單一國家，與大明平起平坐。他清楚表示歐洲不像中國是一個國家，而是有許多國家。模糊之處其實在於中文不常區分單數與複數。「國」可以是「一國」，也可以是「多國」，端視語句脈絡而定。當時的中文沒有歐洲相關的脈絡，其閱讀習慣會把這個「國」解讀成單數。如此看來，像是歐洲有個「大國」，而利瑪竇就是該國的代表。這種錯誤認知感覺是利瑪竇樂於接受的。

早期來到中國的耶穌會士馬上學到一課：十六世紀末的多數大明國人徹底安樂於一種世界觀，一種他們無法想像將之拋棄的世界觀。老百姓信奉佛教、道教、祖先崇拜，還有許多的土地公與灶神和他們天天生活在一起。他們的信仰就跟呼吸的空氣差不多——一樣稀鬆平常。讀書人當中確實有人對此有所懷疑，甚至公開批判。有些儒生拒絕跟這些宗教有任何干係——徐光啟就是其中之一。其他人則樂於接受這種分野，讓儒家思想監督人的外在道德行為，由佛教權威接管人的內在精神生活。根據時人的說法（徐光啟與沈榷自然也是），佛教可以輔助儒家思想。沈榷接受這種看法，徐光啟拒絕這種看法，但這種看法其實有助於耶穌會士。面對信佛的儒生，他們可以說基督教是比佛教更好的輔助；面對反對佛教的儒生，他們則能把基督教當成一種不會干擾，事實上還能有助於儒家原則的輔助——徐光啟便試圖向皇帝解釋這一點。

總之，西方可以是一個大概的地方，是一個特定的地點，甚至有自己的「大國」。不僅偉大的宗教導師在此現身，這裡也是個科技知識的寶庫，擁抱著數學、天文學、地理學、製圖學、測量學、農業科學、醫學、彈道學、計時方法、稜鏡學，以及其餘文藝復興時代初生的學問——耶穌會士受過上述所有學問的訓練。不久後，人們便稱這個知識體系為「西學」。西學大部分都跟中國的科學與技術實踐相符，但西學根據的原則卻是中國人所不熟悉的思考方式。正是因為如此，西學才能以一種「前後一致的知識體」為姿態，以這種學問誕生的地方來命名，與中國的科學區別開來。耶穌會士就是那遙遠西方的代表。這種知識要如何化為中國的知識呢？

晴天霹靂

耶穌會士並未把神學真理與科學真理置於天秤的兩端。對他們來說，歐洲對於自然世界的專業知識，同樣是基督的知識，因此很適合作為橋梁，在世俗與宗教之間做接引。他們希望分享自己對於物質宇宙的知識，藉此引領受過比較多教育的對話者，去認識構思出這個宇宙的神聖智慧。然而，對西學有興趣的中國人不見得會在神學與科學之間建立這種連結。有些人有——最有名的就是徐光啟；但對許多人來說，這種新知識（例如幾何學）不見得非有神學元素不可。就算別人認為可以把神從方程式中消去，耶穌會士也絕不能接受。無論如何，耶穌會士傳達近代科學知識時所採取的做法，總是會考慮到這第二層目的：揭示「世界的各種性質是神創世意圖的展現」，並由此出發，帶來對這位創世神的信仰。

以閃電為例，當利瑪竇用中文寫下這個句子——「人見霹靂之響，徒擊枯樹」時，他不會太擔心有人誤會這句話。這樣的描述符合每個人的經驗。究竟是閃電造成雷聲，還是雷聲造成閃電？不同文化可能會有不同的看法，但大家都同意閃電會落在大地上，摧毀擊中的事物。不過，出了這個簡單事實的範圍之外，就有可能產生歧見，比方說利瑪竇接著表示閃電「而不即及於不仁之人」的時候。加上這句話之後，閃電就不再只是單純的物理事實，而是成為上天懲罰惡人的有意之舉。一下子，對話便從物理學轉向形上學，上面還包覆了一層倫理學。電磁學問世之前，大多數的文化都會把閃電的破壞力跟「神用閃電懲罰惡人」的看法銜接起來，因此義大利人跟中國人之間出現這番對話，也不算太奇怪。不過，一旦涉及可以使用的理論模型時，利瑪竇便得費一番工夫，才能讓這些模型顯得有道理。「地」是什麼？「天」是什麼？落雷懲罰罪惡的神是誰？這樣的神，跟中國人熟悉的眾神有什麼關係？

冒險踏進新文化的人多半會避開如此複雜的議題。利瑪竇很清楚，傳授知識時，處處得體比針鋒相對更有價值，但傳教就是傳教。他人就是在中國，向中國人解釋他們的形上學何以有問題、他們的神學何以是錯的，以及基督教對於宇宙的認知何以能提供更正確的觀點。試圖打進另一個文化的傳教士，必須辨識出哪些認知上的分歧可以創造傳教的契機。利瑪竇對於這類分歧非常敏感，他運用差異，帶著他的訊息，穿越他的歐洲跟徐光啟的中國之間的文化隔閡。

比方說，「天」與「地」之間，彼此究竟是什麼樣的關係，所以天的舉動才會及於地，而地的舉動不會及於天？天主教神學把地球視為一系列同心球體的中心，而最外層就是天。（歐洲的耶穌會士正密切注意約翰尼斯．克卜勒〔Johannes Kepler〕與伽利略．伽利萊〔Galileo Galilei〕等人的新發現。根據這些新發現，整個體系的中心似乎是太陽，而非地球，但目前還不足以修正教廷的宇宙觀。）「天」是個相當普遍的概念，每個文化對此都有各自的看法。但利瑪竇並未從此著手，而是從「地」開始談。最困難的觀念就是「地球是圓的」，雖然傳統中國宇宙學仍有這種觀念發揮的餘地。地球的大小也是個挑戰，利瑪竇必須說明地球遠比中國人以為的還大。關於這一點，他可以用自己的經驗作為論據。他告訴中國友人，自己繞行半個世界的這一程，走了九萬里的距離（後來利瑪竇把距離下修了）。至於那些想要證據的人，他則讓他們了解如何用歐幾里得幾何學，來測量地球的大小。

關於地球，利瑪竇想上的另一課是：地球上有許許多多的國家，用漢語的措辭方式，就是「萬」國。一六〇〇年前後與一六〇二年，利瑪竇先後在南京與北京刊行世界地圖，以視覺方式呈現這種新世界觀的樣貌。有些中國人為之著迷。表面上，它們並非基督教式的世界地圖。他把地圖上的基督教內容限縮在地中海周邊的兩條圖說中，其一位於「如德亞」（Judea），寫著「天主降生於是地，故人謂之聖土」；其二則寫在義大利旁邊，說明「此方教化王〔教宗〕不娶，專行天主之教在邏馬國，歐邏巴諸國皆宗之」。然而，他的目的不只是以中立的方式再現世界，更是要鼓勵中國觀者思考：說不定有其他的、更好的方式，能想像這個世界。這個目的似乎與利瑪竇在一六〇二年地圖上對於歐洲的描述交織在一起：

此歐邏巴州，有三十餘國，皆用前王政法〔意指這些國家都是君主國〕。一切異端不從，而獨崇奉天主聖教。凡官有三品。其上主興教化，其次判理俗事，其下專事兵戎。土產五穀、五金、百果。酒以葡萄汁為之。工皆精巧。天文性理無不通曉。俗敦實，重五倫。物彙甚盛，君臣康富。四時與外國相通。客商徧遊天下。去中國八萬里。自古不通，今相通近七十餘載云。

在這段短文中，埋藏了徐光啟為南京的耶穌會士辯護時，試圖灌輸給皇帝的若干資訊：歐洲有三十多個國家，這些國家都是古老的君主國，而歐洲人彼此之間懷抱高度的社會信任。萬曆帝說不定已經研究過利瑪竇的地圖了。我們知道他曾派人製作地圖的複本，所以，我們剛剛讀到的那段描述歐洲的圖說，他很可能已經讀過了。若果真如此，徐光啟就只是提醒皇帝他已經知道的事物。說不定他是試圖施點巧勁，讓皇帝回憶起一開始是抱著什麼樣的好奇心，才會讓利瑪竇進入北京。徐光啟希望萬曆帝有所回應，可是沒有。不過，萬曆帝至少有所遲疑，沒有授權沈㴶把所有耶穌會士逐出中國。

歸信

徐光啟以沈㴶所不能的開放態度，去認識利瑪竇出身的世界。他的好奇心或許跟他出身上海的事實有著些許關係。當年的上海並非今天這種世界大都會，而是個落後地方，對於想加官晉爵的人來說絲毫沒有優勢。上海是新設的縣，直到一二九二年才成立，此時的長江才累積足夠的沉積物，把海岸線推得夠遠，讓這個毫無特色的泥灘地有了一個名字（上海意為「靠近海」）和行政區劃的地位。上海憑藉棉織業與商業的力量迅速發展。到了徐光啟十一歲時，這個縣可能已經有了五十萬人口，其成長之快可見一斑。此時，上海的西北角被政府劃出去，成立第二個縣。十六世紀時，士人階層在上海形成，但還沒有足以主宰地方生態的世家大族，所以徐光啟這種出身低微的男孩才有力爭上游的空間。

一五五〇年代，海盜的浪潮席捲這個地方，嘉靖帝在一五二五年實施海禁的做法影響不可謂不大。上海靠海，意味著這個地方對海盜毫不設防。日本對中國商品的需求如此強勁，卻又不得其門而入，因此中國與日本走私者皆從事劫掠，彌補貿易機會的缺乏。商業、海上貿易、走私、沿海暴力與相當開放的社會結構，共同孕育出上海獨一無二的空間。

一五六二年，徐光啟誕生在這個世界。他是尋常人家的孩子。徐光啟的父親在五歲那年成為孤兒，父母留給他一小筆遺產。他的父親就像典型的上海人，設法一邊賣菜，一邊做小生意養家。長江流經這座城市，注入大海。身為上海本地人，徐光啟的世界觀可說深受河口之外的海洋所影響。他晚年記起的童年回憶，或多或少都跟大海有關：父親友人老愛講海盜故事；四歲那年吹倒大門與建築物的颱風；九歲時淹死九個人與無數牲口的另一次颱風；二十歲時海水倒灌，淹過海堤，淹死上千人；以及同一年，縣丞往上游行船前往府城時，颱風吹翻縣丞的船，他也淹死在河裡。後來話當年時，徐光啟還想到自己在該讀經書的時候，把戰爭圖畫夾帶在課本裡偷偷鑽研。有一回，海盜來襲的謠言四起，一些年輕人開始規劃上海城的防務，徐光啟正是其中之一。不過他也非常清楚，海盜的反面就是貿易，對付海盜所需的軍事力量只能從國家政策層級著手。他後來在政論中表示，禁止貿易「譬有積水於此，不得不通；決之使由正道，則久而不溢。若塞其正道，必有旁出之竇；又塞其旁出之竇，則必潰而四出」。為了把看法說得更清楚，他解釋：「貢舶、市舶，正道也；私市，旁出之竇也；壬子之禍〔指一五二二年時日本海盜大舉進攻〕，則潰而四出者也。若欲積而不出，其勢不能。」

局勢如此，驅使一些中國人前往澳門、馬尼拉、日本與萬丹等地，好從外國商人難以滿足的需求中獲利。隨著徐光啟跟歐洲人的接觸愈來愈多，他對這個浮現中的貿易世界也有更深的了解；後來，他甚至親自去澳門見見世面。不過，徐光啟之所以認為自己所謂的「兩利之道」是處理沿海對外關係與貿易的唯一方法，還是因為他的上海成長經驗——此時歐洲人畢竟還不是區域海上貿易網路中的要角。「市同利；不市同害。」這是很實際的評估，但很難突破那些想讓中國隔絕於外界威脅、機遇和影響的衛道士。不過，談到這裡，已經讓我們稍稍超過當時的徐光啟了。

年輕時，徐光啟受的是標準的儒家經典教育，旨在創造參加國家考試體系的考生。儘管打平收支並不容易，但家人仍有能力在他少年時期供他念書（徐光啟的兩名手足都是女孩，沒有教育開支。）為了取得他的第一個學位——生員（不妨把生員比做學士），徐光啟必須前往上海外的另一個行政區就讀。此時他不滿十九歲，人顯得老成，文采卻沒有早慧的跡象。站上下一個臺階——通過三年一考的鄉試，成為舉人（相當於碩士）——卻用了他很長的時間。接下來十五年，他參加每一回的鄉試，卻都名落孫山，最後他終於在一五九七年通過。三十五歲之年成為舉人說不上特別老，但也不年輕了。接著他又花了七年，才成為進士（大致等於博士）。

多年來為了養家，徐光啟只好教書。流浪教師生涯讓他漂泊到廣東省韶州市。韶州是耶穌會傳教士的第二個據點。第一個據點位於廣州以西，因為民眾抗議而被迫關閉。一五九五年夏天，徐光啟造訪韶州的傳教所，與郭居靜（Lazaro Cattaneo）說了話。兩人都沒有記錄這次相遇，但郭居靜肯定盡己所能，吸引這位訪客的注意力，說不定還給他看過第一版的利瑪竇世界地圖——徐光啟第一次窺見西方。兩年後，徐光啟北上北京，參加舉人考試。之所以在首都應考，而非上海，說不定是因為通過的機率較高。他也真的過關了，留在北京，參加隔年的進士考試，希望能一口氣通過這兩場考試。只是事與願違，徐光啟返回上海的家，垂頭喪氣。

下一次參加國家考試的機會，還得再等三年。因此徐光啟在一六〇〇年從上海前往南京，計畫待在當地為第二次應考衝刺幾個月。北上之前，他決定與當時安頓在南京的耶穌會士聯絡。這是他第一次見到利瑪竇。利瑪竇讓徐光啟了解基督教神學的基本輪廓，說不定也讓他淺嘗了歐洲的科學。兩人一拍即合。徐光啟隨後前往北京，卻二度在進士考試中落第，在挫折中返家。又過了三年，他再度出發去試試手氣。他又經過南京，打算拜訪利瑪竇，但義大利人已經北上兩年，在北京成立教會。接替他位子的人是一個葡萄牙神父，名叫羅如望（João da Rocha）。徐光啟抵達南京之前，想必已經下定決心，要成為這種外國宗教的信徒，所以才會請羅如望教授他教理，領他入教。羅如望為他施洗，給他取了教名葆祿。徐光啟繼續北上，參加考試，過關了——彷彿是回應他的歸信。

接下來二十年，徐光啟都在翰林院研究政策問題。朝廷內的政治衝突不時迫使他退隱，避靜到自己在北京東邊成立的實驗農場，但每一次回來任官，都是在中央政府。他的整個職涯都在北京度過，不僅使他得以在危急時為耶穌會士提供審慎的戰術支援，也讓他站在推動各種方案的施力點上，為大明活用歐洲人在天文學與彈道學上的科技知識。徐光啟住在首都，讓他和利瑪竇有時間合作各種計畫，包括將歐幾里得的《幾何原本》譯為中文。歐幾里得幾何學是談著點瞄準的基本原則，因此翻譯此書不純粹是學術活動。徐光啟揭櫫實用原則。只要能幫助他提升大明國改善國內體質，抵禦外來威脅——尤其是滿人從東北方入侵的危險，這是他之所以對火炮瞄準有興趣的原因——他都願意學。利瑪竇傳授他新科學，既是因為它們展現了神在世界上的大能，也是因為能強化他本人睿智與權威的形象；徐光啟學習新科學，則是因為它們對確保大明王朝、對確保他所效力的對象之存續來說，確實有實際價值。

兩人急就章翻譯歐幾里得之舉，只是學術雙向交流的一小部分。兩人做得最多的事情，就是聊天：聊宗教、歷史、科學，以及中國與世界。利瑪竇後來以西元前五世紀的人——芝諾（Zeno）的《悖論》（*Paradoxes*）為榜樣，寫了一本對話形式的書，書名叫《畸人十篇》。他跟徐光啟的兩次談話，就是書中的一部分。我們不能把這些對話當成真實發生過的聊天內容，但它們的確揭露了利瑪竇的手法：創造一個與基督教倫理相符的「西方」。

對話

展開對話的人是利瑪竇，他拿一件自己注意到的事來問徐光啟。「中國士庶，皆忌死候，則談而諱嫌之，何意？」

「罔己也，味己也，智者獨否焉。」徐光啟回問利瑪竇：「子之邦何如？」

「生人所明，莫明乎死之定所；不明，莫不明乎死之期。」利瑪竇答。但死亡不斷逼近，利瑪竇用航海為喻，加以說明。「旅人航海，宿舶中坐立臥食，如停不行焉。而其身晝夜遷移，曾無止息。」利瑪竇此時訴諸自己乘船前來中國的經歷，徐光啟雖然沒有親身體驗，但也可以了解。

「子之玄語皆實，」徐光啟答，「今世俗之見，謂我念念言言行行悉向善，即善矣。如念死候之不祥，便目為凶心凶口焉。是故諱之。」對徐光啟來說，這是中國人諱言死的原因。「一切就此消亡」的未來景象，只會引誘人做壞事，因此最好不要談這個主題。

「不然。」利瑪竇回應。預先設想來生應該會有完全相反的效果，能鼓勵大家放棄惡，追求善。真正困難的是生命之旅本身，而非其終點。「君子明知天主借我此世，似僑寓，非以長居，則以天下為寓，不以為家。」為了強調此生短暫的論點，利瑪竇引用西元前一世紀人斯特拉波（*Strabo*）的《地理學》（*Geographika*），表示書中提到「泥羅河之濱有鳥焉，日出而生，日入而死，則其壽盛，乃一晝耳……豈異吾於百歲之微？」可是這種鳥真的存在嗎？中國讀者無從判斷。

為了表現生命之危顫，利瑪竇以陶器店為喻，創造了一幅歐洲人想必很陌生——畢竟中國陶瓷器才剛開始出現在歐洲——但中國人完全可以理解的畫面。「子入陶肆閱諸器，小大厚薄不一，問：『是諸器孰先壞？』必不曰：『薄者先壞，厚者後壞也』。又不曰：『先出陶者先壞，後出陶者後壞也』。惟曰：『先偃地耳』。」利瑪竇並未把這間店擺在特定的時空，因此不會有讀者把這則寓言當成歐洲生活寫照的風險。

接下來，他跟徐光啟談起「辣責得滿」（斯巴達）。「其習俗視生死無二……其餘風及於閨閣，亦皆輕死尚義。本國史載，一母有子，出禦寇，死之，或告之曰：『令子死國難矣。』母安坐弗動，曰：『我政為今日，生此兒也，是生已足矣！』」利瑪竇用一句模稜兩可的話，為這個故事作結。他說此生或許苦，但「夫死之候，有三艱，一在死前，一在死際，一在死後焉」。利瑪竇將基督教訊息置於基督教尚未出現的時空中，促使他的中國讀者把西方想像成一個文化前後連貫，道理流傳兩千年的地方。

對話告一段落，但徐光啟隔天又來接著從他們結束的地方談起。「子昨所舉，實人生最急事。吾聞而驚怖其言焉。不識可得免乎？今請約舉是理，疏為條目，將錄以為自警之首箴。」

利瑪竇欣然應允，領著徐光啟穿過因為無知、欲望、名利、驕傲與恐懼造成的錯誤看法，每一點都用寓言加以說明。談無知時，他提到大海，勾勒出一幅畫面，前來中國的歐洲人肯定非常熟悉，安土重遷的中國人就不見得了。「舟師使船，必有路程，有地圖」，利瑪竇細說分明。「路程」是一種手冊，以沿線的一個地方接著一個地方，用一連串的航向與距離來記錄航線。中國人跟歐洲人都會使用，但我們不知道徐光啟有沒有看過實物。利瑪竇想必看過，畢竟他是從歐洲乘船而來。他說明領航員在海上時，如何憑藉上一個已知的位置，並根據航行距離與行船角度，來判斷船現在的位置——稱為「航位推算法」（dead reckoning）。「日記已行幾何，以知其所余於後也。坐必船後，即知其船前事，乃以舵張翕之矣。」利瑪竇接著傳達道德訊息：「吾人行此生之路，亦如是也，日記其曰已往，而自置己於此生之末，乃能善迪檢一生之事也。」

他轉而求諸於歷史，尋找名人軼事，跟徐光啟提到亞歷山大大帝，以及十二世紀時「西方七十國之總王也」的埃及將領薩拉丁（Saladin）。其他的例子則取自《聖經》。他提到《聖經．創世紀》（*Genesis*）第十一章的「古賢」裴羅穀（Peleg）。根據希伯來文聖經，裴羅穀活到兩百三十九歲，是一個能不斷推遲死期的好例子，下一個故事則是《創世紀》裡的巴別塔（Tower of Babel）。然而，利瑪竇為這兩個故事加上額外的細節。他告訴徐光啟，裴羅穀曾在墓地生活六年，為的是讓自己清楚意識到死亡，後來讓「伯辣漫人之俗，家門之外即是墳墓，出入顧及瞻之」，這些細節都沒有出現在《聖經》裡。利瑪竇沒有義務非得嚴守《聖經》版的基督教故事，也不見得非得為之增色好加強影響，但他就是沒有告訴徐光啟額外的徵引出處。他對裴羅穀和巴別塔的說法就這麼憑空出現，進入徐光啟腦中的歐洲實情紀錄裡。

然後是關於兩條河的寓言：「西土有兩泉相近，其一泉水，人飲之便發笑，至死不止。其一泉水，人飲之便止笑，而瘳其疾也。」這個故事的道德寓意為何？「使人笑至死之水，是乃世樂迷人壞其心也。止笑愈疾之水，則死候之念耳。」利瑪竇要傳達的訊息很清楚，但卻包裹在寓言中，而中國讀者不見得知道它們都是虛構，只知道在中國西疆外遠之又遠的地方，有著未知的國度。有了來自西儒的證詞作為根據，他們自然認為那兒有這兩條奇怪的河流。

對話結尾，徐光啟高喊：「於戲！此皆忠厚語，果大補於世教也。」有些儒士願意以佛教作為中國價值觀的輔助，但對徐光啟來說，基督教才是真正的輔佐。「今而後，皆知所為備於死矣。世俗之備於死也，特求堅厚棺槨、卜吉宅兆耳。孰論身後天臺下嚴審乎！」

「迂哉！」利瑪竇同意，「棺槨所不覆，固天覆之，奚厭其薄乎？然厚葬親者，自是人情，不必非之，所叮嚀者，惟毋自菲薄吾神靈焉。」

徐光啟對這一切作何感想？在歐洲，寓言有著崇高的地位，像伊索（Aesop）、耶穌與許許多多的人都經常利用寓言，但在中國則不然。中國人知道怎麼用故事講道理，但經典故事通常都來自歷史，因此人們會認為有事實根據。利瑪竇把寓言背景設定在歐洲，輕輕鬆鬆從徐光啟身上誘發出錯誤的反應。徐光啟知道自己正在接受基督教神學的指導，但也很自然以為自己正學習關於歐洲的事物——在這一門課上，他是個求知若渴的學生。他手邊沒有什麼根據，能從歐洲歷史中過濾利瑪竇的虛構。

葆祿的歐洲

這些對話錄擁有眾多讀者。利瑪竇另外創作了八篇與其他中國友人的對話錄（而且都有提到這八個人的名字），於一六〇八年一同發表為《畸人十篇》。利瑪竇的做法與芝諾的《悖論》不同，他的宗旨不在於用邏輯為荒唐的事情推論出各方面形式完美的主張，而是要把中國讀者從他們的哲學自滿心態中震出來。這本書確實有不少讀者。利瑪竇後來寫信給自己在羅馬的上級，告訴對方，他的《畸人十篇》已經數度重印，比他其餘出版的作品流通得更廣。

利瑪竇使用虛構的筆法，倒也不能完全算他錯。身為傳教士，他的目標在於讓中國人改信一個能帶領他們通往救贖的宗教（他認為的救贖），因此他盡其所能，想方設法傳遞其世界觀之卓越。無怪乎他最後把「大西」幻化為奇蹟之地，同時把這個地方理想化，變成一個人人高風亮節、形式謹慎，在日常生活中活出基督教教義的所在。但是，他把這些泰半表現得像是真的，而不只是寓言。比方說，他對徐光啟提到巴別時，便加上一句：「西土吾同道幾百國，大概葬死皆於城中。夫皆懼忘死之備，而立計畫以自提醒耳。」從他的說法中，有一項相當重要的細節浮上檯面：「大西」是由數百個國家組成的。這個事實肯定會讓中國人相當震驚，畢竟他們住在單一的國家裡，從至多二十多個朝貢國手中得到貢品。西方是個大不相同的世界，但不完全與他的描述相符。他所傳遞的教義並非放諸四海皆準，他從未提及基督徒與穆斯林之間的齟齬，也從未提及天主教徒與新教徒之間的分歧。利瑪竇必須讓歐洲跟中國足夠相似，才能主張中國能像歐洲一樣接受基督教；但他也必須讓歐洲是個更好的地方，才能證明自己信奉的宗教更為優越。這也就意味著他話中的歐洲並非實情，而中國沒有一人能提出反論。

還有另一項差距開始浮現。歐洲人對中國的了解與日俱增，遠比中國人對歐洲的認識更多。這種差距泰半歸功於耶穌會士人在現場，得以親自觀察中國，但也是因為愈來愈多的歐洲人以水手、商人身分遍行東亞，在近海與中國人和其他去過中國的人得到資訊，將各種版本的中國帶回歐洲之故。知識的差異將一路跟隨著中國對西方的關係，直至二十世紀。西方發展出專門研究中國的完整學術研究分支，稱為「漢學」——我讀大學時漸漸對英語文學感到有些提不起勁，後來漢學成為我的研究領域——但中國卻沒有所謂的「歐學」（Europaeology）。中國人到歐洲並不容易，因此也沒有機會得到親身體會而來的知識，他們只能從來訪的歐洲人身上得知關於西方的事，而多數人甚至連接觸歐洲人的機會都沒有。中國人早期對歐洲的知識，局限於別有所圖的歐洲人透過難以理解的語言，或是難以置信的寓言，所告訴他們、為他們而寫的東西。有些歐洲知識元素受人吸收，就像中國地圖出版商在這些年間推出的地圖。但中國人對歐洲的知識若非不完整、受到阻礙，就是在互動的每個層面經過過濾，讓中國人居於不利之地。

葆祿的歐洲，利瑪竇的遠西——其風貌因此受到利瑪竇與中國的關係所影響。身為外國人，身為遠道而來的外人，他的舉止與動機遭人懷疑，但他卻又擁有中國人所無法觸及的世界知識。熊三拔（南京教案時，沈㴶點名人在北京的耶穌會士）為運用阿基米德式螺旋抽水機（Archimedean screw）於灌溉撰寫了專文，徐光啟便在譯序中以痛切的口吻談到雙方知識差距的衝擊。徐光啟引述利瑪竇告訴自己的話：利瑪竇為了從歐洲來到中國，曾「薄遊數十百國」；相較於他見識過的其他地方，中國的禮樂實在卓爾不群。這實在是非常心機的恭維，畢竟儒家認為禮樂是文明藝術之頂點。根據他的觀察，中國的禮樂「實海內冠冕」。但這些恭維話卻是利瑪竇為了直言中國的弱點而鋪陳，他接著說：「而其民顧多貧乏，一遇水旱，則有道殣，國計亦絀焉者。」人在大明國的利瑪竇經歷了一五八七年至一五八八年的饑荒，以及一五九八年至一六〇一年的缺水，和一六〇三年至一六〇四年的洪災。他親見天災如何讓這個國家無力承受，相信歐洲科技能減輕老百姓所受的苦楚。

對徐光啟來說，這種外部觀點無比激勵人心。面對歐洲的標準，中國顧此失彼。不過，這種一好一壞的評價，底下的大前提卻是「中國跟世界上的其他地方並沒有根本的差異，因此能夠從來自國界之外的知識中獲益」。徐光啟在自己的著作中多次提及利瑪竇的信念——「東西」之間有「通理」存在。比方說，這種信念便出現在他跟利瑪竇討論西班牙抽水科技的重要性時。利瑪竇認為「人富而仁義附焉」是不證自明的公理，沒有道理不能套用在中國。這種社會學感覺有點簡略，但徐光啟就想聽到這個。身為治國平天下的儒者，增進百姓之福，就是他的熱情之所在。不過，相較於規誡百姓有德，他寧可為他們提供所需的條件，讓他們自然而然有仁有義。

徐光啟對這一點的態度，多少讓他跟同時代著眼於抽象事物的玄思派哲學家扞格不入。徐光啟的著眼點是身邊的實體世界。儘管徐光啟願意接受基督教的玄密之處，但他並未把「西學」當成一種手段，來逃離實實在在的「此世界」（利瑪竇經常使用「此世界」，用於在對比此生與來生時貶低前者）。他之所以傾心於耶穌會士，是因為他們透過觀察自然世界，推導出科學知識時，所使用的機械論宇宙模型。有了這種手法的襄助，懷抱崇高目的、手握適當分析手法的人，便能投入有益於國家安全、民間繁榮的工作，帶來貢獻。就前例而言，反正利瑪竇堅稱事實證明西班牙的灌溉技術有利於民，徐光啟也就不認為有必要建構細緻的論述，去支持隨著具體經驗而來的道德問題，為自己借用外來科技的做法提供理據（儒家道德魔人對此一概反對到底）。徐光啟只想完成該完成的事情。在西方為真者，在中國便為真，不需要進一步的證明。世界只可能有一個。

「創造」在本質上是齊一的——當然，這是身為傳教士的利瑪竇所傳遞的訊息：「世界」是基督教的神之下的一個地方。說起來，利瑪竇跟徐光啟多少是各唱各的調，利瑪竇用自然科學展現信仰的根柢，而徐光啟則是用科學守護著大明國度過不容易的歲月。這樣的差距在當時不太重要。徐光啟忙於手邊工作，而利瑪竇則懷抱著「中國終將成為基督教沃土」的長遠願景。這兩件大業後來都失敗了，但原因卻不在於缺少嘗試。

驅除歐洲人

徐光啟擁抱東西方的共通點，成為一位超前所屬時代的公民。但共通點的揭露，卻不見得是人人歡迎的發現，甚至令人難以忍受。沈榷對這種觀念抱持敵意，而他的攻擊也讓徐光啟意外而失望。當年在翰林院為同僚，而徐光啟剛剛改信時，兩人對基督教就有不同的看法。徐光啟懷疑，試圖驅逐耶穌會士的舉動可能別有所圖，但若根據他寫給兒子的家書，這箇中究竟他無法參透。「遽云為細作，此何等事，待住京十七年方言之？」徐光啟還告訴兒子，謠傳萬曆帝對於沈榷的譴責也感到不解，問了身旁的一位宦官，「西方賢者如何有許多議論？」據說，宦官回答皇帝：「在這裡一向聞得他好。」

耶穌會士之所以會曝光成這樣，有一部分是自己造成的，他們跟外界始終保持接觸。但當時的人認為，只要到中國生了根，無論誰都應該停止對外接觸。他們為什麼要跟澳門魚雁往返，收受金錢？不就是因為某種不法目的，跟他們出身的國家有所勾結？再者，他們忠誠的對象居然是高於皇帝的權威。他們固然尊皇帝為天子，但對於天的忠卻先於對皇帝的忠（一般人是這麼認為）。對於曾經發生佛教僧侶提倡政教分立、勢力坐大的失敗政權，中國人已經受夠了。但咸認這種分立仍然是一尊一卑，彼此並非競爭關係。無論是哪一種宗教，只要懷有地位與皇帝平行，甚至高於皇帝的想法，就注定要遭受鎮壓。

另外就是歐洲人宣稱自己出身的國度中，所存在的那些奇風異俗。沈榷在奏章中抨擊歐洲人的教義內容「誕妄不經」，而他說的也不完全錯。有人活到兩百三十九歲？喝了一口河水，結果就笑到死？一個大洲有好幾百個國家？大小真的相恤嗎？上下真的相安嗎？路上真的不拾遺嗎？夜裡真的不閉關嗎？你怎麼能相信「大西」真的如這些話所言？真的有個跟大明國平起平坐的大西國嗎？

一六一六年，沈榷這一派的人整個秋天都在蓄積攻擊力道，徐光啟的辯護並不足以格擋所有的攻擊。沈榷在一六一七年一月七日上了第三份奏章之後，萬曆帝總算有了回應，說不定他是被沈榷對於「不謂近年以來，突有狡夷自遠而至」的擔憂說動了。無論是哪一項主張最終吸引萬曆帝的注意，他終於在一六一七年二月三日下旨，授權驅逐耶穌會士。只不過皇帝降的聖旨，與沈榷期待的強硬譴責相去甚遠，而是根據禮部針對此事提出報告時採用的謹慎言詞，從「傳教士」與「夷人」這兩個角度談歐洲人。身為傳教士（從中國人的觀點看，這些人是異端），「此輩左道惑眾，止於搖鐸鼓簧，倡夷狄之道於中國」。儘管皇帝願意接受沈榷的這個論點，但他認為宗教宣傳「為禍顯而遲」。就這部分，他無須有所動作。然而，談到「夷人」這一點，「但其各省盤踞，果爾神出鬼沒，透中國之情形於海外」，確實可以解釋成威脅。每個夷人都是潛在的間諜。「此其關係在廟謨國是，為禍隱而大」。正因為如此，他才會下令將南京的兩名耶穌會士逐出這個國度；而且不只他們，北京的兩名耶穌會士也一樣。

聽到北京的兩名傳教士——西班牙人龐迪峨與義大利人熊三拔遭逐，與沈榷不同陣營的人皆感訝異。龐迪峨與熊三拔分別從從一六〇一年和一六〇七年便生活在京師。兩人都曾協助利瑪竇傳播基督教，但他們也同時為朝廷效力，他們服務的內容包括地理測繪、天文曆算，龐迪峨甚至教過四名宦官彈奏過去利瑪竇獻給宮廷，用於娛樂皇帝的古鍵琴（spinet），此前根本沒有跡象顯示他們出現在首都會造成問題。利瑪竇於一六一〇年過世時，皇帝答應龐迪峨的請求，給了一塊地安葬利瑪竇。萬曆帝本人在詔書開宗明義提到這塊地，說他嘉許利瑪竇的崇高人格（但他卻拒絕接見利瑪竇），但自從利瑪竇死後「而其徒日繁，跡亦復詭秘」，令人益發擔憂。不受政府監督的民間宗教活動，總是讓中國統治者憂心忡忡。誰知道他們幹些什麼可疑勾當？這種擔憂足以說服萬曆帝驅逐曾為朝廷效力的歐洲人——龐迪峨可是為朝廷做了十五年的事。

表面上，沈㴶的主張似乎成功了，而徐光啟則遭到忽略，但實情並非如此。皇帝下令的原文如下：「有旨，王豐肅等立教惑眾，蓄謀叵測，可遞送廣東撫按，督令西歸。其龐迪峨等，禮部曾言曉知歷法，請與各官推演七政，且是向化來，亦令歸還本國。」逐客令僅限於四人：南京兩人、北京兩人。國內其餘地方的耶穌會士則隻字未提。禮部希望盡數驅逐，但詔書並不允許他們這麼做。當時，北京還有另外兩名耶穌會士——畢方濟（Francesco Sambiasi）與龍華民（前一年夏天，他溜出南京，從而躲過被抓的命運）。詔書上沒有提到他們，官府也因此沒有捉拿他們，但他們選擇採取低姿態，前去與一名杭州信徒同住。這份詔書對傳教活動吹了一股寒風。儘管風向丕變，但人還在中國的歐洲人只要暫且離開民眾視線，就不會有事。

至於南京，王豐肅與謝務祿受到更深入的審訊，尤其是關於祕密聯繫澳門之事。沈㴶親自主持其中一次審訊，他堅持把當時仍在病中的謝務祿擺在木板上，抬到他面前。沈㴶告訴兩人，他們原本都該當死罪，是因為皇帝開恩才放過他們。實情並非如此，畢竟驅逐他們的詔書沒有提到兩人犯了死罪，但沈㴶想讓他們全身發抖。沈㴶判處沒有死罪嚴重的杖刑，用竹棍杖打十下，不過他倒是沒有對謝務祿上刑。王豐肅的傷口花了一個月才癒合。

四月三十日，也就是兩人驅出南京的日子。王豐肅與謝務祿被關在木籠裡，上了鐐銬，在兩名軍官與八名士兵押送之下，以這番面目出了南京。木籠通常是用來送死刑犯上法場的處罰方法，沈榷藉此提醒這些傳教士：如果由他決定，他們都該死。人犯的目的地是廣州，而這一程要往南方走一個月。頭五天，兩人都不准離開木籠；之後，押車的人允許他們出籠用餐、睡覺，但他們在移動途中都得回到籠子裡。重點不是防範他們脫逃，而是在大庭廣眾前羞辱他們。

與此同時，當局要求龐迪峨與熊三拔離開北京，前往廣州，加入他們的南京教內弟兄。這四人又接受新一輪訊問，衙門寫了又一落報告，讓禮部曉得驅逐命令有切實執行。廣州當局接著又把他們留了八個月，直到得知有船隻能載他們返回歐洲，才送他們去澳門。然而，等到這四個人被扔去澳門之後，卻沒有一個人按照皇帝的命令離境。他們留在澳門，其中兩人在此迎接生命的終點，龐迪峨死於一六一八年，熊三拔則在一六二〇年過世。但熊三拔辭世後一年，謝務祿便改了另一個漢語名字，返回中國，而王豐肅不久後也依樣畫葫蘆。（多年後，兩人在中國壽終正寢。）

沈榷在一六二〇年代初期的政壇始終是一號人物，而且依舊堅決反對讓耶穌會士進入大明國。萬曆帝於一六二〇年駕崩後，徐光啟建議新皇帝：朝廷可以從澳門僱用葡萄牙炮手，以耶穌會神父為技術顧問，沈榷則不出預料地反對。但等到沈榷在一六二二年致仕後，徐光啟與耶穌會士一度在中國和西方間搭建的橋梁再度通行。不過，這座橋所能乘載的車流依然有其限制。假如徐光啟在一六三二年——也就是他七十歲之前就擔任首輔大學士，而且沒有在隔年過世的話，說不定耶穌會士進入中國的處境就不一樣了。滿洲人對北疆帶來的威脅，遠比幾個歐洲人的存在更為緊急。等到滿洲人終於入侵，在一六四四年結束大明國祚之後，他們立刻延請耶穌會士擔任技術顧問。新統治者有能力把他們留在朝廷裡，專為其效力。西方的知識成為新主子獨享的特權。對多數中國人來說，「大西」是個遙遠未知之地。

不過，仍然有些吉光片羽能跨越這個障壁。假如你在徐光啟晚年擔任文淵閣大學士時，信步穿梭在北京城隍廟市集，就能找到一本京師旅遊手冊的作者稱之為「西洋外夷貢者」的東西，包括從烏思藏到歐洲，來自各地形形色色的舶來品。無論「西」是什麼，這個字都已經成為概括異國、遙遠事務的籠統表達方式。市集上，在這些五花八門的異國商品之間，你可以找到「耶穌」的雕像。旅遊手冊的作者一看到耶穌像就知道他是誰，而且似乎認為手冊的讀者也懂，這多神奇啊。沈榷曾經痛批這些傳教士根本不是「西洋外夷貢者」，徐光啟則堅持他們確實是。對此，市場裡擺攤的人才不在乎呢。

The Qing Great State

大清國

第九章
失土之民

長江三角洲，一六四五年

一六四四年四月二十五日，崇禎帝意識到自己在紫禁城內幾乎孤立無援。十七年前，他以十六歲之齡登上寶座。如今來到三十三歲的他，只能靠自己了。叛軍將領闖王李自成已經率軍通過居庸關，突破這一帶的最後防線，兵臨首都。兩天後，他致書要求崇禎帝歸順，由他保護。隔天，內閣最後一次開會。面對如此厚顏的叛國之舉，皇帝的幕僚無法就處理方式取得共識，但崇禎帝決定不向這些叛軍投降。他把眾皇子偷偷送出宮，接著在來晨集合留守的家人。

他先是命令皇后自殺，免得落入叛軍手中，接著要求貴妃和兩名女兒也自殺。幾個人想必心驚膽顫，畢竟他持劍要刺死他們。坤儀公主當場死亡，長平公主則是斷了一臂，奄奄一息。皇帝接著背對這片血腥，從北門離開皇宮，爬上皇居後方的煤山。隨後發生的事情有許多版本，有人說，太監發現崇禎帝的屍體掛在樹幹上晃盪，皇帝用自己的腰帶繞過脖子，打了結；有人說，太監在一棵樹墩旁找到他——據說，砍了樹的人若非一位忠僕，就是起先絞死他的人；還有人說，皇帝的屍首邊有一張破破爛爛的紙，上面寫著「天子」，而這張紙不在崇禎帝手中。另一個版本則是他有留下遺書：「朕死無面目見祖宗於地下。自去冠冕，以髮覆面。任賊分裂朕屍，勿傷百姓一人。」

對闖王來說，崇禎帝死得正好。意在取皇帝而代之的他，不用面對尷尬處境，無須想方設法處理自己抓到的前政權皇帝。崇禎帝的死——顯然是死於自己的手——為他開了一條康莊大道。但闖王也不完全是傻瓜，他心知肚明，面對其他叛軍競爭者，自己的軍事地位並不穩固，何況大明還有龐大的山海關守軍與女真軍隊對陣中。儘管如此，他仍然登基，宣布建立新王朝，並派兵前往山海關，試試看自己能否摧毀大明的最後力量。結果，他派去的那支軍紀不良的部隊，反倒被大明與女真聯軍擊敗。闖王此時只能放棄北京，讓自己短暫的王朝土崩瓦解。他逃了一年，最後死在鄉兵手裡。

現存沒有任何中國繪畫，是以崇禎帝生命中最後一個早上的事件為主題；箇中原因可能是從來沒有人畫過。為衛匡國（Martino Martini）發行《韃靼戰紀》（*How the Tartars Laid Waste to the Chinese Kingdom*）的出版商，可沒有因為缺乏視覺素材而卻步。他委託插畫家畫了十三幅插畫，放在這本以大明滅亡為主題的書中，說明各起事件。連環畫中的第六幅，結合了崇禎帝殺害女眷與自縊煤山的畫面（見圖12）。插畫家沒有資料可供參考，於是把皇宮畫成義式別墅，圖中的男性都戴著奧斯曼式的頭巾，畢竟頭巾是東方人標誌性的頭飾。衛匡國本人想必會更清楚情況。身為前往中國的耶穌會傳教士成員，大明亡國時，他就已經在中國了，只不過他是在杭州，而非北京。返回歐洲後，衛匡國旋即聯絡安特衛普的出版商，於一六五四年印行氏著《韃靼戰紀》。這本書在歐洲一時洛陽紙貴，出版當年在科隆、阿姆斯特丹、台夫特、巴黎、馬德里與里斯本便出現五、六種譯本，隔年在倫敦也出現英譯本。插圖本在一六六一年於阿姆斯特丹問世，書名略經更改，而衛匡國此時已返回杭州。從大量的複本傳世來看，這個版本賣得很好。衛匡國不大可能有機會看過或修正這些插圖，因為在那年夏天，他死於杭州。

據合理推測，衛匡國一六四四年時人在杭州。杭州是浙江省省會，也是中國江南——「長江以南」地區幾個最重要的城市之一。江南位於繁榮的長江三角洲，是晚明經濟的心臟，是文藝全盛時期的中心，也是耶穌會傳教士的沃土。儘管耶穌會士過去曾見逐於南京，但耶穌會傳教士和他們的中國社群仍然活躍於整個長江三角洲，尤其是杭州與上海。這裡的新信徒擁有資源，能承受立場迥異的官員帶來的壓力，讓這種新信仰保持活力。關於大明亡國，衛匡國從江南講述了他的版本，接下來換我了。

凶兆

董含是十六歲的小夥子，住在松江城。松江是長江三角洲的另一座重要城市。據董含所說，當時局勢「海內鼎沸」。叛軍崛起於乾熱的西北，女真軍隊則直指長城，地方治安瀕臨崩潰。他留下一部東寫一點，西寫一點的回憶錄。據他記憶，由於擔心遭遇不測，於是他們家「避亂轉徙，卜居三岡之東」，離上海以東約三十英里，跟東北方的杭州距離大致六十英里。「敝廬數椽，足蔽風雨，晝耕夜誦，人事都絕。」

董家人受過教育，但並不富裕，也不突出。他們缺乏在政治層面行動所需的資源，一旦面臨失序的威脅，只能逃離松江（畢竟城市總是目標），躲到人跡罕至的鄉間，希望亂世中的悲劇不會掃到自己身上。由於得不到松江等縣城的邸報，謠言便成為他們僅有的資訊來源。一六四四年至一六四五年間，傳言變得愈來愈讓人難以承受，董含留下了紀錄。

據說在臨清（大運河在北京以南的重要河港）有一家人怕食物吃完，於是貯藏幾斛豆子以備不時之需。他們打開袋子一看，發現豆子都變成人頭的樣子：「有老者，少者，或類哭泣，或如婦人者。」儘管幾天之後，豆子就恢復原樣，但這總不是個好兆頭，彷彿老天爺在說世局即將大變，人頭將要落地。

再往南走，來到黃河南岸。董含聽說有人看到半空中出現一座大城。「樓臺牆堞，無不備具」，據他所聞，那座城就這麼閃現，從自午時至申時才消失。靠近海濱的淮安城，城裡東嶽廟殿前大樹無緣無故「樹泣」，三日才止。他還聽到離家更近的地方，有百位難民從蘇州乘船而來，結果遇上龍捲風襲擊，被吹到數百里之外的海上。強風吹拂之際，一群身長兩丈的藍臉夜叉爬上了船。船上只有兩名乘客攀在船毀後的殘骸上，倖存下來，講述這個故事。

反常的生產，成為常見的傳聞內容。在董含的老家松江，有匹馬生了蛋，大如鵝；有顆雞蛋孵出一隻三隻腳的雞。不過，相較於怪誕的孕婦產子，這些反常都還是小意思。長江口的崇明島上，有名孕婦生了十三名新生兒，每個小兒都只有五、六寸長；松江一婦人產子，其子有三隻眼睛，額有兩角，中間的眼睛閉著，另外兩隻睜開來。在這兩個案例中，生下來的怪物都沒有好下場——三眼兒被殺，十三個胚胎則丟進海中。

自然界如此動盪，連鳥兒都感受到混亂。有人在松江城東門發現有奇怪的白燕（白色是喪事的顏色）在門洞築巢。一晚，一群貓頭鷹聚集在松江鼓樓屋頂上，百鳥哀鳴，有如鳴鼓一般。聽在董含耳中，有如「數萬鬼哭」。

別的故事則隨著女真入侵者推進三角洲而展開。有人謠傳，勇冠諸軍的名將張繼榮騎著馬，全副軍裝，帶領數騎來到旅店外，呼人拿來酒食。直到一名老人把張繼榮的屍首從戰場上載走，來到同一間旅店，張繼榮才消失。傳說中的上海大力士喬將軍不願被俘或被殺，於是自裁。一個月後卻現身在自己的墳頭，對著選擇向征服者投誠的兒子一陣亂棒，將他打死——董含喟嘆，「忠義之氣，久而不衰如此」。誰對，誰錯？誰該活，誰該死？不見得所有受害者都有討公道或是復仇，不過松江那名三眼兒有，他穿著黃金甲，以一名全副武裝的戰士之姿，出現在他父親的夢中，誓言報復。他也成功了：一六四五年九月二十二日，叛軍偽裝成勤王部隊，攻入松江城，三眼兒的父母也被亂兵所殺。

夢境、復活與鬼神；預兆、嫌惡之事與異象。人間與異界之間的高牆垮下了。一六四四年至一六四五年是個漫長的年分。一支軍隊接著一支軍隊，一個城市接著一個城市，女真占領軍往南推進，明朝滅亡。對於在這段時間生生死死的大明百姓來說，這不過是日常而已。這幾年實在太過難熬，許多像董含這樣的人若非寫日記，就是把自己經歷過的困頓寫進回憶錄，為的是不讓這些記憶失去，為的是讓後代能從他們的掙扎中學到教訓，免得過於自滿，讓這種規模的慘劇再度發生。

天地失序

陳其德不像董含那麼年輕，當災難在一六四〇年代年代降臨江南時，他已經七十多歲了。陳其德是一個老師，家住桐鄉，距離董家不到五十英里。他這輩子沒有什麼大成就，但他留下兩份鉅細靡遺的紀錄，描繪崇禎帝死前那幾年的世局。陳其德的紀錄之所以能傳世，是因為子孫中有一人將之夾帶在陳其德薄薄的家訓中，用《垂訓樸語》這個貌似無害的書名刊行。今天，這份地方性的出版品只有一個版本流傳下來。從他的描述中，我們得知董含費盡心力蒐羅記錄的慘況與凶兆，並非突如其來的脫序，而是被若干年來災難的潮浪沖進江南的船骸。

在陳其德描述那些年的慘劇之前，先回到一五七〇年代，從自己孩提時談起。當時，寶座上坐著的還是童年登基的萬曆皇帝，「在在豐亨，人民殷阜。斗米不過三四分，欲以粟易物便酸鼻。棄去豆麥，則委以飼牛豕。而魚鮮割肉之類，比戶具足」。對陳其德來說，此番情境稀鬆平常。相形之下，後來的日子實在天差地遠。「人以為長享如是耳，豈知人心放縱，天道罪盈？」

宦官於一六二〇年代亂政，「天怒於上，民怨於下」，導致大環境在整個一六三〇年代不斷惡化，反映出上天的不滿。但當時的天災完全無法與一六四〇年發生的慘況相比。「大雨積雨彌月，較之萬曆戊子，水更深二尺許。四望遍成巨浸。舟楫艤於牀榻，魚鰕躍於井竈。」接下來，他訴諸一段老生常談，來描述洪峰淹沒整個鄉里的景象。「有樓者以樓為安樂窩，無樓者或昇於屋，或登於臺。惟慮朝之不及夕。」穀價騰高，多數人都買不起。等到洪水退去，「吳興之農父，重覓苗於嘉禾，一時爭為奇貨。即七月終旬，猶然舟接尾而去」。

隔年——一六四一年，情況每況愈下。這一年的天災，始於一場又快又急，範圍甚廣的旱災。「河流盡涸。米價自二兩驟至三兩」，簡直是前所未聞的價格：

> 雖麥秀倍於他年，終不足餬口。或嚭糠粕，或嚭麥麩。甚或以野草樹膚作骨，而糟糠佐之。即素封之家，咸以麵就粥。兩餐者便稱果腹，而一餐者居多。夫棄其妻，父棄其子，各以逃生為計耳。若動用什物，山積於市，得用者半估攜之而去。

貧困的程度由尋常發展到極端：

不惟稱貸之門絕，即典質之物亦竭。呼天而天不應。叫閽而閽無路。故朝而宛轉呼號，暮而膝行匍匐。一有傾跌，便如在怒濤中，不能復生。或餘粒尚舍，而已僵仆矣。仁人君子有不見之而泣數行下乎？

其他天災隨著乾旱而來。先是蝗災遍野，把地上最後一點作物吃個精光。接著是疾病：打頭陣的是痢疾，病況之慘烈，「且疫痢交作，十室而五六」。沒有棺木可擺放的那些屍體「不過以青蠅為弔客，以蒿蒲為窀穸。舉而棄之長流者，不知幾何矣」。瘟疫在冬天稍歇，但隔年五月又捲土重來，這一回的染病比例「十室而八九」。許多染病的人家甚至全家病倒。「甚至一二十口之家，求一無病之人不可得。又或一二十口吼之家，求一生全之子不可得。」屍體的處理成為無法解決的問題。「故始則以棺殮，」陳其德寫道，「繼則以草殮，又繼則棄之床褥。屍蟲出戶外。」桐鄉地方上樂善好施者糾集眾人，掘地挖坑，設置專為棄置城內死者用的墳地，「或五十一壑，或六十七十一壑。不三月而五六十窖俱滿」。醫生意識到自己對這種疾病不僅束手無策，也無法舒緩。陳其德說，結果「維時醫者門庭若市，即庸醫豎子亦奔走毋寧。彼謂生意之太廣，吾謂死機之益橫也」。

桐鄉並非孤例。氣溫下降（始於一六二九年）與乾旱（始於一六三七年），讓這個國家陷入千年來最嚴重的情況。陳其德在家鄉目擊到的一切，在整個長江上下游與中國北方都有出現。等到一六三九年，饑饉到處都是，許多地方更是一連發生好幾年。因為旱災而缺糧的地區不僅最容易遭受蝗害，也是流行病容易發生的地方——一六三九年與一六四〇年是間歇發生，接著一六四一年則是全面爆發。從一部接著一部的地方志來看，相同順序的事件在未來三年接連展開：一六四〇年整個春、夏季無雨；蝗害在七月發生；八月的降雨讓蕎麥抽芽，但九月的霜害卻把穀子打落；十一月饑荒，十二月同類相食；疫情接著在一六四一年春天爆發，十戶人家有七戶家破人亡，有些地方更是滅了全村。這種事件順序在一六四一年再度上演，蝗蟲在九月出現，接著是饑荒，然後傳染病又在一六四二年與一六四三年流行起來。

最後一次大爆發是一六四四年春天，疫情橫掃整個華北平原，並急速沿著大運河發展，及於江南。人在蘇州府的目擊者徐樹丕，在私人回憶錄中提到這種「瘟」最早在北京爆發，然後在該年初往南發展到長江流域。他記錄道，染疫者會咳血，出現這個症狀的人很快就會死去。京師當地稱之為「西瓜瘟」，因為據說病人咳出的血塊，大小跟形狀有如西瓜。徐樹丕還提到這是一種夏天的疾病。百姓的反應是請人跳大神，花大錢在瘟神廟辦法事消災，在無可奈何中期盼平息瘟神莫測的憤怒。江蘇當地的醫生吳有性覺得實在也不能責怪老百姓，這種「瘟」與已知的模式並不符合，讓他不得不放棄「疾病潛伏於人體，只有在季節突然轉變時才會爆發」的舊有觀念。他堅稱，這種傳染病與季節反常無關，而是從體外侵入，展現出超乎其他任何疾病的毒性程度。吳有性對於如何分析「瘟」感到棘手。「然氣無形可求，無象可見，況無聲復無臭，何能得睹得聞？人惡得而知其氣，又惡得而知其氣之不一也。是氣也，其來無時，其著無方。」吳有性相信「時疫之邪自口鼻而入」，而他唯一的藥方，就是用檳榔搭配木香與豆蔻服用。

目前針對這種出現在各地，並造成嚴重後果的病原體，還未能進行遺傳分析。不過，即便沒有遺傳分析的證實，光從這段期間的傳染病之猛烈（咸認普遍有七〇%的致死率）就能看出這很可能是鼠疫。當地的文獻提到這種「怪疫」發生在北京以東，「死有八九，雖親友不敢問吊」。染疫的比例令人震驚，「有闔門死絕，無人收葬者」。有些文獻提到類似鼠疫的症狀。適才提到的徐樹丕稱一六四四年的「瘟」是「疙瘩瘟」。他沒有用「淋巴結腫大」這樣的術語，只能把腫脹描述成「血塊」。北京西邊的山西省，有地方志記錄一六四四年秋天爆發的「大疫」。「病者先於腋下股間生核」——看來是淋巴結腫大——「或吐淡血即死，不受藥餌」。這種病有個名字叫「探頭瘟」。「探頭」的意思，是把你的頭探出去，看看發生什麼事情，但也是用來描述從皮膚下隆起的硬腫——鼠疫造成的淋巴結腫便有這種特色。根據第一位研究這些疫情的中國史學者鄧海倫（Helen Dunstan）判斷，文件中提到的證據「十拿九穩」是鼠疫。在遺傳學家還未能分離出這場傳染病的古DNA，進行基因定序之前，她的說法仍是對文獻資料最有把握的評估。

假如真是鼠疫，那麼中國並不孤單，因為這種病原在大致相同的時期裡，同樣在歐亞大陸的西端爆發。稍微提幾個例子：一六二五年的倫敦（約四萬人死亡）、一六三〇年的威尼斯（約五萬人死亡）、一六三二年的紐倫堡（約三萬人死亡）、一六四二年的開羅（約一百八十二萬人死亡）、一六五一年的巴塞隆納（約一萬五千人死亡）、一六五四年的莫斯科（約二十萬人死亡）、一六五六年的那不勒斯（約十五萬人死亡）、一六六三年的阿姆斯特丹（約五萬人死亡），以及一六六五年再度於倫敦爆發（超過十萬人死亡）。是鼠疫在這些年間重回歐洲嗎？瘟疫學家對此還沒有共識。有人主張來自內亞的鼠疫再度感染歐洲，有人主張這種細菌早已在歐洲內部找到生態棲位，並且在小冰河期所創造的特定條件下再度現身。除非我們確切得知明代中國爆發的確實是鼠疫，才能知道上述哪一種解釋符合中國的情況。

由於氣候跡象顯示歐亞大陸兩端的中國與歐洲，經歷了大致相同的嚴重情況，因此很有可能面臨的是同一種疾病。歷史學家傑佛瑞・帕克（Geoffrey Parker）蒐集世界各地極端氣候的證據，顯示氣候從一六二九年起發生重大轉變，影響幾乎及於全球。惡劣天氣在這一年襲擊歐洲，先是暴雨，接著轉為乾旱。隔年，北印度經歷全面的乾旱，而且延續到第二年。這些劇烈的天氣在一六三〇年代稍有緩和，然後在一六四〇年捲土重來：一六四〇年至一六四二年間，墨西哥谷滴雨未降，妨礙整個美洲地區從一六四〇至一六四四年間樹木的正常生長（麻薩諸塞灣與乞沙比克灣冰封，北美洲東岸所有沿岸河流亦然），尼羅河在一六四一年降到史上最低水位，印尼稻米收成也在一六四一年與一六四二年下降。據帕克分析，有些地方比其他地方更能有效緩解氣候變遷的壓力。國家若擁有基礎建設實力能夠確保食物來源，甚或是改變食物來源，就能比缺乏彈性的地方表現更好。

面對大規模生態危機，大明國原本應該是人人看好的倖存者才對。大明的優勢在於暢通的行政體系，而且有能力吸引人才為之效力。向來有人主張大明的脆弱環節在於無法維持驛站體系，而中央政府必須憑藉驛站，才能保持國內各地的聯絡。一六二〇年代的預算緊縮，導致政府關閉人口較少、活動較低地方的驛站。驛站體系是由軍方所營運，關閉驛站等於讓身強體壯的士兵就此失業——闖王就是其中一人。當這些人由官兵變強盜，自己掌握權力之後，便有足夠實力能拔除行政體系中如今暴露而不設防的孤立節點，而且是一個接著一個地拔除。等到乾旱與寒冷充實了追隨者的人數，叛軍也隨之控制了大明在長城範圍內的北方領土。大明軍隊在實力所及之處還能擊退叛軍，但在長城之外還有其他軍隊等著他們。

一人響應

一六四四年的農曆新年在國曆二月八日，這天祁彪佳在新日記本寫下了第一頁。一六四四年是甲申年——傳統上，在中國人使用的這種六十年循環紀年中，甲申年是最不吉利的一年。祁彪佳在日記中提到，當地算命的已經警告大家這天諸事不宜。但祁彪佳有事得做，他在大年初一早上搭著小船出門，把米從祁家的倉庫送去給堂兄弟，再請他們把米分給族裡比較拮据的人，好讓祁家不至於有人挨餓，如此一來，祁家每個人值此亂世，都還會保有向心力。當天下午，他請鄰居來家裡，同樣從倉庫中取米，分送給村裡的貧苦人。時局危險時，饑民堪比火藥庫。等到完成這些應盡之事，他晚上就待在家裡，隔天一整天也是。初一這天的天空相當清朗，經歷前幾天的壞天氣之後，算是撥雲見日了。即便如此，祁彪佳還是留在家裡過年，放棄往年呼朋引伴慶祝的做法，足不出他那大宅院。午餐後，他監督家丁操練，讓他們保持警戒，但人都還是在宅子裡。

祁彪佳住在杭州東南的山陰縣。亂局在整個長江三角洲，以及更北邊的地方醞釀，而山陰還處於邊緣。對所有山陰人來說，先前那三年都是記憶中最糟糕的時候。肆虐整個地區的乾旱、饑荒和傳染病並未放過山陰，盜賊出沒則是可預料的結果。比起那些先自己離世的人來說，祁彪佳對災難做了更充足的準備，不僅操練鄉兵，更發放穀物賑濟，讓鄉民放心，跟自己站在同一陣線。通常他這種地位的鄉紳，不該躲在故里維護秩序才是。他是知名學者，也當過高官，原本該居於省或國家級的職位，貢獻專長，但他的仕途並不平坦，只不過在這個困頓的年代，坎坷倒也不讓人意外。十六歲時的他相當早慧，通過了鄉試，接著又在二十歲時通過會試，成為明日之星。二十一歲擔任興化府推官，二十八歲升為右僉都御史，剛直但有點缺乏想像力的崇禎帝也注意到他。但祁彪佳堅守原則的程度，讓他沒那麼適合從政。御史的工作是指出行政上的缺失，而他脾性如此，對這份工作並不理想。他跟京裡的高官實在作對太多次，而後在三十二歲之年要求辭官，返鄉照顧年邁的母親。

接下來九年，他都留在家鄉，為鄉里推動建設，從事慈善活動。等到朝廷召他回北京效力時，日子已經來到一六四二年，而叛亂也幾乎肆虐整個北方。換作別人，才不會從南方北上擔任這些官職，但祁彪佳會。儒士的使命在於有益於生民，而他最崇高的職責，便是在命令下來時——也就是此刻——為自己的主君效命。有權勢的人只會弄權以獲得更多，而小官若不是為虎作倀，就是袖手旁觀。上任才不過一年，祁彪佳便再度請求還鄉，此時他四十一歲。中央政府在這種艱困的時局中已經很難運作，但他的請求還是獲准了。他就這麼返回山陰老家。

相較於其他同時代的人，我們對於祁彪佳的了解更多，原因正是因為他的日記。無論在朝還是在野，祁彪佳幾乎天天都寫點什麼。他寫日記的習慣其實沒什麼了不起。很多人都有這種習慣。真正了不起的是，他有十四年分的日記能傳到二十世紀，首度出版，成為明末世局的紀錄。

初二——一年最不吉利的一天過去之後，祁彪佳開始做事了。雖然這天有雨，但他還是到社廟和佛寺拜拜，有如平常新年時。隔天早上，他跟大家一樣，在一年之初去掃祖先的墓。到了下午，他沿著自己宅院的新土堤上種樹。當晚他率領家丁，沿著同一道土堤夜巡。他在巡邏完之後接獲急報，得知先前挺身而出，為南鄰金華組織防務的友人成功突襲剿賊，擒斬甚眾。隔天早上，祁彪佳又開始監督鄉兵操演。下午，一行人在宗祠集合，演練戰技。夜裡，另一位來自金華的朋友路過拜訪，告知自己住的地方已落入盜賊手中，因此被迫前往杭州城。友人詢問祁彪佳能不能撥出幾個鄉勇，值此危亡時給自己一點幫助。人人都在求助。

長江流域盜賊肆虐，但對大明疆域來說，震動北方的叛亂比盜賊還要危險。過去十多年，農民軍突然在中國北方各地激增，幾名叛軍領袖都擺好架式，準備追求大位。闖王正準備登基。地方上的災情讓祁彪佳實在忙不過來，到三月十八日才有工夫在日記中寫下這些事情。他在這天提到友人「過訪，言闖賊入秦之事」。同一天他收到信，得知自己因病乞身延長告假之事已經開始處理了。即便時局這麼亂，政府機構仍然保持運作。

祁彪佳的心意，在五月五日的日記裡有了改變跡象。儘管北京政局一片混亂，但他為皇帝效忠的崇高使命還是擺在那兒。「予以西北之事決裂至此」，他指的是迅速蔓延的闖王之亂，「君父之憂，臣子詎豈能安？」寫在日記裡的東西，不見得就是最後的定案——兩天後，他請一位好友過來家裡，幫助他決定進退。他在兩天前下的決定之所以有了變化，可能是因為當天稍早有人告訴他叛變的最新消息。闖王已經擊敗迎擊他的軍隊，如今兵分三路，劍指首都，北京今已戒嚴。

祁彪佳為北返復職做準備，同時處理家事時，不尋常的熱天開始困擾他。四月十六日，他已經寫了「熱甚，如中夏」。到了五月七日，他把措辭從「熱甚」改成「熱極」。後來幾天下了一點雨，但先前已經有五個星期沒有像樣的降雨了。炎熱間，他只能躺著——還有擔心會不會有另一次乾旱在發展當中。隔天，他開始準備前往京城復職的行李。但是再過一天，他就得知北京有官員向崇禎帝提議棄守北京，南遷於陪都南京。祁彪佳回政府做事的這一程，說不定會比原本計劃的距離來得短。

災禍的消息透過一份又一份的塘報，傳到他這兒來。出發的第二天，祁彪佳從信上得知闖王的軍隊剛抵達山西，距離北京還有一段距離。但到了隔天——五月十一日，他又收到一封信，信上說叛軍已經包圍，還說崇禎帝在三月三十一日朝會時為自己的無力而落淚。不過，三天後卻有友人收到京裡親戚的信，說：不，闖王的軍隊還沒有進入京畿，但沒錯，群臣是倡議遷都南京，而皇帝拒絕後撤。隨著祁彪佳跨越長江流域，傳來的消息也愈來愈糟：此將戰死，彼城陷落，京師受到威脅。當地同僚開始討論把每年應上繳的糧食換成現金，為軍隊籌資，但降雨不足已經讓糧食價格高漲，無糧之人飢，有地之人則無從繳稅。

祁彪佳繼續沿著大運河北上，前進蘇州西北方的城市無錫。他在無錫停留一星期，與友人討論是不是徑直返鄉，為迫在眼前的禍事預做準備，才是上策。但到頭來，他還是認為自己有為皇帝效力的義務，於是踏上復職的最後一段行程。兩天後，他還沒到南京，就收到任命他為蘇松總督的正式文書，等於是讓他掌管長江三角洲及其腹地。就算他曾經當過僉都御史，這仍是一項突如其來的任命。祁彪佳不只是被朝廷找回去任職，甚至還得肩負拯救整個長江流域的重責大任。突然之間，他成為明政權的新希望。

三天後的六月一日，北方發生的事情傳到祁彪佳的耳裡。他得知在五個星期前的四月二十五日，北京便落入叛軍手中，而他發誓效忠的崇禎帝則已自縊身亡。南京的高官們比祁彪佳早一天（五月三十一日）得知先帝大行的消息，於是他們齊聚一堂，決定皇統繼承，他們選了福王——崇禎帝的堂哥，萬曆帝的孫子。這個選擇可說是造化弄人，過去萬曆帝多麼希望讓第三子（福王）繼承，為此不惜與文武百官進行一場漫長的抗爭，就為了推翻王朝的長子繼承規則，把福王推上王位。但他沒有成功，福王非但沒有成為皇帝，甚至還在一六四一年死於闖王手中。不過他的兒子逃過闖王的攻擊，繼承父親的頭銜。先前一整代的官員費盡心思，力阻萬曆帝的吩咐，不讓福王成為繼承人。如今到了一六四四年，下一代的官員同意讓福王這一支繼承大明皇統，正如萬曆帝所願。

祁彪佳並未參與繼承問題的決策。至於這次繼承的處理是否妥切，他在日記中對此也諱莫如深。還有另一位藩王在選項當中，但支持福王的票數較多。祁彪佳有些同僚直白表示反對。兵部尚書史可法（來年五月將會在南京東北方的揚州城，率領大明最後一次英勇抗戰）曾在一場祁彪佳並未參加的會議中，明白列出福王沒有資格成為皇帝的「七不可」：貪、淫、酗酒、不孝、虐下、不讀書、干預有司。祁彪佳在日記中從未提及這七大問題，但他確實明白表示，自己擔心二十多年前百官因反對福王成為太子而產生的齟齬，有可能會削弱現在的新政權。他深切期盼舊的鬥爭為人所遺忘，才能為即將來臨的挑戰做好準備。

議統後第三天（六月三日），祁彪佳抵達南京。隔天，南京再度正式成為明朝首都，福王也進城了。登基的準備工作花了兩星期，福王也終於登上王位，是為弘光帝。此時祁彪佳早已離開南京，巡視長江三角洲，以便制定抗擊闖王叛軍的計畫。他在政府公報——邸報上讀到新王登基的消息。

接下來，事件朝著完全始料未及的方向發展，整個局面也隨之轉變。

入侵

一六四四年六月二十日，祁彪佳第一次談到「奴酋」（這是他在日記中的稱呼）已經從山海關——長城的至東端，與海相接壤的關口——入關的傳聞。其他的謠言迅速接連湧向南方：闖王派兵對抗這個「奴酋」，接著入侵的蠻夷在北京東方的一場戰役中擊敗了他的部隊，「恢復」首都，然後占據寶座。

祁彪佳的「奴酋」是一位滿人親王，名叫多爾袞。為了把多爾袞帶進故事中，我們得先回頭談他了不起的父親——統一女真各部的努爾哈赤。女真人曾在十二世紀——也就是宋代時占領中國北方，建立大金國，並統治該地區，直到成吉思汗與諸子打敗他們為止。後來在大元滅國後，女真人恢復獨立地位，但凝聚力不夠，直到十六世紀努爾哈赤領導之前，都無法以一股政治勢力之姿重新站上舞台。努爾哈赤運用過往草原領袖使用的軍事與政治策略，成功在一五八〇年代與一五九〇年代一統女真各部，同時主宰好幾個蒙古部族。一五八九年，他設法獲得大明承認為邊境的附庸，接著運用附庸的身分對付長城以北的競爭領導人，建立自己的帝國，而過程中損害的都是大明。一六〇九年，他在沒有明確放棄朝貢國地位的情況下停止對北京進貢，擺出一種叛服之間的模糊姿態。隨著努爾哈赤在一六一六年自稱女真大汗，「叛」的這邊也占了上風。兩年後，他拋棄大明附庸的身分，接著在三年後——一六二一年占領瀋陽城，而這座城市從一五九二年開始就是大明對東北軍事行動的指揮部。四年後，他宣布定都瀋陽。努爾哈赤穩穩走在一條建立「大國」的大道上，卻在隔年過世，中道崩殂。

我們已經見識過，草原政治在繼承時期是很令人顫慄的，但努爾哈赤的第八子——皇太極，卻把這一刻安排得妥妥當當。他已經證明自己驍勇善戰，當機立斷，但更要緊的卻是他所展現的行政長才。接下來幾年，他建立的中央行政體系確實能處理乃父的政權中許多懷有異心的成員。挑選盟友時，由於這個新政體需要強化自己的區域力量，皇太極因此與第五世達賴喇嘛發展關係，而達賴喇嘛自己的策略目標，則是成為西藏最高佛教領袖。這段關係帶來互利的結果，第五世達賴喇嘛得到內亞與東亞最強新興國家的支持，而皇太極則得以追封死去的父親為文殊師利菩薩的化身——文殊菩薩甚有威儀，持真理之劍擊敗幻象，讓人得以親炙佛法。為了凸顯政權與民族的崛起，皇太極在一六三五年對「文殊師利」（Manjusri）之名稍事修改，創造「滿人」（Manchu）的名稱。隔年——一六三六年，他信心滿滿宣布結束大金國，建立大清國。

滿人（其實當時還沒有這個名稱，但我姑且一用）和中國人一樣遭受生態環境變遷影響。目前雖然尚無深入研究，但對於後人所說的滿人政權「滿洲」而言，氣溫降低與乾旱同樣造成挑戰。半游牧經濟體需要馬的草秣，而草秣對於氣候變化非常敏感。但滿人不盡然只有馬文化，他們也從事農耕。不過，滿洲主要的農業生產者，其實是過去數十年間為了尋求土地而逃往該地區的中國移民。皇太極試圖整合他們，從而擴大其政權的糧食供應與稅基。有些中國人確實成為「滿人」，有些人則納入努爾哈赤的軍隊——「旗人」，後來演化為所謂的「漢軍八旗」，其中不少人更是進入政權高層。滿洲的位置比中國更北，農業活動受氣候變遷影響更為直接。氣溫只降低一丁點，就可能造成生長季縮短，進而影響穀物農業至北的界線。在北界上耕作的農民只能拋下家園往南方遷移，在滿州尋找生長季夠長的地方，好讓小米、小麥長到能收成的地步。

滿人於一六二九年首度大規模跨過長城入侵，時間點正巧與當年的生態變化有關。皇太極不見得有明確的意思要南下尋找土地，但他從長城以北徵糧為稅的能力肯定迅速明顯減弱。他想試試大明邊防的斤兩，但也需要搶奪糧食與其他補給，才能繼續打造他的政權。這次的突襲收穫甚豐，在他虜獲的各種補給中居然還有大炮，滿人還帶回鑄炮工程師。透過他們，當年徐光啟（我們在前一章提過他）等大明官員從耶穌會士處得知歐洲槍炮技術，並且與大明既有做法結合後所產生的新知識，也因此傳入滿洲。進一步的劫掠在一六三〇年代與一六四〇年代早期持續不斷，而長的是清，消的是明。到了一六四三年，皇太極已經在山海關外糾集大軍，擺好進攻架式。

在皇太極參與的這場比賽中，大明不是唯一的「大國」。在長城北方，還有一些政體正為了從生存至支配權的一切而爭奪，其中就包括大元國。對中國人來說，大元國已經在一三六八年滅亡了；但蒙古人不做如是想，大元仍是星羅棋布的勢力之一，與各家領袖為了霸權而爭鬥。在這些蒙古競爭者中，為首者是自稱成吉思汗後人的大元國大汗——林丹汗。儘管林丹汗一直無法有效讓其他蒙古王公臣服於他，也為他們犯上的嘗試感到憤怒，但他的地位無疑阻擋了皇太極的道路。不過，皇太極在一六三二年擊敗林丹汗，林丹汗在兩年後過世，皇太極在林丹汗死後一年得到成吉思汗的大印，這都是皇太極在一六三六年建立大清國，自稱大汗所不可或缺的步驟。皇太極所採取的大戰略，是要防止蒙古人中有任何挑戰者崛起，主張大汗之位。先前他與達賴喇嘛結盟，就是戰略中的一環——訴諸佛教帶來的合法性。

儘管皇太極成就斐然——或者說正是因為他成就斐然，對於大清國在東南方崛起感到憂心的二十八位蒙古草原領袖，才會在一六四〇年召開會議，制定共同方針，以因應冉冉新星皇太極所造成的國際情勢轉變。會議的成果，是草原領袖稱之為《大典》（Great Code）的文件。簽署的領袖同意自我約束，不對蒙古世界裡的大小國家動武。違者將遭到其他簽署領袖合力攻之，違反協議的統治者將有半數的財產遭到充公。各宗教修院社群也得到同等保障，相當於維護了整個蒙古世界的宗教寬容。《大典》的背後的意圖，在於以一種不會有霸主出現的方式來處理國際事務。借用蒙古歷史學家蘭素倫・蒙赫—額爾德尼的話來說，蒙古各領袖透過《大典》試圖創造的，是一個「獨立公國國協，採用共同司法體系與集體的強制力」。從實際面來看，這等於是終結了內亞出現「大國」的可能性。但下一個「大國」早已興起，以大清的面目出現。有鑑於此，一六四〇年的《大典》其實無法落實原本的宗旨。《大典》未能創造新的國際體系，不像四年後在歐洲展開的事件——大明滅亡的這一年，神聖羅馬帝國治下各國代表舉行一系列會議中的第一場，最終在一六四八年帶來《威斯特伐利亞和約》（Peace of Westphalia）。《大典》所擘劃的主權、司法平等與非干預等原則，與《威斯特伐利亞和約》大為不同，但我們確實可以主張歐亞大陸的兩端在大致相同的時刻，發生了大致相同的發展。

皇太極死於一六四三年。假如蒙古人做好反抗的準備，皇太極的死確實可能導致茁壯中的大清國產生裂痕；但蒙古人沒有。皇太極諸子雖然年幼，但他有幾個能幹的兄弟，讓大清這艘船能繼續前航。努爾哈赤的十四子——多爾袞原可訴諸血腥競承制，挑戰姪子的繼承，自己成為下一任大汗，可是他並未這麼做。他非但沒有自己奪權，反而還讓皇統傳給皇太極的第九子——福臨，建立輔政制度，而他也迅速成為攝政王。一旦他往前邁步，踏出的就是堅定果決的步伐，絕不後退。多爾袞主導大清國入侵大明國，隨後也見證後者的滅亡。（世人之所以永遠記得他，也是因為強迫中國男子接受滿人薙髮留辮習俗的人就是他。）

在一連串的事件中，過往的女真人如今化為征服大陸的滿人。而這段歷史的轉捩點，就是闖王攻陷北京，崇禎帝身亡的消息傳到大明守軍耳中的那一刻。山海關守將吳三桂透過投效滿人的中國人為祕密渠道，敲定協議，兩軍合力光復首都，重建大明。為此，吳三桂答應多爾袞會重重酬謝滿人。但隨著崇禎帝死去，加上闖王在聯軍抵達北京之前便已撤軍，北京等於呈現權力真空——多爾袞便踏了進去。他以姪子的名義宣布大明已死，大清萬歲。面對如此強大、軍紀嚴明的部隊，中國北方接受了這個命運。如不接受命運，就只能逃往南方，期待找到足以抵抗軍事占領的根據地了。

大清國南進

一六四四年七月十八日，大清國首度對大明朝廷發出照會——多爾袞透過公開信，希望與長江流域百姓建立良好關係。信上說，滿人為了天下之福而拯救中國，也談到已經慷慨獎賞北方各地歡迎滿人入關的前明官員。信裡還說，百官聚集於南京福王政權的做法並沒有錯，但現在該是他們開誠布公，與滿人討論下一步的時候了。

多爾袞為討論訂出兩項條件：他要南方的領導人知道，「國家之撫定燕都，乃得之於闖賊，非取之於明朝也」，「國家」指的是大清國，而他們「代為雪恥，孝子仁人當如何感恩圖報」。消滅明朝的是闖賊，不是他們，他們只是往前踏了一步，控制情勢，建立合法的繼承政權，只不過統治者是滿人，不是中國人。接下來就是警告了：一國若有二主，則國家必有動盪。假如前明官員不歸順新王朝，大清不得不往南方派出大軍，「兵行在即，可西可東。南國安危，在此一舉」，將中國一統於滿人治下。

南京的反應方式是遣使議和，看看能磋商出什麼協議，讓大明能延續。過去有明確的先例，其中一方還是女真人，而滿人就是他們的繼承人。女真人與宋朝共存一個世紀之久，他們的大金國控制北方，版圖縮小但仍能運作的宋朝則在南方續命。總之，議和的第一要務，就是率領代表團的人選。巡撫應天的左懋第請纓負責這項敏感的挑戰，他這麼做是有私人原因的：動盪中，他的母親死於天津，他想北返安排母親的葬禮。使團的目標（並未公開）是接受大清國的存在，但必須在長城之外。大明會感謝滿人穩定北方局面，也願意為了讓他們撤回關外而付出各種代價。

代表團在八月七日辭別皇帝，在三千名士兵武裝護送下前往北方。但是當左懋第於十月抵達北京，他才意識到自己對到訪的環境完全無法控制，要求滿人撤回長城以北的希望也徹底落空。對方要求他解散代表團的護衛，只能留下百名士兵，接著用很羞辱人的方式安排一行人入住四夷館，彷彿南明只不過是又一個新王朝招睞的朝貢國。他也不得直接提出弘光帝的意思，而是得透過禮部傳遞。漢學家魏斐德（Frederic Wakeman）過去三十多年來重建了一六四四年至一六四五年間的歷史。根據他的看法，一連串的事件已經超過代表團所能處理的程度。大清的成就讓多爾袞深信，無論滿人入侵何處，都能占領下來，而且此時正是展開第二階段入侵的好時機——征服南方。「一統」的計畫已經準備好了，滿人沒興趣讓南明政權延續，獨立的漢人中國已經不在考慮範圍內。此時入侵已經化為征服，而征服就意味著占領整個國家，而不是部分。

左懋第獲准與首輔大學士——滿人剛林兩度會面。首度會面時，剛林痛斥左懋第和其隨員是未能守護崇禎帝的「江南不忠之臣」。他還對左懋第肯定表示大清已經「發大兵下江南」。在這兩次會面之間，大汗之子福臨第一次進入北京，在儀式中成為順治帝。事情一件件發生，離左懋第遠去。除了請求允許返回南方外，他什麼都無法要求，也無法達成。南返的請求獲准，一行人於是動身。然而，代表團中的高級將領祕密倒戈，多爾袞下令在中途攔截左懋第一行人，把他們帶回北京。左懋第回到北京後，多爾袞命令他歸順大清。左懋第拒絕，他和另外五名使者因此遭到處死。從大清觀點看，中國疆域內只有他們是合法政權，別無其他。大明已經不存在了。只能有一個「大國」，而那個唯一的「大國」——大清，已經在北京安座。

雖然剛林宣稱大軍已下江南，但實情並非如此。等到下個月，南向攻勢才會展開。推進的速度很慢，但清軍終究在一六四五年五月抵達長江。南京在六月陷落，整個江南也在夏、秋兩季，一個城池接著一個城池遭到擊敗（見地圖5）。

乾旱

我們固然可以把一六四四年至一六四五年的事件，講述成一系列的政治與軍事事件。不過，我們也已經知道還有另一種講故事的方式：透過氣候變化的角度。隨著把滿人送回北方的可能性逐漸灰飛煙滅，這個版本的故事也以次要主題的面貌，浮現於祁彪佳在一六四四年夏、秋所寫的日記中。故事始於六月。眼下，祁彪佳的全副心力都放在恢復長江三角洲各地秩序的艱鉅任務上。六月二十三日的日記中提到的事情，暗示了這第二層的故事。祁彪佳此時乘船往東南方，前往長江三角洲的核心地帶。他發現自己寸步難行，因為水不夠多，無法行船，大運河幾乎乾涸。

隔天，祁彪佳的第一要務是處理當地大莊園的農奴起義。當天下午跟地方縉紳討論完治安問題之後，他率領縉紳們光腳（顯示他們對老天爺的謙遜態度，以及對當地百姓苦難的關懷）進行祈雨儀式，以求緩和該地區的嚴重乾旱。四天後，他又在蘇州的道教玄妙觀內進行另一場祈雨儀式。兩天後「天雨」，但不足以舒緩旱災。繼續往東，他的船再度擱淺，因為運河水量不夠。祁彪佳在日記中安慰自己，說隔天一定會有大雨終結這次的乾旱，但這並未發生。兩天後，他到另一個縣的雨神祠求神。隔天，群眾聚集在縣界，攔住他的巡撫之行，希望他能為乾旱受災戶提供紓困。接下來，祁彪佳的船再度擱淺在運河底，迫使他換乘吃水淺的輕舟。隔天，他抵達松江——董含的城市，以虔敬的心走進城隍廟祈雨。不止一次，而是求了兩次。第二輪祈雨時下了幾滴雨，但不足以改變什麼。三天後，他又去了另一個縣的孔廟祈雨。

如此這般，祁彪佳幾乎每兩天就公開主祭一回，懇求上天降雨，卻幾乎沒有效果。「雨意甚濃，」他在七月二十七日的日記中提到，「而雨不甚多。」酷暑讓一切每況愈下，上海與鄰近城鎮發生暴動。八月時，在大運河與長江交會處（南京下游堪堪七十英里處）這個戰略要地，區域守將高傑已處於譁變邊緣（他過去曾是闖王的部下）。祁彪佳移駕該地區緩和局面，讓高將軍回心轉意。

乾旱依舊。祁彪佳能使用的唯一科技就是求雨。九月二十九日，他在家書中希望能請朋友在每一個大路口設壇求雨。五天後，他在日記中提到江南的每個宗教場所都設了壇，天天祈雨，不分派別。終於，老天爺似乎聽見了，降下預兆。有人發現一尊觀音像在附近的湖面上漂浮。觀音是大慈大悲的菩薩，人們撈起這尊神奇的觀音像，送去佛寺，請寺中僧人頂目向觀音祈雨。祁彪佳去見了頂目好幾次，支持他的用心。可惜無論頂目祈求多少次，就是沒有一滴雨。然而，接下來的換季也改變了危機的性質——假如在十月的稻米收穫期降雨，結果將是一場重災。只有一丁點的稻穗撐過了乾旱，站在田地裡等著人收割，而留住這些收穫的唯一希望，卻是不要有雨。十月九日，祁彪佳下令在稻米收成之前暫停所有的祈雨儀式，免得打壞收成。

不過，現在也到了祁彪佳向弘光帝述職，報告自己徵收秋糧進度的時候了。由於軍需吃緊，朝廷交辦他提前收取明年的稅糧，但他必須稟報皇上：不僅收不到明年，連今年的分量也收不到。他祈求讓當地免去稅賦，原因純粹是農民繳不出來。一星期後，他聽到朝中友人說，南京朝廷對他的表現不滿，考慮將他調職。他專心照顧百姓，疏於為自己的做法尋找政治上的助力。友人非正式通知他的兩天之後，皇帝的詔諭送到了。免去稅賦的請求不予允許。祁彪佳又任職了五個星期，但他也意識到自己位子坐不穩，於是以健康原因上書請求致仕。

弘光帝的答案是，他的請求會轉給吏部處理（間接說「不」的意思）。祁彪佳再度請求。這一回，他沒有得到回音，反倒是在十二月五日的邸報中讀到自己的請求再度遭到駁回。於是他又寫了第三份奏摺。終於，朝廷召他回南京。十二月二十六日，人在南京的他得知自己的繼任者已經上任——又是從邸報讀到的。他的任務已了。祁彪佳在日記中完全沒有提到自己遭到革職，只說「自予從京口歸於毗陵，遇雨雪；至是，連有雨雪，河水遂通」。祁彪佳意識到自己被開除一事中的諷刺之處——乾旱開始緩解，自己也捲了鋪蓋。「蓋自五月不雨至此六月餘」，他寫給自己看——正好是他擔任蘇松總督的任期長度。乾旱毀了他短暫再入官場的歷程。假如是更有政治手腕的人，說不定就能把自己的成就說得天花亂墜，削弱對手，但祁彪佳不是這種人。當年在北京時，他不諳政治；等到去了南京，他的官場生存技能也沒有長進。他注定失敗。

這場讓祁彪佳下臺的江南大旱，既不是單一年度的偶然厄運，也不是歐亞大陸這一隅的局部現象。自一六二九年起，中國便受到同一波氣溫下降影響，缺水的情況幾乎發生在整個北半球，還將延續數十年，讓大半個地球陷入農產短缺、農民流離失所、行政體系崩潰的惡性循環中。大明完全不得喘息，這也讓明朝最後十五年，成為中國千年來經歷環境壓力最嚴重的時期。每一回的生態變化，都讓通往又一回災難的大門敞開。

生死變化，政權更迭

對曾經歷滿人軍事占領的人來說（少數關鍵地點的殘酷待遇令人倒抽一口寒氣），清兵的到來只不過是中國自崇禎帝即位以來，天地失序的又一個表徵罷了。崇禎帝自殺的那一天，他完全不知道取而代之的會是誰。他以為自己比渴望他鮮血的農民叛軍搶先了半天，時間夠他在叛軍抵達之前，先把兒子們祕密送出京城，接著結束自己的生命，作為平息天怒的卑微祭品。他知道在長城另一側有黑壓壓的一群滿人軍隊，但他肯定沒料到，用自己的「大國」取代他的「大國」的，居然不是叛軍，而是滿人。大多數的末代皇帝知道自己何時輸掉江山，也知道輸給了誰，但崇禎帝絕對不曉得自己會是大明最後一個皇帝。他在一六四四年四月二十五日自殺，為的是確保王朝還有未來，而非將之抹除。但世事從他身旁流逝的速度，快得超乎他的想像。

一年後，祁彪佳也結束了自己的生命，但出發點大不相同。他和崇禎帝一樣，原以為自己的行動是為了從中國叛軍中拯救這個朝代，卻發現大敵不在長城圍內，而是圍外——更有甚者，敵人比闖王糾集的亂民更有組織，領軍的人也更優秀。大軍從南京出發橫掃東南時，指揮官先寄了一封信給祁彪佳，延攬他為這個政權效力。收到信的三天後，祁彪佳在一六四五年六月二十日的日記中提到，他非常清楚眼前的命運：拒絕效忠，等於喪命。過兩天，他在日記中說自己和妻子都病到逃不了。接下來他完全沒有寫到自己的處境，只有寥寥數語說自己還在讀官修的《宋史》——他已經讀了整個春天，想找出指引，以便知道自己效力的朝代走向滅亡時該如何行事。儒家官僚總是有選擇權，承認上天已經把天命從他們的皇帝那兒收走，而中間的空檔意味著新朝將立。這是不是代表必須為新統治者效力？很難抉擇，而且幾乎不可能選對。他的最後一篇日記寫在一六四五年七月二十四日，提到有親朋好友寫信催他前往杭州，跟新的指揮官見面，並堅稱他可以在無須任官的情況下這麼做，從而保全他的名譽。關於選項，祁彪佳不同意他們的評估。兩天後，他自溺於池。

至於陳其德——記錄桐鄉饑荒與瘟疫的人——我們沒有任何紀錄提到他在一六四二年之後的發展。當時的他不過是當地的老師，重要程度不足以讓家人以外的人注意到他何時辭世。

這幾位作者中，我們能繼續跟進滿人統治時期的只有董含，也就是記錄亡朝凶象的人。一六四五年夏天，董含和家人離開鄉間遁隱的蔽廬，認為如果回到松江城，更有機會能躲過蔓延整個長江三角洲的動盪場面。他們或許已經知道，松江領導人決定在松江城統籌整個長江三角洲的抗戰。當抵抗崩潰時，當地人退守城牆內打圍城戰，期盼援軍到來。當一小股綁著紅頭巾的部隊在一六四五年九月二十二日出現在城牆底下時，守軍以為這些士兵趕赴而來是為了救國大業，為了解松江之圍。他們打開城門迎接，才發現這些是大清國的士兵，只是偽裝成農民叛軍的樣子。清軍湧入城內，做出所有占領軍都會做的事情。

董含的雙親未能在松江陷城時倖存，但兩人年輕的兒子活了下來。都這個時候了，對滅亡的大明盡忠，很快就不再是合理的選項。散布各地的勤王部隊退到更靠近濱海的地方，接著撤到大明疆域最西南的角落，但多數人已經接受天命他歸的事實了。儘管朝廷孤注一擲，去信教宗，希望能在歐洲找到幫手，但大明已經無力回天。董含這樣的年輕人別無選擇，只能接受變化，盡可能求生存。他們沒有道理隨皇帝殉死，人們就是盡其所能地活在占領之下，適應占領軍的效忠要求。多爾袞下令中國男子薙髮留辮之舉，雖足以引發若干暴動，但不足以撼動新統治者。（滿人非常排斥纏足，但他們要求中國女子停止纏足，卻沒有遭到相同的反對。）

董含選擇與新政權合作，做出改變。縱使他的父母死於朝代更迭時，但儒家人倫並未限制董含為新政權效力。他從未在大明治下通過科舉或任官，這樣就夠了，他可以無須破壞對前朝的忠誠，便為大清效力。自己出生時的朝代滅亡了，他是惋惜，也寫道闖王父祖之墳遭掘褻瀆，令他感到快意。但他重新開始念書，設法爬上大清國科舉的階梯，終於在一六六一年拿到最高的進士學位。董含所作所為，遠遠不止是跟新政權相安無事而已。

但人生沒有那麼簡單。董含在晚年寫下的回憶錄中透露出一絲躑躅，只不過你必須看得非常仔細才能體會。他用無傷大雅的《蓴鄉贅筆》為書名，發表自己的回憶錄，這個選擇顯然是為了悄悄躲過政府審查的注意。等到他在一六七八年出版這本書時，滿人對任何忠於大明的情感，或是形諸印刷文字間的「夷狄」，都變得非常警惕，對於任何犯下上述罪行的人也非常殘酷。作者還活著的話，就抓起來拷打到招認自己叛國；作者死了的話，就開棺掘屍，碎屍萬段，為侮辱新政權付出代價。

董含就是在這本書裡，寫下本章開篇時提到的那些壞兆頭。儘管以大清之名犯下的暴行顯而易見，但他小心翼翼，避不論及當時的廟堂之事，或是批評上天派來撥亂反正的新主子。不過還是有這麼一個瞬間，他的心裡話從謹言慎行中跳了出來。董含是在仔細評論耶穌會的中文世界地理書籍時，透露自己的內心。對於書中的一些論點，他大加批評。閣龍（即哥倫布）怎麼可能花一整個月橫渡大西洋？（事實上不止一個月。）阿茲提克人怎麼可能誤以為哥爾德斯（即西班牙殖民者埃爾南・科爾特斯〔Hernán Cortés〕）和他的騎兵，是人馬合為一體的生物？墨瓦蘭（即麥哲倫）怎麼可能歷三十餘萬里，繞行地球？走海路的話，歐洲跟中國真的距離九萬里嗎？世界上有萬國的說法，也讓他大為感冒。世界怎麼可能這麼大？每個散播這種胡言亂語的人，都是想欺騙中國人。評論的最後，董含用以下的藐視作為總結：「夫使海外小民」——也就是耶穌會士——「挾其邪說，闖入中華」（他用的詞彙是「中華」，「中國之花」），「復築宮以居之，厚祿以豢之。蠱惑人心，背棄正道」，這口氣簡直和沈榷請皇帝把耶穌會士踢出南京一模一樣。

不過，董含慷慨陳詞，大聲疾呼「是誰之咎與」時，文字上看不太出來他想歸咎於誰。他的目標是歐洲人，還是邀請耶穌會士進宮，為自己效力的滿人皇族呢？董含對於耶穌會的地理學書籍長篇抨擊，嚴厲斥責歐洲人帶來如此虛妄之言，但對於無能抵擋誕妄汗漫的邪說流入疆域一事，他的目光恐怕也有望向滿人。無論我們怎麼解釋他的抨擊，他所道出的都是他身處時代的意見。耶穌會士的教誨曾說動一名攀上中國最高官職的人，但首輔大學士徐光啟已經不在世上，而他的聲譽也無法再度為基督教喉舌。大明也不會回來了。

第十章
喇嘛與大將軍王

青海，一七一九年

關於達賴喇嘛，你得曉得兩件事。第一，他是轉世活佛，以宗教導師喇嘛的實體返回人間，其傳承可以回溯到十六世紀拉薩的索南嘉措（Sonam Gyatso）。他的轉世並非根據某種不變的輪迴法則，而是他的選擇，不像我們其他人受制於業報。達賴喇嘛在道德上已經完滿，早早便能選擇進入涅槃，不用回來與我們同在。但他回來了——一世一世，出於他領著眾生開悟的宏願。至少相信靈魂不滅，世世輪迴入此世的人，會以這種方式理解達賴喇嘛的重要性。他是你我所遇見的人當中，最接近佛陀的存在。

本書圖13的唐卡，是第七世達賴喇嘛格桑嘉措（Kelsang Gyatso）的肖像，而我在本章講述的故事裡，他也是中心人物。這幅畫可能是十八世紀下半葉所繪，他若非還在世，就是才剛離世而已（他死於一七五七年）。雖然這張唐卡主要是他的肖像，但上面還畫了一圈他的重要前世肖像，連右上角的兔子也是（兔子是印度民間傳說中特別受人喜愛的存在）。唐卡頂端是釋迦牟尼佛本尊，而達賴的頭頂類似對話框裡面的，則是大慈大悲的觀世音菩薩——達賴喇嘛正是祂的化身；達賴下方的人物，是時代上比較接近的轉世。正下方兩人最重要，分別是五世達賴，以及五世達賴下面的三世達賴。他們全都戴著黃帽——藏傳佛教格魯派獨有的特色。

關於達賴喇嘛，第二件你該知道的事情是，儘管他的精神祖先可以上溯到佛陀，但他的傳承其實相當晚近，直到十六世紀才因為跟蒙古人的協議而出現。讓達賴傳承出現的人是俺答汗——意為「黃金汗」。俺答汗是忽必烈的直系傳人，他將蒙古西部結合成單一政體，持續對大明國造成威脅，直到大明在一五七一年招降他為止。正是在達成歸順的安排之前，六十多歲的俺答汗轉而認拉薩的高僧索南嘉措為上師。對於是否接受俺答汗的供養，索南嘉措躊躇了幾年，唯恐他一順從，就會讓西藏落入蒙古人手裡。但他終究還是同意從拉薩出發，前去會見大汗，求取共識。

他們的初次交手，想必是發生在西藏草原東北的青海。藏人與蒙古人的活動範圍在此重疊數個世紀之久（成吉思汗的部隊恐怕就是擾動了當地的生態，讓鼠疫在十三世紀的中國失去控制）。索南嘉措同意成為俺答汗學佛時的上師。作為回報，俺答汗承擔起擔任其主要恩庇者的經濟與軍事責任。索南嘉措以佛教的措辭鞏固這段關係，宣布俺答汗不只是忽必烈汗的傳人，更是他的轉世——大蒙古國再度降臨——而他本人則是忽必烈的藏人國師八思巴的轉世。當然，他們的關係是一種宗教關係，但也是一種結盟，是雙向的協議，讓蒙古勢力深入西藏，同時西藏精神權威成為蒙古人的上首。俺答汗投桃報李，將意為「海洋上師」的蒙語頭銜「達賴喇嘛」授予索南嘉措。索南嘉措推辭了成為傳承之始的尊位。除非以他為第三世達賴喇嘛，而他的上師為二世達賴，上師的上師為一世達賴，他才願意接受這個頭銜。他的上師的上師，出現在第七世達賴喇嘛的團體肖像右下角，可以看到他頂著格魯派獨特的黃帽。

事實證明，西藏僧侶和蒙古檀越之間的協議富有彈性，將接下來兩個世紀的西藏與蒙古歷史交織起來。今天的蒙古人不再是世界強權，但如今來到十四世的達賴喇嘛依然主宰了西藏與蒙古宗教風貌。至少對西藏來說，這是一份不錯的協議，但這份協議卻以當時無人能料想到的方式，把西藏拉進中國勢力範圍內。

現在，你知道這兩件關於達賴喇嘛的事——轉世，以及他和蒙古人的聯繫。關於西藏，你也得曉得兩件事。

第一，藏人認為西藏是西藏的西藏，西藏不是別國的一部分。西藏歷史悠久，崛起於七世紀，是中古時代歐亞大陸六大世界帝國之一。這一段歷史讓藏人擁有獨特的身分認同。此後，西藏作為一個喜馬拉雅地區的王國，其國運便有賴於領導人處理與周遭大國之間關係的手法。宗教上，藏人傾向於眼望南方的印度——佛教起源地。但在政治上，他們的目光則是直直投向北方與東方，投向內亞與中國的「大國」。西藏與俺答汗的結盟，以及達賴喇嘛傳承的興起，便是以此為脈絡。

關於西藏，你必須知道的第二件事情，可說是第一件事情必然的結果——西藏的政治自主性顯然難以保全。對今日的藏人來說，西藏政治史的低谷是一九五〇年的紅軍入侵。中華人民共和國在此時出兵，確保藏地成為其領土，接著在征服西藏之後，把西藏分成三個省，削弱其領土完整性與自我認同。這些干預手法得到當局不斷對國內人民宣傳「西藏是祖國的一部分」所支持，讓大多數的中國人不能接受西藏是——或者曾經是個獨立國家的看法。藏人知道西藏的範圍止於何處，也知道世界的範圍始於何處，而中國是世界的一部分；中國人知道中國的範圍止於何處，也知道世界的範圍始於何處，而西藏是在本國的界線內。

北京會面

本章的主軸是一七一九年時，發生在第七世達賴喇嘛（見前圖）與大將軍王胤禎之間的一次對話——胤禎的父親，是達賴最強大的保護者。我們將會談到，這場對話是談定的正式外交環節之一，為滿人接下來的軍事入侵清理道路。事後看來，滿人的軍事干預對於中藏關係的定調有關鍵影響。這場對話不必然會讓中國與西藏走到一個無法回頭的地步，但事實恰恰如此。不過，為了了解這次對話為何會有如此的重要性，我們必須回頭談談發生在六十六年之前，往前回溯兩世達賴喇嘛的另一次會面。

第三世達賴喇嘛與俺答汗，為蒙古人的恩庇與格魯派的傳承打下了基礎。不過，打造一段關係，將西藏置於中國勢力範圍的建築師，則是第五世達賴喇嘛。五世達賴與三世達賴的共通點，在於兩人都有一位強大的蒙古恩庇者。五世達賴仰賴的是一五八二年生於和碩特蒙古（Khoshot Mongols，四大蒙古群體中最強的一部）的固始汗（Gushri Khan）——這一年正好是俺答汗過世的同一年。

然而，五世達賴與三世達賴的不同點，則在於五世達賴所處的現實世界中，他的恩庇者正逐漸被新的「大國」陰影所籠罩。歷代達賴喇嘛當中，五世達賴是早期唯一在行政管理能力、外交嗅覺敏銳度上，能夠與宗教學養訓練程度相匹敵的人物。當新的政治勢力——滿人——出現在蒙古世界遙遠的東北方，他便望向那一端，權衡自己的選項。他深知擁有第二名強大保護者有什麼益處，尤其是這名保護者遠在天邊，不太可能干預自己的事情。他也了解，一六三六年建立大清國的女真大汗皇太極，需要自己的協助，才能把蒙古世界置於自己的影響範圍內。其實，早在五世達賴孩提時，這場遊戲就展開了——拉薩派出代表團去探探女真人的虛實（當時稱為女真人，還沒有「滿人」這個名字），評估這個新興強權。皇太極在一六三九年做出回應，從這一年開始寫了好幾封信，邀請第五世達賴喇嘛拜訪滿洲，同時也在滿人之間提倡佛教。

雙方距離遙遠，協商過程又曠日廢時。結果，皇太極的最後一封信尚未抵達西藏，人就駕崩了。但他的邀請依舊成立。到了一六四九年，大清對中國的占領過了五年之後，達賴喇嘛才終於接受邀請。根據安排，他將拜訪皇太極的兒子——今天的順治帝，而地點不是滿人在滿洲的舊都，而是前往大清國新都——北京。雙方都做了長時間的準備。順治帝下令在大遼國時代留下來的一處古廟興建寺院，作為達賴喇嘛在北京的住所——這就是我在一九七五年造訪的西黃寺。至於拉薩方面，達賴喇嘛組織的行程旨在讓這一程變成一次外交行動。依照行程，他將前往蒙古世界的各個重要地點，強化自己在蒙古人之間的影響力。他在一六五二年出發，所到之處，百姓夾道歡迎，爭相親睹活佛，接受他的祝福。舉幾次集會為例，有四千名蒙古人到青海向他致敬，兩萬人在鄂爾多斯布施供養，還有一萬兩千人在泰卡湖（Lake Taika）聽他弘法。人們的布施非常慷慨，他把半數重新用於當地的建設，或是當成禮物送給來見他的人，另外一半則送回拉薩。

當達賴喇嘛一行人抵達長城，滿人就接手拜會的安排。順治帝的哥哥在長城外率領兩千名騎兵迎接他，還有樂隊演奏鑼鼓喧天的歡迎樂。然而藏人並未立刻通過長城，畢竟兩方必須想出外交章程，作為達賴喇嘛北京會面的方針。他和滿人皇帝應當平起平坐，還是一人高，一人低？藏人想必認為五世達賴應該比順治帝的地位更高，但反過來才是比較可行的安排。五世達賴沒那麼天真，對自己能發號施令的範圍沒有誤解，他不是正要前往如今統治中國的「大國」新領導人面前嗎？被人家塞一個貢使身分的可能性高得可怕，他期待可以避免；但他能期待的有多少，就不得而知了。中國官員建議順治帝按照中國外交章程辦事，打算讓達賴喇嘛扮演納貢的人，而非給予他外交上的平等地位。這個難題得不出解決方法，但達賴喇嘛還是決定就這麼穿過長城。

兩人終於在一六五三年見面。見面時，十四歲的皇帝脫稿演出，從中國大臣為他安排的劇本換成滿人的章程——世俗統治者必須向他的上師致敬。達賴喇嘛進殿時，他從方臺上的寶座起身，走下臺階，以平等待之。官方紀錄說他確實按照大臣的建議行事，但他其實是用適合的方式，接待亞洲最尊貴的宗教領袖。在宗教上，他認可第五世達賴喇嘛是觀世音菩薩的化身，而達賴喇嘛則認可皇帝是代表智慧的菩薩——文殊師利的化身。一六五三年這一天，是兩位菩薩的會面日：觀世音向文殊表達感謝，文殊向觀世音致意。至於他們實際談了些什麼，我們沒有史料，無從得知。但這不要緊，重點是喇嘛和檀越找到了彼此。

轉世與其他繼承人

六十六年後，觀世音與文殊將再度以肉身相見。化為這些肉身之前，不妨先考慮有哪些選項，可以讓他們將號召力轉移到世上的這個地方，每個文化都有因應這項任務的程序。

如果由么子繼承家內領導權，這種安排稱為幼子繼承（ultimogeniture）。蒙古人傳統上採用幼子繼承，只不過他們也有競承傳統，接受諸子彼此競爭。成吉思汗試圖阻止兒子們陷入又一輪的血腥競承，深怕自己建立的帝國因此分崩離析。他的兒子們同意應該讓年紀第二輕的兒子——窩闊臺來繼承，進而將森然隱現、必不可免的事情推遲了一代人的時間。

中國人有不同的規矩，傾向於由長子繼承，這種做法就稱為長子繼承制（primogeniture）。朱元璋決定以此為原則，指定長子繼承自己為大明第二代皇帝。當長子過世時，朱元璋便命長子的長子為法定繼承人。這項規劃發揮得並不好。我們從第四章得知，朱元璋的第四子（後來的永樂帝）不到四年便透過一次血腥競承的經典教案，推翻自己的姪兒，讓自己這一系掌握繼承，而非長兄的世系。

滿人遵循蒙古傳統。努爾哈赤並非來自繼承，而是憑藉統一女真各部，於一六一六年重建大金國而來。努爾哈赤有十五個兒子，等到十年後他過世時，這十五人當中有些人已經離世，沒得為繼承而競爭。第二年輕的多爾袞大有可能成為下一任大汗，但出招上位的皇子卻是努爾哈赤的第八子——皇太極。皇太極在一六三六年建立大清國，當他在一六四三年駕崩時，大位原本有機會傳給多爾袞，但最後的決定則是傳給皇太極的第九子。他就是順治帝，不久前我們才談到他跟第五世達賴喇嘛的會面。順治帝在一六六一年死於天花，當時鮮少滿人擁有對這種疾病的免疫力，於是下一個繼承人的選擇就是從實際角度出發。之所以決定讓皇太極的第三子（當時年僅七歲）登上寶座，原因純粹是因為在順治帝的四名皇子中，只有他出過天花，而且活了下來。康熙帝的免疫力絕佳，創下在位六十一年的紀錄。

康熙帝於一七二二年駕崩時，他二十四名長大成人的皇子中，早就有不少人因為這般那般的原因而失寵，但還是有足夠的候選人，讓人擔心王位繼承會出現混亂。在本章領銜主演的胤禎正是其中一位人選，但父皇過世時，他不在北京，他的哥哥迅速出手，成為雍正帝。胤禎對繼承沒有表示異議，但雍正帝不相信他，也不相信其他兄弟，他剝奪胤禎的貴族身分，加以軟禁。胤禎小心翼翼，並未發出不平之鳴。等到一七三五年，胤禎在雍正帝駕崩之後獲釋，貝勒地位也在兩年後恢復。他繼續生活，早年的榮譽完好無損，最後在距離六十八歲生日只剩三天時過世。

上述從元到清的種種父系繼承實例，坐實了一般認定國家是一家之財產，大位是一家之特權的看法。不過還有其他方法可以安排繼承，藏傳佛教選擇的解決方式大為不同：轉世。

轉世的信條主張「靈魂不滅」。走在歷時百千萬劫，朝向精神完滿的旅程上，靈魂會從此肉身到彼肉身，從此世到彼世。善業會讓靈魂加速前進，惡業則會拖住靈魂的步伐。外表與財產或許可以由父親傳給生物學上的兒子，但精神身分的傳承無關乎肉身是憑藉誰的精子、誰的子宮而來。相較於讓生物學掌控繼承，藏傳佛教在十六世紀開始逐漸接受轉世，作為安排高僧喇嘛繼承的原則。

輪迴的究極目標不在享受永生，而是努力臻入精神之化境——成佛。輪迴的結果是入滅，這是佛教理論中逃離生死之苦的唯一方法。但已經完滿的存有有能力選擇推遲涅槃，回到世界上幫助他人脫離苦海——菩薩就是這樣的存在。第五世達賴喇嘛、固始汗和順治帝全都是這樣的菩薩。就後兩人來說，他們的菩薩身分是一種特別的認可，是因為他們勝過競爭者而贏得的功績，而非真正的轉世。說康熙帝是文殊師利的化身，也純粹是從順治帝那兒經由父系繼承而來。唯一真正的轉世活佛，是達賴喇嘛。

第七世達賴喇嘛是肖像中前任達賴喇嘛的轉世，而他也繼承了前任的問題。轉世顯然有隨機的特性，這是設計來防止任何單一的家族獨占權力。但認證轉世的過程，就和每一種專制繼承的操作一樣脆弱。七世達賴的問題要回溯到一六八二年五世達賴的死（在肖象中，五世達賴就畫在七世達賴的正下方）。五世達賴的首輔大臣選擇不讓外界知道達賴已死，反而宣稱偉大的喇嘛進入了甚深禪定，不能受到打擾，顯然他不希望繼承立即發生，畢竟這很可能讓他和他的人馬出局（最後也確實出局了，他在一七〇五年失勢被殺）。但他也知道繼承有著不由分說的重要性，於是悄悄尋訪五世達賴轉世的所在，讓轉世靈童接受教育，直到十四歲那年在布達拉宮坐床，成為第六世達賴喇嘛。

七世達賴的肖像中沒有出現六世，這實在啟人疑竇。為什麼六世達賴不在上面？有些藝術史家推測還有另一幅唐卡，主角可能是第八世達賴喇嘛，上面還畫了二世、四世與六世達賴，與我們所見這幅繪有一世、三世、五世與七世達賴的唐卡相映成趣。我個人很懷疑。光是連搞清楚誰是六世達賴就是個問題——因為六世達賴不只一人。

第六世達賴喇嘛們

那一位由大臣找到的第六世達賴喇嘛，名叫倉央嘉措（Tsangyang Gyatso）。他遭遇兩大不利因素，第一項不是他自己造成的。由於他是在祕密情況下找到的靈童，許多人懷疑大臣為了自己的好處而操弄認證過程。不過，另一個問題完全就是他造成的。他看起來並不適合扮演安排給他的角色。他是個詩人，而他寫的詩顯示他對於女體冥思出神的程度，並不下於對佛法真理的投入。達賴喇嘛是超越卓絕的精神存有，只有他能評價自己選擇教化眾生有情的方便法門，但連這種合理化的方式也難以自圓其說。

對於六世達賴地位的質疑，讓政治投機者有機可乘。固始汗的孫子——拉藏汗（Lhazang Khan）出手了。拉藏汗靠著殺害弟弟而得到大權。倘若他希望說服和碩特部族人，接受自己有資格成為他們的統治者，就少不了政權合法性。他和祖父固始汗一樣求諸於拉薩。拉藏汗嗅到第六世達賴喇嘛地位不穩，於是大膽行動，軍事監管拉薩，強迫六世達賴退位。他宣稱倉央嘉措為冒牌貨，並立傀儡北卡津巴（Pekar Dzinpa）取而代之。遭到罷黜的六世達賴在流放青海的途中過世，這正中拉藏汗下懷。

但拉藏汗的策略卻起了反效果。無論藏人對於前一位六世達賴適任與否有什麼質疑，倉央嘉措都是「我們」心目中的達賴喇嘛，不容干預。後一位六世達賴固然很受人尊重，十三歲時便進入知名的哲蚌寺（Drepung）見習，後來入拉薩的醫校學醫。但問題不在於他的個人特質，而是在於他的身分：他真的是偉大的五世達賴轉世？謠言四起，說這名年輕人其實是拉藏汗的兒子，而這項指控沒有人能證實。儘管如此，拉藏汗還是說服格魯派的二號人物——班禪喇嘛，來為這名年輕人祝聖。但這種做法非但沒能平息疑慮，反而引來更多質疑，因為班禪喇嘛是黃教中與達賴喇嘛彼此競爭的傳承，削弱達賴的權威說不定符合班禪的利益。假如拉藏汗能贏得宣傳戰，扶持他的達賴喇嘛上位，便可說是精妙的一著。但他對轉世的干預太明顯，多數人都無法接受他的傀儡為真正的六世達賴。

一七〇六年，前一位六世達賴在流放中途寫了一首詩，預測自己的轉世。這首詩進一步削弱了拉藏汗的立場：

白鶴以翼領吾。
吾飛不踰理塘，
由彼再度來歸。

理塘位於拉薩東北方遙遠之處，不受拉藏汗控制，於是資深的喇嘛就到這個地區尋找達賴的轉世。他們找到的靈童名叫格桑嘉措，也就是胤禎即將與之會面的年輕人，唐卡中央的那位喇嘛。

我們是從義大利耶穌會傳教士伊波利托．戴西德利（Ippolito Desideri）的記載中得知這一切。

戴西德利當時人在拉薩，他提到發現格桑嘉措的消息讓整個西藏為之沸騰，人人希望拉藏汗因此被迫放棄他的冒牌六世達賴，轉而承認這名靈童為七世達賴。拉藏汗的做法恰恰相反，他派幾名喇嘛去測驗靈童，判斷「所謂的靈童是不是前任達賴喇嘛再度轉世」。根據戴西德利的說法，喇嘛們回報拉藏汗肯定的答案。拉藏汗並不情願再度更換達賴喇嘛，於是命令將靈童拘留在安全地點，不要帶來拉薩。

耶穌會士相信拉藏汗的安排有得到康熙帝同意，但滿文史料講的故事卻不一樣。得知拉藏汗用自己人取代原本的第六世達賴喇嘛當天，康熙帝便表示「拉藏不可信」。不過，他選擇不去挑戰這次換人，畢竟挑戰所費不貲，還會造成情勢動盪。但拉藏汗的舉措等於在地平線的那一端點火，必須嚴加注意。當理塘靈童獲認證為第七世達賴喇嘛的消息傳到康熙帝耳中，他立刻下令將其安置在青海的古木布木寺（Kumbum）。但他沒有跟拉藏汗合謀。康熙帝此舉意在將這名少年喇嘛置於官員可以監視的地方，防止有人在某種蒙古王位牌局中把他當鬼牌來打。未來跟拉藏汗競爭時，少年說不定有政治上的大用。轉世的過程並不困擾康熙帝，但其他人說不定會藉機對他不利。

準噶爾出手

為了完成第七世達賴喇嘛與胤禵會面的這幅畫，我們還得再帶入另一派人，這就是準噶爾——東突厥斯坦（中國人稱為新疆）的西蒙古人強大聯盟。準噶爾人創造了蒙古政治的新局面。準噶爾部之名直到一六九七年才首度躍上檯面。相當獨立自主的準噶爾人長期與北方的哥薩克人、東方的滿人，以及和碩特蒙古的拉藏汗長期僵持。

曾在十八世紀初衰落的準噶爾，在統治者策妄阿喇布坦（Tsewang Rapten）治下再度崛起。一六九〇年代晚期，他曾經參與前一位第六世達賴喇嘛認證過程的政治操作，因此當拉藏汗宣布新的六世達賴坐床之後，他便看到了行動機會。為了讓拉藏汗卸下心防，他讓自己的姊姊與拉藏汗成親，並邀請拉藏汗的長子迎娶自己的繼女。康熙帝聽聞這些聲響，立刻意識到有多麼要緊。他用冷澈的眼光觀察到準噶爾領導人「託辭愛壻，留住數年不令之歸」，等於讓拉藏汗的兒子成為人質。「可保常無事乎？」康熙帝打了一個大問號。

康熙帝判斷精準。策妄阿喇布坦精心布局，計畫以武力迫使和碩特蒙古退出拉薩，取代和碩特部成為達賴喇嘛的恩庇者。計畫的關鍵在於格桑嘉措——七世達賴。策妄阿喇布坦打算派兵抓住年輕喇嘛，以凱旋之姿送他進入拉薩，趕走拉藏汗和失去號召力的和碩特部。一七一七年，他把計畫付諸實行。第一步是派他的表弟大策凌敦多布（Tsering Dhondup）指揮六千名準噶爾大軍，從相當少人通過的崑崙山路線，由北邊進兵西藏；第二步是派三百劑兵組成的機動部隊前往古木布木寺，劫走第七世達賴喇嘛。計畫的第一步完美實現，但第二步則否。準噶爾人非但未能掌握轉世靈童，還讓滿人看穿他們控制西藏的意圖，只不過現在此路不通。與此同時，拉薩倒是輕易獻城——喇嘛們受夠了和碩特蒙古，對準噶爾人大表歡迎。拉藏汗被害，他的占領部隊也遭到驅散。但準噶爾人也沒有別的把戲。他們打算和拉藏汗一樣利用班禪喇嘛，只不過不是找他來祝福另一位達賴喇嘛，而是設計讓他站上最高宗教權威。但是，班禪喇嘛的根據地在西邊的另一座城市——日喀則，拉薩幾乎沒有人支持他。他們拙劣操作的結果，是讓藏人把準噶爾人當成另一支任意劫掠的占領部隊。情勢從此走向下坡。

康熙帝對於拉藏汗干預西藏之舉睜一隻眼閉一隻眼，但他可禁不起放著準噶爾人這麼做不管。

尤其準噶爾人企圖綁架達賴之舉，已經侵犯了他認為屬於大清國的領土。唯一可行的反應，就是全面軍事入侵。

入侵西藏所需的大部隊花了一年時間才集結完成，但這次的行動一敗塗地。準噶爾人擊潰了大清國派來對付自己的軍隊。對於失利感到震驚的康熙帝下令第二次入侵，他指派負責此次行動的指揮官，非其子胤禎莫屬。康熙帝交給他三十萬兵馬，授予他撫遠大將軍王頭銜。這次的行動不容有失。若要讓第二次行動處於有利的形式，關鍵就在於確保西藏佛教當局與自己同一陣線。為此，康熙帝派胤禎與第七世達賴喇嘛會面，地點是青海的古木布木寺，時間是一七一九年五月十日。

青海會

為慶祝康熙帝六十六歲大壽，古木布木寺眾僧決定從一七一九年五月四日起一連誦經七天。慶祝皇帝生日是黃教的機會，顯示他們是這位文殊師利化身的上師。誦經是為了祈福，希望足以讓皇帝如俗話所說的萬歲萬歲萬萬歲（可惜康熙帝後來只多活了三年）。法會在五月十日下午圓滿之後，眾喇嘛前往大殿拜佛，接著在從大殿通往住持禪房的路上分兩側列隊。他們要迎接的人，是康熙帝的十四子胤禎。

胤禎這天來，可不只是為了造訪古木布木寺，而是來與傳說是第七世達賴喇嘛的年輕西藏僧人見面。古木布木寺喇嘛（多數是蒙古人）在大門口敲擊金鼓，吹喇叭嗩吶迎接大將軍王和其隨員。胤禎的三名幼子也在隨員中（他們全都在成年之前過世，死因若非天花，就是其他兒童疾病）。大將軍王和他的兒子們先禮佛，接著由人帶去禪房，格桑嘉措將在此與他們會面。他們到達禪房時，格桑嘉措親自出來迎接，叩請皇上安，並為每一位來客獻上白色圍巾哈達，以傳統西藏禮儀歡迎他們。格桑嘉措與大臣們相互問好，接著謙恭持手，帶著一行人進入禪房。等到達賴喇嘛在房內一端的禪坐臺上入座之後，會見就開始了。多虧胤禎把雙方對話主旨記錄下來，回報他的父親，我們才知道他們談了些什麼。

「我來之時，」胤禎先起頭，提及兩年前自己離開北京時，「父皇命我拜會於爾。」大將軍王不打算費工夫解釋為何這麼晚才來拜會這位喇嘛，而是直接切入主題。

「我不曉呼畢勒罕本身與達賴喇嘛呼畢勒罕之真偽。」（蒙古喇嘛稱呼格桑嘉措為「小呼畢勒罕」。）「眾既然皆稱爾為達賴喇嘛呼畢勒罕，呼畢勒罕升座，我即以禮會見。」這位大將軍王奉命前來，就是為了判斷這件事：此僧確實是達賴喇嘛嗎？胤禎表示，眼下自己將會以此身分相待。

「大將軍王，」格桑嘉措答曰，「乃文殊菩薩大皇帝之子，亦菩薩也。我乃一小兒，豈敢受禮！請王坐床。」不過隻字片語，格桑嘉措便帶出六十六年前——往回一代皇帝與兩代達賴喇嘛——第五世達賴喇嘛與大將軍王的祖父治帝之間的交流。

達賴話中暗示著胤禎有資格繼承乃父身為菩薩的地位——也就是他父親的皇位，但胤禎閃過了這段弦外之音。皇統之繼承，任誰都不能在公開場合指指點點。胤禎重新提起自己開啟的對話主題，也就是對他來說，這位喇嘛既然自稱呼畢勒罕，則他也必須行禮，才是恰當的做法。「呼畢勒罕為黃教，披戴袈裟，履行佛禮，」他說，「遵旨向爾致禮，我務以禮待爾。」

「大將軍王乃主人」，喇嘛回答。此話嚴格來說並不假。青海的這部分受大清統治。最近的大清行政輻輳——西寧城，距離古木布木寺不過數十里而已。更有甚者，格桑嘉措已經處於大清國保護下好幾年了。正因如此，他才表示要對大將軍王的身分低頭，說「我本不應受禮」。接下來的一幕，完美重現六十六年前第一次與順治帝會面的場景：格桑嘉措從寶座上下來。「唯大聖主既有旨，我欲站立而言。」他沒有坐著，而是起身接受大將軍王和他三名幼子的行禮如儀，展現對賓客的尊重。接著他領眾人到一旁比較低矮的平臺，讓大家坐下來，談話比較放鬆。

雙方一輪禮貌寒暄，像是問大將軍王前來西寧這一路上是否安穩，來到新環境感覺是否自在等等。對此，胤禎則回問喇嘛自四年前來到古木布木寺之後，是否還習慣。格桑嘉措表示自己很習慣，「仰賴大聖皇帝之福，三寶佛之恩，身安無恙」。話家常既畢，對話主題終於可以轉向這次拜會的正事了。

「我之來事，如何為之？」胤禎問。

「我乃一小兒，並無教養，」格桑嘉措答，「何以知曉？我思之，大將軍王蒙大聖主重旨，既臨邊疆，黃教自此即可速定。眾生自此永獲安居樂業。」格桑嘉措十分清楚大清國這次的大規模軍事干預行動，是準備對青海之外的地方發動攻勢。不僅如此，他的回答暗示自己支持滿人干預西藏、支持達賴喇嘛傳承的計畫，也認為此舉有利於西藏百姓之福祉。

這話說完，談正事的部分就結束了。胤禎達到此行的目的。大家用茶吃水果。

會面的最後，格桑嘉措祝願皇帝萬萬歲之壽。他送給胤禎和其三子佛像、舍利、念珠與馬匹——一百匹給大將軍王，大將軍王的三個孩子每人各十匹，另外加給胤禎十頭駱駝。大將軍王也對佛陀獻禮：贈銀一千五百兩，不是小數目。胤禎上奏父親時相當小心，表示這份禮物不是送給喇嘛的私人禮物，純粹是用來供佛的。（送給格桑嘉措個人的禮物，是拜會隔天才由侍衛送去的紅黃蟒緞各一匹，絲綢七匹。）小呼畢勒罕接著陪大將軍王與其子走到禪房門口，目送他們離開，這是對貴賓很合宜的方式。

康熙帝對送來的摺子相當滿意。「知道了」，他在奏章最後以一貫的省話方式批閱。但他接著提醒胤禎：「自西方來叩請此呼畢勒罕之眾甚多，勿忘勤奮打聽消息以奏聞。」

至於小呼畢勒罕，他把歷史分配給他的角色演得很好。他對胤禎應對得體，對貝子之父的順從也無可挑剔。對於胤禎領軍，恢復黃教支配地位的軍事行動，他也表示滿意。這就是內亞的廟堂外交——以一名十一歲大的男孩來說，表現堪稱精彩。

滿人入藏

康熙帝同意這名男孩可在接下來的軍事行動中加以利用——準噶爾原本就打算這麼做。滿人部隊帶著第七世達賴喇嘛一同進入拉薩，讓他在布達拉宮坐床。為了清楚表示其地位合法，且享有滿人的支持，皇帝送了一枚官印給他，證明他確實是達賴喇嘛。只不過，印上說他是第六世達賴喇嘛，而非七世。這或許是出錯，或許是讓滿人兩面押寶，端視繼承問題最後怎麼解決。說到底，這並不重要。假如格桑嘉措是七世達賴，他的前世就是六世。後來滿人修正了錯誤。

這場軍事行動兵分兩路。滿蒙聯合部隊帶著達賴喇嘛從青海出發，而另一支由定西將軍噶爾弼指揮的部隊則從四川西進。軍隊眼前的路途相當遙遠。根據十八世紀的文獻，從青海到拉薩的距離介於一千兩百英里到一千七百英里之間，端視哪一條路能走。從四川到拉薩的路更遠，要兩千英里。準噶爾人準備好跟第一支部隊交戰，卻沒料到會有第二支。噶爾弼的部隊突破拉薩東邊較脆弱的防線，先進入拉薩城。「一矢未失，」一名滿人指揮官在官方的勝利紀念碑上說道，「賊群逃竄，自晨至夜，若做雲散，莫可遁逸，由是大勝。」至於西藏百姓，則是「老幼夾於道旁，壺漿簞食以迎王師」。噶爾弼抵達拉薩之後做了簡短的演說，表示康熙帝派他為當地帶來和平，民眾則歡聲雷動。「歌舞喧天，震動大地」，這是滿人的觀點，但百姓對這支入侵部隊的反應或許與此相去不遠。

耶穌會傳教士戴西德利受到和碩特蒙古保護，因此不會幫準噶爾人說好話。戴西德利證實了百姓的反應。他同意準噶爾將軍大策淩敦多布是「蠻族中最優秀的軍事將領，他久經戰陣，勇武無比」，但「激戰之後，準噶爾人敗走，驕傲的僭主將軍帶著一小批追隨者遁入西邊的大漠中」。定西將軍噶爾弼的正式報告中，對於準噶爾人敗逃的描述與戴西德利大致相同：「策淩敦多布等，員散食絕，力竭勢窮，狼奔鼠竄。」戴西德利懷疑滿人不懷好意，但也不得不用自己典型的間接方式，承認新任達賴喇嘛受到「這些迷信之民熱烈的歡迎」。

準噶爾占領者被攆了出去，滿人與藏人對此都很滿意。但除此之外，雙方並無共識。藏人希望滿人撤退，他們的任務已經完成了，但滿人不準備把未來交給運氣掌握。一部分的入侵部隊在拉薩駐紮達兩年，後來則縮減為一千九百人的駐軍，足以嚇阻任何想潛入當地，再度吹皺一池春水的蒙古冒險者。藏人視駐軍裁軍為正常化之舉，最終將讓他們從滿人的直接監督中解放。事後證明，他們的期待純屬幻想。

對於西藏與大清國之間的新安排將如何發展，戴西德利很有把握。他了解大清在西藏事務中存在利害關係。「中國皇帝確實有理由震怒」，他平靜承認。「第一，從青海入侵其帝國未遂一事既非對方尋釁，亦無理由」——指的是準噶爾人企圖綁架達賴喇嘛——「第二則是不忠占領西藏王國，殺害其友與近親拉藏汗。」戴西德利對情況掌握有誤，拉藏汗不是康熙帝的知己，兩人也沒有親戚關係。他也看到了這位蒙古恩庇者看到的——大清國來了就不會走了。他在報告結論中斷定，西藏「於一七二〇年十月就此遭到中國皇帝征服，其後人恐怕將繼續統治當地許許多多的世紀」。他的後人確實統治西藏，直到最後一位滿人皇帝在一九一一年遜位為止；今天的中國也依舊統治著西藏。

接踵而來

一七二〇年以降的西藏歷史在藏人眼中，是一段為了從北京手中爭取更多自主權的漫長奮鬥。第一次的努力發生在一七二三年——拉藏汗雖然橫死，但他的堂親試圖讓和碩特部勢力重回拉薩，據說還得到第七世達賴喇嘛的支持。此時的大清國才剛交由新皇帝——胤禎的嚴厲兄長雍正帝來統治。他以他招牌的積極加以回應。雍正帝無意讓西藏從手中溜走，於是從青海派出遠征軍進入西藏，驅除和碩特部，過程中擊潰藏人反抗軍，並破壞有支持和碩特部之嫌的寺院。「這一仗血腥至極，」一名現代學者評論道，「抵抗的人全都死於非命。百姓的糧食和財產權都沒了。喇嘛廟若非被毀就是付之一炬。這個國家受到無情摧殘，民眾貧困而悲慘。」

鎮壓之後流言四起，說雍正帝打算把不相統屬的關係一筆勾銷，將西藏納入直接統治之下。等到滿人官員抵達西藏，掌管西藏事務之後，藏人的恐懼似乎成真了。為了強化滿人對青海的掌握，皇帝在一七二五年將青海東北部提升為府。隔年，他將隸屬於和碩特部的藏人納入滿人的直接監管之下。再隔一年，雍正帝將所有當地西藏喇嘛從大明朝廷獲得的印信盡數沒收，並限制喇嘛收的徒弟人數——最多一人，以免西藏寺院勢力復興，成為阻力。

這些措施令西藏政治高層的鬥法愈演愈烈。以第七世達賴喇嘛為中心的拉薩派反對滿人的控制，與日喀則班禪喇嘛為中心的挺滿派對抗。兩派的競爭導致一名日喀則大貴族在一七二七年遭暗殺身亡。雍正帝擔心西藏漸漸脫離自己的掌握，於是再度於一七二八年出兵西藏，鎮壓拉薩派。此時對他來說，西藏只不過是他得傷腦筋的其中一事，因為準噶爾人又再度崛起。為了防止來自西藏的威脅，雍正帝必須讓西藏失去抵抗能力。一開始，他的第二次出兵就跟第一次一樣血腥，但部隊抵達拉薩高原之前，過往在拉藏汗統治時崛起的日喀則貴族頗羅鼐（Polhané）便自己對拉薩出手，削弱了達賴喇嘛周圍的勢力。等到滿人部隊抵達拉薩，頗羅鼐已經掌握了整個局面。

雍正帝斷定頗羅鼐是個可以合作的人，於是繼續把西藏留在他手中，只不過他還是派了兩名滿人高官與兩千名滿蒙駐軍就近監視，確保未來不會再有動盪。皇帝懷疑第七世達賴喇嘛勾結這次的抗爭，於是要求他和他活躍於政壇的父親遠離拉薩。原本的規劃是把達賴喇嘛送到北京，在檯面上重現第五世達賴喇嘛與順治帝之間打造的紐帶，但皇帝擔心此舉可能會強化七世達賴的權威。於是他讓達賴在國內流放，一個地點接著一個地點。當雍正帝於一七三五年駕崩時，七世達賴的國內流放也跟著取消，人也獲准返回布達拉宮。但頗羅鼐繼續執掌大權，這意味著達賴喇嘛的政治力量已大為縮水，所有重振聲威如五世達賴之強大的夢想也灰飛煙滅。

一名在一七四〇年代中葉前往當地就任的中國文官，證實雍正帝這些措施背後的意圖，就是要讓大清成為西藏的至高權威。「今歸我版圖，」他寫道，「斷其肩臂，青海勢弱，捍外衛內，始得其宜。」雍正帝為所當為。「平青海，杖蕃族，」他如此誇稱，「可謂萬世一遇矣。」

然而從藏人的觀點看，滿人的最終解決之道，不過是讓局勢持續不穩的導火線。不滿情緒依舊。一七四七年，頗羅鼐甫過世，拉薩便爆發另一波衝突。準噶爾人再度介入，希望重塑情勢，讓天秤傾向自己。由於局面緊張，受到驚動的滿人官員暗殺了頗羅鼐的兒子，以防藏人重新出現新的核心。此舉反而讓官員自己遭到殺害，住在拉薩城內的數百名中國人也跟著陪葬。雍正帝的繼位者乾隆帝下令再度軍事干預。等到西藏內部的抵抗又一次遭到鎮壓，乾隆帝便決定一鼓作氣，解決準噶爾人。一七五五年，他發動一場長達三年的軍事行動，以消滅準噶爾。當一切在一七五七年塵埃落定時，乾隆帝的大軍已經讓準噶爾人口從大約五十萬人，減少到可能只剩二十萬，其中又有半數人死於滿人士兵傳入的致命天花。這次的種族屠殺規模之大，導致準噶爾人在今天只有一萬五千名直系後裔。

對西藏來說，結果不僅令人絕望，而且難以逆轉。當一七七九年，黃教階級體系中的第二把交椅——班禪喇嘛，受邀前往北京覲見乾隆帝時，局勢就很清楚了。對班禪喇嘛而言，這正是他發揮的好時機，因為第七世達賴喇嘛已經在一七五七年過世，而繼位的八世又是班禪喇嘛的門徒——一名二十二歲的年輕喇嘛，顯然沒有任何政治野心。班禪喇嘛與乾隆帝的這一回相遇，並非一場平等的會面。這一回並非第五世達賴喇嘛與順治帝會面的重演，甚至也難以與第七世達賴喇嘛和胤禎的對話比擬。這一回是徹底的臣服。班禪喇嘛對皇帝跪拜叩首，不只是他本人，而是整個西藏都匍匐在皇帝腳下。這樣的姿態等於承認大清國如今主宰整個內亞。

七年後，班禪喇嘛的徒弟松巴堪布（Sumpa Khanpo）寫道，這是必然出現的結果。他堅稱康熙帝「統御青海百姓，並且用一條金繩維繫了中國人和蒙古人之間的良好關係」。他提到那條金繩在雍正帝治下磨損（當然，他沒有指名道姓），因為滿人並未尊重和碩特蒙古為保護第七世達賴喇嘛所做的貢獻，但當他的上師前往北京之後，這條金繩便修復了。對這名徒弟來說，班禪喇嘛的臣服，顯示的並非西藏的權威遭到剝奪，而是西藏在大清國之內獲得一席之地。他不斷重申，大清之內有「兩法」（北京的國法，以及西藏的教法）和「三國」（中國、西藏與蒙古）。他憑藉這道公式，想像出一種安排，將西藏置於中國之內，卻不至於讓西藏消失。但這是內亞一廂情願的看法，北京絕不認為有兩法三國的存在。只有皇帝的律法，也只有一個大清國。直到大清分崩離析，於一九一二年解體為止，局面大抵如是。

大清國的消失，切斷了達賴喇嘛與大清皇帝之間的上師—恩庇紐帶。對於這種紐帶，中華民國既不理解也不信任。在藏人眼中（蒙古人與新疆的維吾爾人亦然），他們跟大清國的政治關係已經結束了。十三世達賴喇嘛甚至在此之前，便試圖在晚清衰落之時聯絡盟友——蒙古人、俄羅斯人，甚至還有不列顛人，以期恢復藏人的獨立自主，只是未果。一九一二年，革命黨人宣布中華民國為大清國的繼承國。至於滿人殖民過的區域，只有外蒙古設法掙脫了中國民族主義吸力的束縛。西藏未能從新共和國脫離，但在接下來數十年的混亂局面中，西藏多半可以自己做主。人民解放軍在一九五〇年入侵西藏，中國藉此在過去的「大國」領土上再度強加積極主權。直到今天，西藏仍處於當前十四世達賴喇嘛所說的「外國占領」局面。

第十一章

商人和他的僕人

奧斯坦德／廣州，一七九三年

一七九三年七月十五日，伊特魯斯坎號（Etrusco）正北上英吉利海峽，距離比利時港口奧斯坦德還有一天的航程。此時，一艘不列顛海軍獨桅帆船悄悄靠了上來。這年夏天，不列顛和法國作戰，而不列顛海軍正實施禁運。英吉利海峽中，任何未懸掛聯合王國船旗，文件又不符的船隻都可加以扣押。伊特魯斯坎號的船長有理由感到焦慮。這艘船是那個時代不可謂罕見的法律大雜燴：建造於美國，出售於加爾各答，登記成其他船名，名義上由來自伊斯特里亞（Istria）的威尼斯人所持有，懸掛托斯卡納（Tuscany）船旗，由英格蘭人指揮，載運了至少四國商人的貨物，而股東至少有三個國家的人。這艘船航行在一個貿易獨占觀念當道的世界，船上準備了好幾種版本的貨單，端視是誰想檢查。對了，船上還有一名中國乘客，名叫林亞九。

直到抵達聖赫勒拿島（St Helena）——南大西洋中的一座孤島，往返亞洲的定期船隻會在此補充飲水與給養——伊特魯斯坎號船上的人才得知戰爭的消息。他們在新年當天離開澳門，船上載滿著糖。當時兩國仍維持和平，但他們並不曉得，不列顛正是在這一天宣戰的。伊特魯斯坎號一頭栽進的這場戰爭，是一七八九年法國大革命的遲來結果——革命發生後，法國跟歐洲其餘國家對立，而情勢稍後更是在法國國民議會（National Assembly）廢除君主制之後愈演愈烈。不久之後，法國與奧地利帝國以及其他歐陸大國的關係瀕臨爆發點。為了不讓法國人口中的「帝國主義者」占得先機，法國於一七九二年對奧地利宣戰。其他國家也捲入衝突中，最後連不列顛也宣布與奧地利帝國同一陣線，加入戰爭。

伊特魯斯坎號懸掛奧地利帝國的船旗（因為托斯卡尼是該帝國的領土），所以還好。但在當時（如今亦然），船隻常常掛上權宜用的船旗，等於在戰時不能只看旗子就算了。無論懸掛哪一國的船旗，不列顛戰艦都不會在沒有檢查文件，判斷實際船籍、船貨內容及目的地的情況下，放任何一艘船隻通過。伊特魯斯坎號北上北大西洋的過程中，已經因此多次遭到截查。

這艘船有兩點不利。第一，指揮船隻的人是一名告假中的英格蘭海軍軍官，而此時所有海軍軍官都已受召恢復現役。霍姆・波潘姆（Home Popham）在對美洲殖民地的戰爭中擔任海軍低階軍官，升到中尉。由於戰爭結束後軍人復員半薪，他不想繼續留在軍中，做無益於自己職涯發展的事情，於是前往奧斯坦德——是個不列顛法令管不到商船頭上的好地方。他四處打探指揮職，也找到了，於是在一七八七年向海軍部長告假，「前往東印度群島追求我自己的事業」。海軍部長反應冷淡，但還是在他二度請願之後放他走，條件是不要涉足東印度公司（EIC）利益所在的地區，同時要對公司報備他在亞洲的行蹤。

波潘姆全都沒有遵守。他把名叫伊特魯斯坎號的船隻駛向印度，從事的正好是他不該做的生意——在東印度公司經營的水域活動。到了加爾各答，他跟幾個美國人買賣時使詭計，把自己的船換成更大艘的華盛頓總統號（President Washington），接著馬上將之改名為伊特魯斯坎號，很可能是為了掩飾船隻已經換手的事實。此外，用「托斯坎人」（「伊特魯斯坎」的原意）為自己的船取名，也是顯示自己跟英格蘭的利益井水不犯河水的好方法。為了與偽裝保持一致，他僱用一名托斯坎人為大副，後來改以伊斯特里亞人取而代之（當時的伊斯特里亞屬於奧地利帝國）。波潘姆一度在東印度公司最深的口袋——孟加拉灣一帶載貨，後來他前往澳門，在澳門找到不少迫切想把商品裝進貨艙，載著自己返回歐洲賺大錢的歐洲商人。

船艙裡的貨物，正是伊特魯斯坎號的第二個不利點。有三分之一的貨物屬於尚—巴蒂斯特・畢昂—阿葉（Jean-Baptiste Piron-Hayet），這名法國商人以澳門為根據地，與廣州進行貿易；另外有三分之一的貨物屬於一位有著法文名字的商人——夏爾・德・孔斯當（Charles de Constant）。孔斯當其實是瑞士人，但他在廣州擔任法蘭西東印度公司（Compagnie française des Indes orientales）的首席代理人。前一年他辭職了，因為公司在此時為了防止財政崩潰而採取激進的做法，結束了廣州商館的營運（但財政崩潰終究還是在一七九四年發生了）。如今，孔斯當做自己的生意。船上有這麼多的貨物登記在兩個法文名字底下，任何一位不列顛稽查員都會注意。

儘管有這些不利因素，但波潘姆仍是位靈活的玩家，知道所有的眉角，一旦事實跟他的目標不合，他也會熟練地否認事實。每一回有不列顛軍官登船，波潘姆都能靠著一張嘴與自己的人格魅力，讓稽查的人相信這艘船的航行完全沒有違反不列顛的戰爭法與獨占法。七月十五日這天，當那艘海軍艦艇對他的船隻出現在英吉利海峽上有所懷疑時，他便故技重施。船隻的目的地是奧斯坦德，這一點有點幫助，畢竟比利時屬於奧地利帝國。偏偏有一好沒兩好，在奧斯坦德處理這趟船務的是一名英格蘭代理人——羅伯特・查爾諾克（Robert Charnock），以狡猾手法避開 EIC 的獨占權而聞名。波潘姆很幸運，通常下級軍官不見得知道這些事情，而登上伊特魯斯坎號盤查的這位年輕副官正好不知道。兩人一陣交關，軍官弟兄對軍官弟兄，那位副官便回到自己船上，同意伊特魯斯坎號並非戰時捕獲物，可以繼續前往奧斯坦德。

隔天，伊特魯斯坎號抵達港口，中途未生枝節。這一程結束了。船都還沒下錨，波潘姆就自己划小船上了岸。他把年輕的妻子留在奧斯坦德，妻子在兩年前他離開的前晚懷了胎，而他至今還沒見過自己的兒子。至於本章的要角——瑞士商人孔斯當有沒有上岸？我們沒有文獻可以佐證。經歷一段漫長的航程，他想必很希望雙腳踩在乾燥的地上，好好感受一番。假如這名商人有上岸，那麼他的僕人林亞九當然也得跟著他，繼而首度站上歐洲的土地。此前還沒有幾個中國人到過歐洲。

伊特魯斯坎號抵達奧斯坦德時，這幾個人肯定沒看到不列顛籍巡防艦光輝號（Brilliant）停泊於港內，但伊特魯斯坎號早已經過多次盤查，每個人都不擔心。只不過就在當晚，光輝號上的一名副官在夜色掩護之下，率領武裝小隊登船，宣布以國王喬治三世陛下之名，將伊特魯斯坎號扣押為戰時捕獲物。相較於接下來針對扣押船上中國商品之舉是否合法，以及在確認並不合法之後是否補償而起的司法戰，伊特魯斯坎號前往奧斯坦德的這段路實在微不足道。這起訴訟曠日廢時，官司在不列顛的法庭打了十五年時間。

中國人在歐洲

伊特魯斯坎號抵達奧斯坦德之後又過了四個月，林亞九在倫敦讓人畫了肖像。我是在拜訪普林斯頓大學（Princeton University），與老友兼同行韓書瑞（Sue Naquin）偶然閒聊時發現這幅畫的。當時，我提到自己正在讀孔斯當的回憶錄，而她想起幾年前擔任東亞研究系（Department of East Asian Studies）講座教授時，人家問她的問題。一名普林斯頓校友帶來一紙在他家很有歷史的舊版畫。畫中是一個中國人，而這名校友想知道系上是否有人有一丁點線索，知道此人是何許人也。研究了一番，韓書瑞得知畫中人是孔斯當的僕人林亞九。為了答謝她對這個問題的投入，畫的主人把這張版畫捐給東亞研究系。畫在她的研究室牆上卦了好幾年，幾年前，普林斯頓大學美術館的規畫師判定這張畫非常珍貴，不該掛在牆上，接著氣急敗壞用氣泡紙包裝好，收進庫房裡。

見到這幅畫時，我注意到上面有小字，寫著這幅畫出自於誰的手筆：「H. Danloux Pinx't」，意思是「H・丹路克斯繪」。我猜，原畫已經消失許久。但上網搜尋之後，我發現這張版畫描摹的原畫，現在收藏在愛爾蘭的私人藏家手中。儘管我只看過原畫的數位檔案——數位的總是比不上真品——但光是檔案就足以讓我知道，普林斯頓的版畫好是好，但原畫才叫上乘。

畫中坐著的人以天空為背景，眼睛看著畫家右肩上方，額頭光亮，目光炯炯，雙脣微啟。他的臉上有些許跡象，顯示他不太自在，甚或對於擺姿勢多少感到侷促。對於十八世紀的多數中國人來說，坐著讓人畫肖像是一種陌生體驗。名人與偉人、皇帝和王侯、高官與名士才要畫像。老百姓唯一曉得或是看過的肖像，上面畫的若非死人，就是行將就木的人——亦即所謂的「祖宗像」。對林亞九來說，坐在亨利—皮耶・丹路克斯（Henri-Pierre Danloux）位於萊斯特廣場（Leicester Square）的畫室讓他作像，想來是種新奇的體驗。不過，自從十四年前為歐洲主人做事以來，他已經遇過許多新鮮事，讓人畫肖像只是其中之一。

這幅肖像畫堪稱傑作。畫高一碼，寬二十八英寸，大小足以讓主角看起來相貌堂堂，卻又不會讓他看起來一板一眼，讓觀者感受到壓迫感。對亞洲人感到陌生的歐洲畫家，會覺得亞洲人的臉部輪廓很難畫，尤其是雙眼。他們受過的訓練不包括畫中國人的眼睛，但丹路克斯仍以高超的技巧，處理好林亞九的內雙眼皮。不過，這幅畫不光是像，甚是可說是維妙維肖。微張的雙脣，以及他臉上的多個迎光面，為畫中人賦予一種鮮活、一呼一吸的感受，衣服的黑有點暗沉，但他背後輕柔的雲彩卻給畫面添了一絲溫暖與輕快。畫中沒有任何事物有損於模特兒的形象。畫家沒有為林亞九加上異國風，或是把他畫成另一個人種。對一七九三年的歐洲受眾來說，他看起來也許跟自己不像，身上的衣著也許很老氣，但基本上他就是我們。

這幅畫在丹路克斯的所有作品中獨樹一幟。他的標誌性風格更暗沉、更誇張，不時綴飾過多——大體上就是十八世紀的風格。但這張肖像不然。除了襯背的積雲背景（三年後，丹路克斯繪製貝里公爵〔Duc de Berry〕肖像實再度使用了這個手法），這幅畫跟他的其餘作品實在沒有相像之處。沒有浮誇的服裝，沒有道具，沒有陰影——只有畫中人，襯著露天背景，穿著中式衣帽，此外相當樸素。這幅作品中沒有急就章與輕忽之處。正好相反，丹路克斯運用複雜的幾何光影，預示了十九世紀的繪畫，而非回顧十八世紀的舊慣——至少我是這麼看的。丹路克斯恐怕不是在實驗某種新風格，而是試圖找出一種方法，不依賴當時歐洲肖像畫中亂七八糟的常見道具——管他是英雄風還是居家風——掌握肖像主人的神采。不知道丹路克斯究竟是太喜歡林亞九的肖像，捨不得割愛，還是純粹找不到買主？總之，直到他在一八〇一年返回巴黎時，這幅畫都還在他自己的收藏中。丹路克斯死於一八〇九年，這幅畫傳給其子，而且至少在他手上留到一八六〇年。

丹路克斯比林亞九和孔斯當早一年來到倫敦，是因為法國革命演變為暴力局面而逃難的人。過去他仰賴接貴族委託人的案子為生，如今革命剝奪了他的客戶，他只好在萊斯特廣場成立畫室，在倫敦到處接案，幾年後搬到蘇格蘭做一樣的工作。孔斯當抵達倫敦時，他和丹路克斯聯絡上。兩人可能在孔斯當寓居巴黎時便已認識，不過，身為法國大革命造成的歐陸難民，怎麼樣都會碰頭的。我猜想，因為是舊識，加上手頭拮据，才讓兩人起心動念——他們說不定可以把林亞九在英格蘭創造的些許討論熱度化為利潤。林亞九說不定是倫敦在一七九三年唯一的中國人，自然是相當引人好奇的人物。他甚至吸引到喬治三世的注意力。國王在海德公園（Hyde Park）時，林亞九正好途經一旁——這種巧合說不定是孔斯當的精心設計，藉此引發討論，與倫敦的商業菁英建立聯繫。據說，國王因為這次巧遇大喜過望，不停喊著：「居然？居然？中國人耶！中國人耶！你好嗎？你好嗎？」孔斯當追憶，林亞九躬身，輕聲說道：「請了，請了。」

林亞九的能見度想來滋長了畫一幅畫，賣給好奇民眾的點子。丹路克斯畫好肖像之後，安排同在萊斯特廣場開設作坊的製版師傅約瑟夫．葛羅澤（Joseph Grozer），為這幅畫製作美柔汀版（mezzotint）。美柔汀版與傳統版畫使用的蝕刻銅版不同，運用的是更細緻的打毛與拋光技法，能比過往版畫使用的交叉線陰影法創造出更精緻的陰影調。葛羅澤製作的版畫是原尺寸的五十分之一，這樣才符合印刷的經濟效益。他在圖片底下加了一塊空間，用於說明畫中人的身分，並指出丹路克斯的畫家與出版者身分。上面有一句題獻詞：「獻給夏爾．孔斯當．德．里貝克（Charles Constant de Rebecque），由您最謙卑且忠實的僕人 H．丹路克斯所繪。」這張版畫還有一個副標題：「一七九三年來到倫敦的中國人。」

大標題寫的是「香山林亞九」。許多前往澳門工作，甚至出國的中國人，老家都在香山。標題不只說明圖像本身，也跟左上角出現的中文標題相對應。五個中文字清晰可辨，只是模樣怪得可以——「香」字有兩筆寫錯，而「山」字底下的那一橫太長，凸出來太多——顯見寫字的人沒學過中國書法。對一個新手來說，寫成這樣算挺不錯了，但對於擁有丹路克斯那種手眼訓練的人來說則不足為奇。中國繪畫習慣在畫上題字，但對十八世紀的歐洲肖像畫來說並不常見。在歐洲，模特兒的名字繪寫在畫框上，而非畫框內。丹路克斯用這種方式，點出林亞九來自另一個文化的事實。

歐洲人在中國

見到林亞九對倫敦人來說相當稀奇，而孔斯當對廣東人來說則是個「鬼佬」。歐洲人在廣州，固然不像中國人在英格蘭那麼少見，但無論誰看誰，只要是在觀者自己的家鄉看到對方，都會產生從有趣到嫌惡的種種情緒。無論是誰，只要是在人家的地盤上，就得準備遭遇對他者的恐懼所帶來的敵意，尤其是這種恐懼從小就根深蒂固。

從事廣州貿易的歐洲人會生活在兩個地方：澳門與廣州。澳門是位於珠江口的狹小半島，葡萄牙人於一五五七年租借了澳門。到了十八世紀，澳門仍然是與中國毗連的、歐洲人僅有的可居住之地。歐洲人與中國人在澳門與珠江口周邊進行檯面下的貿易，直到大清在一六八四年開放廣州一口通商，監督對外貿易為止。外國人若有貿易需要者，可以承租城外的建築物，也可以在夏季貿易季節居住於此，但其餘時節則必須收拾到下游一百英里的澳門過冬。

孔斯當在十七歲那年首次乘船到澳門，後來在發展中國職涯的過程裡，還會再來兩回以上。他的文件與日記檔案汗牛充棟，如今收藏於日內瓦圖書館（Geneva Library），其中包括他第三次造訪澳門的日記，是以寫給友人的信為形式寫成的。他在一七八九年九月二十日的信中，流露出澳門一進入他的眼簾，而他意識到自己「回到我在少年時度過最美好歲月的國度，知道自己能在一次見到故舊友朋時」，是多麼地開心。他在同一封信上把澳門描述為：

令人目眩神迷、欣然神往的地方。這個半島是由好幾座山丘組成的，而澳門城有如露天劇場，不規則地坐落在山丘之間。美麗的樹木枝葉婆娑於建築的雪白之間，中式建築、歐式教堂與漂亮的房子彼此錯落，帶出非常可人的印象。人們下船的地方，是個形狀狹長但幅員寬闊的半圓弧海岸，沿岸有一座漂亮的碼頭，也是海濱散步區。歐洲與中國船隻來來去去，為整體更添美感。

澳門是個有葡萄牙人總督的葡萄牙城市。不過，等到大清在十八世紀中葉派地方官給澳門之後，葡萄牙人就再也不能獨享這座城市，而是必須允許所有來人進入。據孔斯當估計，澳門在十八世紀下半葉的歐洲人口超過兩千人，除了總督夫人之外全都是男性。加上在歐洲人家裡幫傭、同居的中國婦女（表面上都改信基督教），「基督徒」的人數就增加到七千人。這個數字遠遠不及在澳門工作的兩萬五千名中國男子，他們的勞動力對這座城市的運作來說不可或缺。此外，還有一千兩百名至一千五百名非洲奴隸，全部加起來就是澳門的總人口。儘管歐洲人為數不多，但他們主宰了這個口岸。

孔斯當和多數來到澳門的歐洲人一樣，為了致富而寓居當地，打算需要多久就留多久。他最早是在奧地利帝國第里亞斯特亞洲公司（Imperial Asiatic Company of Trieste）擔任學徒。在諸多受政府委託，經營對中國獨占貿易的東印度公司或亞洲公司中，這間公司算是比較沒沒無聞。孔斯當原本希望在法蘭西東印度公司中謀職，但找不到工作。他出身有貴族血統的日內瓦望族，但家中環境小康，意味著孔斯當雖然一出生就有些關係與機會，但他得設法從中得益。年少時，他家常常搬家，十四歲時曾在倫敦外城外住了兩年。到了十六歲，他已經能流利講四種語言，也懂得如何在陌生環境中進退應對。歐洲各國的公司都有日內瓦人，但奧地利帝國第里亞斯特亞洲公司是他當時覓得的最好出路。他有個大弱點：對於為賺錢而殺人，他的態度實在不熱衷。他固然希望能賺到夠多的錢，體體面面回國，過著愜意的居家生活，但還不到不計代價追求財富的程度。

奧地利帝國第里亞斯特亞洲公司，是為神聖羅馬（哈布斯堡）帝國進行獨占生意。孔斯當任職時，第里亞斯特亞洲公司是廣州曇花一現的公司中最新的一間。儘管名稱如此，但這間公司的總部卻不是在第里亞斯特，而是奧斯坦德。之所以掛上「第里亞斯特」是為了在哈布斯堡家的大傘下，成為官設的亞洲貿易公司。為「帝國人」（the Imperials，這是英格蘭人對他們的稱呼）工作，並非孔斯當原本期待的鐵飯碗。他才剛到澳門，公司就在歐洲遭遇財政困難。因為沒有派船來，自然也沒有生意要談。這位初來乍到的十七歲青年形同進退維谷，孔斯當決定放棄這份工作，但他得借錢還債，才能在一七八二年二月離開。返回歐洲的途中，公司經過重組，派了兩艘船到中國，偏偏孔斯當回到歐洲才得知這件事。由於沒有奧地利船隻能讓孔斯當搭回澳門，他只好急忙趕往英格蘭，跳上一艘從馬蓋特（Margate）出航、掛著奧地利帝國旗幟的船（這艘船為了懸掛權宜船旗而僱用義大利裔的船長）。真正的船長和船副，都是EIC的前職員——又是一艘規避獨占的英格蘭船隻。

返回澳門之後，孔斯當立刻寫信給手足，文字間透露自己對於回來這裡並不開心。「我又回到自己的牢房了，」他寫道，「包圍著我的，都是一些沒有原則，沒有道德，難相處，腦裡只有賺錢，完全不在乎怎麼賺、跟誰賺的人。」用他浮誇的問題來表示——「再多的財富，難道就能補償我在這個可悲國家現在經歷的，以及即將經歷的慘淡時光？恐怕會是一段很長的時間哪！」孔斯當自問自答：「我看是沒辦法吧！」一陣大手大腳的投機活動後，帝國亞洲公司被自己的債務壓垮，於一七八五年宣告破產。孔斯當解脫了，於是趁接下來的冬季風搭船返鄉，完全不希望再回來。豈料，回到歐洲之後，他的前途也不見得比在澳門時更好。當短暫中止運作的法蘭西東印度公司恢復營運時，這間公司給了他機會，讓他以代理人身分在中國度過第三段時光。以這個職級回到澳門，代表他可以在法國商館穩坐第二把交椅。他決定再給命運一次機會。

孔斯當於一七七九年首度抵達澳門之後不久，便與林亞九相識。他在家書中談到這件事：「我有一個專為我做事的僕人。他十一歲，名字叫亞九。人很聰明、和善、討喜。」兩名年輕人變得很親密。孔斯當在一七八二年一月返回歐洲時，把林亞九留了下來；但當他第二次來到澳門時，欣喜發現林亞九居然在碼頭邊找工作的人當中等著他，於是他重新僱用林亞九。他在另一封家書中描述林亞九，「這名僕人以前為我做過事，不妨說是我養大他的」，但除此之外，他就很少在文字中提及林亞九。第二次的分離隨著孔斯當回到歐洲而來，而第三次的團聚則發生在他回到澳門，經營法國商館的時候。等到伊特魯斯坎號在一七九三年一月啟航時，孔斯當已經有足夠的身家，能把林亞九帶在身邊。

林亞九並非唯一與孔斯當作伴的中國人。澳門是由外國男人組成的世界，但也是中國女子的世界——葡萄牙人把無父無母的女孩從中國帶到澳門，養育成基督徒。孔斯當跟大多數歐洲男人一樣，從這種安排中得到好處。「葡萄牙人認為，把中國小孩買來，在基督教中養大他們，是在做善事，」他在給朋友的信上如是說，「中國小孩的價格不貴，尤其是饑荒肆虐這個帝國的時候。這裡常常發生饑荒，連最發達的省分也是。一般人偏好買女孩，畢竟她們大有機會能當妓女營生。」找露水之妻（又叫娘惹〔nyonya〕）的男人，有義務負擔家用，把她當真正的妻子。只不過雙方都知道，兩人之間的財務紐帶會在男人離去時結束。孔斯當的第一個娘惹名叫若瑟法（Josefa），他在一七八九年那次回到澳門時，得知已經有個丹麥商人找她去當娘惹了，於是他在那年冬天又談好找另一名中國信徒來服務。她的中文名字沒有記錄下來，但是葡萄牙文名字有，叫做葛拉契亞・巴哈德（Gratia Barrada）。葛拉契亞不只履行了契約，甚至在孔斯當第三度停留澳門期間，照顧臥病許久的他。要是沒有葛拉契亞的照料，孔斯當恐怕挺不過來。

廣州經驗

乘船前往廣州的歐洲人，會發現自己進入一個極有組織的貿易體系。他們打交道的大商人，是為行商做事的。行商享有政府授權，進行貿易，而為了這種特權，他們可是繳了高得不公道的稅給國庫。歐洲人只能以澳門為根據地，在夏天的貿易季節溯游而上，敲定買賣。由於不得進入內城，他們必須住在廣州城西南角沿河岸而建的商館，俗稱十三行。這些「行」原先是行商蓋來自用的建築，但後來成為歐洲人和他們的商品在貿易季節中，所使用的居住與倉儲空間。孔斯當筆下的十三行「立面不寬，但縱深很長」——深度超過一百碼——「幾個小花園隔出幾個區塊，有一條寬廊通到中間。立面的上層部分為柱廊，有些以圓柱支撐，有些則是半露柱式拱廊」。十三行原本空間不足以放置整船的貨物，但後來隨著時間而擴建，最後甚至能存放四艘船的貨物。

對這些進駐在十三行的人來說，僅有的娛樂就是在河岸開過來的兩條小路邊，獲准經營的中國商店。最早的商店街叫做豬巷（Hog Lane，本地人叫它荳欄街），路就開在英格蘭商館邊。一七六〇年又有第二條商店街——中國街（China Street，本地人叫它靖遠街）。孔斯當首次僑居期間，街旁原是法國商館，但後來法國公司搬到中國街西邊的第三戶，而美國人進駐原本的地點，並在一八

○○年蓋了自己的商館。百無聊賴的外國人，可以在街上的店家購買個人必需品與紀念品，看心情決定是在酒館裡吃喝還是打鬧——鬧事的情況似乎還不少見。中國人將中國街取名為「靖遠街」，意思是「讓遠來之人安安分分」，但這個名字完全沒有反諷的意思。「靖遠」是表達官方外交方針時常用的詞彙，要讓外國人——總是潛在的問題來源——過得舒坦，藉此把他們造成的威脅減到最低。多數的外國人會待在這個為他們而造的祕密花園裡。

孔斯當喜歡澳門甚於廣州。他很少冒險進城，進城時也從未感到自在。他在信中吐露心聲，「離開歐洲人常去的區域，去滿足別人的好奇心，實在不怎麼愉快」，他甚至透露自己絕不會在沒有保鑣隨身的情況下，進入中國人的地盤。「就算帶著士兵同行，嚇阻民眾，也會馬上被一大群人包圍，丟石塊什麼的，威脅要傷害你。」不見得每個來到廣州的歐洲人都有這麼負面的經歷，但孔斯當與人面對面互動時實在無法心平氣和。他原本懷抱著伏爾泰等作者灌輸的特定啟蒙願景，認為儒家的規矩讓中國人在整體上比歐洲人更理性、更有道德。誰知道，中國人的舉止卻讓孔斯當大為震驚與不齒。他在信中抱怨，這些行為「屬於更野蠻的民族，而不是以文明程度知名的民族」。林亞九似乎是唯一不在其列的人。

孔斯當化解困惑的方式，是從伏爾泰切換成孟德斯鳩，從「中國是個開明的君主國」切換成完全相反的看法，也就是愈來愈多歐洲人認為的「中國是個專制之地」。他相信，假如說中國人素行不良，那也是因為專制妨礙了中國人，讓他們達不到其文化高度。「我們可別忘了，專制下的社會，是無法體會道德之樂的，」他寫於一七八九年十二月，「為了補償，人們於是尋求、沉溺於感官之樂，而且是祕密而為，悄悄而為。」他的遣詞用字絕非隨興為之。當時，人人心裡都有「專制」一詞，畢竟這是法國大革命的表達方式。孔斯當在幾星期後又用一樣的言語，挑明清政府官員對百姓表現的鄙視，以及要求百姓面對官府時展現的卑下，作為專制無所不在的證據。「且讓我繼續說分明，鄙視是最常見於所有專制政府的心態，而對於廣土眾民如中國這樣的國家來說，強迫就是箝制百姓最有效的方式。」

孔斯當對於大清專制的批評，多少反映他自己在中國找門路時碰上的困難。在孔斯當看來，創造出獨占做法，妨礙自由貿易的政治環境，就是「專制」。「獨占、公司、封閉式公司最合專制君主的胃口」，他如此主張。「每一個參與獨占的人，」他堅稱，「都參與了專制體制。」中國並非他怒氣沖沖的唯一目標。他把這番批評用於各國的東印度公司——他為之效力，從中卻絲毫未得。唯有廢除獨占制度，才能拯救歐洲，不至於深深墮落於專制。歐洲的革命輿論也同意他的看法。法國人首先廢止東印度公司，其他歐洲國家也隨著十九世紀輿論擁抱自由貿易之號角的情況下，逐步解散其東印度公司。

皇帝的利益

位居廣州一口通商體系遙遠的頂端，從中獲利最多的人，是滿人皇帝。那個人在孔斯當提筆為文時，已經七十八歲，在位五十四年——他就是乾隆帝。他的祖父康熙帝創下在位最久的紀錄：六十一年。乾隆帝在六年後達成統治六十年的目標。此時，他認為凌駕自己的祖父並不得體，於是在檯面上退位，但實際上仍掌權到四年後過世為止。他的年紀和治世之長讓我想了又想，最後得出一個簡單的論點：這個人（事實證明，他在滿人軍事占領框架中是個有能的君主）在位的時間，久到讓他和他的核心圈子代表的利益關係變得不可動搖。他的寵臣——滿人侍衛和珅居然爬到如此高位，人稱中國歷史上最腐敗的人；一七九九年，他在主子駕崩後立即遭到新皇帝賜死，此時的他說不定還是世界上最富有的人。

孔斯當不討厭乾隆帝，還很希望能親眼見到他。當組織一批歐洲人前往北京，為皇帝八十一歲（是個幸運數字）生日祝壽的計畫成形時，孔斯當一馬當先。由於不列顛人對儀式進行方式有異議，這趟旅程也因此胎死腹中，但他仍在寫給朋友的信上說：「你肯定曉得，我收到這份提案時有多麼喜悅。」儘管如此，孔斯當仍然心知肚明，他在廣州面臨的諸般挫折，其實源於為了輸銀於帝室的廣州一口通商體系，也源於和他打交道的官員都必須透過這個體系，將盡可能多的銀子注入皇帝口袋的事實。參與通商的各方都受到沉重負擔，但最困難的還是行商。從事廣州貿易是一項豪賭，畢竟輸銀於內務府是個重擔。許多行商下場悽慘，破產還算幸運，流放才是真慘。

為了確保現金流，乾隆帝緊緊盯著受命擔任體系內關鍵職位的那些官員：一是廣東巡撫；一是粵海關部監督，而歐洲人稱呼後者為「戶部」（Hoppo）或「關部」（Quanpou）。一七七九年，也就是孔斯當抵達澳門那一年，乾隆帝將「戶部」與廣東巡撫兩職集於李質穎之一身。雖然有個看似中國人的名字，但李質穎其實是內務府正白旗包衣——皇帝就想讓這類人出任要職。蒙古皇帝為了私人利益，找「色目」經營平行於文官體制的機構；大明皇帝透過宦官實現自己的目標；大清皇帝也相去不遠，透過宗親與包衣奴才運作他們個人的逐利行為，同時不讓文官加以干涉。總之，李質穎就好比大元的馬可．波羅或大明的鄭和，是機器中的小螺絲釘，讓皇帝在不用理會文武百官的情況下進行統治。

孔斯當在澳門的第二年，李質穎失去了巡撫職位，但接下來仍保有粵海關部監督職務，可以好好還錢給內務府——那可是數十萬兩的銀子。一七八四年離職之後，他把人生的最後十年都用來還這筆錢了。漢學家蓋博堅（Kent Guy）重建了李質穎的債務，判斷這整個龐大的貪腐體系，是靠對茶抽稅來維持的，因為外國人是以白銀支付。這種由上而下的壓榨——蓋博堅說得可貼切，「中國的皇帝有條不紊，從他那些手腕聰明的奴才弄來的不義之財中拿走自己的一份，而不是要求這些奴才有一定的道德標準」——是官員的墮落，完全否定了「皇帝身為道德與政治權威核心所應有的價值形象」。收入固然巨大，但風險比收入還要巨大，畢竟皇帝若是沒有道德權威，就會讓自己和王朝難以應對內部的挑戰與外部的蔑視。到了十九世紀末，歐洲人已經把中國皇帝當成小丑，而中國人則把他當成障礙，是個欲除之而後快的外族占領者，擺脫他才能讓中國人繼續統治中國之使命。

但我講得有點超前了。歐洲商人固然對這種財政管理相當惱怒，但李質穎在歷任「戶部」當中不算特別好，也不算特別差。等到另一名滿人——穆騰額，在一七八四年二月取代李質穎時，歐洲人利用他上任的機會，邀請他開會討論修改廣州的遊戲規則。歐洲人很少同步行動，畢竟他們雖然都是歐洲同胞，卻也都是彼此的競爭者。但他們也想從這個體系施加的額外重負下喘口氣，尤其是那些任意施加在他們身上的負擔。他們羅列十點要求，請穆騰額與他們會面，討論他們關注的項目。穆騰額同意了，會議在一七八四年十月二十七日舉行，地點是在黃埔島下錨的一艘歐洲船隻上。黃埔島位置在廣州下游不遠處，歐洲大型船隻只准航行到此處。由於歐洲商人皆不諳漢語，於是請羅許努瓦的尚—夏爾—富蘭索瓦・蓋爾伯（Jean-Charles-François Galbert de Rochenoire）擔任翻譯。蓋爾伯八歲時便隨父親來到廣州，在未經正式教育的情況下學習漢語。他曾在各家東印度公司起起落落時為它們工作，不過他寧可以法蘭西國王的通譯身分自居。多虧了他，我們才有歐洲商人與穆騰額的會議紀錄。

會議一開始，蓋爾伯先介紹與會的歐洲人，按國籍區別清楚。他向穆騰額解釋，自己只是通譯，接下來傳達的都不是自己的看法，而是代表們的意見。接著，他一個一個翻譯各國代表的訴苦。穆騰額態度親和，每有一點提出，便回答一點，展現他願意檢視、修正讓歐洲人難以負荷或感到冒犯的做法與程序，只不過必須等到會後，他才有時間詳讀、考慮他們的完整陳情內容。歐洲人這一廂強調的說法是「商業自由」，這個概念在中國脈絡中沒有什麼意義，無論工匠或是商人，都可以把自己的商品自由賣給他選擇的人，但這並不等於「自由」這麼宏大的概念。

不過，歐洲人想從穆騰額那兒得到的，倒也不是「自由」這麼抽象的概念。他們想緩解廣州一口通商體系施加在他們身上的財政負擔，有些負擔不見得內建於體系規則中，而是擦邊球。接著他們七嘴八舌起來。制度規定廣州的外國人必須年年回到澳門，但來回的規費卻在過去四年間增長了三倍。負責評估貨物價值作為抽稅標準的小官，竄改其重量與成色。當局規定他們只能用兩艘舢舨把船貨載進廣州，導致過程冗長，花費也高得不必要。每一項陳情，穆騰額都以最和善的態度，承諾會有改善。「關於用兩艘以上的舢舨裝卸貴船貨，」他回應第三項訴求，「調整完全不困難。你們可以要求用三艘，甚至四艘都沒問題，不用這麼費工夫提出來。」他大度補充。

蓋爾伯接著轉向更棘手的議題——中國商人債務的處理。中國商人經常資本不足，害他們無法在貿易季節之前，先以合理的成本取得商品。為了提前購買，他們轉而希望歐洲商人在尚未交貨之前，便先提供流動資本。說到底，廣州居然是靠歐洲人的信用，而非中國人的信用在營運。這意味著一旦有中國商人破產，欠歐洲人的就是一筆巨債。為了不讓這些債務導致貿易崩潰，乾隆帝堅持其他行商必須承擔破產商人的債務，以年息十分連本帶利償還歐洲商人。這種解決方法的問題在於用來還款的錢，其實是以新開徵的入境與出境稅為形式，從外國人身上徵收而來的。根據如此安排，歐洲人等於出錢支付自己收到的欠款，用自己的收益償還自己的債權。外國人反對這種安排，不只是因為積欠最多的是應該還給英格蘭公司的債，也是因為法國人、瑞典人、丹麥人與荷蘭人都覺得，自己沒道理替中國人還債給自己的主要競爭者。

「我能體會」，「戶部」的答覆實在沒什麼用。

談了其餘幾個問題之後，蓋爾伯提出最後一件事——「戶部」應收下一份陳情清單的副本，確保沒有任何誤解發生。蓋爾伯補充（作為施壓），這份清單「將送往中國境外的歐洲各國法庭作為公證，證明我們對於上開事項涉及的利害關係有多麼重視」，等於是把陳情書視為跨國諒解備忘錄，暗示一絲從外國元首而來的壓力。穆騰額沒有準備——其實也未獲授權——處理與其他國家的外交事務，於是他閃爍其詞。

「畢竟我人在船上，眼下沒法給你們任何保證。不過，如果各位先生這麼迫切希望，我可以到各位的商館去商討，或者你們比較傾向共同處理，那就去英格蘭商館。只要你們提出的要求不違法，我就會以書面一條一條回覆，為你們伸張正義。」

這堪稱「戶部」這廂的精湛演出，而且一點價值都沒有——不光是因為「這位大人什麼都沒拒絕，但也什麼都沒接受」（孔斯當後來提到這個場面），也是因為當時發生一件比貿易備忘錄更要緊的主權管轄事件。

死罪難逃

各國代表與穆騰額會面之後不到一個月，便有一起事件插隊，讓會議原本可能產生的協議又出現變數。一七八四年十一月二十四日，不列顛船隻休斯小姐號（Lady Hughes）來到黃埔島。為了表明船隻抵達，休斯小姐號按照歐洲的習慣規矩鳴禮炮。但是炮手喬治・史密斯（George Smith）粗心大意，沒注意到炮眼下有一艘載著官員前往該船的小舟正在靠近。史密斯已經開了兩炮，並無大事，於是他以為射程範圍內沒有別人。但他的第三發打中了舢舨，一人當場死亡，一人傷重不治。若根據歐洲法律，這兩人的死算是過失致死，但以中國法律來說都是死罪。休斯小姐號的指揮官不願意把史密斯交給中國當局，寧可根據英格蘭法律將之繩之以法——就他理解，當船隻在海上時，法律的適用範圍是涵蓋於船上的。然而史密斯還是自首了，否則船就不能卸貨。面對賣不了船上的貨，又買不到中國商品的財務之災，船長只能屈服於要求，交出史密斯。一七八五年一月八日，當局根據中國法律中沒有那麼嚴厲的方式，處死了史密斯——處以絞刑。

儘管符合中國法律，但這次行刑卻讓歐洲人大受冒犯。休斯小姐號事件成為不信任與藐視的破口，讓歐洲人與中國人漸行漸遠，化為兩個極端——不只來自世界上的不同地方，擁護的更是全然不相容的文化與道德體系。人世間本來就有許許多多的做事方法，但從這一刻起，雙方的齟齬再也不是中國人用甲方法，歐洲人用乙方法的差別。中國人與歐洲人之間的鴻溝不能跨越，也不應跨越。這道鴻溝標誌著在風俗習慣與核心本質上，中國都是一個不適用基本文明標準的地區。孔斯當首度抵達中國時，已經有人表達出部分的這種態度，但敵意——以及完全無意緩和這種敵意的心態——卻是在他第三度寓居期間發展出來的。

等到孔斯當第三次到中國任職——生意仍然不成功——他對這種看法也愈來愈偏執。他對官員的藐視很容易被感受到，而這泰半是因為身為法方的資深代理人，他得經常跟當官的打交道。為了發洩自己的失意之情，有一回他還稱這些官員是「我的官老爺小姐們唷」。

對於來到中國的歐洲人而言，四處遇到的妨害與障礙最是讓他們寒心。大人們鉅細靡遺盤問我們，對我們嗤之以鼻，發放離境或入境許可的速度之慢——他們無時無刻要求我們隨身攜帶許可證，否則連最稀鬆平常、最不可或缺的東西都不能要——這些都令人生氣，讓人失去耐心，尤其是他們只會用冷冰冰的表情、漠不關心和最侮辱人的輕蔑，來應對我們的憤怒。

儘管如此，孔斯當也從未想放棄中國。這個國家令他憤怒，卻也令他入迷，說不定他和林亞九的關係有助於緩和他的敵意。因此前往北京為皇帝祝壽的可能性突然躍入眼簾時，孔斯當完全沒有錯過機會，就算得以貢使的裝束現身，獻上來自法蘭西的供品，他也不介意。他想用自己的雙眼來看這個國家，為此他願意配合，畢竟「這一趟令人神魂顛倒的旅程，是由中國政府出錢」——中國的章程是這樣對待貢使的。後來英格蘭人開始計較在乾隆帝前跪拜在地的規矩——大清禮俗如此要求，而英格蘭禮俗認為難以接受——計畫也就此打消。孔斯當怪罪英格蘭商館主事者故意搞砸這趟遠行，「這傢伙沒有好奇心、沒有靈魂，滿腦愚蠢，拿規矩恕難從命做藉口，拒絕派出代表」。由於提議組成外國代表團到皇帝面前拜壽的官員無法克服英格蘭人的反對，於是只好完全放棄這個計畫。

其實，如何向皇帝致意的問題，在孔斯當揚帆回到歐洲的那一年解決了。盎格魯愛爾蘭裔外交官喬治．馬戛爾尼（George Macartney）奉喬治三世之命，率領那支人盡皆知的通商使團面見乾隆帝，尋求讓廣州貿易制度自由化的契機。解決方法是把喬治三世像，擺在馬戛爾尼對乾隆帝單膝下跪時面對的方向，這樣他那一跪就可以解釋成對自己的國君行禮。一七九三年一月離開廣州之前，孔斯當便聽說這支英格蘭使團面見皇帝的計畫。一個月後，也就是返鄉航程中途，他寫了一篇觀察敏銳的文章〈散論馬戛爾尼勛爵訪中國使團〉（Some Ideas on the Embassy of Lord Macartney to China），他預測使團什麼都無法達成。當然，乾隆帝的官員會用老練的手法，挫敗馬戛爾尼勛爵每一項試圖帶來改變的嘗試，但真正的問題還是在於，馬戛爾尼絕不知道如何說服乾隆帝改變現狀——從皇帝的觀點來看，維持現狀才有利於中國。

實際經驗已經多次證明，無論漢語流利、不畏表明自己立場的歐洲人提出什麼訴求，顯然還是什麼都得不到，只會讓我們歐洲人更惹人厭。我忍不住想補充，歐洲人天生性子急，自信心也讓他們自然而然認為自己比亞洲人更優越，一旦搭配上中國人的波瀾不驚、趾高氣昂與懶散成性，那可是無助於解決我曾提出過的障礙，只有極少數例外。

根據孔斯當的真知灼見，馬戛爾尼等於白跑一趟。

孔斯當在文章結尾列出一份清單，說明中國與歐洲國家之間的商約應該納入的項目。終結所有獨占，是他最基本的訴求。但他感到最迫切的建議，則是建立司法裁判團，由各歐洲商館的主事者與人數相同的大清官員組成。他希望針對死刑案件制定新法律，作為裁判團遵循的根據，而實施懲罰的權利則留給大清國。他想要的並非將來隨著鴉片戰爭而來的治外法權，而是一套新的共同協議，讓中國人與歐洲人能一同合作。

後來馬戛爾尼在一七九三年十一月於廣州對兩廣總督提出的要求，基本上跟孔斯當討論的議題相符，期待的解決方式亦然。兩人的不同點在於司法行政，馬戛爾尼沒有激進到希望設立聯合法庭或成文法，而是把要求限縮到希望大清官員不要在英格蘭嫌疑犯脫逃時抓人替代。假如休斯小姐號的船長縱放，史密斯其實是可以輕鬆脫逃的，但如此一來，英格蘭人就得找人交出去。我們固然可以推論說，這兩套不同司法體系的纏結，已經超乎馬戛爾尼的解決能力。但孔斯當的看法更嚴厲——是針對不列顛人，而非中國人。「喬治・史密斯，」孔斯當揭露，「並非不列顛人。」他來自印度，但改了英文名字。如果在休斯小姐號事件中，中國人是有問題的一方，那不列顛人就是另一方。孔斯當指控他們「習慣把印度人當成另一個物種，而高貴的歐洲人可以為了銀子而犧牲他們」。EIC終究屈服於中國人的要求，交出史密斯，但原因不只是因為金錢利益吞噬了正義，更是因為他們不尊重其他族群，所以讓他們能把人輕鬆交出去。不光是不列顛人，孔斯當緊接著在這件事情上譴責整個歐洲社群。「在這個無辜之人的死亡中，我們既是他受死的原因，也是劊子手」，這是他的結論。

廣州啟航

孔斯當熱情觀察在廣州見到的中國景象，但他前往廣州的目的並非觀察中國。他去那兒是為了促進法國對中國的貿易。原本一切順利，他有能耐將自己搭乘的那艘法國公司船隻整船貨賣出——整船，這尤其讓人自豪，畢竟代理人們常常沒辦法把送到廣州商館的所有商品出盡。然後，他還能讓整艘船載滿中國商品，在十二月初前返航。到了隔年年底，孔斯當那懶散無用的上級退下來，由他當家做主。他立刻著手重建與行商潘有度的關係——他的前任曾得罪這位行商。孔斯當的手腕必然絕妙，因為當他提議為法國公司興建新商館，由奧地利公司接手舊館時，潘有度點頭了。

孔斯當有一名員工，尚—巴蒂斯特・畢昂—阿葉。畢昂—阿葉原本是學徒，完全沒受過做生意的訓練，但孔斯當覺得他「性格溫和、討喜、好相處」——妙的是，這些剛好是他稱讚林亞九時提到的特質——「處變不驚，而且性好哲思」。這兩位年輕人一同努力，重建法國公司在廣州的聲譽與信用。公司的船隻離開之後，到下一個貿易開始之前，孔斯當都沒有什麼事情要做，於是開始做起自己的生意，借錢做各種投資，結果好到讓他認為自己說不定能賺到第一桶金。後來他任職的公司在一七九〇年四月垮了——法國的革命領袖取消了公司的貿易特權。在中國兩年半之後頓失依靠的孔斯當，把進港的伊特魯斯坎號視為拯救自己的一線生機，以及大賺一筆的潛在機會。法國大革命讓法國幣值狂跌，商品價格騰高，如今正是致富的時候。

換作是平常時，孔斯當會用大多數歐洲人的日常飲品——茶，裝滿伊特魯斯坎號。一七七五年至一七九三年之間，中國茶葉出口成長五〇%，同期間不列顛的茶葉消費也增加為五倍。孔斯當確實有讓伊特魯斯坎號載了一些茶，但不多。我們之所以會知道，是因為孔斯當與波潘姆的伊斯特里亞裔船長——巴爾薩札爾・吉歐吉（Balthazar Georgi），在船隻於奧斯坦德遭到扣押時，寫下了財產清單。吉歐吉選擇茶葉為他個人主要的出口品項，在船上裝載將近九萬四千磅。

孔斯當的數量反而不到吉歐吉的三分之一，只有將近兩萬九千磅。孔斯當用來豪賭的商品不是茶、不是絲綢、不是瓷器，或是其他製造品。孔斯當把錢押在糖上。糖是十八世紀歐洲最大量的進口品。孔斯當寄望於法國大革命，因為革命讓歐洲經濟動盪，糖供應短缺，需求又高，價格就隨他開。他很篤定糖價會保持在高點，只不過這個選擇是否明智，已經再也無法證明——他的糖遭到充公，送往倫敦這個不需要中國糖的地方。貿易從來無法令孔斯當致富。

鴉片

一六〇〇年，英格蘭王室將特許權授予EIC，一是為半個地球外從事貿易的鉅額花費匯聚商業資源；二是為了保護把自己的資源投入公司的人，抵禦公司外的競爭者。到了一七九五年，整個國際貿易結構已經改變，許多人——尤其是波潘姆——覺得兩百年前為了集中資本、提供獲利希望所必須的獨占保護措施，已不再有任何作用，只會妨礙歐洲對亞洲貿易的成長。但是，國會一來面對通貨膨脹，二來仍舊為法國大革命的影響感到震驚，因此完全沒有打算改變現狀。通過投票，國會將公司的獨占權又展延二十年。不過，由於體認到貿易需要若干放寬，因此國會也允許EIC發行許可執照給個人，從事公司不得經手的商品項目之貿易。

這種獨立的管道早已運作一段時間，人稱「國貿」（country trade），意思是在亞洲各國之間進行貿易，而非亞洲與不列顛之間的貿易，後者仍由公司壟斷。國貿正是波潘姆為伊特魯斯坎號找到的用武之地，至少在他決定載著整船的亞洲貨品返回歐洲，期待能躲過EIC與不列顛海軍的火眼金睛之前都是。

大多數的國貿所販賣的內容，是亞洲口岸之間流動的一般日常用品。其中之一就是從臺灣及從東南亞運往中國的糖。伊特魯斯坎號載了糖，其實也不值得大書特書。如果說EIC不常經手糖，也是因為糖在歐洲的價格，產生的利潤比不上買賣其他亞洲商品。總之，不列顛在加勒比海殖民地擁有效率更高的產糖地，公司沒有必要與之一較高下。不過，有一種商品正開始暗中流通於國貿商之手，這種商品公司並不載運，尤其不會運往中國——持有這種商品，在中國屬於非法行為，而且中國早在一七二九年便已禁止其買賣，那就是鴉片。

中國並非重要的鴉片生產國與消費國，直到外國的進口開始創造需求之後，一切便改觀了。ＥＩＣ原本禁止旗下商人經手這種藥物，以免招致大清官員的抗議，干擾廣州貿易，但鴉片貿易實在太好賺，公司也承受壓力，要從這個成長的新市場中獲利。一七七三年，公司獨享購買印度鴉片的獨占權；到了十八世紀末，公司已經創造出一整套生產運銷體系，創造鉅額財富。然而，公司仍然不得實際參與將鴉片運往中國銷售的活動。填補這個鴻溝的，恰恰就是國貿商——正是因為如此，國會才樂得透過《一七九五年東印度公司法案》（East India Company Act of 1795），以授權國貿商的方式，強化公司經營。

孔斯當無法預知未來——鴉片成長為十九世紀銷往中國的主要商品，用於支付茶價。但他注意到鴉片的貿易潛力與獲利前景，尤其在仍屬非法的情況下。只要認為自己對某個題材有所了解，他就會為此寫篇專文，鴉片也不例外。他的破題路線擺盪於超然的科學興致與切身的商業建議之間，一開篇就簡潔指出這兩方面的要點：「鴉片製作必須新鮮，濃稠、黝黑，不能全乾或全濕，而且必須帶有黏性。在船上擺太久，鴉片就發酵了，會大幅改變其特性，東西會整個乾掉。一旦如此，就會比上等鴉片減損三〇％至三五％的價值。」孔斯當話鋒一轉，切入主題——中國的鴉片市場。儘管他口中「這種有害的商品」並不合法，但中國人對鴉面的使用漸漸從娛樂轉為必需，因此官員情願對鴉片的進口睜一隻眼閉一隻眼，接受「澳門與廣州加起來一年四或五艘船的量」。儘管進口鴉片為死罪，但「大人們對於這種貿易都裝作沒看到，從事其中也沒有惹上麻煩的危險」。他的建議主要不是談如何躲過官員，而是面對買主要如何自保。「在船上銷售，而且一定要現金交易。即便認識對方，也絕對不要賒帳。畢竟，中國人其實很清楚，銷售這種違禁品的人既無法求助於司法，也無法披露騙子的身分讓輿論公審之。你一定要小心翼翼，別讓別人忍不住誘惑，占你便宜。」

由於葡萄牙不允許鴉片商人在澳門做生意，因此所有匯聚而來的鴉片船都必須在沿海五英里外的某個港口下錨，等官方派引水人從廣州過來，將船帶到黃埔島。「通常四十八小時足以通關」，孔斯當如是說。不過，船上的鴉片都裝在兩百磅一箱的箱子裡，相當沉重，這點時間恐怕不夠把鴉片賣完。

> 就算船上載有鴉片，船長仍舊能想出藉口延長停留時間，把商品賣掉——若非賣給葡萄牙人，就是賣給附近停留、提供日用品的中國戎克船船長。常見的伎倆像是宣稱在漫長的航程中失去桅杆，或是遭遇其他不幸事故而遇難，這種情況自然需要額外協助與更多的時間；不然就是表示必須等到洋流夠強勁才能順利啟航，或是風不夠強，所以船動不了云云。

他最後提出兩點警告：「絕對要現金交易」，還有別讓葡萄牙人插手。

孔斯當認為，以鴉片為貿易商品的問題在於賣不久。需求一提高，供給也跟著提高，價格就會往下掉。他在廣州的這些年，看著鴉片價格砍了一半。「這項貿易一定會愈來愈走下坡」，他斷定。孔斯當充分注意到施用鴉片的負面影響。他以相關觀察作為文章的結尾：

> 施用這種藥物的害處極大。用的人起先是為了愉悅感而抽，但旋即從愉悅感變為喜好，從喜好變為習慣，而從習慣惡化為無法抵擋的需求，導致早死。看看那些可憐的鴉片癮受害者，才三十多歲，衰老的跡象和痴呆的模樣全都有了，記憶力和智力完全不靈光。

孔斯當不相信鴉片會是未來的商品主流，但他必須承認「情勢說不定會以今日的我們無法預料的方式改變」。事情正是如此。EIC非但沒有讓鴉片貿易日薄西山，反而在差不多的時間點決定大幅注資於生產與運銷。等到鴉片的消費量在十九世紀中葉初期爆炸性成長，不列顛人已經準備好數鈔票了。

從短期經濟收益角度來看，至少對上百名將這種藥物進口到中國的不列顛人、上千名為中國市場生產的印度人，以及上萬名將之分銷給消費者的中國人來說，鴉片是絕妙的投資，但最大贏家還是不列顛帝國。由於不列顛購買茶葉的速度在整個十八世紀愈來愈快，帳單年年攀升，每年讓不列顛花出去的銀子，都比將商品賣往中國賺回來的還多，因此將鴉片賣給中國人可以抵銷跟中國買茶的無止盡白銀流失。不過「靠鴉片打平中國—不列顛貿易」並非故事全貌，其中還有另一個環節——美國的棉花。

不列顛的工業革命建立在棉紡織業之上，為了讓曼徹斯特的紡織廠不斷運作，不列顛必須確保原棉供應無虞。印度顯然不是EIC期待的可靠供應者。為了填補缺口，不列顛轉向美國的棉花種植園尋求原物料。鴉片所提供的，是不列顛購買美國棉花所需的資產流動性。我以最簡要的方式說明其中的關聯：不列顛人在印度經營種植園生產鴉片，鴉片運往中國銷售，得到的白銀貨款運往美國購買原棉，原棉運往英格蘭生產衣料，衣料運往印度（公司成功壓制印度本土的棉紡織產業），接著以所得購買更多鴉片。不列顛為了擴展中國鴉片市場，打過兩次所謂的鴉片戰爭：一次是一八三九年；一次是一八五六年。假如「好」的意思是更多的商業利潤，那這兩回打仗的效果都很好。直到中國人在十九、二十世紀之交種植自己的鴉片，不列顛才心服口服，從鴉片貿易抽手。長期而論，孔斯當是正確的：鴉片買賣「一定會愈來愈走下坡」，但他無法得知中國的鴉片市場還會成長多久。直到二十世紀中葉，中國才有能力根除除鴉片消費，只不過二十一世紀的全球毒品經濟又再度削弱了這項成就。

戰利品與賠償

林亞九在倫敦短時間內人氣大增的那年秋天，波潘姆與孔斯當設法要回伊特魯斯坎號及船貨，只是波潘姆不久後便重返軍旅，監視內河航運以支援歐陸的不列顛陸軍，而且地點竟然就是奧斯坦德。他們在奧斯坦德的代理人查爾諾克代他們提起訴訟。判決在一七九六年十一月出爐，完全站在王室那一邊。名義上的船長吉歐吉和他的僕役獲得一千零三十五英鎊以補償財產損失，但船隻和其餘所有財產則宣告為戰爭法之下的合法捕獲物。孔斯當與波潘姆不服，要求上訴委員會審理捕獲理由，訴訟也繼續拖延。官司打了兩年，期間伊特魯斯坎號及船貨已經在拍賣中以破盤價售出。

上訴委員最終判決船貨屬於孔斯當，畢竟他是瑞士國民，又是在不列顛盟國管轄下的口岸從事貿易，因此不列顛王室的沒收並不合法。一七九八年十一月二十六日，委員會宣布孔斯當有權取回財產，估計約占船貨的三分之一價值，另外有三分之一則判給廣州商人石中和。這項判決相當重要，顯示歐洲人並非這項貿易中唯一的投資人。可惜石中和已經在一年半之前在獄中死於刑求——審問的人試圖從他口中逼出不存在的隱藏資產，以償還他對 EIC 及其茶葉供應商的巨額債務，至於他欠下的進口稅就更不用說了。石中和搜買的鐘錶價值六萬英鎊，幾乎連一道刮痕都沒有。

至於伊特魯斯坎號一開始航向亞洲一事，是否侵犯 EIC 的獨占權？上訴委員決定另行審理這個問題，判決日終於在五年後——一八〇三年八月來到。委員會認定為「是」。對於這一趟賺得的所有財物，波潘姆都無權主張所有權，這艘船和他的分潤都收歸國王所有。波潘姆在祖國戰時以非法手段致富，委員們也駁回波潘姆為了主張無辜而提出的技術性問題。兩年後，當局進一步將兩千四百五十英鎊判給馬克・羅賓森（Mark Robinson）——捕獲伊特魯斯坎號的巡防艦軍官，用於支付捕獲的相關開銷，只不過不像平常那樣，沒有任何船貨成為戰利品。

三年後的一八〇八年三月，案件中懸而未決的部分進入下議院審理。關於伊特魯斯坎號的指揮官與船上的商人，是否無視於盎格魯—奧地利同盟關係，將船貨偷渡至法國？國會拒絕就此進行調查。下議院把審理範圍限縮至決定如何分配這一趟船餘下的三萬九千英鎊款項。根據判決，孔斯當證明有三分之一的船貨屬於他，因此獲得一萬兩千英鎊——顯然十年前上訴委員會雖然做出對他有利的判決，但後續他並沒有拿到錢。直到一八〇八年，他才獲得損失補償，而且金額根本無法與原本可以有的利潤相提並論——假如他能在十五年前把糖從船上卸貨售出的話。吉歐吉也確定能拿到一千零三十五英鎊，代表十年前他也沒拿到錢。最出人意料的判決跟波潘姆有關，他獲得一萬英鎊，又在接下來十二個月拿到分成兩筆的一萬五千英鎊。波潘姆的無罪判決讓國會反對黨議員勃然大怒，但案件已經隨著檢察總長令人起雞皮疙瘩的演說而定讞——他對於 EIC 獨占權範圍與船貨所有權撒謊，宣布完全沒有走私行為。當然，波潘姆的黨派——托利黨（Tories）在國會宣判之前的大選重返執政，肯定對這個結果有所幫助。

另外，輿論也站在波潘姆這一邊。自從回到英格蘭之後，他以不列顛海軍指揮官的身分嶄露頭角，過去的所有罪過也一筆勾銷。儘管因為曾在戰時未經海軍部允許，擅離在南大西洋的職守而遭受正式譴責，但他卻獲得在正確時機做出正確戰術判斷的名聲，也讓抗命行為合理化。他成為戰爭英雄，讓珍・奧斯汀（Jane Austen）這位多愁善感的托利黨人，在一八〇七年四月寫了一首打油詩以娛友人：

小肚雞腸易怒官員之間，
見英勇將帥淪落受害；
他為迅捷、勇氣、成就而戰
卻承受罵名，遭受千夫所指！
對於他的敵人，我只祝願相仿命運；
或早或遲，他們也將自作自受
承受他們施加的不公義——只是我詛咒無用，
他們怎會受苦，那些不義之人。

最後的肖像

身為法國大革命難民，丹路克斯知道自己生活在一個時代的結束。他所繪的林亞九肖像是十七世紀與十八世紀期間，最後一幅由懷抱同理心的歐洲畫家所繪的中國人肖像。這幅肖像讓丹路克斯出現在另一個時代的終點——尚有可能以善意描繪中國人的時代。此時的歐洲正處於重新評價中國人的風口浪尖。中國人已經無法從他人的好奇心之中，甚至是啟蒙時代的讚賞中得益。去廣州賺錢的歐洲人傳回來的消息一貫都很負面，他們帶回來的故事充滿貪腐，充滿拒絕遵守協議的官員，以及風俗不文明的老百姓。這些故事構成優越感與鄙視的渠道，在大清於十九世紀多次戰敗之後化為一道洪流。中國沒有什麼好稱讚的，沒有人平等待之。林亞九是最後一人。

我情願把丹路克斯的林亞九肖像，看成是對林亞九出身文化的致敬。畫上出現中國書法，而且背景並不雜亂，顯見丹路克斯看過中國繪畫，也希望將林亞九置於中國繪畫結構中：沒有歐洲人所謂的、引人發噱的「中國風」（Chinoserie）裝飾，而是原原本本的中國藝術。孔斯當並未談過中國藝術，但伊特魯斯坎號確實有這些藝術品。波潘姆的伊斯特里亞夥伴吉歐吉，在遭到充公的物品清單中提到「大批罕見的中國繪畫，以水彩精緻畫在紙上，繪有中國的動物、花草、水果與昆蟲，以及歷代中國皇帝、神祇與偶像」。吉歐吉說不定喜歡中國藝術，不過更可能是他期盼這種罕見的商品在歐洲有其市場——中國藝術呈現的差異，仍然能吸引買家注意。

肖像在一七九三年底製版、印刷之後，林亞九也從歷史舞臺上消失了。等到一七九四年孔斯當返回故鄉洛桑時，林亞九已經不在他身邊。也許他回去澳門，畢竟歐洲哪有什麼吸引力，能留住一名中國男子？不過，即便林亞九消失於歐洲，但他的形象仍舊存在。葛羅澤的版畫複本至今仍在流通。每隔一、兩年，就有一張出現在拍賣會場。二〇一四年，曾有一張保存良好的複本以八百五十英鎊售出，遠高於其原始價格。孔斯當的生意至少有一件賺了錢，只不過錢沒有進入他的口袋。

第十二章 攝影師和他的苦力

約翰尼斯堡，一九〇五年

一九〇六年十一月三日，北京巡警通知不列顛副領事 C．科克（C. Kirke），表示在城裡大街上發現歐洲人遭殺害的屍體。屍體上沒有證明文件，但從口袋中找到的幾封信指出被害者為亨利．約翰．普列斯（Henry John Pless）。警方認為此人是不列顛人，於是要求不列顛公使館接手遺體，並釐清此人之事。

（稍微暫停一下。無論通知的內容為何，光是這次的照會，就能讓你曉得中國與世界的關係，從十八世紀末孔斯當與林亞九上船離開中國之後，已經有巨幅改變。此時有歐洲人漫步於北京街頭，異國外交人員執行其任務，還有無須經由皇帝允許便能直接與外交官聯絡的巡警部，整套遊戲規則都改了。）

科克並不認識任何名叫「普列斯」的人。生活或寓居北京的不列顛國民理應在公使館登記有案，但館方快速搜尋了一遍，卻沒有看到目前有人登記這個名字。科克拍了一封電報詢問距離最近的同僚——不列顛駐天津領事 L．霍普金斯（L. Hopkins）。霍普金斯於翌日早晨回覆，表示在天津無人以「普列斯」之名登記。不過，霍普金斯表示自己已經知道這起謀殺案，他的消息來源是一位名叫「科姆斯多克」（Comstock）的美國公民，是一家美國錫製品公司的商務代表。科姆斯多克先前僱用普列斯擔任北京經銷，現在他很擔心擺在普列斯家中代銷的錫製品會遺失。科姆斯多克還告知霍普金斯，上開房產為普列斯所有，而這就引發了外國人所有權問題。外國人無法合法在北京經商，或是擁有房產，因此房產事務都是以普列斯僕人的名義為之——「用他那位中國小子的名」，這句話出自科姆斯多克的殖民口吻。假如使館無人介入，則這處房產與存放其中的所有錫製品，都將歸於那位僕人所有。科姆斯多克希望立即動身前往北京取回自己的商品，而霍普金斯則向科克尋求指示。科克當天回覆，建議科姆斯多克來北京，帶走每一樣他宣稱為其所有的財物。

不列顛人不久後得知，從普列斯的衣袋中找到幾封荷蘭文信件，說不定普列斯根本不是不列顛人。科克詢問荷蘭公使館，但荷蘭領事宣稱辦公室裡沒有任何關於此人的紀錄，而且對於承擔死者事務的責任興趣缺缺。從荷蘭領事的角度來看，既然普列斯並非登記在案的荷蘭公民，那這件事就繼續留在不列顛人手中吧。科克別無選擇，只能把這具屍體往好處想。他安排將此人葬在北京的不列顛人墓園，暫且把普列斯當成不列顛人。

普列斯住宅的搜索也未能透露多少關於其身分的資訊，他的財產不多。除了最簡單的家具與有限的衣物外，就只搜出一大捆照片、兩本相簿與其餘雜物。不僅幾乎沒有現金，也沒有財務相關紀錄。從屋內的資產扣除葬禮費用之後，普列斯的遺產只剩下四．一八美元。

直到十二月底，調查普列斯是何許人也的第一個突破才出現。此時駐上海總領事致信科克，告知普列斯曾分別在一八九七年與一八九八年，兩度於上海登記為不列顛國民。北京公使館深入研究檔案，發現普列斯確實也在北京登記過，時間是一九〇三年與一九〇四年，但時間都不連續。由於登記資料上沒有提及親人，科克決定繼續追荷蘭方面的線索，於是寫信給阿姆斯特丹的不列顛領事，尋求幫助找出此人身分。駐阿姆斯特丹領事於一九〇七年四月回信，證實普列斯在一八七五年二月九日出生於荷蘭。一八九〇年代，他搬到倫敦找工作，並假裝自己是不列顛國民。有了成功的偽裝，普列斯得以打入大批海外代理人與雇員所組成的不列顛殖民網絡。此後他消失於荷蘭當局的檔案，直到一八九七年才以不列顛國民身分重新出現在上海的紀錄。

一個荷蘭人找到門路，加入不列顛帝國建設的底層——這並不罕見，但在北京街頭被殺就很不尋常了。北京公使館檔案如今保存在基尤（Kew）的不列顛國立檔案館（National Archives）外交檔案中。如果從公使館文件來看，這是科克在一九〇五年所處理的唯一一起凶殺案。外國人在京師受到的人身保障，已經比五年前好了許多。五年前，義和團得到大清朝廷暗中支持，對外國人以及與外國人合作的中國人（尤其是中國基督徒）發動無差別攻擊。由於義和團練習傳統武術，因此外國人稱之為「拳匪」（Boxers）。一九〇〇年，他們包圍東交民巷的外國使館，時間長達整個夏天。作為回應，八國聯軍在北京東邊的海岸登陸，為使館解圍。聯軍的懲罰極為嚴厲，中方傷亡慘重。

清廷逃往西邊，以躲避入侵部隊。朝廷國內流亡的兩年期間，北京處於外國軍事占領之下。朝廷於一九〇二年回到北京，但慈禧太后——皇帝的姑婆與實際統治者，已經在此之前允許官員展開一系列改革，讓大清制度更符合國際標準。這些改革史稱「新政」，包括終結古老的科舉制度、設置軍事學堂與警察學校，以及創立外務部等措施。

儘管排外暴動過去不過幾年，但隨著局面恢復，新的常態建立，尋找商業機會的外國人也開始來到北京。普列斯便是其中之一，只是他走過的路卻比科克以為的複雜許多。

治外法權

十年前不會有人想到，北京居然出現外國公使與美國錫製品公司的業務；如果是孔斯當在中國時，這簡直不可想像。一七九三年，馬戛爾尼向乾隆帝提交的請求中，就包括允許常設性的公使館，但這件事並無下文。情況直到一八四二年，也就是第一次鴉片戰爭餘波中才有所改變，但一改就是天大的改變。

《南京條約》於該年簽訂，以終結廣州一口通商體系，允許大不列顛永久領有香港島而聞名於世。（一八九八年，不列顛進一步透過協商，租借新界九十九年，並如期於一九九七年連同香港島歸還中國。）但從歷史角度來看，條約中影響最為重大的條款則是第二條——開放廣州、上海與其他三個口岸通商。道光帝同意「大英國人民帶同所屬家眷，寄居大清沿海之廣州、福州、廈門、寧波、上海等五處港口，貿易通商無礙」，而同一條也同意維多利亞女王「派設領事、管事等官住該五處城邑，專理商賈事宜，與各該地方官公文往來」。有了這兩條條款，大清也往十九世紀成為貿易、外交常態的做法更為趨近。這些標準撐起了正在成形的全球秩序，而背後的理念則是人人能自由在喜歡的地方貿易，買賣喜歡的商品，而國家不能對這樣的貿易強加限制。格老秀斯在一六〇九年發表《海洋自由論》時，並未創造「貿易自由」一詞——他倡議的其實是「海洋自由」——但他鐵定理解這項原則，而這項原則如今也主宰了國際秩序。

自由貿易沒有表面上無害。事實上，唯有強國堅持取得弱國的商品與市場時，才會舉出這個原則。中國民族主義者指出，中國開港通商的條約是在炮口之下，是強者迫使弱者低頭簽訂的，此話不假。不過，到了十九世紀中葉，那種眾所公認的開放市場觀念已經成為國際關係的基本原則。我們不妨說，不列顛只是要求大清達到國際標準，而沒有侵犯中國主權的意思。不列顛希望強化商業環境，利於不列顛私人貿易，而不是成立更多需要管理的殖民地。與其說情勢的改變是受到政局所驅使，不如說是政治已經成為經濟的僕人。

就連治外法權——受本國法律管轄，不受地主國法律管轄的權利——其經濟作用也不亞於政治作用。休斯小姐號的炮手在一七八五年遭處死一事固然是原則問題，但也讓人不敢來從商，畢竟這種事情有可能發生在前往中國做貿易的外國人身上。不列顛方面迫切希望在條約中加入相關條款，以防止如此不幸的結果再度發生。治外法權原則暗含於《南京條約》第一條，兩造互相給予對方國民「各住他國者必受該國保佑身家全安」的待遇。就此事而論，這一項條款主要是為了讓大清與歐洲的做法一致——歐洲人接受外交豁免權的概念——而非為了侵犯大清司法權。條文將這一項讓步建構成相互義務的模樣，但是「不列顛必須保護不列顛領土上的大清國民，一如大清必須保護中國領土上的不列顛國民」，說穿了其實是天方夜譚，人在不列顛帝國境內的大清國民少之又少。不過，這一點也正在改變。

全球勞動力市場

十八世紀的全球經濟，是以甲地購買商品至乙地銷售的做法為基礎，從兩地間的價差牟利。這種貿易形式延續到十九世紀，但生產活動的組織方式卻出現變化。商人不再向生產者購買經濟作物與工業原物料，而是接手生產過程，以控制成本，同時增加供應。先有甘蔗、菸草、棉花、鴉片，後有茶葉、咖啡與橡膠，這些農產逐漸轉由種植園生產。無獨有偶，工業原料的開採——貴金屬與鑽石自不待言，但錫礦等礦石亦然——也從小規模生產者手中轉向大型礦業公司。這種轉型帶來勞動力需求，促成全球勞動力市場在殖民處境下浮現。

自十六世紀起，就已經有中國人前往東南亞賺取現金工資。到了十七世紀，每年都有數十萬勞工離開中國，多數人為華人企業主工作，雙方通常都有血緣或地緣關係。由於條約口岸開港之故，人流開始增加。不列顛、法國與西班牙不只在亞洲，也在加勒比海與南美洲發展殖民經濟。隨著殖民經濟發展，對於低價勞力的需求也水漲船高。本國的貧窮推力，已經準備好回應全球經濟的拉力。在中國，人稱這些勞工為「苦力」，字面意義為「做苦工的人」，但這個詞彙其實源於泰米爾語的「quli」，意思是「報酬」。「苦力」就是賺取工資的勞工，而工資通常很低。

始於十九世紀初的勞力販運，是在大清政府管不到的地方進行的。直到一八六〇年，第二次鴉片戰爭之後簽訂《北京條約》為止，大清才允許中國人前往國外就業。一八六六年，大清官員與不列顛和法國外交官起草《續定招工章程條約》，允許中國勞工簽訂契約前往海外工作，只要他們不是在受到脅迫的情況下簽約就可以。儘管這紙條約從未正式簽署，但內容確有落實，中國人也因此在歷史上首度獲得出國工作的合法權利。一八六六年的章程與過往安排最大的差異，在於大清承認中國人有權回國。回國向來是一個爭議點。未經授權離開中國並非難事，但假如你回國，就得面臨死罪。由於海外勞工在返國瞬間便成為罪犯，返回家鄉的唯一方法就是偷渡，許多人乾脆選擇不回中國。

移居除罪化是大清對於全球勞動市場成長的讓步。明明正值工業化的大時代，對於半技術勞動力的需求卻隨著全球經濟體工業化的腳步而上升，聽起來實在有違直覺。不過，工業仰賴原物料，而這些原物料在十九世紀時只能以人力開採或收成，例如開採礦石供生產鐵與貴金屬、採收棉花供紡織業使用、採收甘蔗供糖產業所需，或是鋪設鐵路運輸的軌道床與鐵軌。對每一種產業來說，人力勞動都是加工過程的第一個階段。此外，對每一種產業來說，成本泰半都是由這些勞力所決定的：勞力愈便宜愈好。清朝中國農業經濟不發達，人口爆炸，又有叛亂與天災等推力，自然成為便宜勞力顯而易見的來源。

然而，廉價勞動力卻容易遭到濫用。漸漸有風聲傳回中國，提到苦力在海外工作遭遇的嚴酷處境。出國工作的人不僅窮，也缺少司法或財務手段，無法保障自己不受雇主剝削，也無法免於當地人的敵意——當地人認為他們的來到，證明有人陰謀拉低他們的薪金，或是剝奪他們的工作（通常確實如此）。清政府對於對他們的苦難並未視若無睹。例如，朝廷一聽說中國勞工在古巴遭受虐待，便於一八七四年派團前往哈瓦那查訪。使團訊問了從事糖產業的中國勞工，五分之四的人表示自己是遭人綁架，或是被騙來工作的，一抵達哈瓦那，他們就被人賣為奴隸，完全不可能履行完自己的勞動合約。大清國出手干預，國外如此，國內亦如此。在國外，官員為中國人協商出更好的工作環境；在國內，政府也參與招募程序的制定。

調查發現，凶殺案的死者普列斯深深涉入勞工招募的世界。普列斯是一名勞力承包商，而且對於前往南非礦場的中國苦力來說，是個惡名昭彰的人物。

〈黃金的代價〉

案發前八個月，另一位自稱少校A．A．S．巴恩斯（Major A. A. S. Barnes）的勞力承包商，曾寫信給不列顛駐芝罘副領事，投訴普列斯。芝罘是山東海岸的小口岸，而巴恩斯則是為川斯瓦

（Transvaal）政府工作，擔任駐芝罘的招工代表。川斯瓦是不列顛殖民地，五年後將與其他殖民地合併，組成南非聯邦。巴恩斯在一年前獲聘，計劃僱用中國人，以解決南非金礦遭遇的勞力短缺問題。布爾戰爭（Boer War，一九〇〇—一九〇二）有諸多後遺症，其中之一就是礦工逃離。即便敵對狀態結束，礦工——無論白人或黑人——仍不願返回礦場。由於亟需勞力，蘭特地區（Rand，川斯瓦礦區維瓦特斯蘭〔Witwatersrand〕的簡稱）的礦業公司便於一九〇四年合作將中國勞工帶到南非。根據規劃，它們將指派招工代表前往數個中國濱海城市。這些招工代表負責僱用本地招募人員，誘使中國人自願到海外工作，激勵條件有簽約獎金，以及良好工作條件與高薪的承諾。中國南方的招募情況不好，但北方卻很順利。一九〇四年至一九〇六年間，芝罘與天津成為前往南非礦場的勞工必經的兩個主要地點。截至一九〇五年九月為止，已有四萬四千五百六十五名中國人在蘭特地區工作。淘金城鎮約翰尼斯堡則是蘭特的中心。

巴恩斯在寫給不列顛駐芝罘副領事的信中，投訴普列斯對於「川斯瓦一處礦場內的暴行」涉有重嫌。巴恩斯來信，「是希望有機會做些什麼，讓人了解普列斯之為人」。他害礦場的招工代表變得惡名昭彰，巴恩斯希望副領事嚴正警告普列斯。作為指控的證據，巴恩斯附上一篇相當偏頗的報導打字副本，文章來自一九〇六年一月二十日的《川斯瓦主導報》（*Transvaal Leader*），標題是〈釘到位：最新的「中國謊言」〉（Nailed Down: The Latest "Chinese Lies"）。

這篇報導的主題堪稱英格蘭在一九〇五年秋天最重大的新聞，只不過科克與其他駐中國的使館成員似乎都沒有留意：川斯瓦有人用鞭打的方式懲罰中國礦工——具體來說，是人稱「諾斯礦井」（Nourse Deep）的礦場。刑求的做法——應該稱為「折磨」才對，畢竟這不是為了榨出情報，而是為了維持紀律——在那年夏天首度引起下議院的關注。爆出這則新聞的，是倫敦自由派報社《晨間主導報》（*Morning Leader*）的記者法蘭克・柏蘭（Frank Boland）。〈黃金的代價〉（The Price of Gold）這篇於一九〇五年九月六日刊行在《晨間主導報》的文章，催生了一連串的後續報導，有些由柏蘭執筆，有些則是其他記者所寫，不僅披露出虐工議題，也把普列斯推向舞臺中央。

柏蘭的報導來自約翰尼斯堡，而這篇〈黃金的代價〉正是以他造訪當地礦場的經歷寫就。諾斯礦井距離城裡不到四英里。你只要搭乘今天的都市鐵路，從約翰尼斯堡公園站（Johannesburg Park Station）出發，諾斯礦井的位置就在你右邊的運輸軌道，介於喬治・哥赫站（George Goch stop）與丹佛站（Denver stop）之間。柏蘭在這篇文章中，描述了各種用於控制中國礦工的體罰方式。受罰的人遭到責打之前，會先有兩三個警衛把他按在地上趴平，由另一名警衛「拿一根一端包著厚皮，長三英尺的木棍」打在他的屁股上。一九〇五年第一季，就有五十六人受到這種方式處罰。維瓦特斯蘭礦井（Witwatersrand Deep）的受害者被迫跪在地上，被人拿竹棍打肩膀；在諾斯礦井，只要有人一趟班沒有挖到三十六英寸，中國警衛就會打在他的大腿和小腿肚上。礦業中人不見得都接受用這種方式增產。諾斯礦井的「中國人管理者」（Chinese controller，指管理中國礦工的白人工頭）就「拒絕抽打苦力，除非他們犯了什麼罪」，最後更為了抗議這種做法而辭職。等到倫敦方面下令停止體罰，這種習慣才停止。

然而，虐待並未隨之結束。這些其他形式的折磨取代了上述的打人方式，柏蘭形容這些折磨方法「在遠東人盡皆知」。其中一種是：

> 把犯錯的苦力扒個精光，把他們的辮子跟院子裡的一根木棍綁在一起，一綁就是兩、三個小時。其他苦力會來圍觀，嘲笑揶揄他們站在刺骨寒風中顫抖的同胞。有一種更「精緻」的折磨

方法，是拿一條細繩綁住苦力的左手手腕，接著在離地九英尺高的橫梁上弄個環，把繩子穿過去，然後把繩子收緊，受害者左手臂整個舉直，人也非得用腳尖站著。根據規定，他得保持這個姿勢兩小時，期間假如他讓腳跟著地，就會扯到左手腕，整個人掛著晃來晃去。

這個畫面實在怵目驚心，《晨間主導報》還在一九〇五年九月六日的報紙上，為讀者畫了漫畫示意圖（見圖15）。這張陰沉的速寫，包括帶著反抗之意、緊握著的拳頭在內，每項細節都形諸紙上。但背景中帶有威脅性的陰影，以及幾近於非洲人的身形，都讓人很難知道如何反應：是要同情受害者的苦境，還是要害怕他現在可能採取的行動？

礦工們所遭受的折磨——尤其是所謂的「模範生」受到的虐待，讓有些中國人逃跑。由於無處可去，他們只能靠騷擾當地農家為生。柏蘭聲稱，不列顛礦場主與經理人不敢把這些方法用在白人礦工身上，卻用在中國人身上，他們真該感到丟臉。只是，柏蘭同時也不免訴諸特定的刻板印象，認為中國人出身的文化中，唯一可靠的社會控制方法就是上刑。這種雙重性在漫畫中皆有表現。儘管文章譴責用刑罰折磨人的做法，但圖像卻勾起讀者的想像——這種體罰如柏蘭所說，「在遠東人盡皆知」，悄悄把問題歸咎給在這種處境下工作的中國人。這張漫畫也跟輿論有所共鳴。鴉片成癮（多諷刺，明明是不列顛貿易創造出來的）、女子纏足、對外界的無知和敵意，以及對刑求的殘忍喜好（至少人們如此認為），都讓中國有如賤民的國家，中國人不值得文明對待。不過，中國礦工遭受的待遇仍讓自由派輿論為之驚駭，要求不列顛政府終結殖民地的這些做法。

南非的礦業圈駁斥柏蘭對他們礦場情況的描繪，委由柏蘭嗤之以鼻、稱為「資本主義日報」的南非報紙發表反論，質疑他的誠信，質疑他的指控是「廉價的嘲弄與譁眾取寵的標題」。頑強的柏蘭繼續新一波的控訴，他以〈黃人農奴的眾多恐懼〉（More Horrors by Yellow Serfs）為題，在第一篇報導刊出之後五天又寫了一篇，表示當局雖然下令停止體罰，但在某些礦場依舊普遍。他還為讀者介紹另一種「中國刑求法」，是法國人經營礦場上的警衛用來控制礦工的方式。這種刑具「類似牛軛，用兩英寸厚的木板做成大約二又二分之一平方英尺的大小，銬在苦力的脖子上」，法國人的刑具參考中國的木枷而來，是一種活動式大木板，扣在脖子周圍，用來折磨與公開羞辱犯規的中國人。法國人覺得自己是在中國人身上用「中國」的做法，認為這是中國人唯一會懼怕的處罰形式。然而，將木枷從大清的司法脈絡中移到私人企業範圍內，想必會讓中國國內群情激憤。柏蘭在〈黃人農奴的眾多恐懼〉一文結尾指出，中國人在礦場工作六個月之後，拿到的卻還是試用期的薪水——每天一先令，而非規定的最低薪資兩先令。即便礦工對此提出「合理訴求」，通常也會遭到一口回絕，問題一部分是因為有些中國人管理者「頂多只懂二十個中文字」。柏蘭承認，賭博與鴉片讓一些中國人陷入財務困境，但他依舊認為要歸咎於白人，而非中國人。

柏蘭的報導激起一場新聞風暴。隨著爭議發展，約翰尼斯堡的英語、印度語雙語週報《印度輿論報》（*Indian Opinion*）也開始發表相關文章。九月九日，一名年輕的印度裔律師提起這個議題，他為了執業，於一八九三年搬到南非，已經在約翰尼斯堡住了十年。莫罕達斯・甘地（Mohandas Gandhi）加入了這場對礦工遭虐的全面性譴責。未來，他將在終結不列顛對印度統治的行動中，以聖雄（Mahatma）之名聞名於世。不過，甘地的消息並非得自約翰尼斯堡當地工作的中國礦工，而是取自倫敦報紙《每日快報》（*Daily Express*）的文章，而後者則是把柏蘭報導的內容徹底回收再利用。甘地在自己的文章中對犯下暴行的人指名道姓——印度語中的普列斯，讀起來就像「普雷斯」（Place）。

有中國生活經驗的普雷斯先生，把該國盛行的做法引進本地。他把犯過的中國人剃光，接著把人家的辮子綁在院子裡的旗桿上，讓人家不得不站著兩、三個小時，無論寒風多麼刺骨，或是陽光多麼炎熱。接著，普雷斯先生下令其他中國人對受罰的人擠眉弄眼。另一種處罰則是把細繩綁在犯人的左手上；接著把繩子穿過圓環，讓人懸著，只有腳尖能碰地，保持這個姿勢兩到三小時。

甘地對於礦工虐待的關注並不教人意外。多年來，他不斷為來到南非工作的印度人遭受的歧視發聲，要求不列顛法律平等待之。他不見得認為中國契約礦工，跟他稱之為「不列顛印度人」、久居南非的同胞有同等的法律權利，但如果中國人無法受到法律保障，說不定哪天印度人也會發現自己落入相同處境。甘地非常清楚，自己正在對抗殖民體制下的根本衝突：殖民地把原物料送至殖民母國，原物料的開採加工需要大量的廉價勞力，但母國卻不願意接納這些勞工進入殖民社會。一個月前，他曾在《印度輿論報》的社論中指出印度勞工對經濟的莫大助力：「在此享受的人們，以及成千上萬殖民者的麵包與奶油，泰半仰賴來自印度的長工穩定地流入。」「經濟的榮景少不了他們」的這個事實，意味著「我們在當地所耳聞的『印度人是不受歡迎的公民』這種雜音，若非偽善，就是自私」。甘地雖然沒有提到，但把他的說法用來回應人們對愈來愈多的中國勞工所發出「雜音」，卻也言之成理。他們做的是別人不願意做，但對於維持南非礦業經濟繁榮卻又不可或缺的工作。

「在蘭特趕奴隸」

這些頭版頭條令托利黨芒刺在背，政府認為使用刑求做法「駭人聽聞」，但避免明確承認真有這種行為，聲稱「縱使並無如此指控的跡象存在，但也絕不容許任何人表示採取此種行為」。礦業公司發言否認，但民眾抱持懷疑態度，而政府措辭謹慎的聲明對於平息質疑並無幫助。基督教社運人士把不列顛礦業公司的做法與奴隸議題相結合，讓爭議愈演愈烈。他們並斷言——借用浸信會聯盟（Baptist Union）主席的原話——「不久後，我們的國家將落入外邊黑暗（outer darkness），這些人令英格蘭人之名與英格蘭司法蒙羞」。

由於輿論（尤其是勞工階級間）對於奴隸議題非常敏感，社運人士選擇的做法可說是再好也不過了。不列顛於一八三三年禁止奴隸制，對致力於改革資本體制惡質之處的人來說，這件事情向來是個里程碑。就廢奴而言，不列顛的腳步還落後幾個國家，但也超前幾個國家——最知名的就是美國。美國棉花經濟仰賴奴工，美國南方因此不願意放棄這項資產，導致四年內戰。戰後，國會才得以在一八六五年廢除奴隸制。繼美國之後，其他國家風行草偃，只是速度有快有慢。吊車尾的是那些最依賴奴工的國家：古巴於一八八六年廢止，巴西於一八八八年廢止。

無人料到，廢奴的衝擊居然也影響到中國。由於各國接連禁止奴役，原本仰賴奴工的產業，例如棉花與糖，因此迫切需要找到可以負擔的替代方案。人在中國的美國傳教士兼譯者威廉·馬丁（William Martin），非常關注此事對中國人意味著什麼。一八九〇年代，他在回憶錄中寫道：「順著反奴情緒，此時正是黃種人取代黑人的時候。」為了說明問題，馬丁引用一段中國寓言——有個國王可憐即將祭獻的牛，於是下令改用羊，這根本是換另一條命犧牲而已。人們再也無法接受黑奴，那就以其他的形式找來代罪羔羊。貧困、人口過剩、管制不彰的中國於是浮上檯面，成為廉價勞力供應國，取奴隸而代之。

然而在自由派看來，找中國奴隸的做法本來就有問題，選擇接受奴役的人，本身就是受人藐視的標的。因此《晨間主導報》上出現的觀點本身就彼此對立，有些報導稱問題在於刑求，有些批評一開始讓中國人來到南非的政策，有些則直接怪罪中國人。儘管民眾對於不列顛礦場主的做法大為憤慨，但也夾雜著對引進中國勞工至南非而「伴隨的風險與災禍」，畢竟中國人「是這麼恐怖、望之令人生厭的動物」。

面對這場爭議，川斯瓦外籍勞工部（Foreign Labour Department）認為必須遏止負面公共形象的蔓延。由於無法否認虐待確實發生，外籍勞工部決定特別挑出一件聲名狼藉的事件——普列斯把一名中國礦工綁在自家起居室，並堅稱此為獨立事件，並非常規的處罰方法。為了證明，外籍勞工部取得亞歷山大．麥卡錫（Alexander McCarthy）的書面證詞。麥卡錫在諾斯礦井經營的中國人醫院擔任看護，外籍勞工部把他的證詞發給維瓦特斯蘭的每一間報社。巴恩斯寄給不列顛駐芝罘副領事的，就是《川斯瓦主導報》在一九〇六年一月刊登的版本。

一九〇五年十一月十五日，麥卡錫將宣示屬實的書面證詞提交給治安官，說明自己是普列斯家中的房客，而普列斯於一九〇五年六月十日虐待苦力時，他就在現場。麥卡錫不知道那個中國人做了什麼，得接受這樣的懲罰，但他指證普列斯告訴自己：「我要拿這傢伙做榜樣，把他綁起來的樣子拍下來『當好玩』，或是一樣意思的話。」

普列斯先是把那個人按進冷水，接著又把他按進熱的洗澡水裡。麥卡錫反對這種虐待，擔心會引發肺炎，但普列斯並未收手。

接著，普列斯把苦力的衣服扒光，將他的雙手手腕與客廳門上的兩根大釘子綁在一起，辮子綁在手上，然後把雙腳綁起來。當苦力動彈不得時，普列斯還在用餐時間帶食物來，擺在此人面前的椅子上，而他根本不可能吃到。普列斯將這名苦力從晚上七點整綁到隔天上午十一點十五分，然後才放了他，准許他回到礦場。

麥卡錫的書面證詞提供了新的材料：普列斯不只虐待礦工，還把人家手腕綁著吊起來的樣子拍下來。麥卡錫作證說，普列斯把底片送去小鎮克里夫蘭（Cleveland）的一家店沖洗，但當問起店名時，麥卡錫就不願表示。在證詞的結尾，麥卡錫提到：「普列斯一度對我表示，等到回中國之後，他拍的這些照片就有大用，而且他對這些照片另有打算；他甚至計畫寫一本書，以『在蘭特趕奴隸』為題材，用這些照片當插圖。」

川斯瓦外籍勞工部誤判了民眾對這份書面證詞的反應。官員不知怎的，以為能藉此駁斥四處流傳的「中國謊言」，顯示中國人遭到虐待並非礦場有計畫為之，而柏蘭是把某個中國人管理者家裡的小事件，灌水成一起「駭人聽聞的實例」。事實上，當這篇證詞出現在蘭特報端時，引發的效果偏偏與官員的期待相反，進一步讓人對當地發生的事情戰慄不已。

殖民母國政局

普列斯在介於一九〇五年六月十日（苦力遭綑綁虐待）以及一九〇六年十一月三日（普列斯被人發現陳屍北京）之間的某個時間點離開南非，返回中國。少校A．A．S．巴恩斯也是在這兩個日期的中間投訴普列斯，說他讓招工代表名譽掃地。除此之外，普列斯在故事中完全不見蹤影。

所以普列斯到底是何許人也？副領事科克沒有什麼頭緒，但我們有，因為中國海關總稅務司有普列斯的紀錄。清政府多半將這個單位委由不列顛公務人員代為經營。根據服務紀錄，「哈利」（Harry）．普列斯是不列顛公民，一八七五年生於倫敦——我們已經曉得，恐怕只有時間是真的。一八九七年，他前往中國擔任協助船舶管理，成為「外場」職員——外國人受僱的最低職級。普列斯最初在上海擔任「警衛」，接著到天津擔任「船檢員」，接引來船並檢查貨物。他在庚子拳亂之後調回上海，升為高級船檢員，但後來於一九〇三年十月一日離職，就此消失在公共檔案中，直到川斯瓦事件才再度現身。

普列斯之所以引起世人關注，是因為一九〇六年不列顛國會大選的緣故。自一八九五年以來，保守黨一直以聯合政府的型態執政。五年後布爾戰爭的慘況，令許多不列顛人認為政府犧牲不列顛人的性命，只是為了保障不列顛在南非的採礦利益。然而一九〇六年大選的主要議題，卻是保護主義與自由貿易之間的對陣。托利黨希望實施關稅，保障不列顛產業；自由黨觀點正好相反，認為此舉只會導致其他國家設立關稅壁壘，對不列顛產品關閉市場。他們反而呼籲推動自由貿易，以確保不列顛商品能進入所有市場。這種立場贏得來自工業勞工階級的強大支持，不過驅動他們支持的，卻是中國礦工遭到殘酷虐待的報導——普列斯的名字就這麼躍然紙上。報導漸漸傳回不列顛，提到中國勞工在低薪與寒酸的勞動條件下工作。由於是政府提倡以中國勞工作為南非礦場勞力短缺的解決方法，民眾的怒火於是朝向政府而去。自由黨眼見機不可失，於是發動攻擊。若不是不列顛本國政治環境如此，消息得以在其中醞釀，柏蘭來自南非的報導恐怕會無人聞問。大選前的演說中，五名自由黨候選人中有四人提到中國勞工議題，而保守黨候選人則盡全力迴避這個議題，只有在聽眾逼他們表態時才談到。

不過，中國礦工遭虐卻是個一觸即發的議題，畢竟此事引發的情緒不盡然有利於中國人，也有可能往另一個方向發展。一般人認為中國人會拿比人人都低的薪水工作，因此「南非的中國勞工搶走白人工作機會」的畫面，導致不列顛勞工之間特定的種族焦慮情緒。他們擔心自己遭遇同樣的命運，誰知道大公司會不會找中國苦力，淹沒整個國內勞動力市場，搶走他們的工作。選舉期間有一張四處流傳的政治海報，畫了一名「全球金融家」率領一列中國苦力，而約翰．布爾（John Bull，不列顛的擬人化身）卻在打瞌睡。圖側有個自由黨發言人大聲疾呼：「難道我們是為此而戰？」勞合．喬治（Lloyd George）用不知哪來的「中國人會取代威爾斯勞工」的威脅，讓這幅景象變得更加聳動。

不列顛勞工階級之所以會對中國人在南非被人上鐐銬、責打的畫面作嘔，是因為他們想起了奴隸。廢奴運動的勝利是他們的偉大成就，而他們認為奴工的復歸，對於他們在本國的工會權利是一項威脅。密謀奴役中國人的政府，是勞工階級不能相信的政府。儘管保守黨指控自由黨偽善，利用不列顛政府從未主動支持的做法從中謀求好處，但這些指控也無法平息奴工議題。一位分析家指出，你只消在政治集會上放出一張中國人的幻燈片，就能激起人們對於保守黨的「瞬間怒吼」。到了一九〇五年十二月底，選戰開打才一星期而已，你只要打扮成中國人，加一根辮子，銬上手銬，出現在政治遊行隊伍或造勢大會，大家都看得懂意思。

不過，不列顛勞工與南非中國礦工的團結一致很難堅持。等到選戰即將結束時，中國人扮相的涵義便已完全翻轉。選戰末尾，自由黨用來影響中間選民的海報上，那一列中國人旁邊加上更明確的圖說：「中國人的南非」。對於礦工遭到殘忍虐待的人道之怒，突然翻轉為對於「載運大批中國人到南非，搶走不列顛人工作機會」的恐懼。攻擊托利黨的貿易保護主義當然可以，但貿易保護對多數選民來說其實相當抽象；要打，不如打他們帶中國人搶走不列顛人生計。轉變的程度令人瞠目結舌。

打擊奏效了，保守黨的聯合政府在這股壓力下輸給自由黨——那篇說普列斯把人吊起來照相的報導，堪稱居功厥偉。保守黨認為實在太不公平。政府雖然想讓南非的契約工走入歷史，但又擔心此舉會催動礦業的崩潰。他們覺得「中國奴隸」的指控是抹黑，甚至懷疑翻印《晨間主導報》漫畫是有心人士的宣傳戰操作。溫斯頓・邱吉爾（Winston Churchill）在自由黨新政府中得到自己的第一個內閣職位時，發現自己處於尷尬的境地——一方面要在不至於使川斯瓦礦場陷入困境的情況下處理問題；一方面又不能讓民眾的怒火燒回他任職的政府身上。一九〇六年二月二十二日，他在下議院起身表示：無論中國勞工的工作環境多麼令人難以啟齒，但這事實上並不等於法律上所說的奴役，而政府將採取措施，結束引進中國勞工的做法。幾個月來，約瑟夫・張伯倫（Joseph Chamberlain）承受著「使用中國奴隸」的罵名。這位在野保守黨新領袖一聽到邱吉爾的聲明便勃然大怒，指控邱吉爾是靠著讓「一夥人打扮成中國人的模樣，旁邊跟著幾個像是趕奴隸的人」，遊行於「其選區中的大街小巷」才贏得議員席次。其他的行政區是有人搬演這種政治戲碼，但邱吉爾當場否認這項指控。隔天，選區黨部職員寫信向他證實，他的選區並未採用這種戰術。

所以，這到底是不是奴役？至少有一名約翰尼斯堡的殖民官員，認為這項指控根本只是選舉手法。J・W・傑米森（J. W. Jamieson）曾在中國擔任領事官員與貿易參贊達十五年之久，後來於一九〇五年調派到南非，執掌外籍勞工部，以控制情勢。傑米森能講、讀中文，而他帶來的兩名下屬普爾東（Purdon）與邁爾斯（Mayers）的中文也很流利，這一點確實有幫助。一九〇六年六月十一日，他寫了一封長信給中國的兩名同事，說自己「正好在適合大家通通下地獄的時間點」抵達約翰尼斯堡。中國人選擇當礦工，而不是在家鄉貧窮失業。面對這一批多少難以控管的中國勞工大軍，他個人比較喜歡所謂的「後舷或禁閉室正義，在園區裡讓獄卒管理我」，但自由黨的選舉勝利，讓他無法採用軍事管教方式。非但如此，新政府甚至「取代了不列顛最縝密的司法程序。所有判決都得受到最高法院重新審視，而最高法院動不動就推翻它們」。他坦承：「我本人也遭到鼓勵告發非法拘留與逮捕，被判十英鎊罰鍰，並支付對方的訴訟費。你不難想像這有多丟人。」不過傑米森的著眼點倒不是個人的聲譽，而是他對中國勞工的權力並不穩固，偏偏這起判決影響甚鉅。「對於這支五萬人的小部隊，我所有的影響力都建立在虛張聲勢上——稱之為威望也行——只要有一絲減損，結果就是最嚴重的災難。」

傑米森承認在他抵達南非之前確實是有虐待情事，但如今已經大幅減少。根據他的看法，「將中國人引進殖民地的政策」，他原話如此，「是歷來最偉大的施政之一」，是一項壯舉。原本可以大有所為，偏偏自由黨政府害他綁手綁腳。他認為，問題核心並非中國人的行為舉止，而是殖民地「瀰漫著『只有白人才是受到上帝看顧，賦予生命氣息的人類』的想法」。傑米森沒有施力點能改變白人的偏見，但他的職位倒是能讓他以他認為公平、有效的方式來管理勞工。「這件事跟中國人沒什麼關係，」他在寫給朋友的信上說，「他們已經證明自己無疑是經濟上的成就，對於他們實在沒有什麼好抱怨的——只要他們不再賭博，以及彼此雞姦，就什麼事都沒有。」至於中國人犯下的「所謂的醜事」，其情況也「遠比黑人或白人來得少，但當然啦，外界什麼都不知道」。他對手下這些勞工最大的不滿，在於他們把自己的薪資揮霍在他所說的「愚蠢購物」。「光是今天我就遇到兩個人，他們買了兩個氣球，每個肯定都得花一先令；他們乘坐馬車的程度連我都吃不消，他們的錢多半都花在上面，而且是出手最大方的方式。」無論眼下有哪些問題，奴役都不是其中之一。約翰尼斯堡的中國人「還沒有像普通的陸軍大兵或海軍水手那麼卑微，而且絕對比不列顛商船水手還要自由」，傑米森對朋友掛保證。「總而言之，」他在信末表示，「無論你聽到什麼跟南非奴隸有關的消息，都不要相信，尤其報紙上讀到的最不可信。」

傑米森的憂慮成真了——這項政策最後果然因為礦工彼此性交的指控而取消了。也難怪，這支勞動大軍由五萬名男性組成，完全沒有女性，但對維多利亞時代的道德觀來說，這便足以激起民眾普遍的譴責。邱吉爾黨內的激進側翼借題發揮，要拖垮移工計畫。由於被迫回應南非中國勞工正逐漸「染上我們民族所深惡痛絕的惡習」的指控，邱吉爾只能派人調查礦工之間雞姦的情況。他在十一月收到報告，但判斷內容太過敏感，不能公開。儘管如此，整個過程還是達到黨內激進派的目標。自由黨政府被迫在隔年停止南非使用中國勞力，新當選的川斯瓦政府認為當地的黑人與白人礦工，便足以維持礦場運作。

招工方案不復存在，全體局內人的財富也隨之蒸發。礦工如此，招工者亦然。中國勞工的損失沒有留下書面紀錄，但此事對一位英格蘭人的影響，倒是留下一絲蛛絲馬跡——是一張於一九〇六年五月二十九日草草寫下的便條，收藏在蘇格蘭國家圖書館中，不列顛領事詹姆斯·洛克哈特（James Lockhart）的私人檔案裡。便條披露，最早向不列顛領事館人員提到普列斯之名的川斯瓦招工代表，他的事業因為招工方案的失敗而毀於一旦。「我真的不想放棄，」少校A·A·S·巴恩斯寫道，「但我內心顯然已經無法承受，一定要有點改變才行。」他感謝洛克哈特推薦他這份工作——「是我唯一引以為樂的事」，並告訴洛克哈特，他已決定壯士斷腕，打算買張票去帝國的其他地方，希望能重新開始。後來，他去到溫哥華。

我們今天對巴恩斯與普列斯這類帝國行政機構的最低階職員沒有多少同情。當然，他們是不列顛殖民體制的代表，但在《倫敦時報》（*The Times*）特派員稱為「近代資本體制開始把勞力從甲地移到乙地的第一次嘗試」之中，我們也可以把他們視為受害人。僱用中國人的計畫是「由資方所擘劃，為的也只是資方的利益」，底層的人只能盡力發揮，而且多半都不成功。

拍攝中國人的身體

假如故事只停留在文字上的話，這一切恐怕都不會發生。不過，吸引不列顛民眾目光的，卻是廣為流傳的《晨間主導報》上普列斯受害者圖片。畫出這幅圖畫的漫畫家，以如此豐富的反中國視覺語言——圖中人貧困、羞恥、留辮、望之不似人形——包裹著這張圖。假如少了圖畫出現的脈絡，想必很難判斷這張圖的意圖是在於激起我們的同情，還是引發我們的輕蔑。一九〇〇年夏天的歐洲報紙充滿這類嘲弄中國人的漫畫——這年，外國軍隊登陸中國土地，擊退義和團，保護北京的公使館。報章雜誌的所有讀者都曉得中國人看起來就像這種樣子。因此，說不定那位漫畫家只能用這種方式，表示畫中人是個「中國人」。

不過，這幅漫畫裡還有別的玄機。超過一個世紀以來，歐洲人的中國觀念底下始終有一條匯聚了兩種想法的地下水脈奔流著，這幅漫畫便從中汲取墨水。第一種想法是：中國人還在使用歐洲人再也無法容忍，認為極為野蠻的身體刑形式；第二種想法是：除非採取這些肉體傷害的形式，否則中國人就不懂什麼叫做是非對錯。歐洲刑罰遲至十九世紀中葉才抹除這些處罰方式，但由於抹除得十分徹底而決絕，因此歐洲人再也不認為開化的自己能做出如此惡毒的舉止。大清的法律之所以仍然容許使用身體刑，部分是因為選擇不要長時間監禁犯人。假如沒有能懲戒犯人的監獄，唯一的選擇就是用打的或是流放，而這正是《大清律例》的規定。普列斯拍攝他那些照片時，這些做法正處於轉變中，但歐洲人對中國的轉變並不清楚。這種玩時間差的把戲，意味著歐洲人得以一面抬舉自己，一面對中國人懷抱優越感，進而把可憎的肉體傷害歷史全部推給世界的另一端。

不列顛讀者早已熟知中國人會使用酷刑。一七九三年的馬戛爾尼使團中，就有成員在回憶時提到這一點。此次使團的隨團畫家威廉・亞歷山大（William Alexander）受到倫敦出版商的鼓勵製作一部畫冊，讓歐洲受眾看見中國的樣貌。這本書——《中國風俗》（*The Costume of China*）為讀者呈現一個奇妙的土地，其中最奇異的刑罰就是枷項。接下來有一本更受歡迎的書問世了——喬治・梅森（George Mason）的《中國刑罰》（*The Punishments of China*）。梅森在印度工作，但他曾經造訪廣州，在當地獲得一些簡單的日常畫。這些畫是中國畫家大量繪製，賣給歐洲觀光客的紀念品。許多情境不痛不癢，但裡面也包括折磨人、刑求與處死的圖畫，以滿足重口味西方人的好奇心。中國畫家的原畫人工味很重，在空白的背景上安排精筆描繪的人物，有如畫面經過處理的民俗誌（見圖16）。梅森把這些畫面帶給歐洲受眾，將上刑的圖案轉變成奇特而極為寫實的筆觸。這——書上的圖片如是說——就是中國人的作為。

《中國刑罰》不光銷路好，也形塑了人們對於中國奇異光景的期待，包括肉體折磨。廣州與北京的畫家也保持穩定產量，繪製這類場面以滿足外國訪客的需求。正因如此，這類繪畫才會大量保存於今天西方的博物館。由於歐洲人視覺上的預期已經穩穩地建立，等到他們帶著照相機來到中國時，心裡早已知道自己打算拍攝一些什麼了。當普列斯拍下他在自宅中折磨的中國人時，很清楚自己想捕捉哪一種畫面。還沒按下快門之前，他早已對於中國人的肉體受到折磨的景象了然於心。

身體受的苦很難用底片捕捉，何況相機在十九世紀下半葉才問世，不僅是相當昂貴的機械，而且需要一定程度的操作技術訓練。拍攝照片需要充足光線，長時間曝光，受攝者姿還必須一動也不動。日常生活說拍就拍，已經超出當時技術的許可範圍了。相機是職業攝影師的工具，而非業餘愛好者休閒把玩的東西。不過，到了十九世紀與二十世紀之交，攝影科技已有大幅發展與簡化，相機正逐漸成為大規模生產商品。成本降低，快門速度提升，便攜性增加，程度各異的愛好者漸漸用攝影打發時間。他們先是用臉孔與風景塞滿觀景窗，接著景中的事物與人物逐漸不用保持不動。他們尋找事件來攝影，透過相片讓自己與受攝的事件同在。他們起碼是旁觀者，而且愈來愈多成為行動者。攝影師所能呈現的，還能有什麼場面比有人被打或遭受處刑更好、更精彩呢？

一九〇〇年的庚子拳亂鎮壓，堪稱是第一件以攝影方式記錄征服行動影響的重大國際軍事事件。隨軍攝影師與速寫畫家合作，記錄守軍據點淪陷、地景遭到炮轟，以及戰鬥員互相殘殺的場面。一旦征服完成，他們就能著手為歐洲人替天行道的過程製作影像。接下來，他們開始捕捉中式身體刑的日常，就像本書中那張一名年輕人在在衙門裡身體動彈不得的照片（見圖17）。姿勢雖然和《晨間主導報》上的漫畫人物不同，但他扛著相同的窮困襤褸、肉體受苦與屈辱。我們必須小心慎重，避免把這樣的照片照單全收。許多這類照片其實是擺拍，很可能是有償拍攝，讓外國攝影師能創造出符合其「中國」概念的影像，繼而將之賣給圖文書或明信片的出版商。不過照片中背景人物的低落情緒使我相信，這名年輕人確實是身陷囹圄，半吊在木條上，以迫使他招供。

還有更糟的是，駐守北京各國公使館的外國軍人，拍下菜市口（北京西南門外一處塵土飛揚的路口）公開行刑的景象，並非外國士兵處死中國拳匪，而是大清的劊子手處死中國罪犯。快門一按，外國人就能捕捉到德昆西當年只能憑想像的「東方之墮落」，到有對外營業的攝影工作室沖洗出來。外國人所拍攝最令人震驚的照片，是罪犯遭到「殺千刀」的駭人過程。犯人先帶到公開場合，接著在司法官員的監督下，按照預先設定好的步驟一刀刀肢解。最後一名遭到凌遲處死的人，是名叫「福朱力」（Fuzhuli）的蒙古侍衛。一九〇五年四月九日，殺害主人的福朱力在菜市口伏法。法國士兵為這起事件拍攝的照片，至今仍以人們能寄回家的獵奇明信片的形式存在。

普列斯是否曾親臨大清的審訊或死刑場面？我們不需要知道，也能從文字紀錄裡曉得他看過中國人的畫與歐洲人的照片。假如他沒有看過，就不會用那種方式呈現他對中國礦工的折磨，也不會有拍下此人照片的想法。至於他有什麼目的，以及他打算拿照片給誰看，我們只能憑空猜測。麥卡錫說，普列斯告訴自己，他打算把這些照片帶回中國「好好利用」，但是做什麼用？是給招募的勞工看看，假如不聽他的命令，會有什麼下場嗎？還是為了向需要保證的招工代表留下印象，知道普列斯是個令出必行的人嗎？抑或是與此無關？

沒有跡象顯示，普列斯曾沖洗出漫畫家所想像的那種照片。我們只知道，不列顛副領事的職員們在普列斯遭到殺害之後，前往他家釐清案情時，找到一大堆照片。當然，要是其中出現某個裸體中國男子遭受虐待的照片，肯定會有隻字片語出現在副領事的紀錄裡。但這也難說，說不定大家關心此人橫死的程度，還不足以展開更深入的調查。有個啟人疑竇的問題：殺害普列斯的人，是不是想報復他？但這起凶殺案懸而未決，我們永遠不得而知。

這起事件對於中國與世界的過從歷史來說何以重要？原因與其難以逆量的影響範圍有關。普列斯沒有興趣影響不列顛的大選，但他的故事經過扭曲之後，卻出現在一九〇六年二月的下議院議場中。張伯倫起身針對邱吉爾長篇抨擊，嚴詞批評自由黨利用披露虐待事件來操縱大選。他的論點是，自由黨愚弄不列顛民眾，讓他們以為中國礦工形同奴隸。為了強化自己的說法，張伯倫舉起一本作者不詳的書（今已不存），他宣稱這本書「在選舉期間到處流傳」，稱中國苦力遭受有如奴隸的待遇。張伯倫大膽推測，這本書極有可能是《晨間主導報》記者柏蘭所寫。假如不是他，那八成是「一位我會毫不遲疑稱他為大惡棍的人，也就是普列斯先生——他自承把某個中國人吊起來折磨一整晚，還打算在隔天早上給此人拍照，供自己正在寫的書之用」。他的說法嚴重扭曲了原本的報導。普列斯確實宣稱自己正在寫一本名叫「在蘭特趕奴隸」的書，但就我們所知，他其實並沒有寫過這麼一本書。對張伯倫來說，普列斯只不過是又一名編造整起事件，意圖打擊保守黨選情的記者。張伯倫簡直無的放矢，讓我無言以對（這在本書中還是頭一遭）。

預料到會出現這個議題，邱吉爾早就做了詳盡的功課，提前詢問川斯瓦是否應引渡普列斯。因此，他告訴張伯倫，川斯瓦政府回覆「根據現有證據，當局並無發起調查之根據，但若有可能，內政大臣亟欲就此案著手調查」。最後，當局並無展開司法行動。無論如何，普列斯已經回到中國，可能是為了招募苦力，可能是接錫製品的訂單，而他在倫敦的惡名完全於他無損。

從中國的角度看，故事的諷刺之處在於：普列斯在川斯瓦拍攝苦力相片之前不過兩個月，中國法學家才剛剛在北京成功廢除「殺千刀」。刑部官員沈家本主導廢除這種極刑，但他反對凌遲的理由，卻不是抽象的人道原則。「凌遲」根本不是中國的刑罰，「查凌遲之刑，唐以前並無此名目」。那凌遲究竟從何而來？他的答案是：來自中國之外的世界。凌遲是蠻夷的做法，是千年之前入侵中國的游牧民族帶進中國的。沈家本提出這種主張必須小心為之，畢竟大清國由滿人統治，滿人是來自長城外的入侵者。但他提出的這個尷尬關聯，倒是沒有阻礙他推動廢除凌遲的行動。

到頭來，凌遲得以廢除的決定性因素，並非「殺千刀」能否在古代中國傳統中找到——這只是用來反對凌遲的有效話術。修法的真正推動力，在於庚子拳亂之後中國人面臨的處境。外國人大批來到中國，在大街上自由遊走，還隨身攜帶相機。要不是因為拳匪，嚴刑峻法的照片也不會傳到國外，讓中國在全球文明尺度上繼續下修。乾脆把沈家本稱之為「非常刑」的酷刑一起廢止，使之消失於公眾視線。連大清朝廷也看得出改革的道理，正因如此，福朱力於一九〇五年四月九日受凌遲處死一事，才會是中國史上最後一次凌遲之刑。同月稍晚，凌遲就此廢止。

當普列斯在約翰尼斯堡的家中，搬演他那小小虐待場景時，大清則正為了得到世界文明國家接納而放棄身體刑，這種感覺實在詭異。但普列斯這種人可不打算放棄這種文化遺產，他們想控制別人，而酷刑讓他們略勝一籌。明信片廠商也不打算放棄這種殘酷景象的市場。遲至一九一二年七月，大清國已然垮臺，其法律制度消失之後，都還有人把郵戳往福朱力之死的明信片上蓋。中國土地上實施身體刑的時代結束了，但中國這個國家「永遠殘忍、落後、沒有法治」的形象卻繼續留在西方人的想像中。中國人正在摸索前進的路，但其他人卻困在過去。

The Republic

民國

第十三章 通敵者和他的律師

上海，一九四六年

來看圖18。一九四六年六月二十一日，一家報社的攝影師在上海高等法院外，拍下了這張照片。照片中穿著傳統長袍，半轉上身對著我們的人，就是梁鴻志。此時的他，才剛聽完對於他叛國的宣判。兩名法警押著他出了法庭，第三名法警拉著梁鴻志的姨太太，因為她試圖靠近自己的丈夫；不過，也有一說認為這名女子是梁鴻志的女兒。背景中抬頭的路人，看到的是一九四六年最受矚目的審判之一。對今日大多數的中國人來說，不知梁鴻志是何許人也。他是民國時期（一九一二—一九四九）的次要政治人物，在公開舞臺上上下下，從未獲得重要角色。更有甚者，他因為犯下近代中國政治中最深重的罪孽——勾結外部勢力，而被排除於中國人的記憶中。這種人忘了最好。

六月二十一日的宣判，是針對梁鴻志所受的十一項指控——指控梁鴻志必須為一九三八年至一九四〇年間由他所主持的通敵政權（第一個由日本倡議成立的「全國性」政權），以及他在取代該政權的後繼政權中扮演的角色負起責任——自一九四〇年至一九四五年戰爭結束為止，他一直在後者擔任閣員。前三項指控——建立軍隊支援日本警察，經營鐵路為日軍運輸人力、物力，以及允許日本獨占內河航運，是指控他協助入侵者。接下來五項指控，涉及控制米糧讓日本從經濟活動中得利，成立華興銀行發行全國性貨幣，挪用中國海關歲入，對人民抽重稅，以及販售鴉片（沿襲自十九世紀），榨乾百姓的財富並削弱其抵抗力。最後三項指控，譴責他參與一九四〇年汪精衛領導的南京國民政府之成立，與蔣介石領導的國民政府（戰時躲藏於長江上游的重慶）分庭抗禮。這一廂的蔣介石是個板著臉、信奉衛理宗的軍事委員會委員長，那一廂的汪精衛則是英俊富魅力的革命黨人，彼此為了孫逸仙的國民黨領導權而長期競爭。究竟該跟日本人進行長期、艱苦的抗戰，還是與日本人協商求和？問題讓兩人就此決裂。

如今戰爭結束，勝者為王，敗者為寇。無論戰犯審判對於重建司法原則有多麼必要，卻也會成為成王敗寇的展演場。相較於汪精衛與蔣介石，梁鴻志只是小角色，是另一個時代的遺緒。他的故事若要說哪裡值得一提，那也是因為他以近乎完美的方式，成為時代壓力與衝突的化身。一九三〇年代中期至一九四〇年代中期，中國捲入了我們稱之為「第二次世界大戰」的全球大戲。他的所作所為唯有置於中國當時所身處的世界才能理解。在那個困難的年代，許多國家採取毫無節制的對外擴張，而梁鴻志並非唯一通敵的領導人——無論是中國，還是中國以外的地方皆然。為了政權的存續，他確實把目光投向日本，但蔣介石也望向美國，而在西北發動共產暴動的毛澤東則求諸蘇聯。與外人合作本身不是問題；人人都在跟其他人合作。問題在於未來：未來是什麼模樣，又該由誰來決定？

標準的戰爭敘事會突顯「國家為了生存而對抗外國」，許多國家確實面對如此的存續危機，但也有許多鬥爭發生在內部。通敵議題最能將這種鬥爭攤在陽光下。日本在一九三七年入侵中國，背後的真實情形，與其說是分裂的中國對抗日本，不如說是分裂的中國彼此對抗。

從「大國」到共和國

最能從中國的內部分裂得益的外國，就是日本。二十世紀時，日本是中國最重要的鄰國（或許至今猶然）。十九世紀的日本德川幕府與清朝中國，皆意識到自己正面對劇烈變化的世界。兩國首腦以不同方式回應，也因此走上不同的道路，漸行漸遠。大清國視為從周遭世界滲入的惡劣影響，日本卻視為契機，加以掌握。早在一八六八年，日本發生一場以「王政復古」為表象的革命，開啟了研究歐洲政治、經濟與戰爭模式的大規模計畫。有鑑於這一切讓十九世紀的世界天翻地覆，只要經過一番研究，日本就不會遭到顛覆。中國屈服於威脅與條約時，日本人則隔岸觀火，下定決心絕不能走上這樣的道路。一八二〇年代中葉起的二、三十年間，是歐洲人與美國人致力於開放中國的關鍵年代。由於日本與歐洲距離更遠，因此在這時擁有保持孤立的些微優勢，處於能預測未來變局的位置。日本吸納了讓西方國家繁榮進步的新科技與新制度，表現精彩，一馬當先成為亞洲第一個工業化國家。工業化驅動了過往歐洲軍事力量的迅速擴張，而同樣的工業化也讓日本得以打造亞洲最早的近代化陸海軍，並且先後用於對付中國與俄羅斯。

一九一二年，中國從「大國」的殼裡出來了。有鑑於大清應對十九世紀的衝擊時遇到的多方困境，此時的中國政治人物與理論家知道，中國必須適應西方國際秩序的新規則，偏偏中國缺少能指引、整合這個過程的共同指導者。部分滿人認為或許有機會成立某種模式的立憲君主國，以保障皇統存續，但世局不待人，他們的大清國就在一九一一年晚秋一場應對糟糕的危機中瓦解了。一九一二年元旦，人們齊聚南京，成立共和國，宣布取代舊帝國。但這次的宣言卻無法創造出部分人所期待的一致目的與方向。公認的革命領導人——孫逸仙，是在丹佛聽到倉促起義的消息，差點還趕不回中國參加共和國的成立典禮。不久後，握有軍權的人便把他推到一邊。共和之夢旋即在軍閥割據的現實，以及勾結軍閥的政治派系之間化為泡影，這就是梁鴻志在一九二〇年代進入政壇時的大環境。不過，到了一九二七年，蔣介石已成功控制華中地區，他的國民黨也得以在全國發展，主宰接下來十年的政局，完全沒有在新的局勢安排中為梁鴻志這種舊時代政治人物留下空間。

從蠶食到占領

從「大國」到共和國的轉變歷經數十年，中國走得跌跌撞撞，而此時的日本則是經歷一系列的政變，讓政權益發軍事化，軍隊最後更在一九三〇年代掌握了政府。在這十年間，日本軍方最執著的兩件事，就是擴大日本對於島外資源的掌控，以及防止俄羅斯的擴張擋住自己的路。這兩個目標的連動，導致日本從一八九五年開始，加緊展開一連串對中國的蠶食。

這一年，日本與大清打了一場短暫的戰爭，結果中國簽下條約，交出臺灣島上的殖民地。蠶食的行動一步步穩定進行，日本從中國攫取愈來愈多領土，獲得愈來愈多的影響力：朝鮮、山東，最後則是一九三一年的滿洲。這些行動根據的是經濟擴張的邏輯，過去的歐洲帝國曾從中得到巨大的利益。此外，一九二九年的全球大蕭條——亞洲的工業受到嚴重打擊，也是其中一股推動力。一九三八年，報社主筆高石真五郎在氏著《日本發聲》（*Japan Speaks Out*）裡振振有詞，他耐心向英語讀者說明，「為了生存，日本必須得到國家發展與擴張的充分機會」，和歐洲帝國用來支持其擴張時是一模一樣的論調。高石真五郎斷言，「日本所尋求的，不過是和平發展經濟的自由與契機」。

日本在一九三七年入侵之前最後一次鯨吞之舉，是在中國東北成立一個名叫「滿洲國」的國家。滿州國名義上由幼年登基的大清末代皇帝——溥儀所統治。國際聯盟（League of Nations）抨擊日本的詭計幾近於下作，聲明這個新國家只不過是日本的傀儡。但國際聯盟與後來的聯合國不同，沒有任何手段能制裁這種詐術。國際聯盟的譴責所唯一造成的效果，就是日本退出國際聯盟。

日本在一九三七年發動入侵時，原意不在占領中國。日本派兵是為了對蔣介石施壓，交出民國經濟主權的特定部分，好讓日本強化在中國的戰略與經濟地位。第一次的襲擊發生在七月，目標北京；第二次襲擊在八月，目標上海。日本領導人相信，只要對這幾個地點施壓，蔣介石就會回到談判桌上，他們希望蔣介石承認滿洲國新政府的合法性，也期待能在中國各層級的行政機構中任命經濟顧問。外務大臣廣田弘毅於九月時表示：「日本政府的基本方略，旨在透過日本、滿洲國與中國之間的和解與合作，獲致共榮與共同的福祉，穩定整個東亞。」他指控中國「無視我們真正的心跡」，中國「調動大軍對付我們，我們別無選擇，只能以武力還擊」。廣田弘毅的反應彷彿自己很講道理，他說在目前的局勢之下，日本只能「堅定立場，迫使中國改變做法。日本只有一個目標——看到幸福而平靜的中國」。高石真五郎在書中甚至更進一步，將日本的軍事干預描述成不是為了對抗中國的「大軍」，而是「純粹為了自衛，為了保衛日本國性命之所繫、不可分割之關鍵利益」而戰。日本將侵略性的自利隱藏在上述的官方姿態之後，當然中國人絕不會作如是想。

許多的失策，將日本與中國——最終是日本與全世界——拉進戰爭之中。其中的第一個失策，就是誤以為軍事干預會讓蔣介石政府與日本國家利益趨於一致。北京的守軍迅速崩潰，但上海則否。蔣介石的部隊承受攻擊超過兩個月，但他們無法一直承受日本軍隊施加的壓力。只不過蔣介石仍舊沒有協商，國民政府也沒有反對他。一個月後，日軍占領首都南京，希望此舉能迫使中國政府投降。結果沒有，反而讓中國堅定拒絕對日本讓步，將首都西遷至長江上游（見地圖6）。占領南京一事——英語世界稱為南京暴行（Rape of Nanjing）——立刻成為日本在這場戰爭中的暴行象徵。這場暴行的債永遠還不完（至少對中國人來說是如此），後遺症至今仍在中日關係裡陰魂不散。

日本內閣意識到，迫使蔣介石（或其他人）上談判桌的原始計畫行不通，於是允許在中國的軍隊在占領區成立地方行政機構，取代國民政府。一九三八年一月十六日，內閣總理大臣近衛文麿宣布日本不再考慮與蔣介石及其人馬合作。一旦做出如此的宣告，更龐大的任務便隨之而來——建立地區性臨時政府，並預留空間在未來組織全國性新政權。這項計畫的挑戰極為艱鉅。日軍對中國平民全面犯下暴行，中國基礎建設遭受嚴重破壞，經濟毀於一旦。日本得憑藉什麼，或是提出什麼樣的承諾，才能想像社會賢達或是平民百姓願意聽從他們？安插日本官僚是絕對辦不到的。假如他們希望能有一絲合法性——至少在全球觀察家的眼中，但也希望中國人有一樣的想法——軍事占領政權就必須由中國人領導。日方不希望滿洲國的蒼白鬧劇再度上演，他們希望新政權能稱得上是合法主權政府，以避免國際譴責日本占領中國。（德國倒是不避諱攫取領土，併入德國，但後來德國也在歐洲各地採取與日本一樣的做法，在納粹的代理人監督之下成立服從的地方政權，有時候是直接成立，有時候則保持安全距離。）

對於近衛文麿的聲明，中國政府幾乎是立即回應，宣布日方扶植的任何組織都是非法組織，其存在將視為對中國主權的侵犯。更有甚者，中國政府還發布一份暗殺清單，上面的人都是與日方合作的人。正是在這一刻，梁鴻志走進了故事裡。

建立維新政府

先為梁鴻志說句公道話——提出這種做法的人並不是他，而是來自占領長江三角洲及其周邊的日軍部隊，中支那方面軍的特務部。經過一星期的討論之後，特務部制定了計畫，要在南京成立「國家級」政權。陸軍大佐臼田寬三負責接近政界要人，了解有誰可能願意與日本合作。

梁鴻志之名不在前列，臼田寬三先用好幾星期的時間，與更有吸引力的人選討論，然後才接觸梁鴻志。此前，梁鴻志已經動身前往中立的香港，原因很可能是因為臼田寬三更早之前接觸的其中一名人選，遭到中國特務暗殺之故。然而梁鴻志跟故舊有聯絡，而這些故舊又與特務部有聯絡。到了一九三八年二月的第二週，他返回上海，建立領導班子。週末，他與兩名同伴見了特務部長原田熊吉，承諾成立一個為日本陸軍效力的政權。一份二月中出爐的特務部極機密文件，表示對於「他們會招募哪一種人，選擇以何種組織架構成立這個政權」相當關注，並強調無論是誰入選，「都必須從內部持續指導，大力支持」，才能為這個新政權「充實血肉」。

以梁鴻志為首的集團在二月十九日聚會，與會者還有派給這個集團的特務，竭力推敲出政治上的安排與成立宣言。下一週的特務進度報告著重說明，梁鴻志的日本幕僚非常清楚他的政權必須有合法中國政權的樣貌，必須取信於該政權統治的人民。日本是人人顯然不願多談的存在，會上也決定不能提到日本。新政府追求的政治方針是實現「東亞和平」，而「和平」是日本殖民宰制其他亞洲人的暗號。新政府誓言追求與「友邦」經濟合作，大家都知道「友邦」是哪一國。維新政府的成立宣言回顧半年以來發生的事情，指控國民黨進行焦土作戰，與共產黨「通敵」。文中宣稱「該政府之邪惡於中國歷史上所僅見」。為此，一群有志之士「義憤所驅」，挺身而出，「救民族於災孽，以新代舊，振國興邦」。新政權唯一之務「即使領土主權恢復戰前之狀態，與鄰邦折衝樽俎，以期敦睦，使國民脫離兵燹，同種息鬩牆之爭」。但無論如何，新政府都將「繼續維持與歐美國家之既存友誼」。五十年前，中國可沒有哪一個統治者會花心思做出如此宣言，如今卻已行禮如儀，「大國」君臨其餘各國的時代已經結束了。

事情既成，特務於是在兩天後送了一份報告給東京，主題是成立的新政權。東京方面並未回覆。隔天特務又重新送出一次，但還是沒有回音。幾天過去之後，東京方面的沉默簡直讓人震耳欲聾。意思一下子變得很清楚：內閣不願意為這份提案背書。經過一星期的等待，臼田大佐派副官去了解情況究竟如何。東京的看法與他非常不同，一部分跟國際壓力有關。外務大臣廣田弘毅曾在一月時向不列顛駐日大使斷言，日本政府「並無意願鼓勵『自治』政府之成立」，日本政府希望能有單一的政府出現，統治統一的中國。但發生的事情卻並非如此。

對梁鴻志及其支持者非常不巧，北京的特務部也忙著成立他們自己的政權。東京不準備批准這兩者。跟梁鴻志合作的特務宣稱北京的新政權還稱不上「中國政府」，而「中華民國政府」——也就是他們自己的政權——「保有統治中華民國的權利」。因此，北京與南京的軍部之間必須進行第二次討論，解決如今浮現的地盤爭奪戰。修正迅速出爐，而東京也在三月十日允許臼田寬三著手推動南京政權。

隔天，東京送來關於名稱的指示。新政權可以用「民國」之名，但不能直接叫「中華民國」。名稱必須加上限定範圍，免得看起來是主張統治全中國的政府，畢竟當時還沒有這樣的政府出現。當時有三種可能性提了出來：「中華民國南京政府」、「中華民國新臨時政府」與「中華民國維新政府」。梁鴻志集團不要第一個名稱，因為聽起來就像地方政府。他們也不要第二個，畢竟把「臨時」安在名字裡，感覺會自取滅亡。這下子只剩第三個了。「維新」一詞取自上古《詩經》中對周文王理想之治的歌頌，經典中的共鳴挺不錯的。從中國人的觀點看，問題在於近代的迴響。當一八六八年那場讓日本走上新道路的政變過後，日本人就已經採用「維新」一詞（英語中通常不是譯為「明治『維新』」〔Meiji Reform〕，而是「明治復辟」〔Meiji Restoration〕），但檯面上已經沒有其他選項，所以就是「維新政府」了。

維新政府正式成立於一九三八年三月二十八日，但沒有任命總統。這個頭銜梁鴻志想得卻不可得，其他人也無法得到。日本將這個職位按下不發，等待未來有真正的顯達之士來投時，再由其擔任。梁鴻志是行政院長，實際上等於國家元首，跟他期盼的總統大位近在咫尺。當時於上海臥底的一名國民黨特務針對這批新領導層寫了報告，提到民眾的看法：「就他們的社會名聲而言，一個個都聲名狼藉。」不過，南京大學的美籍員工查理．黎格斯（Charlie Riggs，他曾經歷日軍在一九三七年十二月對南京的攻擊），卻有較公允的看法。儘管某些為這個政權工作的人只是「二流騙徒，在每一種情境中盡其所能地撈」，但他不吝於承認層峰中確實有不少「有能之人」，還有一些老實人「認為自己能為中國做點好事，不讓那些騙徒控制維新政府，並暗自期盼維新政府將來有一天能掌握全國」。

到頭來，跟日方合作也得不到什麼。無論梁鴻志有何所得，都飛也似地消失了。打從一開始，維新政府擺明只是暫時的解決方法，日本還在等待更好的情勢出現。到了十月，日本認真想吸收國民黨高層領導人的態勢已經非常明確，近衛文麿改變了原先不與國民黨協商的聲明，轉為提倡日本與中國建立平等夥伴關係，打造他所謂的東亞新秩序。創造這種新秩序的路上，唯一的絆腳石就是蔣介石。只要能把絆腳石一腳踢開，近衛文麿很樂意與國民黨人合作，創造能滿足雙方的解決方案——「新中國」一詞於焉出線。特務開始整備與國民黨人合作的基礎。日方甚至願意重申孫逸仙的「三民主義」——這是孫逸仙為了中國受眾，改造亞伯拉罕・林肯（Abraham Lincoln）的「民有、民治、民享」。梁鴻志還以為自己的政權，已經把這種膚淺的現代性空話屏除在外，三民主義的復歸肯定會令他非常反感，但決定這些事情的權力並不在他手上。

近衛文麿之所以在對中國策略上改弦更張，很可能是因為占領的成本水漲船高，而且經濟與軍事皆然。不過，他聽信中國問題首席智囊——記者尾崎秀實的說法，這一點也有影響。尾崎秀實告訴他，日本在中國最主要的障礙是民族主義。「我們從國民黨與共產黨的合作中就能看到」，尾崎秀實指出。不光是兩黨的合作，連「傀儡政權領袖身上也有」。據他判斷，「民族主義是中國積弱不振，卻還能持續作戰的關鍵。不只政府層面，連個人層面都有民族主義存在」。至少在日本政界自由派人士間，過往對於中國民族主義的輕視已經不見了。誰知道，尾崎秀實是個堅定的共產黨員，在戰爭初期與蘇聯間諜德裔記者里夏特・佐爾格（Richard Sorge）合作。佐爾格在日本成立了間諜組織，而尾崎秀實就是他最重要的資產。（尾崎秀實提供最重要的情報，是日本無意入侵西伯利亞。這項情資影響了史達林，在一九四一年冬天把蘇聯部隊從東部調去投入莫斯科戰場。由於阻礙了希特勒的東線行動，尾崎秀實堪稱改變了第二次世界大戰在歐洲的走向。）尾崎秀實的身分終究在一九四一年曝光，並於一九四四年處死，是日本在戰爭期間唯一起訴的平民叛國案件。

不過，關於中國，尾崎秀實提供給近衛文麿的意見確實是對的。除非日軍擊敗中國，否則中國人不準備向日本低頭。在這場角力中，日本人武力占優勢，但人數遠遠不足。占領是一項毫無止境且終歸無用的策略，只是得等到一九四五年，這場噩夢（對雙方都是）才終於結束。

一九三九年十二月底，汪精衛溜出中國，聲明應該結束戰爭時，日本需要的重大突破也於焉到來。終於有個最高層級的人出現在舞臺上了。梁鴻志的所有日方對口全都轉向汪精衛，把他當作問題的解方。從此時直到汪精衛在一九四〇年三月成立南京國民政府期間，梁鴻志徒有空位。為了保全他的顏面，汪精衛給了他監察院長一職。假如情勢並非如此，監察院長可是個令人敬畏的位子，畢竟監察院負責監督政權的人事。但監察院的權力取決於院長的政治實力，而梁鴻志幾近於零。

逮捕

到了一九四二年夏天，小道消息漸漸傳進占領區，說美國開始在太平洋戰爭中打了幾次勝仗。南京方面愈來愈清楚，日本將會戰敗，蔣介石將會回來。有能力與蔣介石政權接觸的人開始暗通款曲，心想說不定能在軍事占領崩潰時幫自己一把。等到汪精衛在一九四四年死於手術時，占領的結束感覺只是時間問題。縱使時局如此，梁鴻志還是接受升職，改任南京國民政府立法院長。但這個政權能存續的最後一絲希望，也在一九四五年五月七日德國投降時灰飛煙滅了。日本獨木難支，前途渺茫。

八月十六日，也就是日本宣布對美國投降隔天，梁鴻志受召前往南京，與政權層峰開會，並正式宣布取消南京國民政府。他一進會議廳，就看到老友陳群坐在屋子另一端的椅子上。梁鴻志喊了陳群的名字，跟他打招呼，但陳群眼神空洞，彷彿不知道跟自己講話的人是誰。梁鴻志擔心朋友該不會是中風了，於是趨前用他孩提時的名字對他細語。這下子，他才意識到陳群正無聲掉著眼淚。梁鴻志記得，陳群曾對他發誓「成時共事，敗時共死」。敗時已然到來。通敵政權中人只能寄望還都的政府會就這麼放過他們，但最高層的人當然知道不能期待這麼多。當天晚上，陳群寫了好幾封訣別信，其中一封寫給蔣介石，說明自己之所以與日本合作，是為了防止中國落入共產主義手中；一封寫給梁鴻志，促他自殺。他本人則等到清晨，原本打算用的那把手槍已經被人拿走了，但先前他曾跟特務部軍官要來一顆毒藥，時候到了他會需要，而那顆毒藥還在他身上。時候到了，他知道所有人將會面臨什麼命運，而他無法承受公審或行刑之辱。

儘管誓言同生共死，但梁鴻志還是選擇碰碰運氣。他逃往上海，開始打探跟蔣介石接觸的管道。透過任援道是他最好的機會——人在蘇州的任援道曾在維新政府中擔任綏靖部部長，兩人有過密切合作。梁鴻志帶著姨太太一道去蘇州，做些必要的友好表示，打算在得到諒解後重回上海家中。但事實證明，諒解並不容易，無論是誰，只要曾經在日本人手下做事，蔣介石都當成是對他個人的冒犯。梁鴻志可說是屋漏偏逢連夜雨，因為他跟蔣介石自從一九二〇年代起，在許多議題上都站在對立方。蔣介石說不定會幫助朋友，或是他認為對自己有用的人，但梁鴻志兩者皆非。

此外，還都的國民政府在一九四五年秋天接連宣布四部條例，作為處理通敵案件的司法指引，而這些法律都對他不利。第一部條例於九月公布，指出六類擔任偽政府高層的人，光是任職本身即可起訴。第五類——偽政府政治領袖——顯然包括梁鴻志這類人，也就是說，他從一開始就已經是鎖定目標。條例的大原則認定「有利於敵偽或不利於本國」就是有罪。與日本人往來本身沒有罪，但如果往來有利於日本——等於有損於中國——那就有罪。假如被告曾經協助抗戰工作，或是有利於人民，保護百姓不受日本人傷害，且有確鑿證據者則可以減刑，但先決條件是提出證據。光是主張自己的作為是戰時不得不為的事，是不夠的。

梁鴻志遭到逮捕，理由充分。他被關進上海南市區的軍統拘留所，和另外大約五百名嫌疑人一起，等候審判開始前必須完成的政治與司法決定。終於，軍統局在一九四六年四月一日下達指令——審判該開始了。江蘇高等法院是最熱鬧的地方。頭幾個星期內，江蘇高院便完成對汪精衛政權層峰裡三人的審判與宣判，其中包括汪精衛的遺孀。這幾次起訴激起民眾對遲來清算的強烈渴望。上海高等法院審理通敵案件的速度稍慢，部分是因為有七十一名南市人犯（包括梁鴻志）移監到提籃橋監獄，加入早已大排長龍的被審案件中。移監後兩星期，上海高院才第一次開庭。又過了七個星期，才輪到梁鴻志受審。他是目前為止出現在上海高等法院裡最知名的通敵者，案件也因此吸引民眾大量關注。此時仍屬於漢奸審判之初，還沒有人對審理程序與速度提出質疑，何況也沒有人認為梁鴻志能無罪脫身。僅剩的問題在於法院會把他在占領期間的政治角色看得多吃重，以及刑度會判得多重。此案備受關注，甚至連報紙上都刊登每一天開庭過程的逐字稿，民眾想知道梁鴻志說些什麼，以及法官會怎麼回應他的主張。

審判

審判於六月五日展開。檢察官針對梁鴻志的背景提出一連串直截了當的問題，包括他沒有加入蔣介石政府一事。接著話鋒一轉，問起他在一九三〇年代晚期曾領導兩年時間的政權。

「你討論成立偽維新政府用了多少時間？」

「不長。維新政府是二十七年三月二十八日成立的。」

「日方是否於此時邀集你組織偽政府？」

「不。日方知道我們有意組織政府，於是聯絡。」

此番否認言之成理，只不過梁鴻志很清楚日方正進行吸收工作，於是利用這個契機。事實上，他隨後承認是自己的集團透過「諳日語者」的官員，先向日方接觸的。

檢察官簡短問他關於新政權的內部結構，藉此向庭上顯示該政權確實是個發展完備的政權，然後轉向決策問題。梁鴻志承認自己在議政委員會——關鍵決策制定的地方——擔任主席，但堅持「委員會是行政機構，非政治組織」。他想傳達的訊息是，自己僅僅是行政者，並無任何政治意圖。

檢察官轉向維新政府的幾個關鍵要素，指出與國民政府的敵對關係。其一是恢復原被青天白日滿地紅所取代的舊五色旗。梁鴻志解釋，民眾掛起五色旗，才不會跟日本軍人起衝突。他還指出，他的政權使用的國旗，設計者不是別人，正是孫逸仙。另一項由檢察官提出的議題是，維新政府曾在一九三九年設立綏靖部，等於是以武裝方式反抗國民政府。梁鴻志表示絕大多數的軍人是自己投效過來的，藉此迴避擁有一支大軍的嚴重性，而綏靖部並未發動戰爭。

檢察官提起財政事務，然後是梁鴻志在中華民國維新政府中的財政與管理角色，最後則是他跟汪精衛的勾結。以這種提問的走向，梁鴻志有機會稍微安全一點，堅稱自己在汪精衛的政權中並無實際影響力（確實如此）。

「汪兆銘來滬時，你與他見過幾次？」

「他來見我一次，我回訪一次，所以在滬共會面兩次。」

「二十九年三月你與汪〔精衛〕、王〔克敏〕二逆在京會面，共同籌組偽國府？」

「是。」

「爾等是否討論偽國府組織大綱與章程，成立偽中央政治委員會與偽中華政府聯合委員會？」

「是的，但只聽汪報告。並未定奪任何事。」

檢察官接下來想知道梁鴻志在這個政府中的影響力到什麼程度。

「你在汪政府中掌偽監察院？」

「是。」

「有多少官員？」

「人數超過三十。」

「你在偽監察院任內有何彈劾案？」

「最大的是周乃文等的米糧案。汪兆銘後革除立法院與監察院若干官員，但上述人等實無參與其運作。」

「三十三年十一月二十日，掌偽立法院？」

「是。」

「做何事？」

「當時實無立法，只改過一、二條各部法規細則。」

檢察官的提問走向梁鴻志向國民政府自首時的情況，只是他用的詞不是自首，而是「投案」。梁鴻志指稱，自己在一九四五年七月十五日透過友人去信戴笠——惡名在外的軍統局頭子。軍統局是國民政府的軍事情報單位，而戴笠堪稱國民政府中權勢僅次於蔣介石的第二人。一九四六年三月，距離漢奸審判展開前不過幾個星期，戴笠乘坐美方的飛機，因飛機失事而死。許多通敵者因此失去了一位證人，無法證明自己在日軍占領期間祕密蒐集情報。當總結時問到有沒有其他事情交代，梁鴻志表示自己一掌權，便開始祕密為戴笠做事，並且在整場戰爭中持續就日方的情況回報重慶。

審判於六月十四日下午三點重新展開，法庭裡擠滿了人。劉毓桂庭長請檢方陳述作為開場，主任檢察官指著厚厚一大疊擺在自己面前的檔案，聲稱法庭對於梁鴻志任官效力於偽組織——先是維新政府，後是南京國民政府——有充分的證據，而他扮演的角色構成了犯罪行為。接著檢方提交一疊文件，主張能證明檢方的指控——梁鴻志政權旨在對抗蔣介石政府。劉庭長掃了一眼這些文件，接著傳給梁鴻志核實。梁鴻志一一詳閱，除了在少數幾點上推諉責任之外，其餘都承認為可信的證據，證明他在這八年時間的作為。但他認為這些材料都不是對自己答辯詞的攻擊，因為他要講的是個不一樣的故事。

現在輪到他了。

為通敵辯護

梁鴻志聲辯一開篇，便聲明他組織維新政府的本意，在於「保存國家元氣」，藉此為自己在日軍占領時期的作為辯護。中國也許會遭到占領，遭到撕裂，但只要有人一直護著中國的根，中國就不會消失。這就是他在一九三八年冬天，中國面臨外敵時的存亡關頭一肩挑起的大梁。然而梁鴻志意欲保護的中國，並非隨便任何一個中國。他認為，國民黨已經用莫衷一是的現代制度與不負責任的獨裁，讓他要保護的中國陷入危險境地。梁鴻志提到他站出來組織政權的第二個動機，在於減少人民痛苦。

梁鴻志接下來強調自己「並非甘心從敵」，但情勢使然，其他路線都不可能。他本可以免去這些恥辱，只要他拋下人民讓他們自己受苦，拋下國家讓國家步入真正的毀滅就好了。他之所以沒有，是因為他寧願暫時忍受日本勢力，避免人民與國家遭受苦難。接下來就是他解釋自己所作所為的核心論點。在占領區組織行政，為的不是與國民政府對抗，而是一種手段，讓他能成就為之獻身的目的：保全中國，減輕人民苦難。他承認自己曾前往日本進行國是訪問，但只是禮貌上的答訪，是傳統上的做法，也是為了延續自己作為中國保護者的角色所不得不承受的事。他還補充，自己那一趟並未訂立任何外交協定，都是表面工夫，沒有實質內容。

梁鴻志在他的公開聲明結尾，針對自己在汪精衛政權中的角色，提出與檢方不同的詮釋。檢方把大部分的力道施加在梁鴻志與汪精衛的關係，而非梁鴻志自己的政權；也就是說，他在維新政府中的作為並非指控的重點。梁鴻志認為這對他有利，只要他能證明：第一，他在汪精衛手下並無實權；第二，他以為無論汪精衛做了什麼，其實都是以國民政府間諜的身分為之。他相信汪精衛是國民政府派來開闢對日的第二戰線，而非自願投效日方。他的這番詮釋相當口是心非，他肯定立刻就知道汪精衛並非國府派來的，但如此的主張意味著他的出發點都是為了蔣介石政權；幫汪精衛做事，就是幫蔣介石做事。陰謀論者總喜歡說汪精衛與蔣介石有祕密協議，而汪精衛在南京的政權其實是削弱日本在華力量的祕密行動，但從來沒有實證浮出水面，而且汪精衛正好在審判進行時過世，無法作為證人出庭。

梁鴻志的聲明結束後，庭長宣布休庭，審判將在九天後重新開庭。此時，梁鴻志把辯護工作交給上海最有名的訴訟律師章士釗。章士釗以打棘手官司聞名，更因為能勝訴而聲名大噪。儘管律師當時在人們心目中不算是體面的職業，但章士釗的名氣之大，讓他與政界高層關係密不可分，而且不分國共兩黨。（他的女兒後來與毛澤東的第四位外交部長結為連理。）梁鴻志的選擇再好不過了。

為了確保他的主張措辭適當，理解正確，章士釗提交了書面答辯。這份答辯書擲地有聲，是法律與文化論理的傑作。章士釗提出兩大主張，讓庭上了解何以不該對梁鴻志趕盡殺絕。其一根植於法院所援引、詮釋的法條；其二的基礎則在法律之外。

針對第一項論點，章士釗以提供脈絡作為起頭。他希望法庭中人思考一下，當日本占領中國時，一名士人若非國民黨黨員，他會有哪些選擇。可行的路有三條：其一是堅決抵抗，隨著國民黨的政府西遷；其二是從公開活動中退隱，「閉門卻掃」——他引經據典；其三是承認在這種艱難的情勢之下，一個人很難撒手不管，什麼都不做，而是必須以自己的道德良知為行動的驅力，無論採取的行動會讓自己有什麼犧牲。章士釗堅持認為，「做選擇」並非無涉感情的問題。逃去西方的人總喜歡表示，自己絕不會像留下來的人那樣做出那些事，但這種態度非常自私。許多人之所以留下來，是因為不忍心看到中國人民沒有政府，而自己又有智慧與能力以行動保護他們。

如今日本已經戰敗，章士釗曉得人們自然渴望把整段經歷拋諸腦後，尤其是深陷占領區的人受過的苦。然而這種態度卻悄悄滲進《處理漢奸案件條例》的詮釋方式。他特別指出第三條——對於行動「有利於人民」者，應予以減刑。通敵者唯一有機會能利益的「人民」，就只有占領區內的人，而不是整體國民。假如條例要求法院檢視通敵者對人民帶來的利益，就不能選擇性無視通敵者為了促進治下人民所做的一切。

章士釗力陳，對於致力於安定占領區內社會穩定的通敵者，實在沒有道理指控他們破壞抵抗政策，他們提供的安定實乃有利於人民。通敵者的作為不見得有利於國民政府，但政府是政府，人民是人民。他要求庭上承認人民獲得利益之處，而不去考慮政治問題。燒殺擄掠讓占領區內的人民過著難以承受的日子，只要能減輕他們受的苦，都是利益，值得加以考慮，並減輕其刑。

至此，章士釗筆鋒一轉，探討每一場戰犯審判背後如影隨形的大哉問：在報復的氛圍中，正義真能伸張嗎？章士釗也同意，一旦國家遭受攻擊，針對叛亂的法律就必須嚴格實施，如此才能警告潛在的叛徒，其行為肯定會遭到懲罰。眼下戰爭已經結束，無論是道德上或實然上，都有寬大為懷的充分理由，而非嚴守法條文字。他從漢朝開始舉出判例，但最後他提到維琪法國（Vichy France）通敵審判中浮現的法理學，提到兩名為貝當（Marshal Pétain）元帥的政府做事的人——為了展現大度，也為了撫平戰爭的創痛，兩人的受到的指控撤銷了。提供大赦遠比不斷排練曾經上演的恐怖記憶更好，外國占領者已經沒了，當務之急應該是和解。

陳述完整體論點之後，章士釗轉而談起委託他辯護的這個人。梁鴻志出身舊仕紳家庭，隨著效力的王朝不再，他們的政途也漸漸黯淡。相較於政治，梁鴻志在詩壇的名聲更是響亮。在職涯路上，他踏入政壇的時間相對較晚，以才能嶄露頭角。對他最不利的汙點，在於他走的政治路線並非國民黨走的政治路線。章士釗從兩方面讓這一點有利於梁鴻志。他不是國民黨員，等於他的才能不為國民政府所用，然而這也意味著梁鴻志無須受黨紀處分，他有選擇自由，不能因違反黨章或黨的政策而起訴他。假如是黨員，上了法庭，遭指控為汪精衛政府而非蔣介石政府服務的話，確實相當不利，但梁鴻志不是黨員。章士釗堅持，梁鴻志無須承認自己是國民黨或其政府的敵人。他通敵是為了助人，以善意為唯一的指導方針，而不是為了一己私利，他也從未運用權勢，做出不利於人民的事。繞了一圈，辯詞又回到章士釗一開始為他辯護時提出的衡量標準——梁鴻志運用自己的地位，造福受他管轄的百姓，而他的行為舉止不曾違背這份初心。

以當時中國法律裡有限的法理學來看，章士釗的辯詞可說無與倫比。他的難處在於建立觀念，證明在兩個全國性政權同時存在（因而意味著彼此競爭）時為其中一者效力，是合乎法律的做法。面對「統一」，「分裂」是個無力的主張。

上海高等法院在六月二十一日宣判時，判決結果在每項細節上都跟檢方的故事一模一樣。法院完全不接受梁鴻志或章士釗的辯詞中關於減刑的部分，判決書強調梁鴻志一黨（包括他的老友陳群）與日本特務合作，組成維新政府，主張他在一九三八年初重返政壇純粹是為了掌權，完全不符合減刑的條件。法院認為不能把梁鴻志看作某個地方小商人，組織自治委員會只是為了在混亂的地方上重新建立一點秩序的樣子，他只是為了滿足自己的權力欲望。關於實施國家主權、組織軍隊、強占海關，與日本協議交出鐵路、交通、鹽專賣與銀行的控制權等原始指控全數成立。他為汪精衛政府鋪路的行為等於叛國，他明明有其他選擇，卻繼續在汪精衛手下擔任職務，甚至在汪精衛死後接受升職為立法院長。他無疑為敵方效力，梁鴻志有罪。

梁鴻志的下一步是上訴最高法院。根本的指控——他曾在八年的戰爭中為征服勢力效力，這讓他無可辯駁，公開紀錄清清楚楚。因此他上訴最高法院時，並未試圖挑戰他通敵的事實，他的策略在於提出故事中的特定細節，改變其意義，接受通敵指控，但表現出自己固然通敵，卻並不卑劣的姿態。沒錯，他為通敵的政權效力，但他是為了拯救人民，保護國家；沒錯，他跟日本人簽了協議，但他是為了恢復原本已經失去的權利；沒錯，日本人徵用糧食，帶走珍貴文物，但他抵制這些舉措，也因此取回部分失去的東西；沒錯，他是汪精衛中央政治委員會的一員，但他若非不參加，就是參加卻一言不發；最後一點——沒錯，一九四〇年之後他也沒有離開，但他的所作所為都有利於重慶的國民政府。他料定最高法院不會推翻高等法院的決定，但希望最高法院在判決時能考量他的動機。

他最有分量的主張是：若非維新政府承擔起管理占領區的責任，這部分的國土便將落入日本的直接統治。他和他的政府是擋在日本人與人民之間，免得中國被日本併吞控制。建立這道屏障之後，他只不過盡己所能，為百姓提供政府應提供的服務與福利，其中沒有一絲與國民政府在政治上競爭的意思。他之所以印行鈔票，不是為了讓國民政府的鈔票成為廢紙，僅僅是為人民提供法定貨幣，而且總額只有三百萬元，不構成檢方所說的「濫發偽幣」、「擾亂金融」。他之所以改旗易幟，不過是在日本區分盟友與對手時，避免造成混淆而已。

對於自己做的這一切，梁鴻志恐怕把自己說得太無辜了，尤其他面對的是抱持懷疑的法庭。一六四五年，通敵者贏了。一九四六年，他們贏不了。

戰後

對於梁鴻志的上訴，最高法院在一九四六年十月十八日宣判。結果比梁鴻志想的還糟，甚至比上海高院的判決更為嚴重。判決書開篇以一段正氣凜然的驚雷起頭：

> 中央顯然早已制定抵抗方針，然被告一意孤行，組織偽政權，為敵軍政治方針工具；我國顯然已有主權領導，然被告一意孤行，迎合敵國領袖，以攫取個人好處；國旗顯然為青天白日旗，然被告一意孤行，高舉五色旗，昭示其抗命；國民顯然積極抗戰，然被告一意孤行，務求使之順服於敵人及其傀儡。

字裡行間沒有任何模糊，針對軍事占領情勢下是否可以有第二個政治權力中心的問題，也沒有任何遲疑。梁鴻志的政權為日本占領者的目標而收稅，還發表挑戰、否定國民政府權威的聲明，就是反對國內唯一的主權權威。維新政府不只未能幫助抗戰，甚至還主動妨礙抗戰。法院引用該政權宣言中有關焦土戰略的段落，為的不是重新檢視梁鴻志的動機，而是要顯示他的政策妨礙了國民政府領導對日抗戰的能力。梁鴻志的論點是，他的政權防止鐵路、通訊管道、銀行與鹽業管理落入日本人手中，但最高法院斥之為毫無瓜葛。唯一的衡量標準，在於日本是以將中國經濟整併進日本經濟，將之完全轉為為日本的需求服務，來設計、落實其入侵政策。梁鴻志完全沒有任何作為，能讓日本偏離這個方向。

梁鴻志表示自己以為汪精衛與蔣介石政權祕密合作，但最高法院並未採信。判決書以反問的方式呈現他的論點有多麼難以置信，顯見法官相當生氣。「被告居然以誤解為由，作為勾結汪逆兆銘之辯詞，在汪逆死後仍居立法院長，及至日本投降？」除非當年梁鴻志在自己的政權併入汪精衛政權時就辭職不做，才能從其中幾項指控脫身，但他連這都沒有做到。

不光是上訴而已，在整段訴訟過程中，法院都沒有聽進辯方的主張，法院在審訊時對此充耳不聞，顯然是因為法院並未與政治影響力保持絕緣。政權創造了法院，法院是政權的代言人，國民政府指派法官，提供法院運作經費，並且建構了制度上的適法性，繼而從中創造出這個戰後時期的法律主體。正因如此，這個法庭與其他所有戰後時期的特別法庭一樣，只會帶來東京大審中的印度法官拉達賓諾德．帕爾（Radhabinod Pal）嗤之以鼻的「不對等的司法」——保障勝者，懲罰敗者。所有遭到指控通敵的人，無論認為自己做了什麼犧牲，或是受到什麼委屈，都不可能在出庭時得到不偏不倚的審訊。這種理想不僅是上海法院所無法理解，其他所有戰後時期的特別法庭同樣無法理解。

如果理解了，恐怕才出人意料。戰爭中的損失、苦難與不公義，已經到了極致。從這種觀點來看，梁鴻志接受的審判，其實不比其他在戰後舉行的審判來得差。以若干程序角度來說，甚至更好。審判必須參照法律與條例，必須依循司法程序與證據，而論點必須符合法理框架，作為正常程序之一環的上訴亦有提供。即便梁鴻志步入法庭時，並無證明自己清白的可能，但他和他的律師至少得到為自己辯護的機會。至於輿論的法庭，就跟他面對的法官一樣站在他的對立面，為此大呼不公的話也太虛情假意了。幾個月前，東京大審開庭，日方的首席辯護律師就試圖就此切入，要求特別法庭應自行解散，該動議立刻遭到駁回。無論有多少缺陷，都得落實某種正義。

上海不是唯一舉行戰後審判的地方。到處都在舉行審判，這值得我們問問「為什麼」。戰後審判帶來了什麼？相較於重建法治，戰後審判的作用更多在於創造東尼．賈德（Tony Judt）所強調的「戰後」（the postwar）。第二次世界大戰於一九四五年結束，但接著就是戰後時期。戰後是這樣的年代——勝者全拿，不容質疑，而曾經為了戰勝而付出、戰鬥的人所做的犧牲，讓這一切更加冠冕堂皇。這種情勢延續了數十年，在近乎於無限循環、不容許其他選擇存在的自我歌頌中，憑藉教育與大眾娛樂而維持著。法國有戴高樂主義者，中國有共產黨，臺灣有國民黨，而名單還不只這些：戰爭讓他們得到正當性，以他們決定的方式對待他們統治的人民。

一九四六年十一月六日，梁鴻志最後一次出庭。法官宣告他有罪，判處死刑。一休庭，行刑隊即刻處刑。但此舉不足以鞏固剛恢復的政權。梁鴻志遭到槍決之後三年，國民政府逃到臺灣，中國共產黨自行宣布為中國的戰後繼承政權。在不同的地方，戰後歲月持續的時間各有不同。在中國，戰後歲月可說尚未結束。

尾聲

一百九十三國

紐約，一九七一年／基多，二〇一〇年

三千年前，華北平原的人眼中所見的，是一個萬國世界。這個數字在西元前第一千年期的過程中逐漸減少到數十個、十幾個，最後只剩一個。等到利瑪竇踏進大明疆域，讓中國人看看自己的世界地圖時，他又喚醒了古老的萬國記憶。他說，萬國世界不在遙遠的過去，而是在此時此刻。於是，「萬國」一詞生了根。一直到十九世紀末，「萬國」都是中國人與日本人用來稱呼廣大世界的用詞。這個事實既為人所接受，亦為人所抗拒，從圖19那張十九世紀繪製的東半球地圖就能看出。這個世界分成許多國家，有國名、國界，而其中國土最大、完全沒有內部分裂的國家，就是覆蓋歐亞大陸東邊三分之一的遼闊疆域，上面著的是淺黃色。這是疆域極盛期的大清國，天下莫非王土。它往外擴張，併吞朝鮮等鄰國，彷彿「萬國」原則不是用於地球上這一塊地方。這張地圖僅僅是作為裝飾用，我們不該過度解讀。荷蘭的大小與日耳曼相仿，法國把義大利併入，非洲不知所云，而臺灣著色的方式，彷彿並非大清國的一部分。這張地圖主要給人的印象，在於統一的大清國占據了這個四分五裂的世界最大的一塊。

十九世紀的國家數量從未逼近「萬國」，「萬國」這個理論上限值從未達到過。今天，世人根據聯合國會員國來計算國家數量。聯合國於一九四五年成立時，有五十一個創始會員國。到了一九七四年十月，也就是我第一次前往中國時，這個數字爬升到一百三十八。等到四十五年後的二〇一九年，我寫下這段尾聲時，聯合國已經有一百九十三個會員國。隨著被保護國、前殖民地與人為拼湊的國家脫離原本的政治安排，獲得國家地位之後，這個數量想必還會上升。

聯合國成立時，中國就是會員國，不只是創始會員國，更是安全理事會五大常任理事國之一。這五席常任理事國，是第二次世界大戰主要戰勝國所獨有。聯合國是他們試圖重建世界，防止任何類似二戰的事件重演而成立的新組織。中國納入其中，是為了表彰中國人在盟國對抗德國與日本的大業時所做的巨大犧牲。直到一九七一年，這個席位都是由中華民國所擔任。一九四九年，共產黨橫掃中國，而蔣介石領導的這個國民黨政權便撤退到臺灣島上。蔣介石丟掉了中國，但沒有丟掉安理會常任理事國席次。中華民國依舊是聯合國眼中的「中國」，直到一九七一年十月二十五日，聯合國大會通過阿爾巴尼亞提出的動議，將席次轉移給中華人民共和國。動議通過，中華人民共和國在三個星期後取代了中華民國的位子。二十二年來的孤立——部分是毛澤東在一九四九年掌握國家大權之後的施為，部分是美、中兩國在一九五〇年的韓戰打起代理人戰爭之後，由美國所施加——就此告終。

一九七一年之後，中國一開始與國際社會重新搭橋的舉措之一，便是成立交換學生計畫。我就是趁著交流計畫，在三年後去了中國，成為無名小卒，參與一場開啟中國與世界關係當前新篇章的遊戲。

兩個中國

一九七一年時，中華民國與中華人民共和國都同意一件事，也就是所謂的「一個中國」原則。中國不能有兩個，這不是聯合國的規矩，卻是兩個中國都堅持的規矩。兩年後，東德與西德在同一天以獨立成員國身分獲得聯合國接納（兩國在一九九〇年變成單一會員國）。同樣的做法在一九九一年重演，北韓與南韓皆成為會員國，只是這兩個國家至今在聯合國大會仍個別擁有席次。就兩德與兩韓的例子，雙方是繼續維持獨立成員身分，抑或合為單一會員，是由雙方自己決定，但一中政策不容討論。

自從一九七一年開始，局勢有了重大的轉折——尤其是在臺灣，大多數人如今不認為自己是中國人，而是臺灣人，並且恰如其分地將一中政策視為殖民時期的殘餘。政局會隨著民情而演變，到了二〇〇二年，民主進步黨政府正式放棄一中政策，改採一中一臺政策——也就是中文所說的「一邊一國」。一中一臺政策在二〇〇八年，國民黨重新執政時暫時懸置，但民進黨主席蔡英文在二〇一六年總統大選中勝選，政府繼續視臺灣為主權獨立的國家。蔡政府尚未放棄「中國」之名，採用「中華民國（臺灣）」為正式國名。至少就文字上，世界上如今還是有兩個中國。不過，這不盡然是文字遊戲。對蔡總統來說，若就這麼踏出一大步，將國家改名為「臺灣」的話，恐怕會引發軍事入侵。中華人民共和國以此威脅蔡政府不得採取任何動作，用中國領導人習近平的原話來說，「阻礙」中國對這座島的主權。自從蔡英文勝選之後，習近平便採取外交攻勢打擊蔡政府，先後在二〇一七年與二〇一八年施壓巴拿馬和多明尼加共和國，把承認的「中國」從臺灣換成中華人民共和國。

以武力解決爭端的做法，將讓中華人民共和國違反《聯合國憲章》序言所肯定的「非為公共利益，不得使用武力」之原則。此外，也違反第一章要求成員國「以和平方法且依正義及國際法之原則，調整或解決足以破壞和平之國際爭端或情勢」的條款。這些是聯合國的規矩，不是中國的規矩，但中國規矩卻出奇有效地凌駕聯合國的規矩——比方說，臺灣明明不受中華人民共和國管轄，也明明是個運作良好的國家，但聯合國卻視臺灣屬於後者所管轄，也不承認臺灣是個國家。如今，臺灣對於聯合國的目標，並不在於取代中國的席次，而是獲得自己的席次。臺灣設法爭取會員國在聯合國大會支持其入會申請，而中華人民共和國則遊說其他會員國反對其申請。

近幾十年來，後殖民小國成為新會員國的數量大增，成為尋求贊成票的金主獵場——兩個中國持續積極開發新國家清單，尋找代言人。我們以最小的兩個聯合國會員國為例。一九九九年，玻里尼西亞島國諾魯成為聯合國第一百八十七個會員國，當年的諾魯人口一萬人（如今為一萬一千三百多人），土地為八平方英里，是領土最小的聯合國成員。隔年，諾魯的鄰國——島國吐瓦魯成為第一百八十九個會員國。吐瓦魯比諾魯大兩平方英里，是人口最少的聯合國成員，居民比諾魯還少兩百多人。兩國在十九世紀時都受到不列顛殖民，接著在一九四二年捲入第二次世界大戰——日本在諾魯興建了一條飛機跑道，美國也在吐瓦魯依樣畫葫蘆。後來兩國成為聯合國託管地，並且在經過聯合國解殖民特別委員會（UN Special Committee on Decolonization）管理後雙雙獨立：諾魯於一九六八年獨立，吐瓦魯於一九七八年獨立。

一九七〇年代晚期，中華民國與這兩個新國家建立外交關係。然而到了二〇〇二年，諾魯為了一億三千萬美元轉而承認中華人民共和國。三年後，諾魯從臺灣得到更好的價格，於是回頭承認中華民國。根據二〇一一年維基解密（WikiLeaks）披露的美國外交電報，這項安排中包括在檯面下金援諾魯政府官員，提供賄選經費。兩個中國之間的競爭依舊，並且在二〇〇七年進入白熱化——根據《新政治家》（*New Statesman*）刊登的報導，諾魯總統史可迪（Ludwig Scotty）「據說被一群大聲嚷嚷的中國官員攀談，一群人試圖在他要搭上前往臺北的飛機時，把他拉上另一架要飛往北京的飛機」。寫下這篇報導的記者如此總結情勢：「對中國和臺灣來說，沒有哪個國家微不足道到它們不會為之爭吵」。但大小並不重要。無論大小，每個會員國在聯合國大會都有投票權，只要動議能在大會上提出，臺灣就能仰賴諾魯與吐瓦魯投票支持臺灣加入聯合國，至少暫時。

在中國參與世界的歷史上，這些外交博弈可說是尷尬的小注腳，之所以戲劇張力十足，是因為雙方之間的關係實在不成比例：一邊是兩個微型環礁，人口加起來才堪堪超過兩萬人；而另一邊卻是領土三百七十萬平方英里、人口超過十四億的超級大國。偏偏這就是我們所建構出來的世界。

強權

一個中國、兩個中國的問題之所以存在，得歸結於中國人以統一為理想，對此有著歷久不衰的固著心態。自大元國以降，每個政權都必須表明這種理想為其指導方針。本書緒論已經著墨過，這個時代的地圖是繪製來呈現「九州一統之盛超越千古，開泰萬世者於斯有徵云」。大明國顯然不是這種情況，而季明臺——或是那個假冒季明臺的人也深知這一點。不過，如果不做出聲明，就等於是懷疑大明王朝的正統性。「大國」非得是歷史上最偉大的國家不可。以是義故，「大國」非得在一個由「萬國」組成的世界中宣稱自己至高無上不可。沒有兩個「大國」的餘地，就像沒有兩個中國的餘地。

雖然我個人喜歡求同，但在這件事情上，歐洲的歷史實在大不相同。歷來雖有強大的君主試圖主宰整個歐陸，但他們都失敗了。對於《威斯特伐利亞和約》所隱含的各國平等原則，遭到破壞的次數不亞於獲得遵守的次數，但至少從十七世紀起，歐洲人一直認為自己的政治秩序奠基於這一項倫理基礎上。這一點在十九世紀有了變化，自認為是「強權」（Great Power）的帝國式政權一個個崛起。「強權」一詞出現於十九世紀，意指在經濟上、軍事上強化自我，實力達到可以追尋政策目標，而須與他國妥協的國家。「強權」的自決不像聯合國體系那樣以法律原則為基礎，而是以物質力量為準。大不列顛正是在上開脈絡中，採取行動迫使大清接受其自由貿易制度——不是靠外交手段，而是憑藉一連串我們稱之為鴉片戰爭的武裝襲擊。不列顛是強權，大清不是強權，而世人視大清之敗局證明了前述說法。同一種邏輯驅動了明治時代的日本（此時的日本漸漸自視為「大日本帝國」），先後施壓大清與中國民國接受其要求。到了十九、二十世紀之交——一八九五年，日本與大清打了一場迅速的戰爭，結果臺灣落入日本手中；一九〇〇年爆發庚子拳亂，隨著鎮壓這場亂事，北京也有兩年的時間落入八國聯軍手中，而日本也是其中一國——大清已經不在任何一份強權國家清單上了。

兩場大國之間的對抗，也就是所謂的第一次與第二次世界大戰，讓強權結構出現改變。不過，無論這兩場大戰如何讓大國之間的平衡受到影響，更長遠的影響還是在於讓正規殖民主義走向終結一事。二戰的結束，成為解殖民的臨界點。一九四五年，有七億多人生活在沒有自治權的土地上。有些強權（尤其是不列顛與法國）不打算失去自己的殖民領土，但輿論浪潮對它們不利。聯合國安理會固然是以保障頭等大國的利益而設計的，但是就連安理會也無法阻擋殖民帝國的瓦解。過程雖緩慢，但聯合國解殖民特別委員會仍一個接著一個，監督前殖民地轉變為民族國家的過程，有些國家更是成為聯合國會員。

一九六〇年代之初，聯合國仍能團結於其宗旨，讓憲章第一章的自決原則勝過舊有強權的利益。不過，新解殖民國家的行列卻在過去二十年間急遽減少。如今，解殖民不再是常態，反而更像是例外，而且必須在極端情勢下才能推動。聯合國最新的會員——南蘇丹，是在二〇一一年時獨立於蘇丹，成為第一百九十三個成員國。蘇丹是典型的殖民創造，先是以不列顛為宗主，接著受到不列顛—埃及的聯合監督。蘇丹於一九五六年獨立，但並未成為順利發展的國家，蘇丹南部的丁卡人（Dinka）與努爾人（Nuer）反而遭到蘇丹北部占人口多數的阿拉伯人內殖民。蘇丹陷入慘烈的內戰，直到聯合國介入，居中磋商出一紙讓南蘇丹與北蘇丹分開的協議才化解。無意間，南蘇丹的例子讓其他遭受內殖民的民族（為數仍然眾多）學到，唯有透過激烈手段，才能確保通往獨立的道路。

今天，公民投票已經不保證能帶來解殖民的結果。安理會常任理事國（包括中國）已經學會如何一方面表現對人類的苦難憂心忡忡，一方面在解殖民前景威脅其國家利益時對此視而不見。安理會在我們這個時代最嚴重的慘敗，便是自二〇一一年以來，未能採取有效措施令敘利亞慘烈內戰情勢降溫，或是保護捲入這場衝突中的平民。這件事成為最新的惡例，顯示除非強權點頭，否則誰都別想逃脫生天。法國與不列顛失去殖民領土，國勢落為小國，在安理會政治操作中的重要性遠遠不如以往。如今這些操作是由世界最強大的三個國家所主導——不妨稱之為新強權（New Great Power）。俄羅斯有一幫附庸，美國有另一幫附庸，彼此對對方的動議動用否決權，而中國也聚集了一票支持者。中國奉行不侵犯（non-encroachment）國家主權的政策——以敘利亞而言，則是巴沙爾・阿塞德（Bashar al-Assad）政權的主權——一貫投票不對敘利亞採取行動。

這三個新強權都是超級大國，而且有一項共通點：都是殖民擴張的產物。俄羅斯東向擴張，橫跨亞洲大陸，成長到六百萬平方英里。美國憑藉西向擴張橫跨北美洲，獲得現有國土中的三百五十萬平方英里。（加拿大也是，但加拿大人口少，不足以躋身強權之列。）中國也不例外。中國比美國稍大，憑藉西向的殖民擴張——簡直就像俄羅斯東向擴張的鏡中影——成為世界第三大國（見圖20）。有人堅持中國從來就不是以他國為魚肉的殖民國家，但是明眼人都看得出來，倘若沒有征服、併吞過一度由其他勢力所管轄的領土，絕對不可能創造出如此規模的國家。不過，相較於其他四個安理會常任理事國，中國的擴張妙就妙在自從蒙古入侵之後，其版圖的擴大主要都是由征服中國的非中國人所推動的。與其說中國是靠著征服他人成為超級大國，不如說是靠著被他人征服而成為超級大國。大元國與大清國的蒙古與滿洲家族鑄造了什麼，大明國、中華民國與中華人民共和國的中國統治家族便選擇讓它延續下去。

今日大多數的中國人看不到這段歷史。愛國教育教他們，「祖國」所在的空間不僅本來是、現在是、未來也永遠是僅屬於中國人的。民族主義者就是這麼想的，但歷史學家不作如是想。對歷史學家來說，「時間」是他們的出發點，而局勢是會改變的。現在如此，不代表永遠如此。無論一九四九年時揮動的這根「革命」魔杖變出何種國家空間，都必然是從某個情勢演變而來，必然是人為因素催生之後，才獲得一段假的歷史。

殖民主義在今天

在我們的世界上，還有許多民族尚未獲得像南蘇丹、諾魯或吐瓦魯那樣的獨立地位。以中國地區來說，我首先想到的就是蒙古人、維吾爾人與西藏人。當他們看著中國時，心裡想的不是祖國，而是殖民政權大清國於一九一二年瓦解之後加以繼承的另一個殖民政權。下面我們來一窺從他們的角度看到的歷史。

在蒙古，當大清國一解體，藏傳佛教格魯派在蒙古最尊貴的喇嘛與蒙古大汗——第八世哲布尊丹巴呼圖克圖（Jebstundamba Khutuktu）便於一九一一年底宣布獨立。蒙古人認為沒有道理繼續屈服於取代大清國的那個中國人的國家。直到俄羅斯於一九二〇年與一九二一年出手干預，外蒙古才得到與中國抗衡，捍衛主權的手段。該國繼續以俄羅斯附庸國的姿態存在，直到一九八九年蘇聯瓦解為止。至於內蒙古——如今作為中國一省的部分蒙古土地，也曾短暫在一九四五年，日本對該地區軍事占領瓦解之後獲得政治上的獨立，稱為內蒙古人民共和國。這場似乎有望成功的實驗進行了兩個月，接著中國共產黨官員烏蘭夫（Ulanhu）前來解散了這個新政權，將之納入中國。由於對黨的忠誠，晚年的烏蘭夫成為黨階級組織中最高位的蒙古人。烏蘭夫死於一九八八年，而內蒙古仍舊掌握在他的家人手中。他的兒子布赫（Buhe）在乃父死前六年成為內蒙古自治區主席，如今這個職位則由布赫的女兒布小林擔任。由於控制非常緊密，加上蒙古人口不敵中國移民，蒙古民族主義只能透過流亡人士展現。

東突厥斯坦——維吾爾人也稱之為維吾爾斯坦——就是中國人所說的新疆。該區域的突厥居民早在大蒙古國瓦解之前就已經是穆斯林，而這份宗教認同也一直主導他們的自我意識。清朝在一九一一年滅亡之後，大清任命的新疆總督就逃走了。這件事原本說不定能開啟國家形成的過程，但他的中國下屬立刻掌控情勢，於一九一二年三月把新疆交到中華民國手中。維吾爾人因此失去機會，未能以蒙古人在大清結束後採取的方式實施自決。獨立之夢猶存，自從中國在二〇〇一年採取所謂的「反恐措施」，以遏止席捲該區域其他國家的伊斯蘭激進化浪潮之後，獨立的呼聲也水漲船高。如此的箝制加上箝制之下的種族歧視，導致民情激憤，演變為二〇〇九年的大規模暴動。中華人民共和國以鎮壓行動與大規模逮捕作為回應。回應的力道在二〇一六年強化，當局實施了新任自治區主席所謂的「去極端化」安排，而且至今仍在延續。「去極端化」的核心元素，是將維吾爾人集中至「再教育營」，清洗他們的反黨或反中情緒。二〇一七年至二〇一八年間，有超過一百萬名穆斯林遭到拘留，高於該地區維吾爾與哈薩克成年人口的一〇%。

大多數人最熟悉的中國境內民族無自決處境（national non-self-determination），就是西藏。我們已經在第十章談到，西藏在十八世紀時進入大清國認定的合法管轄範圍。在本章一開頭所描述的那張地圖上，西藏是一個遠在中國西南的小紅點，跨越邊境就是印度。當大清國在一九一〇年派兵至拉薩，確保第十三世達賴喇嘛不會改變他對北京的臣服時，西藏人轉而向此前明確的威脅——不列顛印度尋求支援。大清國在一九一二年消失之後，西藏噶廈便知會不列顛印度總督：大清已經亡國，「我們已經決定跟它們徹底脫離」。但是沒有新的恩庇者代為喉舌，西藏只能利用中華民國的弱勢，寄望未來會出現更好的解決方式。然而一九五〇年降臨的解決方式，卻不是西藏的選擇。新成立的中華人民共和國出兵確保西藏為其領土的一部分。等到中國共產黨於一九五九年再度派兵，鎮壓當地對中國統治的反抗，現任的第十四世達賴喇嘛丹增嘉措（Tenzin Gyatso）便流亡印度。縱使聯合國大會在一九六〇年、一九六一年與一九六五年通過決議，譴責中國不尊重西藏人民的自決權力，但局勢完全因此改變。達賴喇嘛至今仍在印度，試圖尋求化解爭端的非暴力解決之道。

中國知名作家王力雄曾公開反對共產黨在西藏追求的目標與使用的手段，稱中國致力於「前所未有的穩定」的做法，形同文化帝國主義之舉。他主張，西藏需要的是「民族自我表述」，而這一點有賴於認知到西藏人是一個民族。「這種表述並非只是複述歷史和表演傳統，更重要的是對本民族現實處境的感受、思考和訴求。」事實證明，這種進路在中國當前的支配下是不可能實現的，王力雄的原話是「一切表述都在它〔中國〕的控制之下，任何突破都要受到懲罰」。

說起來，大多數中國人之所以對自己國家在西藏的帝國主義行徑視而不見，是因為那一碗共產主義意識形態與儒家優越感精力湯，讓他們自視為完完全全的帝國主義受害者，而非加害者，彷彿受害的人一定不會加害於人。大多數中國人根本無法設想：中國有可能是造成其他國家或民族「國恥」的原因。半個世紀以來，從移居漢人進入少數民族地區，稀釋少數民族人口，到學生住校與成人強迫再教育……這些設計來削弱非漢族群認同的政策，始終未能化解問題。造化弄人，正是維護當前既有國家的聯合國體系，讓國內情勢不穩的源頭不停有活水來。

自一九四九年以來，臺灣始終是中華人民共和國領土完整所受到的唯一重大挑戰。只要一中政策繼續存在，且中華人民共和國仍視臺灣為其領土所不可分割的一部分，中國對於臺灣獨立進展的不滿情緒就會造成不穩定，而一勞永逸的解決之道，似乎就是軍事入侵。從中國的觀點看，這種解決之道不容國際置喙：所謂的入侵，完完全全是強力的國家當局對於國內問題的內部因應。世界各國恐怕不會積極反應，但是否會有任何後果，則有賴於局中人的政治操作。諾魯與吐瓦魯可能會為臺灣喉舌，但下一回可能不會。沒有人會熱愛強權，只有強權自己愛自己，但也沒有弱國會想站在強權報復的那一端。

新殖民主義

對中華人民共和國來說，內部殖民是不穩情勢的泉源之一，而另一個則是曾擔任迦納總統的政治哲學家夸梅・恩克魯瑪（Kwame Nkrumah）稱之為「新殖民主義」的情勢。整個一九五〇年代與六〇年代，恩克魯瑪都在積極參與非洲的解殖民。他創造了這個詞彙，用來說明身為反殖民主義者的他當年並未預見的以下情況：非洲人打倒了殖民主子，把領導權交到自己的百姓手中，準備為自己的民族利益打造其經濟體，卻發現殖民主義的問題泰半仍困擾著自己。隨著解殖民而來的並非自主，而是對於他們無從控制的全球經濟更深的依賴。

一九六〇年代的新殖民主義，與直接占領土地的元祖殖民主義不同。從遙遠的殖民母國中心派總督統治的年代已經結束了，取而代之的是一套對等的財政義務體系，讓解殖民國家享有獨立國家的表面形象，至於其經濟則受到外部影響，進而使其政策也受到影響。恩克魯瑪屬於馬克思主義陣營，因此他指的外部指導者是美國資本主義——利用借款與獨占合約，干擾非洲人解放的經濟體系。但其他案例亦顯示，蘇聯社會主義同樣禁不起這種批評。

這種類型的殖民主義不需要一大批的殖民者來監督，而是主要仰賴於金融業務——尤其是顯然過於膨風、難以償還的借款——透過銀行、聯合企業等沒有明確面目的實體加以嚴密監管。外國資本得以開發當地資源，卻無須對當地發展有任何重要貢獻。因此在解殖民之後，富國與窮國之間的鴻溝只會擴大。恩克魯瑪抱持審慎樂觀，堅信新殖民主義「代表帝國主義的最終階段，說不定也是最危險的階段」。但是從他活躍的時代過了數十年，情勢卻益發嚴峻，逃脫困境的困難程度遠遠超乎他所能想像。

債的力量

中國最早是在二十世紀的頭十年深深涉入厄瓜多，在那十年間，中國的石油消耗量翻倍成長。（這個數字後來在二〇一七年超越美國的國內原油消耗量。）中國市場早已有委內瑞拉與巴西的供應，但厄瓜多正逐漸成為另一個可能的源頭。曾經負笈美國的經濟學家拉斐爾．科雷亞（Rafael Correa）在二〇〇七年登上總統寶座，並在隔年威脅不履行該國高達三十二億美元的外債。此時中國獲得在厄瓜多取得立足點的機會，中國石油（中國石油天然氣集團旗下公司）介入，透過一紙綜合性協議，以金額達到十億美元的借款延遲了厄瓜多的金融崩潰，並取得厄瓜多的石化資源。中國的國家開發銀行與中國進出口銀行後續又提供十一筆借款，總金額達到一百五十二億美元。為了獲得這些信貸，科雷亞在二〇一〇年簽訂主權豁免協議，允許中國借款方在厄瓜多未能償還債務時，可以取得軍事與外交相關之外的幾乎所有資產。中資到來的速度之快，讓路透社（Reuters）在二〇一一年以頂多誇張一點點的口吻，把厄瓜多描述成「中國的全資子公司」。到了二〇一三年，基多（Quito）當局已經有五分之三的政府財源來自中國，交換代價是中國取走厄瓜多十分之九的石油出口。恩克魯瑪的預言一語中的，「只要支出經營政府的成本，即可確保控制新受殖民國家的政府政策」。

只要錢一直從中國流向厄瓜多，這份協議就能運作良好，但這樣的安排也開始產生問題，其中之一是原住民族的反對——石油是從他們的土地上開採的。二〇〇七年，科雷亞曾與亞蘇尼人（Yasuní）攜手採取措施，以永久停止其土地上的石油開採，來交換國際社會的挹注。這項計畫嚴重認購不足，而保持讓石油流向中國的壓力，說服了科雷亞在二〇一三年取消這項措施。科雷亞在二〇一七年卸任，但關於其決策的爭議仍有待解決。

第二個難題超乎科雷亞所能控制，但每種跟商品期貨聯繫在一起的金融合約都潛伏著這個問題：每桶原油價格在二〇一一年為八十美元，但在二〇一六年已跌落到三十五美元。由於當時亞馬遜石油開採價格約為每桶三十九美元，二〇一六年的厄瓜多等於每開採一桶就損失四美元。由於積欠中國的債務是以美元計價，而非原油桶，財政負擔等於變成兩倍。如今的原油價格已經攀升到將近二〇一一年數字的一半，但交易仍受市場波動左右甚鉅。時至今日，厄瓜多對中國的負債已經超過國內生產毛額的五分之二，其石油出口問題至少得等到二〇二四年才會解決。新任總統列寧・莫雷諾（Lenín Moreno）正試圖就科雷亞簽訂的協議條件進行再磋商，他也要求停止支付一筆六千九百萬美元的簽字費（這筆款項是巴拿馬文件〔Panama Papers〕所披露的）。科雷亞目前住在比利時——他妻子的故鄉，並希望能避免引渡回國，迴避也許是徹徹底底的政治指控。

幾年來，委內瑞拉一直處於債務不履行的邊緣。假如厄瓜多對中國的借款也採取一樣的措施，中國或將面臨龐大的財政損失。不過中國回應債務損失的方式，通常是讓債務一筆勾銷，或是提供更大一筆借款，因此只要現金夠多，就能延遲問題的爆發。此外，債務也讓中國能主宰基多當局的決策。二〇一五年，中國石油的全資子公司安第斯石油公司（Andes Petroleum）在當地兩處雨林獲得新的石油開採權。隔年，中國又至少取得三處礦產的開採權。因此中國有立場能從厄瓜多的政治議程中，把「保護原住民土地」推到一邊。中華人民共和國也能期待附庸國在其他情況下支持自己，例如在聯合國投票時與中國同一立場。厄瓜多外交部長瑪麗亞・費爾南達・埃斯皮諾薩・加爾賽斯（María Fernanda Espinosa Garcés）在二〇一八年六月當選為聯合國大會主席，這件事不能全用厄瓜多與中國的關係來解釋，但也無法脫鉤。恩克魯瑪的天眼通實在厲害：「新受殖民國家的統治者，並不是從人民的意志中獲得統治權，而是先得到新殖民主子的支持，進而從中得到統治權。」

假如借款無法償還，會發生什麼事情？如果想一窺未來可能的模樣，我們不妨轉向斯里蘭卡。斯里蘭卡南海岸有個小港口漢班托塔（Hambantota），距離托馬林發現迦勒石碑的地方只有六十英里。二〇〇四年的南亞海嘯重創當地，但在中國資金挹注下興建了新的貨櫃港，從中恢復過來。相較於斯里蘭卡，厄瓜多的債務滑坡還算有所節制。斯里蘭卡前總統馬欣達・拉賈帕克薩（Mahinda Rajapaksa）和他的三名兄弟，在幾乎沒有詳細檢查的情況下舉了債。有鑑於中國決心在南亞各地與印度的影響力抗衡，斯里蘭卡因此對中國有著無庸置疑的政治價值。漢班托塔港帶給中國一處位於印度洋的中心節點，可以由此在運輸合約、商品倉儲、情報蒐集與採取軍事行動（中國海軍潛艇已經停在港內）與印度較勁——簡言之，可以從漢班托塔港保護中國甫獲得的利益。

贏得漢班托塔港興建合約的建設公司，是一間中國公司，名叫中國港灣工程。調查人員不久前發現，該公司在二〇一五年轉了七百六十萬美元給前總統的同夥，確保他能再度當選，只不過大出斯里蘭卡與全世界的預料，他敗選了。（在孟加拉，中國港灣工程試圖以十萬美元現金賄賂鐵路部官員，因而遭禁止投標至今。中國港灣工程的母公司——中國交通建設公司，早已因為在菲律賓的貪腐做法，遭到該國禁止投標。）隨著二〇一五年的政權更迭，斯里蘭卡政府試圖重新協商借款條件，但斯里蘭卡必須花去每年歲入一百四十八億美元中的一百二十三億美元還債，讓該國沒有多少斡旋空間。二〇一七年出爐的解決方式是接管：中國處理掉債權中大約十億美元，交換斯里蘭卡簽字轉讓漢班托塔港七〇%的權益，期限為九十九年。

我們這些研究中國史的學者一聽到這紙九十九年的租約，實在很難不想起大不列顛在一八九八年鞏固香港的手段，以及香港於一九九七年回歸時，中國官方的敲鑼打鼓。（港府在二〇一八年接獲指示，停止用「回歸」一詞來提及這段歷史，以塑造香港從未脫離祖國的印象。）桌邊的玩家已經不同，但手法並未改變，而斯里蘭卡僅有的好處，就是一點點的地方基礎建設，以及貪腐政客飽滿的口袋。恩克魯瑪又來了：「低度開發國家不會因為已開發國家的善意或慷慨而發達。外部勢力讓它們保持低度開發，期望從中獲益。低度開發國家只能藉由與外部勢力的對抗而發達。」

新霸權

中國今日與其他一百九十二個國家的關係，跟過去與其他國家（無論有幾國）的關係並不相同。關於如何理解中國在世界上的新位置，有些中國人希望講述的故事，也跟過去的情況不同。有人主張，如今正是中國拋下聯合國體系規則，遵行一套獨一無二的中式世界願景——所謂「天下」觀的時候。「天下」原本是周代的理想，指的是天子在上天的授權下統治其所有領土。他是上天的代理人，事事尋求上天的指點。有些地方不在他的統治範圍內，但這些地方遠在天邊，就算把它們留在文明範圍之外，也沒有損失。隨著中國人的國家變成「大國」，也就隱含著統治者沒有無視化外的餘地，不能把任何人遺留在「華」與「夷」的種族區隔之外。他的統治無遠弗屆，所有人都得臣服。屆時，「大國」就沒有區隔華夷的用處了。如今的「華夷」只不過是文化分野，不像當年在周朝時那樣是政治分野，一切各有其分。

東亞國際秩序的新視野喚起某些中國評論家的熱情，想復興「天下」這種舊有的帝國表述方式，來擔當指點中國與世界之間正確關係的圭臬。如今在共產黨統治之下的中國，就像曾經是天子的皇帝一樣是上天的代表，要監督國際街及體系，從自身（也就是體系中最強大的國家）出發，往下延伸到最底端。這種模式屏除了國際關係的威斯特伐利亞理想——也就是所有國家都是自主的實體，彼此平等待之。今天，威斯特伐利亞理想以《聯合國憲章》中的表述與你我同在，第一章提到「人民平等權利及自決原則」；第二章堅持「主權平等」，以及其他國家不得干預「國內管轄」之事件。這些原則可說是「上帝之前人人平等」這個基督教獨特信條的延伸。西方法學也蘊含這個信條，建構在「法律之前人人平等」的原則之上。雖然在實際上，司法與外交的平等不見得能落實，但平等仍是西方制度所揭櫫的理想。

有人認為應該按等級來安排國家，主張順從於普遍存在世界體系中各個角落的失衡現實，把平等的理想（無論實質上可能有多麼虛幻）束之高閣。階級體系能化解失衡的問題，承認體系中沒有哪兩個成員能處於相同的位置，任意兩國之間的每一種關係要麼高，要麼低。儒家倫理崇尚上下有序為美德，在儒家社會關係體系內，你的身分是由在你之上與在你之下的人決定的。同一種思路形塑了「天下」國際秩序觀。上國期待下國的服從，下國則反過來期待上國不要干預其事務。

這種排序方式興許是一種實際的方式，能讓社會關係和國與國關係保持和諧，終結國際平等可能帶來的衝突，但對於威斯特伐利亞理想所奠基的道德體系實在沒有多少吸引力。真正的和諧出自平等，而非不平等，否則僅僅是弱者對強者屈服而已。不過話說回來，儒家思維會認為，對全球穩定來說，這個代價可以接受。

先前我說明在那些對中國債臺高築的國家裡看到發生些什麼時，我覺得借用恩克魯瑪的「新殖民主義」一詞還挺有幫助的。現在當我需要另一個詞彙，來突顯即將來臨的新世界秩序裡有什麼正處於緊要關頭時，心裡想到的是「新霸權」（neo-hegemony）。政治理論家肯定一眼就能看出是在呼應安東尼奧・葛蘭西（Antonio Gramsci）的「霸權」（hegemony）理論。葛蘭西在一場他贏不了的戰爭中遭到墨索里尼（Benito Mussolini）監禁，他在獄中創造了「霸權」一詞，用來表達意識形態所具有的驚人力量，能在普羅大眾之間創造一種感受，認為自己在社會上與政治上的從屬是天經地義的事。國家宣傳這種「天經地義」，宣傳「本來就是這樣」，讓人民相信什麼都不需要改變，連他們自己的從屬處境也不用改變，而國家則從中得益。今天的「新霸權」，新就新在世界各地的專制國家領導人居然這麼輕而易舉，便能對本國人民撒下最最荒謬的謊，還讓他們信以為真。這不是拳頭大的霸權，而是自願服從的霸權。

中國共產黨向來積極於此，穩定輸出粗製濫造的道德說教，創造出一種有助於統治高層之政策的葛蘭西式理念霸權。共產黨試圖創造的新霸權中有兩種關鍵思維：其一，威斯特伐利亞式的平等與不干預原則對經濟繁榮不利，繁榮需要穩定，穩定需要階級；其二，領導人遵從中國國家利益，則更能造福世人。美國和平（Pax Americana）的消逝究竟是好是壞，還在未定之天。但用中國和平（Pax Sinica）取而代之的話，是否有益於世界各國與各民族的自決？這則得打上大大的問號。中國共產黨鐵定這麼認為。我身為歷史學家的壞處，就是老會注意到皇帝的新衣都不是他們嘴上講的新衣。披在中國外交政策上的「友好合作」、「互相利益」與「共同繁榮」等辭藻，令人不禁回想起日本在一九三〇年代晚期開戰時，說給中國與亞洲其餘地方聽的話。當年的日本追尋是一點都不新的軍事霸權，但日本也試圖用芳美的言詞使之看起來人畜無害。

無論是原則層次還是實際層次，我們都很難評估中國試圖追求新霸權時提出的這種「雙贏」承諾有多雙贏，至少從威斯特伐利亞一隅來看，中國目前為止的紀錄實在讓人難以期望。來看看個人層次會發生什麼事。維吾爾人海珊・賈里力（Huseyin Celil）深信，如果維吾爾斯坦沒有受到中華人民共和國的軍事占領，發展將會更好。由於受到伸縮自如的恐怖主義指控而下獄，加上擔心自己的性命安全，賈里力在一九九四年逃到吉爾吉斯，接著抵達土耳其，在當地得到聯合國難民署（UN High Commission for Refugees）認可為難民。由於加拿大對《聯合國難民公約》（UN Convention Relating to the Status of Refugees）負有義務，該國於是在二〇〇一年授予他難民地位，後來更給予公民權。賈里力後來陪同妻子前往烏茲別克探親，結果在二〇〇六年三月二十六日遭到烏茲別克警方逮捕，交給中國幹員帶回中國。中國的國籍法（大致符合國際常軌）允許中國人歸化為他國公民，但同時也會失去中國公民身分。而賈里力的情況並非如此，中國法院仍然視他為中國公民，拒絕讓他（如國際法規定）接受加拿大領事官員的支援。賈里力因為陰謀分裂國家而被判處五十年監禁，要是加拿大實施那種法律，就有兩百萬人（泰半是魁北克人）要吃牢飯了。二〇一六年，共產黨將之減刑為二十年，但如今他仍在獄中。

中國對於新霸權的追求，鼓勵了這種對國際法律準則的藐視。同樣的事情也發生於中國在南海與所有海上鄰國之間的僵持態勢。《聯合國海洋法公約》（UN Convention on the Law of the Sea）向來有解決管轄權問題的機制。中國明明是公約簽約國，卻拒絕將自己的主張提交國際海洋法法庭（International Tribunal for the Law of the Sea）：這回中國還是有自己的玩法，不跟聯合國玩。二〇一五年，菲律賓把中國一狀告上海牙常設仲裁法院（Permanent Court of Arbitration），並且在隔年獲得有利的判決，但中國拒絕承認仲裁法院的權威（其實是拒絕承認任何國際組織的權威），寧可採取單方面的軍事行動。《聯合國憲章》第六章規定，成員國必須以「談判、調查、調停、和解、公斷、司法解決、區域機關或區域辦法之利用，或其他和平方法」。解決衝突。方法琳瑯滿目，但中國連其中一個都沒試過。當然，中華人民共和國並非第一個藐視國際法庭的國家，但明明有公認的爭端解決機制，該國卻仍決定在南海議題上這麼做（等於宣告自己不受國際法節制），假如單邊主義新霸權成為常理，對聯合國體系的未來並非吉兆。

眼下的「一帶一路」計畫，是否能為這種新霸權未來提供更溫和、更友好的版本，仍有待觀察。這一份匆匆提出的計畫，用的是橫跨歐亞大陸的鐵公路「帶」，以及通過南中國海與印度洋的「絲路」來表現的（有點令人摸不著頭腦，畢竟絲路其實是陸路）。二〇一三年提出的「一帶一路」說法，是用來掩蓋中國為了改善打進外國市場的情況，並減少其石油進口遭到封鎖的風險——恰好是這兩個目標，驅使日本在一九四一年轟炸珍珠港與入侵東南亞。計畫本身並不違背聯合國的原則。對中國來說，打造與世界三分之二人口之間的硬體連結，是擴大其市場的聰明之舉（恐怕也很昂貴）。如今產自新疆的中國農場番茄（其營運泰半沒有維吾爾勞工參與）裝滿貨櫃，飛速抵達義大利的加工廠打成泥後裝罐，接著在消費者渾然未覺的情況下，以新鮮「義大利番茄泥」的模樣販售。

這項計畫並未內建明顯的新霸權思想，但中國官銀的資金正加劇整個「一帶一路」區域落後國家的債務依賴與貪腐。聊舉數例——馬爾地夫、蒙古、吉布地、蒙地內哥羅與寮國承擔的償債重擔，已超過其國內生產毛額的三分之二。自二〇一六年起，這幾個國家的債務全都因為「一帶一路」之下協議的借款而一飛衝天，漢班托塔正是故事中的一環。有誰能說得準，二〇一八年元旦在漢班托塔港邊與斯里蘭卡國旗一同飄揚的中國國旗，將代表什麼？當天，漢班托塔當地的一起新聞報導吸引了我的目光。之所以更讓我印象深刻，是因為報導中提到迦勒，也就是第四章裡那塊石碑發現的地點。當地居民盧萬・室利瓦丹（Ruwan Siriwardane）坦白自己對於漢班托塔港的建設確實相當開心，畢竟能為家鄉帶來生意機會，但他也擔心國際訪客激增將造成的衝擊。「我們擔心漢班托塔將不得安寧，」他代表鄉親發言，「大家都不希望看到漢班托塔變成跟迦勒一樣的商業城鎮。」

地平線那端新霸權的影子，讓我想起歐文．拉鐵摩爾（Owen Lattimore）在半個世紀前，也就是中國未來的世界角色備受質疑時發表的論文。拉鐵摩爾是傑出的內亞研究學者，美國政府在參議員約瑟夫．麥卡錫（Joseph McCarthy）帶頭下，把他當成「蘇維埃陰謀工具」加以騷擾。他寫這篇論文幫助讀者理解蒙古所面臨的選擇。蒙古是一個小國，當時夾在中國與俄羅斯之間（現在也是）。為了說明蒙古的選擇，他提出一項標準來區別殖民地與附庸國，至今仍相當有用。殖民地與傀儡政權（梁鴻志的戰時政權亦在其列）是「民族主義之夢」（dream of nationalism），儘管兩者必須做出嚴重的妥協，但是就連被殖民者也還能展望「有朝一日完全脫離於控制的強權」。反之，衛星國家與附庸國之所以存在，是因為政壇菁英選擇攀附另一個國家，附庸國的目標不是脫離，而是享受依附的好處，方法是跟著宗主國的方向走，同意宗主國聲稱的雙贏願景，採取任何必要措施，包括「遣送」宗主國要它們逮捕的前公民，以確保宗主國承諾的利益不停流入。

中國並非唯一利用債務依賴，來確保衛星國政體政府高層聽話的國家，但這番辯護詞很沒有說服力。債務高到這種規模，連一艘炮艦或一名救難人員都不需要看到，就能令弱國經濟主權完全任由中國擺布。現在還遠遠不能論定這些做法是否將導致民主政治受到侵蝕、民選官員嚴重腐敗，或是使聯合國自一九四五年以來維持至今的自由秩序變質，但是它們看來正在創造專家所說的「世界秩序結構雙極性的增長」——這廂是以法律與權力（無論有多雜亂）為基礎的國際規範體系，另一廂則是瞧不起國際法機制的威權規範新體系。這一輪的新霸權之所以具有風險——不光是對中國，而是對全世界——是因為其旨在幫助當前全球新獨裁政體的抬頭，而戰爭就在不遠處。

目前距離宣告結果還很遠，這不是歷史學家的工作。我情願以一道簡單的習題，從歷史的角度為本書作結。你去找一張一個世紀前的地圖，跟今天的地圖做比較，曾經的世界有一部分如今已不復存在。跟著我們找兩個世紀以前的地圖，你會發現兩者的差異更大了。再多往前兩個世紀，比方說利瑪竇的地圖——我用季名臺的地圖作為本書的起頭，對它來說，利瑪竇的地圖算是祖字輩，幾乎我們今天所知的一切，都不在上面。接下來往未來的方向走，想像從現在起一個世紀後的地圖，看起來會是什麼樣子。你辦不到，因為我們唯一能確定的是：如果後人還會製作地圖，地圖上的世界跟今天絕對不像。

誰曉得未來會有哪些國家、長什麼形狀、叫什麼名字？比方說，「中華人民共和國」這個生硬的布爾什維克風國家名稱，距今一百年後恐怕就沒有任何表現張力了。可是話說回來，當年誰知道「大國」能延續七個世紀之久？至於聯合國，假如屆時還存在的話，我們也能肯定會員國數量不會是一百九十三個。人們或許認為，愈來愈多前殖民地跟隨諾魯、吐瓦魯與南蘇丹的腳步進入聯合國大會，會員國數量將隨之增加。但是一旦厄瓜多、斯里蘭卡與其他任何國家，因為今人揮霍的方式而淹沒在債務海嘯之下，隱沒入其他政治組織中，這個數字也有可能往另一個方向跑。

想不到吧？我在書裡講的每一個故事，還沒有發生之前都沒人想得到。一九七四年，也就是我出發前往中國那一年，有誰預料到世界今天會是這個模樣，而且一丁點都沒猜錯？對於我們及我們的後人來說，出乎意料的事情永無止境，我們甚至連子孫們會講什麼故事都無法想像。我們只能確定兩件事：中國跟世界的關係將繼續改變，而你我都不在任何一版歷史的結尾。

注釋

緒論

- 緒論中提到幾張地圖，按登場順序分別為：
  (1)「季名臺」，《九州分野輿圖古今人物事跡》（南京，「一六四三」）：University of British Columbia (UBC) Library.
  (2) 季明臺，《皇明分野輿圖古今人物事跡》（南京，一六四三）：Harvard-Yenching Library, *Cambridge, MA.*
  (3) 梁輈，《乾坤萬國全圖古今人物事跡》（南京，「一五九三」），私人收藏：*published in The Library of Philip Robinson*, pt 2: *The Chinese Collection* (London: Sotheby's, 1988), p. 76.
  (4) 利瑪竇，《坤輿萬國全圖》（北京，一六〇二）。明尼蘇達大學（University of Minnesota）貝爾圖書館（Bell Library）的收藏張貼在https://www.lib.umn.edu/bell/riccimap.
  (5) 奧特留斯，《地球全圖》，引自氏著，*Theatrum orbis terrarium* [Theatre of the sphere of the earth] (Antwerp: Gilles Coppens de Diest, 1570).
- 利瑪竇對於中國製圖學的巨大影響，在Cordell Yee, 'Traditional Chinese Cartography and the Myth of Westernization', in J. B. Harley and David Woodward (eds), *The History of Cartography*, vol. 2, pt 2 (Chicago, IL: University of Chicago Press, 1994), pp. 170-86有深入探討。
- 關於古代經典中談到「萬國」的地方，我是引自James Legge (trans.), *The Yi King* (1899), p. 213, and Stephen Durrant et al. (trans.), *Zuo Tradition* (Seattle, WA: University of Washington Press, 2016), vol. 3, p. 1875. 至於其他的參考資料，可見James Legge (trans.), *The Shoo King* (*The Chinese Classics*, vol. 3), pp. 523, 526, 534; John Knoblock (trans.), *Xunzi* (Stanford, CA: Stanford University Press, 1988), vol. 2, p. 135; and Burton Watson (trans.), *Records of the Grand Historian of China*, vol. 1 (New York: Columbia University Press, 1971), p. 492.
- Lhamsuren Munkh-Erdene對於「大國」概念的分析惠我良多，尤其是他的'Where Did the Mongol Empire Come From? Medieval Mongol Ideas of People, State and Empire', *Inner Asia* 13:2 (2011), pp. 211-37. 對於這個概念的更多說明，可參考我的'Great States', *Journal of Asian Studies* 75:4 (2016), pp. 957-72.
- 「那些個小國以為真理只屬於它們」：Voltaire, *Chinese Catechism, Dialogues and Philosophic Criticisms* (New York: Peter Eckler, 1918).
- 「被流放到亞洲環境中」：Thomas De Quincey, *Confessions of an English Opium-Eater* (London: Taylor and Hessey, 1823), p. 169.

第一章

- 關於忽必烈的肖像，見陳曉偉，〈元世祖出獵圖流傳考略〉，《中國國家博物館館刊》（2016:6）。
- 忽必烈汗早年的大事記與文件，摘自官修史書《元史》（北京：中華書局，1976年），頁63-8, 3688-3694。讀者如果對他的生平有興趣，Morris Rossabi, *Khubilai Khan: His Life and Times* (Berkeley, CA: University of California Press, 1988)至今仍是最好的忽必烈傳記。
- 馬可．波羅的回憶段落，引自*Ronald Latham*的譯本，*The Travels of Marco Polo* (Harmondsworth: Penguin, 1958), pp. 39-40, 108-13, 121-30, 153. 引用原文時，我個人覺得法國國家圖書館的法文手稿相當好用，見Bibliothèque Nationale (MS fr. 5631), published in six volumes by Philippe Ménard as *Le Devisement du monde* (Paris: Droz, 2001-09). 關於馬可．波羅的二手研究可說汗牛充棟，閱讀Simon Gaunt, *Marco Polo's Le Devisement du monde: Narrative Voice, Language and Diversity* (Woodbridge: D. S. Brewer, 2013)讓我收穫最多。挑馬可．波羅的毛病已是全民運動。關於論辯中兩派的論點，見Frances Wood, *Did Marco Polo Go to China?* (London: Secker & Warburg, 1995)與Hans Ulrich Vogel, *Marco Polo* Was *in China: New Evidence from Currencies, Salts and Revenues* (Leiden: Brill, 2012).
- 「於上都」：Ernest Hartley Coleridge (ed.), *The Complete Poetical Works of Samuel Taylor Coleridge* (Oxford: The Clarendon Press, 1968), vol. 1, p. 297. 柯勒律治讀的段落，出自Samuel Purchas, *Purchas his Pilgrimage* (London, 1613)中，馬可．波羅記述的摘要。
- 「無論是子民之眾」：Polo, *The Travels*, p. 113.
- 「周長整整十六英里」：Polo, *The Travels*, p. 108.
- 「國家之大統，不可久曠」：《元史》，頁63。
- 忽必烈汗的改元詔：《元史》，頁99。
- 忽必烈汗的建國詔：《元史》，頁138。
- 「朝儀大元受天命」：陶宗儀，《南村輟耕錄》（北京：中華書局，2004年），頁17。
- Bruce Campbell, *The Great Transition: Climate, Disease and Society in the Late-Medieval World* (Cambridge: Cambridge University Press, 2016), pp. 198-208, 提到對蒙古落葉松與福建柏的研究。
- 「地高、井深、星大」：黃汴，《一統路程圖記》（1570年），重印於楊正泰，《明代驛站考》（上海：上海古籍出版社，2006年），頁239。

- 關於「放走」比賽，見陶宗儀，《南村輟耕錄》，頁19。
- 關於黑人在中國的歷史，見Don Wyatt, *The Blacks of Premodern China* (Philadelphia, PA: University of Pennsylvania Press, 2011); 並見氏著，The Image of the Black in Chinese Art', in David Bindman et al. (ed.), *The Image of the Black in African and Asian Art* (Cambridge: Harvard University Press, 2017), pp. 295-324.

第二章

- 關於闊闊真之行，以及在大不里士受的接待，見Marco Polo, *The Travels*, pp. 42-5. Philippe Ménard, 'Marco Polo et la mer: le retour de Marco Polo en occident d'après les diverses versions du texte', in Silvia Conte (ed.), *I viaggi del milione* (rome: Tiellemedia, 2008), pp. 173-204對馬可・波羅的海上旅程有非常實用的說明。
- 關於沙不丁，見宋濂，《元史》，頁298、311、319、322、325、326、336、338、339、345、346、352、364、528、2402-3、4050與4572：我們不知道沙不丁之弟的波斯名字，只知道漢語音譯為「合八失」，見頁252與528。Yang Chih-Chiu and Ho Yung-Chi, 'Marco Polo Quits China', *Harvard Journal of Asiatic Studies* 9:1 (1945), p. 51是最早注意並提到沙不丁奏章的文章。關於這份奏章，見Francis Cleaves, 'A Chinese Source Bearing on Marco Polo's Departure from China and a Persian Source on His Arrival in Persia', *Harvard Journal of Asiatic Studies* 36 (1976), pp. 181-203. Cleaves的奏章譯文可見pp. 186-7.
- 忽必烈於一二六六年寄給天皇的信：宋濂，《元史》，頁111-112、4625-4626。
- 「日本未嘗相侵」：「今非其時」：宋濂，《元史》，頁4630。
- 關於楊庭璧，見宋濂，《元史》，頁214、245、250、4669-4670：楊庭璧進攻占婆，見頁3152-3153。蒙古對南印度採取的措施，見Roderich Ptak, 'Yuan and Early Ming Notices on the Kayal Area in South India', *Bulletin de l'École française de l'Extrême-Orient* 80 (1993), pp. 137-56; Tansen Sen, 'The Yuan Khanate and India: Cross-Cultural Diplomacy in the Thirteenth and Fourteenth Centuries', *Asia Major* 19:1-2 (2006), pp. 299-326. 關於蒙古對東南亞措施，見Derek Heng, *Sino–Malay Trade and Diplomacy from the Tenth through the Fourteenth Century* (Athens, OH: Ohio University Press, 2009).
- 「元之盛時」：謝肇淛，《五雜組》（上海：上海書店，2001年），第四章。近年來，關於蒙古艦隊入侵日本的考古發現，見James Delgado, *Khubilai Khan's Lost Fleet: History's Greatest Naval Disaster* (London: Bodley Head, 2008).
- 關於在新加坡海峽航行（外地人必須仰賴當地的引水人），見Peter Borschberg, 'Remapping the Straits of Singapore? New Insights from Old Sources', in his *Iberians in the Singapore-Melaka Area (16th to 18th Century)* (Wiesbaden: Otto Harrassowitz, 2004), pp. 93-130.
- 人們為了了解季風情況而參考的那部印度洋領航指南，是Alexander George Findlay, *A Directory for the Navigation of the Indian Archipelago, China, and Japan* (London: Richard Holmes Laurie, 1878), pp. 5-6, 26, 51-2. 關於季風在孟加拉灣的情況，見Sila Tripati and L. N. Raut, 'Monsoon Wind and Maritime Trade: A Case Study of Historical Evidence from Orissa, India', *Current Science* 90:6 (25 March 2006), pp. 864-71.
- 印度洋沿海政體的發達程度，取決於其統治者對海上貿易有多鼓勵：見Sebastian Prange, *Monsoon Asia: Travel and Faith on the Medieval Malabar Coast* (Cambridge: Cambridge University Press, 2018).
- 「阿魯渾汗派火者等使節至大汗處」：Wheeler Thackston (trans.), *Classical Writings of the Medieval Islamic World: Persian Histories of the Mongol Dynasties* (London: I. B. Tauris, 2012), vol. 3: by Rashiduddin Fazlullah, p. 427.
- 關於闊闊真使團的傷亡，見Polo, *The Travels*, p. 44. 標準本的法式義語版馬可・波羅手稿並未包括這一段：見Marco Polo, *Le Devisement du monde*, ed. Joël Blanchard and Michel Quereuil (Geneva: Droz, 2019), pp. 32-3. 關於闊闊真之死，見Anne Broadbridge, *Women and the Making of the Mongol Empire* (Cambridge: Cambridge University Press, 2018), p. 286.

第三章

- 若是沒有格林的提點，我肯定寫不出這一章。她編輯的*Pandemic Disease in the Medieval World: Rethinking the Black Death* (Kalamazoo, MI: Arc Medieval Press, 2015), 對每一位勇於踏入這個領域的人來說，都是很大的鼓勵。這本書之後的發展，可見她的'Climate and Disease in Medieval Eurasia', *Oxford Research Encyclopedia of Asian History* (2018). 在新研究出爐之前，蒙古專家傾向於淡化蒙古人與黑死病之間的關係，例如：Peter Jackson, *The Mongols and the Islamic World: From Conquest to Conversion* (New Haven, CT: Yale University Press, 2017), p. 408.
- 投石器的圖片摘自Rashīd al-Dīn, *Jami' al-Tawarikh* [Compendium of Chronicles], Edinburgh University Library Or.MS 20. David Rice, *The Illustrations of the 'World History' of Rashīd al-Dīn*, ed. Basil Gray (Edinburgh: Edinburgh University Press, 1976), pp. 146-7對此圖有深入研究。Rice指出，這張插圖要說明的原典段落，是一〇〇三年的一次攻擊行動，而非卡法圍城戰。
- 德穆希斯的瘟疫回憶，在Rosemary Horrox, *The Black Death* (Manchester: Manchester University Press, 1994), pp. 14-26有譯文，但為了這一章的行文之故，我對她的譯文有些調整。De' Mussis是唯一提及投石機事件的作者。原本已經亡佚很久，但複本出現在一部地理志手稿中，該手稿最後落腳於樂斯拉夫大學圖書館。對於事件的評估，可見Mark Wheelis, 'Biological Warfare at the 1346 Siege of Caffa', *Emerging Infectious Diseases* 8:9 (September 2002), pp. 971-5.

- 英格蘭作者對於瘟疫起源的看法，取自Horrox, *The Black Death*, pp. 64, 66, 70, 76, 80, 112.
- Wu Lien-Teh et al., *Plague: A Manual for Medical and Public Health Workers* (Shanghai: National Quarantine Service, 1936), pp. 516-17報告萊克斯醫師的案例。
- 《巴黎醫學團隊報告》：Horrox, *The Black Death*, pp. 161, 163.
- 香港公共衛生規範：*Ordinances of Hong Kong for 1903* (Hong Kong: Hong Kong Government, 1903), pp. 124-7.
- 關於馬基里奇，見Stuart Borsch, *The Black Death in Egypt and England: A Comparative Study* (Austin, TX: University of Texas Press, 2005), pp. 1, 4, 136n. 23.
- 「始於黑暗之地」：Michael Dols, 'Ibn al-Wardi's *Risalah al-naba' 'an alwaba*: A Translation of a Major Source for the History of the Black Death in the Middle East', in D. K. Kouymijian (ed.), *Near Eastern Numismatics. Iconography, Epigraphy, and History: Studies in Honor of George C. Miles* (Beirut, 1974), p. 448.
- 關於巴杜達與黑死病，見Ross Dunn, *The Adventures of Ibn Battuta: A Muslim Traveler of the 14th Century* (Berkeley, CA: University of California Press, 1986), pp. 266-78; Ibn Battûta, *Voyages*, ed. C. Defremery and B. R. Sanguinetti (Paris: La Découverte, 1982), vol. 3, pp. 356-9.
- 「任何指出『黑死病始於中國或其周邊』的史家」：Robert Hymes, 'Plague in Jin and Yuan: Evidence from Chinese Medical Writings' (*unpublished*).
- 東史密斯菲爾德（East Smithfield）墓地出土的aDNA，研究見Ewen Callaway, 'The Black Death Decoded', *Nature* 478 (2011), pp. 444-6. 原始報告是Kirsten Bos et al., 'A Draft Genome of *Yersinia pestis* from Victims of the Black Death', *Nature* 478 (2011), pp. 506-10.
- 關於大爆發，見Yujun Cui et al., 'Historical Variations in Mutation Rate in an Epidemic Pathogen, *Yersinia pestis*', *Proceedings of the National Academy of Sciences USA*, 110:2 (2013), pp. 577-82.
- 關於十四世紀的中文瘟疫史料，見井村哮全，〈地方志に記載せられたる中国疫癘略考〉，《中外醫事新報》，1233號1936，頁14-15；張德二等編，《中國三千年氣象紀錄總集》（南京：江蘇教育出版社，2004年），頁539-546。
- 一三三一年瘟疫所造成最嚴重的衝擊（雖然是出於意外），發生在歷史寫作方面。William McNeill在他的全球瘟疫史巨作*Plagues and Peoples* (New York: Anchor Press, 1976)中，把關鍵角色交給這起事件來擔綱。但很遺憾，McNeill聘來幫他爬梳中文史料的研究員，誤把一三三一年瘟疫的爆發地點擺到華北平原。對一個內陸府城來說，九〇％的死亡率等於死一萬人，但把同樣的死亡率放到華北平原，就是數百萬人死亡。這個錯誤導致McNeill主張黑死病始於一三三〇年以前的緬甸，接著往北蔓延，在一三三一年肆虐中國，然後才往西及於卡法（pp. 162, 297）：其實不是這樣。
- 關於開封的疫情，見Robert Hymes, 'A Hypothesis on the East Asian Beginnings of the *Yersinia pestis* Polytomy', in Monica Green (ed.), *Pandemic Disease in the Medieval World: Rethinking the Black Death*, pp. 285-308.
- 「凡五十日」：脫脫編，《金史》（北京：中華書局，1975年），頁387。
- 「發生何事？」：Igor de Rachewiltz, *The Secret History of the Mongols: A Mongolian Epic Chronicle of the Thirteenth Century* (Leiden: Brill, 2004), vol. 1, p. 203.
- 「一段漫長、共通創傷的起點」：Monica Green, 'On Learning How to Teach the Black Death', *History, Philosophy and Science Teaching Note* (March 2018), p. 19, on-line at www.hpsst.com/uploads/6/2/9/3/62931075/2018march.
- 關於妥懽貼睦爾最後出逃，見David Robinson, *Empire's Twilight: Northeast Asia under the Mongols* (Cambridge, MA: Harvard University Asia Center, 2009), pp. 285-6.
- 關於居庸關，見Jirō Murata (ed.), *Chü-Yung-Kuan: The Buddhist Arch of the Fourteenth Century A.D. at the Pass of the Great Wall Northwest of Peking* (Kyoto: Faculty of Engineering, Kyoto University, 1957), 2 vols.

第四章

- 鄭和第三次下西洋的主要史料，為永樂朝的實錄《明太宗實錄》，以及兩名隨員留下的記載：馬歡——譯見J. V. G. Mills, *Ying-yai Sheng-lan, 'The Overall Survey of the Ocean's Shores' [1433]* (Cambridge: Hakluyt Society, 1970)，以及費信——譯見Mills, *Hsing-ch'a sheng-lan: The Overall Survey of the Star Raft by Fei Hsin*, ed. Roderich Ptak (Wiesbaden: Harrassowitz, 1996). 鄭和下西洋的歷史已經傳述過許多次。Louise Levathes首先在*When China Ruled the Seas: The Treasure Fleet of the Dragon Throne, 1405–1433* (New York: Simon and Schuster, 1994)提供通俗概述。Edward Dreyer, *Zheng He: China and the Oceans in the Early Ming Dynasty, 1405–1433* (New York: Longman, 2007)是對鄭和下西洋之行最合理的說明。關於這幾次下西洋的堅實評估，見Tan-Sen Sen, 'The Impact of Zheng He's Expeditions on Indian Ocean Interactions', *Bulletin of SOAS* 79:3 (2016), pp. 609-36. 態度認真的讀者，建議你不要看Gavin Menzies寫的任何東西。
- 關於鄭和攻擊甘波羅，見《明太宗實錄》，116.2a-b；譯見Geoff Wade (trans.), *Southeast Asia in the Ming Shi-lu: An Open Access Resource* (Singapore E-Press, National University of Singapore, http://epress.nus.edu.sg/msl/466), Record 771. 關於錫蘭方的說法，見Edward Perera, 'Alakéswara: His Life and Times', *Journal of the Ceylon Branch of the Royal Asiatic Society* 18, no. 55 (1904), pp. 281-308以及Edward Perera, 'The Galle Trilingual Stone', *Spolia Zeylanica* 8 (1913), pp. 122-32. 關於費信的描述，見J. V. G. Mills, *Hsing-ch'a Sheng-lan: The Overall Survey of the Star Raft*, ed. Roderich Ptak (Wiesbaden: Harrassowitz, 1996), pp. 63-5. 至於錫蘭歷史，我則仰賴K. M. de Silva, *A History of Sri Lanka* (Berkeley, CA: University of California Press, 1981).
- Timothy Brook et al., *Sacred Mandates: Asian International Relations since Chinggis Khan* (Chicago, IL: University of Chicago Press, 2018), pp. 64-70提出合法性在推動大明早期外交關係中扮演的角色。

- 「頃者克平元都」：《明太祖實錄》，37.23a。
- 一三六九年派往國外的使節：《明太祖實錄》，38.11a，39.1b：洪武寄給阿答阿者的信：《明太祖實錄》，39.2b：洪武在一三七〇年三月與七月捎的訊息：《明太祖實錄》，50.7a-b，53.9b。
- 「今四海一家」：《明太宗實錄》，134.4b。
- 托馬林的小傳出現在Arnold Wright, *Twentieth Century Impressions of Ceylon: Its History, People, Commerce, Industries and Resources* (London: Lloyd's, 1909), p. 122. 殖民地政府製作的錫蘭宮廷展覽指南：*World's Columbian Exposition Hand Book & Catalogue: Ceylon Courts* (Colombo: H. C. Cottle, 1893). 不列顛人一再主張錫蘭是「模範殖民地」，對於這種說法的挑戰，可見Margaret Jones, *Health Policy in Britain's Model Colony: Ceylon (1900–1948)* (New Delhi: Orient Longman, 2004).
- 迦勒石碑銘文最早的譯文發表在S. Paranavitana, 'The Tamil Inscription on the Galle Trilingual Slab', *Epigraphica Zeylanica* 3 (1933), pp. 331-41. 葡萄牙人「中國之王」一語，見p. 334.
- 「那個偶像跟這座城市名字相同」：Ibn Battuta, *Voyages* (Paris: La Découverte, 1997), vol. 3, pp. 266-7.
- 「直擣巢穴破其營」：Levathes, *When China Ruled the Seas*, p. 115，引自《楊文敏集》（一五一五年）第一章，但我找不到原文。關於中方辯護說這次軍事行動純粹「出於防守」的說法，見C. J. [Chung-jen] Su, 'The Battle of Ceylon, 1411', in Department of Chinese, University of Hong Kong (ed.), *Essays in Chinese Studies Presented to Professor Lo Hsiang-lin* (Hong Kong: Chinese University of Hong Kong, 1970), pp. 291-7.
- 「四夷悉欽」：Mills, *Hsing-Ch'a Sheng-Lan*, p. 65.
- 獎賞錫蘭戰役的生還者：《明太宗實錄》，118.3a-b，120.1a-b，180.1b。四名錦衣衛歸國：《明宣宗實錄》，18.4b。
- 「其時正是一四一五年」：Perera, 'Alakéswara: His Life and Times', p. 294.
- 關於十五世紀的明代諸王墓中找到的寶石，見Craig Clunas, 'Precious Stones and Ming Culture', in Craig Clunas and Jessica Harrison-Hall (eds), *Ming China: Courts and Contacts 1400–1450* (London: British Museum, 2016), pp. 236-44.
- 馬可・波羅談佛牙舍利：*The Travels*, pp. 258-9, 284.
- 「和等執其王」：宿白，〈拉薩布達拉宮主要殿堂和庫藏的部分明代文書〉，收入氏著《藏傳佛教寺院考古》（北京：文物出版社，一九九六年），頁213；譯文改寫自Tansen Sen, 'Diplomacy, Trade and the Quest for the Buddha's Tooth', in Clunas and Harrison-Hall (eds), *Ming China: Courts and Contacts 1400–1450*, p. 35. Sen接受《嘉興大藏經》（永樂帝死後不久所編纂的）當中一處注腳的說法，但這個段落直到一六七六年《嘉興大藏經》問世之後才有出現，過往的版本都沒有。我研究一番之後，很開心得知Edward Dreyer也發現這個佛牙故事是假的：見氏著，*Zheng He*, p. 69.
- 第五世噶瑪巴喇嘛拜訪南京一事，見Patricia Berger, 'Miracles in Nanjing: An Imperial Record of the Fifth Karmapa's Visit to the Chinese Capital', in Marsha Weidner (ed.), *Cultural Intersections in Later Chinese Buddhism* (Honolulu, HI: University of Hawai'i Press, 2001), pp. 145-69. 關於「『你情我願的幻覺』的延長片刻」，見p. 161.
- 「看，國王令成三層華美宮殿」：Edward W. Perera, 'The Age of Srí Parákrama Báhu VI (1412-1467)', *The Journal of the Ceylon Branch of the Royal Asiatic Society of Great Britain & Ireland*, vol. 22, no. 63 (1910), p. 17.
- 一五九七年那本鄭和小說的完整書名是《三寶太監下西洋通俗演義》。
- 永樂的界碑包括一四一三年時，以中文、蒙古文與女真文寫的永寧寺碑（位於黑龍江口附近，今藏於符拉迪沃斯托克〔Vladivostok〕的阿爾謝涅夫博物館〔Arsenyev Museum〕），以及安多兩間佛寺中的中文、藏文雙語石碑，製作年代分別為一四〇八年與一四一八年。永樂石碑的簡要說明，見Aurelia Campbell, *Architecture and Empire in the Reign of Yongle, 1402–1424* (Seattle, WA: University of Washington Press, forthcoming), pp. 6-7, 264, 273-8; 並見Johannes Lotze, 'Mongol Legacy, Language Policy, and the Early Ming World Order, 1368-1453', PhD diss., University of Manchester, 2016, ch. 3. 葡萄牙人的發現碑，以及跟中國工匠可能的關聯，見Michael Keevak, 'Failure, Empire, and the First Portuguese Empire', in Ralf Hertel and Michael Keevak (eds), *Early Encounters between East Asia and Europe: Telling Failures* (Abingdon: Routledge, 2017), pp. 175-6.
- 迦勒的阿拉伯商人：Xavier de Planhol, *L'Islam et la mer: la mosquée et le matelot, VIIe–XXe siècle* (Paris: Perrin, 2000), p. 98.
- 「及臨外邦」：一四三一年長樂石碑碑文的譯文，見Dreyer, *Zheng He*, pp. 195-9.

第五章

- 關於巴圖蒙克，見《明孝宗實錄》，14.13a-b。他的傳記（以他的頭銜「達延汗」為條目名稱）可以在Christopher Atwood, *Encyclopedia of Mongolia and the Mongol Empire* (New York: Facts on File, 2004), p. 138找到。
- 關於崔溥的引文，我是以意譯的方式，改寫自John Meskill的優秀譯文*Ch'oe Pu's Diary: A Record of Drifting across the Sea* (Tucson, AZ: University of Arizona Press, 1965). 關於中文原文，我參考的是Pak Wŏn-ho, *P'yohaerok* [Record of Drifting across the Sea] (Seoul: Korea University Press, 2006)的最新譯本。
- 「天若開霽」：Meskill, *Ch'oe Pu's Diary*, p. 37; Pak, *P'yohaerok*, p. 356.
- 「你以倭人登劫此處，何也？」：Meskill, *Ch'oe Pu's Diary*, p. 55; Pak, *P'yohaerok*, p. 370.

- 「天子亦拜於列國之臣乎？」：Meskill, *Ch'oe Pu's Diary*, p. 115; Pak, *P'yohaerok*, p. 422.
- 關於官方希望外國使節五天內交易完成的規定：〈問刑條例〉，引自懷效鋒編，《大明律》（北京：法律出版社，一九九九年），頁386。
- 關於崔溥的儒家普世思想，見Sixiang Wang, 'Co-Constructing Empire in Early Chosŏn Korea: Knowledge Production and the Culture of Diplomacy, 1392-1592', PhD diss., Columbia University, 2015, pp. 153-9.
- 崔溥重申他來中國與國家事務無關：Meskill, *Ch'oe Pu's Diary*, p. 125; Pak, *P'yohaerok*, p. 432. 關於遣送遭遇船難的朝鮮人，見Kenneth Robinson, 'Centering the King of Chosŏn: Aspects of Korean Maritime Diplomacy, 1392-1592', *Journal of Asian Studies* 59:1 (February 2000), pp. 109-25.
- 「緣繫處置遭風外夷歸國」：Meskill, *Ch'oe Pu's Diary*, p. 131; Pak, *P'yohaerok*, p. 436.
- 崔溥跟戒勉的交談：Meskill, *Ch'oe Pu's Diary*, p. 146; Pak, *P'yohaerok*, p. 453.
- 丘濬的傳記載於《瓊州府志》（一六一九年），10b.9a-17a. 英文的丘濬傳記，見Chi-hua Wu and Ray Huang, 'Ch'iu Chün', in L. Carrington Goodrich and Chao-Ying Fang (eds), *Dictionary of Ming Biography* (New York: Columbia University Press, 1976), pp. 249-52.
- 丘濬《大學衍義補》的字句，取自一四八八年版，132.15b-16b；143.1b-19b；144.2a－b、8a－9a；145.2b。謝謝Leo Shin讓我使用他的第一百四十三章英譯文。
- 「朝鮮恭順朝廷」：丘濬，《大學衍義補》，145.21a。
- 關於蒙古—大明間的馬匹貿易，見Frederick Mote and Denis Twitchett (eds), *The Cambridge History of China*, vol. 7: *The Ming Dynasty* (Cambridge: Cambridge University Press, 1988), pp. 264-8, 317-19; 關於土木堡之變，見pp. 322-5.
- 老王與馬商之間的對話，改寫與修訂自Svetlana Rimsky-Korsakoff Dyer, *Grammatical Analysis of the 'Lao Ch'i-ta'* (Canberra: Australian National University Press, 1983), pp. 305-25, 407-25. 該書提到順承門（蒙古人主張他們征服中國時，是順承上天的旨意），也就是北京買賣牲畜地點的時候，使用誤字，寫作「順城」，顯現新版本問世的時間，比這座城門在一四四〇年代改名為「宣武門」的時間早了好幾十年。時間之長，足以讓正確的字在民眾的記憶中消失。關於城門改名一事，見孫承澤，《天府廣記》（北京：北京古籍出版社，1983年），頁41；並見談遷，《棗林雜俎》（濟南：齊魯書社，1997年），頁575。
- 「你這幾個火伴的模樣，又不是漢兒」：Dyer, *Grammatical Analysis*, p. 371.
- 「僕一遠人也」：Meskill, *Ch'oe Pu's Diary*, p. 65; Pak, *P'yohaerok*, p. 377.
- 「大哥，我們回去也」：Dyer, *Grammatical Analysis*, pp. 493-5.

第六章

- 本章有部分出現在'Trade and Conflict in the South China Sea: China and Portugal, 1514-1523', in Lucia Coppolaro and Francine Mckenzie (eds), *A Global History of Trade and Conflict since 1500* (Basingstoke: Palgrave Macmillan, 2013), pp. 20-37.
- 關於安篤拉篤來到中國一事，見T'ien-tsê Chang, *Sino–Portuguese Trade from 1514 to 1644: A Synthesis of Portuguese and Chinese Sources* (Leiden: Brill, 1933), pp. 32-68. 關於皮萊資前往大明朝廷的失敗任務，Nigel Cameron, *Barbarians and Mandarins: Thirteen Centuries of Western Travelers in China* (Tokyo: Weatherhill, 1970), pp. 131-48有很精彩的敘述。
- 馬努埃爾一世的訓令：Chang, *Sino–Portuguese Trade from 1514 to 1644*, p. 33.
- 在滿剌加聽到八十四種語言：引自James Fujitani, 'The Ming Rejection of the Portuguese Embassy of 1517: A Reassessment', *Journal of World History* 27:1 (March 2016), p. 90.
- 關於正德皇帝的海上政策，見鄭永常，《來自海洋的挑戰：明代海貿政策演變研究》（臺北縣：稻鄉出版社，2004年），頁113-114。
- 關於熊宣與畢真，見《明武宗實錄》，48.1b-2a（一五〇九年三月二十三日），65.8b-9a（一五一〇年九月一日）。一部分的《明武宗實錄》譯文，我引用自（並以意譯方式調整）Geoff Wade, trans., *Southeast Asia in the Ming Shi-lu: An Open Access Resource*, accessed between 4 and 15 June 2018. 大部分的中文原文也可以在趙令揚等編，《明實錄中東南亞史料》（香港：學津出版社，1976），頁475-494找到。Chang, *Sino–Portuguese Trade from 1514 to 1644*, p. 31也有提到部分歷史。
- 關於吳廷舉，見《明武宗實錄》，113.2a（一五一四年六月二十七日），149.9b（一五一七年六月十五日），194.2b（一五二一年一月十三日）；趙令揚等編，《明實錄中東南亞史料》，頁479；《順德縣志》（一八五三年），21.3b-4b；《廣東通志》，7.23b、25a、36b；張廷玉，《明史》，頁5309-5311、8221、8430。這些史料的時間彼此有所衝突，對於想重建吳廷舉生平的人來說相當棘手。
- 「奉行之人因循未止」：張廷玉，《明史》，頁5310。
- 「後以中人鎮守，利其入」：《明武宗實錄》，123.4b（一五一五年五月二日）。
- 潘忠：《廣東通志》（一八五三年），7.19b；張廷玉，《明史》，頁5309。在本章提到的幾次事件之後，吳廷舉再度於一五二二年的南京地區，起身反抗另一位強大的宦官（《明史》，頁5310）。
- 「明代中國在活力與進取心上遠遠不及宋代中國」：Paul Kennedy, *The Rise and Fall of the Great Powers: Economic Change and Military Conflict from 1500 to 2000* (New York: Random House, 1987), pp. 7-8.

- 「廷舉之罪也」：《明武宗實錄》，149.9a-b（一五一七年六月十五日）。
- 「土賊猶可，土兵殺我」：張廷玉，《明史》，頁4962。
- 「無本國文書」：《明武宗實錄》，158.2a-b（一五一八年二月十一日）。
- 正德帝未回應兵部希望他下驅逐令的請求：《明武宗實錄》，191.1b-2a 一五二〇年十月二十三日）。
- 張天澤談西眇：Chang, *Sino–Portuguese Trade*, p. 47.
- 「請卻其貢獻」：《明武宗實錄》，194.2b（一五二一年一月十三日）。這一段與接下來一段（包括一些評論）的譯文，皆來自Chang, *Sino–Portuguese Trade*, pp. 51－2.
- 丘道隆擔任順德知縣：《順德縣志》（一八五三年），頁21.5a。禮部的回覆也支持邱道隆：《明武宗實錄》194.3a（一五二一年一月十三日）。
- 關於正德—嘉靖繼承時期的政局，Brook, *The Troubled Empire*, pp. 98-100有簡短說明。
- 「亟逐之」：《明熹宗實錄》，4.27b（一五二一年八月三十一日）。關於葡萄牙人在廣州刺探，見Chang, *Sino–Portuguese Trade*, p. 44; 關於阿方索的要求，見p. 58.
- 隔年的《明熹宗實錄》，出現由中國一方所寫，與葡萄牙人衝突的紀錄，皇帝同意將戰鬥中俘虜的葡萄牙人處死：《明熹宗實錄》，24.8a-b（一五二三年四月六日）。
- 新總督在一五二九年主張開放貿易：《明熹宗實錄》，106.5a（一五二九年十一月七日）：Chang, *Sino–Portuguese Trade*, pp. 73-4.
- 關於葡萄牙人對海上貿易的獨占，見C. R. Boxer, *The Portuguese Seaborne Empire, 1415–1825* (New York: Knopf, 1969), pp. 48, 60-62.
- 關於何儒，見《明熹宗實錄》，38.13a-b（一五二四年五月十五日）、154.7b-8a（一五三三年十月七日）。何儒受破格拔擢至南京擔任主簿，很可能跟情勢的發展有關，作為他繳獲大炮的獎勵。一五三三年，何儒再度破格晉升，從不入品秩的主簿，到北京擔任入品的縣丞。
- 滿剌加三害：張燮，《東西洋考》（北京：中華書局，1981年），頁67。
- 「懷抱一種斟酌過的自尊」：Cameron, *Barbarians and Mandarins*, pp. 129, 131. 我此時把Cameron點出來其實不太公平。他是認真想讓讀者了解中西關係的中國一側，當書出版時，我也從其中的內容學到不少。他的華麗筆調單純只是為了符合一九七〇年時大眾媒體的修辭習慣。

第七章

- 這張萬丹地圖是范多特坎為了范林斯霍滕的旅遊書《印度遊記》（一五九六年出版）而製作。
- 史考特的字句，引自氏著，*An Exact Discourse of the Subtilties, Fashions, Pollicies, Religion, and Ceremonies of the East Indians* (London: Walter Burre, 1606); 縱火事件起於p. E1。我把他的老式語法改得較新，並且根據現在的拼字法修正他的拼寫。Hakluyt Society重印史考特的書，收入*The Voyage of Sir Henry Middleton to the Moluccas, 1604–1606* (London, 1943), pp. 81-176, 但那個版本並不完整。史考特離開萬丹之後的生平資料非常簡略。
- Michael Neill, *Putting History to the Question: Power, Politics, and Society in English Renaissance Drama* (New York: Columbia University Press, 2000), p. 300主張史考特發表這本書，「是幫公司的目標打廣告」，但有鑑於他返國後與EIC陷入漫長的爭執，我認為他之所以出書，比較可能是為了證明自己對公司的付出，而他並沒有獲得應有的回報。雙方的問題後來想必獲得解決，因為史考特接著在一六一〇年代升任為公司審計，之後他就從文獻中消失了。在一份資料中，史考特與安妮斯·洛斯（Agnes Losse）列為安·史考特（Anne scott）的雙親。安·史考特於一六〇九年生於雷丁，死於麻薩諸塞州巴恩斯特布爾（Barnstable），但我無法判斷這位史考特是不是我們所指的那位。
- Romain Bertrand, *L'Histoire à parts égales: récites d'une rencontre Orient–Occient* (Paris: Seuil, 2011)把這段期間的萬丹處理得最好。關於萬丹的政治環境，見Claude Guillot, 'Une Saison en enfer: Scott à Banten, 1603-1605', in Denys Lombard and Roderich Ptak (eds), *Asia Maritima: Images et réalité 1200–1800* (Wiesbaden: Harrassowitz, 1994), p. 34. 關於爪哇的中國社群（特別是一六〇四年之後），見Marie-Sybile de Vienne, *Les Chinois en Insulinde: Échanges et sociétés marchandes au XVIIe siècle d'après les sources de la V.O.C.* (Paris: Les Indes savanates, 2008). 關於考古遺跡，見Halwany Michrob, 'A Hypothetical Reconstruction of the Islamic City of Banten, Indonesia', M.A. diss., University of Pennsylvania, 1987, pp. 110-40.
- 一六〇〇年代，萬丹在中國的南海貿易網路中扮演關鍵節點的角色，這一點反應在《塞爾登地圖》（Selden Map）——我的主張是，這張非凡的中文海圖就是在萬丹繪製的，時間大約是一六〇八年：見我的*Mr Selden's Map of China: The Spice Trade, a Lost Chart and the South China Sea* (London: Profile, 2013), pp. 169-73.
- 「今聚澳中者，鬧可萬家」：王臨亨，《粵劍編》（北京：中華書局，1987年），頁91-93。王臨亨的證言相當費解，因為我找不到任何中文史料提到他曾在廣州當官。
- 「無論他在夜裡於自己的屋舍中執住誰」：引自Samuel Purchas, *Hakluytus Posthumus, or Purchas his Pilgrimes* (Glasgow: Maclehose, 1905), vol. 2, p. 431; repr. in *The Voyages of Sir James Lancaster* (London: Hakluyt Society, 1940), p. 115.
- 「立刻根據貴國法律加以懲罰」：引自Adam Clulow and Tristan Mostert (eds), *The Dutch and English East India Companies: Early Modern Asia at the Centre of the Global Economy* (Hong Kong: University of Hong Kong Press, 2018), ch. 8, n. 36.
- 關於法律在殖民世界的創造中所發揮的影響力，見Lauren Benton, *The Search for Sovereignty: Law and Geography in European Empires, 1400–1900* (Cambridge: Cambridge

University Press, 2010), esp. pp. 3-8, 24-7. 我不同意Michael Neill的看法(*Putting History to the Question*, p. 279)，他認為史考特堅持治外法權。我認為他只是重視發展法律根據，甚於萬丹宮廷。

- 教宗額我略十世寫給忽必烈汗的信：Polo, *The Travels*, p. 39.
- 關於一六〇三年的馬尼拉大屠殺，見José Eugenio Borao, 'The Massacre of 1603: Chinese Perception of the Spanish on the Philippines', *Itinerario* 23:1 (1998), pp. 22-39. 一六〇五年寫給阿庫尼亞的信，譯文見E. H. Blair and J. A. Robertson (eds), *History of the Philippine Islands*, vol. 13 (Cleveland, OH: Arthur H. Clark, 1904), pp. 287-91. 關於在中國水域尋覓機會的荷蘭船隻（指揮官為韋麻郎〔Wijbrand van Waerwijck〕），見張廷玉，《明史》，頁8434-5。
- 關於范希姆斯克爾克，見Marina van Ittersum, *Profit and Principle* (Leiden: Brill, 2006), pp. 1-5；並見Peter Borschberg, *Hugo Grotius, the Portuguese and Free Trade in Asia* (Singapore: Nus Press, 2011).
- 關於聖卡塔琳娜號船貨的爭議：Hugo Grotius, *Commentary on the Law of Prize and Booty*, ed. Marina van Ittersum (Indianapolis, IN: Liberty Fund, 2006), p. 540; 關於在澳門遭到殺害的荷蘭人，pp. 279-84; 關於勒梅，pp. 275, 282.
- 關於以黃金作為交易媒介，見Tomé Pires, *The Suma Oriental of Tomé Pires*, ed. Armando Cortesao (London: Hakluyt Society, 1944), p. 170.
- 金匠遭受刑求一事，以及他在刑求下仍緊守口風，讓許多評論者感到棘手。Stephen Greenblatt在一篇介紹「新歷史主義」概念的論文裡，利用文學分析手法處理史料。他談到這個故事，用來探索歷史主義方法的極限。Greenblatt主張把金匠拒絕開口視為反殖民抵抗的姿態，但是讓今天的我們與一六〇六年震驚的事情，卻不是同一件事情。*Michael Neill*在*Putting History to the Question* (p. 294)提出自己的觀察，認為這種殘虐場景經常出現在倫敦舞臺上。讓Greenblatt感到難過的是，讀到有人身體受苦，居然會在讀者心中創造某種施虐的愉悅，也因此破壞他對於「想像力為重構過去所必須」的主張。面對這個難題，Greenblatt的遁詞不盡令人滿意——他宣稱，面對這名金匠「出奇、無法想像，還英雄氣慨」的靜默，歷史學家無權「在經過這麼長的時間之後，終於逼迫他開口」。Eric Hayot, *The Hypothetical Mandarin: Sympathy, Modernity, and Chinese Pain* (Oxford: Oxford University Press, 2009), p. 50假設Greenblatt落入刻板印象的窠臼，這名受苦的中國人在史考特下筆時並不存在。Greenblatt因此把這名金匠當成不過是又一個遭到殖民的「東方人」，而非某個知道自己在協議中遭到出賣的人。Richmond Barbour在他的"'The English Nation at Bantam": Corporate Process in the East India Company's First Factory', *Genre* 48:2 (July 2015), p. 175接受Greenblatt的施虐癖指控，但把刑求歪曲成「報復」。我認為，此情此景中的暴力，表現史考特對於無法處理其商館事務時，近乎於孤注一擲的心態，而非某種抽象的「報復」或私密的「施虐癖」。
- 關於這名金匠，我再提最後一點：Neill相信他就是跟保怡一同遭指認為挖掘者的夏天，但史考特並未實際用這個名字稱呼這名金匠。

第八章

- 本章提到的利瑪竇（左）與徐光啟（右）雙人肖像，來自Athanasius Kircher, *China illustrata* (Amsterdam, 1667).
- 本章若干概念與材料，曾在我的論文'Europaeology? On the Difficulty of Assembling a Knowledge of Europe in China', in M. Antoni Üςerler (ed.), *Christianity and Cultures: Japan & China in Comparison, 1543–1644* (Rome: Institutum Historicum Societatis Iesu, 2009), pp. 269-93首次出現。
- Edward Kelly, 'The Anti-Christian Persecution of 1616-1617 in Nanking' (PhD diss., Columbia University, 1971), pp. 43ff. 呈現南京傳教士遭逮捕一事。南京教案中的主要事件，羅列於Ad Dudink, '"Nan gong shu du" (1620), "Po xie ji" (1640), and Western Reports on the Nanjing Persecution (1616/1617)', *Monumenta Serica* 48 (2000), pp. 133-265.
- 徐光啟是Catherine Jami, Pieter Engelfriet and Gregory Blue (eds), *Statecraft and Intellectual Renewal in Late Ming China: The Cross-Cultural Synthesis of Xu Guangqi* (Leiden: Brill, 2001)一書的主題；徐光啟的簡要生平，見Ad Dudink, 'Xu Guangqi's Career: An Annotated Chronology', pp. 399-409. 我也仰仗梁家勉，《徐光啟年譜》（上海：上海古籍出版社，1981年）。
- 「沈宗伯」：Gail King (trans.), 'The Family letters of Xu Guangqi', *Ming Studies*, 31 (1991), pp. 24-5.
- 沈㴶與徐光啟兩人立場相對的奏章，譯文見Edward Kelly, 'The Anti-Christian Persecution', pp. 277-82, 294-302; 譯文經過我大幅修改。至於徐光啟的原文，見徐光啟，《徐光啟集》（上海：上海古籍出版社，1984年），頁431-433。
- 《大明律・禮律・儀制》：Yonglin Jiang (trans.), *The Great Ming Code* (Seattle, WA: University of Washington Press, 2005), p. 117.
- 「譬有積水於此，不得不通」：徐光啟，《徐光啟集》，頁37。
- 利瑪竇與徐光啟之間的對話引自《畸人十篇》的第三篇與第四篇，收入朱維錚版的利瑪竇中文著作集結，《利瑪竇中文著譯集》（香港：香港城市大學出版社，2001年），頁515-534。Pasquale d'Elia, 'Sunto Poetico-Ritmico di *I Dieci Paradossi* di Matteo Ricci S.I.', *Rivista degli Studi Orientali*, 27 (1952), pp. 111-38是最早對《畸人十篇》的研究。這篇論文主要是由周炳謨與王家植為該書所寫的序，以及該書目錄開篇的摘要之譯文為主體。感謝鍾鳴旦寄給我這篇論文的複本給我。利瑪竇是好幾部傳記的主角：Jonathan Spence, *The Memory Palace of Matteo Ricci* (New York: Viking, 1984), 以及R. Po-Chia Hsia, *A Jesuit in the Forbidden City: Matteo Ricci, 1552–1610* (Oxford: Oxford University Press, 2010)是其中的佼佼者。
- 「泥羅河之濱有鳥焉」：朱維錚編，《利瑪竇中文著譯集》，頁518。
- 「西土有兩泉相近」：朱維錚編，《利瑪竇中文著譯集》，頁526。

- 「實海內冠冕」：引自徐光啟，《徐光啟集》，頁66。
- 「東西間有通理」：徐光啟為熊三拔《泰西水法》（一六一二年）所寫的序，收入徐光啟，《徐光啟集》，頁67。
- 「遽云為細作」：Gail King (trans.), 'The Family Letters of Xu Guangqi', p. 25.
- 萬曆帝詔書譯文見Kelly, 'The Anti-Christian Persecution', pp. 85-6; 中文原文見《明萬曆實錄》，552.1a-6。
- 關於沈榷失勢的影響，見Gregory Blue, 'Xu Guangqi in Europe', in *Statecraft and Intellectual Renewal in Late Ming China*, pp. 40-41.
- 北京市場上的耶穌像：劉侗，《帝京景物略》（北京：北京古籍出版社，1980年），頁166。

第九章

- 本章所提到的崇禎皇帝自縊圖，出現在衛匡國的《韃靼戰紀》(*Regni Sinensis à Tartaris tyrannicè evastati depopulatique concinna enarratio*) (Amsterdam: Valckenier, 1661), opposite p. 44; *it is reproduced courtesy of Ghent University library.*
- 董含的災異紀錄收入氏著，《蓴鄉贅筆》（一六七八年），重印於《說鈴》（一七九九年），序，1.2b、7a-8a、9a-11b、26b-27a。董含後來把這本書收入自己的著作集《三岡識略》，重印於《四庫未收集刊》（北京：北京出版社，2000年），第29冊。關於更多江南陷落的故事，見Lynn Struve, *Voices from the Ming-Qing Cataclysm: China in Tigers' Jaws* (New Haven, CT: Yale University Press, 1993).
- 陳其德的桐鄉災變描述，收入氏著，《垂訓樸語》，16a-20a；重印版收入《桐鄉縣志》（一八八七年），20.8a-10a。
- 從一六四〇年的乾旱到一六四一年的蝗害，一連串的災害資料，採自《曹州志》（一六七四年），19.20b-21a，來自山東省的報告。
- 關於這起全球氣候危機的整體情況，見Geoffrey Parker, *Global Crisis: War, Climate Change and Catastrophe in the Seventeenth Century* (New Haven, CT: Yale University Press, 2012); pp. 83-5, 287, 294, 333與617提到歐洲城市爆發瘟疫。
- 「西瓜瘟」：徐樹丕，《識小錄》，4.9a-b（並見4.26b-27a），重印於《涵芬樓秘笈》（上海：商務印書館，1916年），第一部第八集。關於北方的「瘟」，見胡文煒，《雲中郡志》（一六五二年），12.20a。
- 吳有性對於江蘇當地的「瘟」做的研究，在Marta Hanson, *Speaking of Epidemics: Disease and the Geographic Imagination in Late Imperial China* (Abingdon: Routledge, 2011), pp. 96-102有詳盡的探討；我修改她的部分譯文，純粹是出於文學理由。
- 「病者先於腋下股間生核」：引自Helen Dunstan, 'The Late Ming Epidemics: A Preliminary Survey', *Ch'ing-shih Wen-t'i* 3:3 (November 1975), pp. 19-20. 後來有一份對華北更為徹底的研究，把這些爆發跟鼠疫連結起來，見曹樹基，〈鼠疫流行與華北社會的變遷〉，《歷史研究》（1997:1），頁17-32。
- 祁彪佳的日記發表為《祁忠敏公日記》（紹興：紹興縣修志委員會，1937年）。我主要仰仗者為他的《甲申日記》（一六四四年日記）。關於祁彪佳在一六四四年饑荒期間的慈善活動，見Joanna Handlin Smith, *The Art of Doing Good: Charity in Late Ming China* (Berkeley, CA: University of California Press, 2009).
- 史可法說福王擔任皇帝的「七不可」，羅列於黃宗羲編，《弘光實錄》，重印於氏著《黃宗羲全集》（杭州：浙江古籍出版社，1986年）第二冊，頁3。
- Frederic Wakeman Jr, *The Great Enterprise: The Manchu Reconstruction of Imperial Order in Seventeenth-Century China* (Berkeley, CA: University of California Press, 1985), vol. 1, pp. 403-11探討左懋第的求和使團。
- 祁彪佳生命的最後幾天，記錄在《乙酉日記》（一六四五年日記），收入氏著，《祁忠敏公日記》。最後一天的日記——七月二十四日，在頁23b。
- 關於松江陷落，見Wakeman, *The Great Enterprise*, vol. 1, pp. 671-2.
- 闖王祖墳遭掘：董含，《蓴鄉贅筆》，1.2b-3a。
- 「是誰之咎與」：董含，《蓴鄉贅筆》，2.15a-b。

第十章

- 本章有部分是由我先前的論文'Tibet and the Chinese World-Empire', in Stephen Streeter et al. (eds), *Empires and Autonomy: Moments in the History of Globalization* (Vancouver: UBC Press, 2009), pp. 24-40發展而來。
- 中藏關係史，見Elliot Sperling, 'Early Ming Policy toward Tibet: An Examination of the Proposition that the Early Ming Emperors Adopted a "Divide and Rule" Policy toward Tibet', PhD diss., Indiana University, 1983; Zahiruddin Ahmad, *Sino–Tibetan Relations in the Seventeenth Century* (Rome: Istituto Italiano per il Medio ed Estremo Oriente, 1970); 以及Luciano Petech, *China and Tibet in the Early XVIIIth Century* (Leiden: Brill, 1950).
- 關於達賴喇嘛在滿藏關係中的影響力，近年來的研究有Peter Schwieger, *The Dalai Lama and the Emperor of China: A Political History of the Tibetan Institution of Reincarnation* (New York: Columbia University Press, 2015).
- 關於第五世達賴喇嘛前往北京之行，見Gray Tuttle, 'A Tibetan Buddhist Mission to the East: The Fifth Dalai Lama's Journey to Beijing, 1652-1653', in Brian Cuevas and Kurtis Schaeffer (eds), *Power, Politics, and the Reinvention of Tradition: Tibet in the Seventeenth and Eighteenth Centuries* (Leiden: Brill, 2006), pp. 65 - 87.

- 關於胤禎跟達賴喇嘛的會面，是根據胤禎在兩天後回報父親康熙皇帝的信來重建的；收入《康熙滿文朱批奏摺全譯》（北京：中國社會科學出版社，1996年），doc. #3366。由於胤禎的名字跟他哥哥的名字發音一模一樣，因此當兄長登基成為雍正皇帝時，胤禎必須改名為允禵，以避皇帝的名諱。胤禎亦稱「恂郡王」，這是後來乾隆皇帝封給他的。
- 「可保常無事乎？」：《清聖祖實錄》，259:4b；引自顧祖成編，《明清治藏史要》（拉薩：西藏人民出版社，1999年），頁136。
- 關於西寧至拉薩的距離，見楊應琚，《西寧府新志》（西寧：青海人民出版社，1988年），頁564；William Rockhill, 'Tibet: A Geographical, Ethnographical, and Historical Sketch', *Journal of the Royal Asiatic Society of Great Britain and Ireland* (January 1891), pp. 101, 106.我是從Rockhill在pp. 33, 40, 45, 54, 64與69提供的數字，來估算四川到拉薩的距離。
- 引用的戴西德利字句，見*An Account of Tibet*, pp. 168, 171. 關於戴西德利，見Sven Hedin, *Southern Tibet, 1906–1908* (Stockholm: Lithographic Institute of the General Staff of the Swedish Army, 1917), 1:278-9, 3:10-14. 戴西德利的紀錄堪稱「歷來以西藏為題最優秀也最可靠的之一」(1:279)，而他更是一個「目光銳利而謹慎的觀察家」(3:14)，但Petech便在*Selected Papers on Asian History* (Rome: Istituto Italiano per il Medio ed Estremo Oriente, 1988), pp. 218-19提到他的政治觀察很不可靠；並見氏著，*China and Tibet in the Early XVIIIth Century*, pp. 50, 54.
- 「一矢未失」：來自滿人將領Xiluntu所寫的碑文，重印於張羽新編，《清政府與喇嘛教》（拉薩：西藏人民出版社，1988年），頁290。
- 「策淩敦多布等，員散食絕，力竭勢窮，狼奔鼠竄」：噶爾弼，〈平定西藏碑文〉，收入張羽新編，《清政府與喇嘛教》（拉薩：西藏人民出版社，1988年），頁290。戴西德利以為策淩敦多布死於敗逃，但他其實返回準噶爾了。幾年後，一名出使準噶爾的俄國使節發現策淩敦多布成為強大的準噶爾領袖——與派他進藏的表哥策妄阿喇布坦關係不睦：Petech, *China and Tibet*, 34, n. 4. 關於大清征服中亞的整體環境背景，見Peter Perdue, *China Marches West: The Qing Conquest of Central Eurasia* (Cambridge, MA: Harvard University Press, 2005).
- 「這一仗血腥至極」：Louis Schram, quoted in Warren W. Smith Jr, *Tibetan Nation: A History of Tibetan Nationalism and Sino–Tibetan Relations* (Boulder, Co: Westview Press, 1996), p. 125.
- 關於大清在一七二八年發動的軍事行動，見Shu-hui Wu, 'How the Qing Army Entered Tibet in 1728 after the Tibetan Civil War', *Zentrale-Asiatische Studien* 26 (1996), pp. 122-38.
- 「今歸我版圖」：楊應琚，《西寧府新志》，頁54、122、385-386。
- 「統御青海百姓」：松巴堪布於一七八六年寫的青海歷史，英譯文見Ho-chin Yang, *The Annals of Kokonor* (Bloomington, IN: Indiana University Press, 1969); 尤其是pp. 29, 37-54. 松巴堪布生平見S. C. Das, 'Life of Sum-pa Khan-Po', *Journal of the Asiatic Society of Bengal* 58:1, no. 2 (1889), pp. 37-9.
- 「外國占領」：Dalai Lama XIV, *The Spirit of Tibet: Universal Heritage*, ed. A. A. Shiromany (New Delhi: Allied Publishers, 1995), p. 135.

第十一章

- 孔斯當一八三五年死後，把他大量的手稿、信件與筆記遺贈給日內瓦圖書館。經過分類之後，成為*Archives de la famille de Constant* (Geneva: Odysée, 2016). 研究孔斯當最透徹者有Louis Demigny (ed.), *Les Mémoires de Charles de Constant sur le commerce à la Chine* (Paris: SEVPEN, 1964), 以及Marie-Sybille de Vienne, *La Chine au déclin des lumières: L'expérience de Charles de Constant, négotiante des loges de Canton* (Paris: Honoré Champion, 2004). Demigny發表他的孔斯當研究那一年，也出版談廣州貿易的權威性三卷本*La Chine et l'Occident: Le commerce à Canton au XVIIIe siècle, 1719–1833* (Paris: SEVPEN, 1964). 我也仰仗出版為*Terres de Chine: Nouvelle Compagnie des Indes, 1789–1790: 11 lettres commentées* (Montélimar: Armine-Ediculture, 1998)的孔斯當信件式日記。這些日記最早發表在Philippe de Vargas (ed.), *Récit de trois voyages à la Chine, 1779–1793* (Peking, 1939).
- 關於廣州一口通商體系，見Paul Van Dyke, *The Canton Trade: Life and Enterprise on the China Coast, 1700–1845* (Hong Kong: Hong Kong University Press, 2005). 同一位作者在他的論文'The Hume Scroll of 1772 and the Faces behind the Canton Factories', *Revista de Cultura* 54 (2017), especially pp. 84-8，提供實用的十三行歷史。
- 「Euhun Sang」是香山的粵語發音。一九二五年，也就是孫逸仙過世那一年，香山更名為中山，以紀念出身當地的他。孫逸仙有個日本名字——中山，是他三十多歲時在日本尋求政治庇護，所使用的假名；在今日華人之間最出名的，也是這個名字。
- 「前往東印度群島去追求我自己的事業」：引自Hugh Popham, *A Damned Cunning Fellow: The Eventful Life of Rear-Admiral Sir Home Popham* (Tywardreath: Old Ferry Press, 1991), pp. 29-30.
- 「回到我在少年時度過最美好歲月的國度」：*Terres de Chine*, pp. 25, 26.
- 「我又回到自己的牢房了」：*Mémoires*, p. 53.
- 「我有個專為我做事的僕人」：*Mémoires*, p. 49.
- 「這名僕人以前為我做過事」：*Terres de Chine*, p. 26.
- 「葡萄牙人認為」：*Terres de Chine*, p. 75. 若瑟法與巴哈德在Vienne, *La Chine au déclin des lumières*, pp. 70, 72有提到。
- 「立面不寬」：*Terres de Chine*, p. 38.

- 「離開歐洲人常去的區域」：*Terres de Chine*, p. 45.
- 「中國的皇帝有條不紊」：Kent Guy, *Qing Governors and their Provinces: The Evolution of Territorial Administration in China, 1644–1796* (Seattle, WA: University of Washington Press, 2017), pp. 321-3.
- 一七八四年蓋爾伯與穆騰額對話的逐字稿，以附錄形式收入*Mémoires*, pp. 449-53.
- 「這位大人什麼都沒拒絕，但也什麼都沒接受」：*Mémoires*, p. 425.
- 孔斯當談休斯小姐號事件：*Mémoires*, pp. 420-21; 並見p. 398. Demigny提到一份史料，認為史密斯說不定是菲律賓人。
- 「對於來到中國的歐洲人而言」：*Terres de Chine*, p. 35.
- 「這傢伙沒有好奇心」：*Terres de Chine*, pp. 77-8.
- 孔斯當在'Quelques idées sur l'ambassade du Lord Maccarteney à la Chine'〔〈散論馬戛爾尼勛爵訪中國使團〉〕一文表達他對馬戛爾尼使團的看法，該文收入在*Mémoires*, pp. 413-31.
- 馬戛爾尼交給總督的請求清單：Macartney to the EIC, 22 January 1794, 'Entry Book of Letters Written by Lord Macartney in China to the East India Company', Morrison Collection MS40, Toyo Bunko, Tokyo.
- 「性格溫和、討喜、好相處」：*Mémoires*, p. 75, n. 2.
- 孔斯當談鴉片的文章：*Mémoires*, pp. 204-7.
- 上訴委員會就戰利品進行的判決，引自Popham's appeal of 24 October 1803, in *The Naval Chronicle for 1808*, vol. 19 (London, 1808), pp. 315-16.
- 石中和以其父的名字出現在法庭紀錄中，作為其商行名。關於石中和，見Kuo-Tung Chen, *The Insolvency of the Chinese Hong Merchants, 1760–1843* (Taipei: Academia Sinica, 1990), pp. 298-306. 感謝范岱克讓我注意到這本書以及其他對廣州貿易的研究。關於用英鎊計算的金額，我是把銀條先以五比七的匯率換算成西班牙銀元，再以五比一的匯率將西班牙銀元換為英鎊。
- Jane Austen, 'On Sir Home Popham's Sentence', in David Selwyn (ed.), *The Poetry of Jane Austen and the Austen Family* (Iowa City, IA: University of Iowa Press, 1997), p. 7.
- 近年來葛羅澤版畫的拍賣：Galerie Bassange, Berlin, 28 November 2013; Bloomsbury Auction House, London, 2014; Chiswick Auctions, London, 13 October 2015.

第十二章

- 普列斯的文件歸檔於FO 562/1-2, National Archives, Kew: telegram from Hopkins to Kirke, 4 November 1906; telegram from Kirke to Hopkins, 4 November 1906; letter from Hopkins to Kirke, 21 November 1906; undated inventory of the personal effects of Henry John Pless; letter from Consulate-General, Shanghai, to Vice-Consul, Peking, 29 December 1906; letter from British Consulate, Amsterdam, to Vice-Consul, Peking, 13 April 1907.
- 與十九世紀中國勞工輸出有關的文件，可以在Irish University Press Area Studies (ed.), *British Parliamentary Papers: China*, vol. 4: *Correspondence and Returns Respecting the Emigration of Chinese Coolies, 1854–92* (Shannon: Irish University Press, 1971)找到。
- 關於十九世紀苦力人數大增，見Harley Farnsworth MacNair, *The Chinese Abroad, Their Position and Protection: A Study in International Law and Relations* (Shanghai: Commercial Press, 1926), pp. 212-35. 關於川斯瓦運用中國勞力，見Persia Crawford Campbell, *Chinese Coolie Emigration to Countries within the British Empire* (New York: Negro Universities Press, 1923), pp. 161-216. 關於招募中國人擔任礦工，見Norman Levy, *The Foundations of the South African Cheap Labour System* (London: Routledge and Kegan Paul, 1982), chs 13-14, 與Peter Richardson, *Chinese Mine Labour in the Transvaal* (London: Macmillan, 1982), ch. 3. 中國礦工在南非的最新研究（而且把這個議題放在更廣泛的視野下）是Rachel Bright, *Chinese Labour in South Africa, 1902–10: Race, Violence, and Global Spectacle* (Basingstoke: Palgrave Macmillan, 2013).
- William Martin談奴役：W. A. P. Martin, *A Cycle of Cathay; or China South and North, with Personal Reminiscences* (Edinburgh: Oliphant, 1896), p. 383.
- 關於庚子拳亂以來的反華漫畫，見Frederic Sharf and Peter Harrington, *The Boxer Rebellion: China, 1900: The Artists' Perspective* (London: Greenhill Books, 2000), 與Jane Elliott, *Some Did It for Civilisation, Some Did It for Their Country* (Hong Kong: Chinese University Press, 2002).
- 兩先令的薪水，是Dr MacNamara在下議院辯論摘要中提到的，見23 February 1906 in *The Times*.
- 「縱使並無如此指控的跡象存在」：'Mr. Lyttelton and Chinese Labour', *The Times* (27 September 1905), p. 6.
- 「不久後，我們的國家將落入外邊黑暗」：'Savoring of Slavery's Days', *The Morning Leader* (4 October 1905), p. 1.
- 'Outrages on the Rand', *The Morning Leader* (6 September 1905), p. 1. Frank C. Boland, 'The Price of Gold', *The Morning Leader* (6 September 1905), p. 1.
- Frank C. Boland, 'More horrors by Yellow Serfs', *The Morning Leader* (2 October 1905), p. 1.
- Frank C. Boland, 'Chinese Outrages', *The Morning Leader* (16 October 1905), p. 1. 同一版更下方，這家報社還刊登了一篇短文，〈蘭特的非法鴉片交易〉（Opium Traffic on the Rand），用來提醒讀者，中國人可能會帶來什麼犯罪問題。
- 甘地對於中國礦工的社論，收入E. S. Reddy, 'Gandhi and the Chinese in South Africa', Occasional Paper of the National Gandhi Museum (New Delhi, 2016), p. 19. 他談印度勞工的社論，'Indentured Indians in Natal'，刊登*Indian Opinion* 3:31 (5 August 1905), p. 1.

- 麥卡錫的證詞，刊登在一九〇六年一月二十日的週刊版《川斯瓦主導報》；證詞的結尾是一封來自北京副領事發給北京荷蘭公使館的信，一九〇七年七月九日：FO 562/1.
- 普列斯曾在海關服務的紀錄：'Memo of Service, Chinese Maritime Customs, Revenue Department, Foreign Staff, Outdoor: Harry John Pless': Chinese Customs Archives, Number Two historical Archives, Nanjing. 關於「外場」職員在海關的職涯發展，見John Pal, *Shanghai Saga* (London: Jarrolds, 1963), p. 57, 與Robert Bickers, *Empire Made Me: An Englishman Adrift in Shanghai* (New York: Columbia University Press, 2003), p. 8.
- 關於一九〇六年大選中的中國苦力議題，見A. K. Russell, *Liberal Landslide: The General Election of 1906* (Newton Abbot: David and Charles, 1973), pp. 64-9, 78, 102－8, 126, 196-8.
- 「近代資本體制開始把勞力從甲地移到乙地的第一次嘗試」引自《倫敦時報》在選舉進行到第八天時的報導。
- 張伯倫指控邱吉爾：《倫敦時報》(23 February 1906), p. 5. 一週後，張伯倫被迫撤回指控，但他還是堅持有「假中國人」出現在其他選區，還有「上了鐐銬的中國人」的海報。「我意識到，對於你的選區中有關中國勞工議題的說法，我是受了誤導，你的選區也沒有假中國人參與遊行，但他們確實出現在附近的幾個選區。關於前述的海報，奇坦丘路（Cheetham Hill Road）保守黨俱樂部（Conservative Club）的榮譽主席吉彭斯先生（Mr Gibbons）表示，有一張大海報，上面畫了一大群上了鐐銬的中國人，貼在奇坦的塔樓自由俱樂部（Tower Liberal Club）外，奇坦丘路上的會議廳亦然」；引自Randolph Churchill, *Winston S. Churchill* (Boston, MA: Houghton Mifflin, 1967), vol. 2, pp. 167-8.
- 傑米森與巴恩斯在一九〇六年的信件：James Stewart Lockhart Papers, ACC 4138/1/k (Miscellaneous Letters, mainly 1900-1911), Scottish National Library.
- 雞姦的報告：Churchill, *Winston S. Churchill*, vol. 2, p. 184.
- 「玩時間差的把戲」：見Timothy Brook, Jérôme Bourgon and Gregory Blue, *Death by a Thousand Cuts* (Cambridge, MA: Harvard University Press, 2008), pp. 25－7.
- 梅森的中國人受刑圖片，見氏著，*The Punishments of China, Illustrated by Twenty-Two Engravings* (London: William Miller, 1801).
- 福朱力遭到處死的照片（以及明信片）可在網站'Chinese Torture/Supplice Chinois', at http://turandot.chineselegalculture.org找到。
- 邱吉爾在國會中表示「根據現有證據，當局並無發起調查之根據」等語：《倫敦時報》(24 February 1906), p. 5.
- 「查凌遲之刑，唐以前並無此名目」：引自Brook, Bourgon and Blue, *Death by a Thousand Cuts*, p. 89.

第十三章

- 這一章不會直接探討日本入侵中國受害的人，雖然這對於了解民眾對梁鴻志等人物的反感很有幫助。關於苦難的情況，見Diana Lary, *The Chinese People at War: Human Suffering and Social Transformation, 1937–1945* (New York: Cambridge University Press, 2010). 整體政治與軍事情勢，見Hans van de Ven, *China at War: Triumph and Tragedy in the Emergence of New China* (London: Profile, 2017).
- 「為了生存」：Takaishi Shingorō, *Japan Speaks Out* (Tokyo: Hokuseido, 1938), pp. 9, 41.
- 「日本政府的基本方略」：Hirota Kōki, quoted in *The Truth behind the Sino–Japanese Crisis* (Tokyo: Japan Times & Mail, 1937).
- 「二流騙徒，在每一種情境中盡其所能地撈」：黎格斯看法出現在Albert Stewart的日記中，重印於Kaiyuan Zhang, *Eyewitnesses to Massacre: American Missionaries Bear Witness to Japanese Atrocities in Nanjing* (Armonk, NY: M. E. Sharpe, 2001), p. 322.
- 關於尾崎秀實的看法，見John Boyle, *China and Japan at War, 1937–1945: The Politics of Collaboration* (Stanford, CA: Stanford University Press, 1972), pp. 192-3.
- 《處理漢奸案件條例》見朱金元、陳祖恩，《汪偽受審紀實》（杭州：浙江人民出版社，1988年），頁145-148，以及南京市檔案館編，《審問汪偽漢奸筆錄》（南京：江蘇古籍出版社，1992年），第二冊，頁1490-1494。
- 梁鴻志審判過程的重建，我根據的是一九四六年七月六日的上海報紙《申報》與《文匯報》。重新開庭之後的部分逐字稿，見七月十五日的《申報》。完整的審判逐字稿，出自國防部史政編譯局檔案，010.20/1208與013.11/2110。感謝羅久蓉提供她從這些檔案中作的筆記。
- 關於上海高等法院審判權限，見Timothy Brook, 'The Shanghai Trials, 1946: Conjuring Justice', in Academia Historica (ed.), *Postwar Changes and War Memories* (Taipei: Academia Historica, 2015), pp. 127－55.
- 關於帕爾的「不對等的司法」，見Timothy Brook, 'The Tokyo Judgment and the Rape of Nanking', *Journal of Asian Studies* 60:3 (August 2001), p. 695.
- 關於「戰後」的概念，見Tony Judt, *Postwar: A History of Europe since 1945* (New York: Penguin, 2005).

尾聲

- 本章起頭提到的那章半球地圖，出現在十九世紀一幅長卷軸畫的卷頭（當時大清仍是世界上積極發展之處），描繪的是中國的海岸，標題為《海防圖》：Harvard-Yenching Library, Cambridge, MA. 這個地圖有許多版本存世。
- 關於中國為了侵犯敘利亞的「司法主權」，而在安理會中投下否決票，維護敘利亞，見安理會第七一八〇號會議，對於起草決議文，將敘利亞送交國際刑事法庭

（International Criminal Court）的討論（二〇一四年五月二十二日）：https://www.un.org/press/en/2014/sc11407.doc.htm. 關於在二〇一七年十一月與二〇一八年四月中國拒絕支持判定使用化學武器責任歸屬的決議文，見https://news.un.org/en/story/2018/04/1006991與https://www.un.org/press/en/2017/sc13072.doc.htm：all documents retrieved 15 August 2018.

- 維基解密對於臺灣付錢給諾魯官員的報導：Philip Dorling, 'Nauru Officials' "Friendly Payoffs"', *Sydney Morning Herald* (29 August 2011).
- 「對中國和臺灣來說，沒有哪個國家微不足道到它們不會為之爭吵」：Lindsey Hilsum, 'Why Beijing Cares about Tiny Nauru', *New Statesman* (20 September 2007).
- 在新疆遭到拘留的穆斯林，估計人數取自Adrian Zenz, 'New Evidence for China's Political Re-education Campaign in Xinjiang', *China Brief* 10:18 (May 2018). 關於這個議題的深入探討，見Nathan Vanderklippe, 'UBC Student Uses Satellite Images to Track Suspected Chinese Re-education Centres Where Uyghurs Imprisoned', *The Globe and Mail*, updated 9 July 2018. Shawn Zhang的發現可以在https://medium.com/@shawnwzhang/list-of-re-education-camps-in-xinjiang-新疆再教育集中營列表-99720372419c找到：*accessed 15 August 2018.*
- 「我們已經決定跟他們徹底脫離」：引自Alex Mckay, 'From Mandala to Modernity: The Breakdown of Imperial Orders', in Brook et al. (eds), *Sacred Mandates*, p. 181.
- 關於「民族自我表述」，見Wang Lixiong and Tsering Shakya, *The Struggle for Tibet* (London: Verso, 2009), pp. 116, 223, 250.
- Kwame Nkrumah, *Neo-Colonialism: The Last Stage of Imperialism* (London: Nelson, 1965).
- 關於中國投資厄瓜多，見Juan José Lucci, 'Are China's Loans to Ecuador a Good Deal? The Case of the Sopladora Hydro Project', Leadership Academy for Development Case Study, Stanford University and Johns Hopkins University, 2014. 關於原住民對石油業開發的反對，見Dan Collyns, 'Was This Indigenous Leader Killed Because He Sought to Save Ecuador's Land?', *The Guardian* (2 June 2015). 關於厄瓜多政府的立場，見Joel Parshall, 'Ecuador Official Makes Case for Foreign Oil Investment', *Journal of Petroleum Technology* (12 October 2017). 關於近年來中方在亞馬遜地區的鑽探，見Jonathan Watts, 'New Round of Oil Drilling Goes Deeper into Ecuador's Yasuní National Park', *The Guardian* (10 January 2018).
- 關於中國將債務一筆勾銷的做法，見John Hurley, Scott Morris and Gailyn Portelance, 'Examining the Debt implications of the Belt and Road Initiative from a Policy Perspective', Center for Global Development Policy Paper 121, March 2018, Appendix C, pp. 29-32.
- 關於漢班托塔最新發展的摘要說明，見Maria Abl-Habib, 'How China Got Sri Lanka to Cough up a Port', *New York Times* (25 June 2018).
- 關於「天下」哲學與國際觀，見Feng Zhang, 'Confucian Foreign Policy Traditions in Chinese History', *The Chinese Journal of International Politics* 8:2 (2015), pp. 197-218.
- 關於買里力，見Nathan Vanderklippe, 'Chinese Official Defends Jailing of Uyghur-Canadian Dissident Huseyin Celil', *The Globe and Mail* (31 October 2017).
- 馬爾地夫等國家的債務負擔：Hurley et al., 'Examining the Debt Implications of the Belt and Road Initiative from a Policy Perspective', pp. 11-12.
- 室利瓦丹的看法：引自Dinouk Colombage, 'The Hambantota Port Declared Open', *Sunday Reader*, undated [2010].
- 「世界秩序結構雙極性的增長」：*China and the Age of Strategic Rivalry* (Canadian Security Intelligence Service, 2018), p. 17.
- Owen Lattimore, 'Satellite Politics: The Mongolian Prototype', in his *Studies in Frontier History: Collected Papers, 1928–1958* (London: Oxford University Press, 1962), p. 297.

圖片版權

1. 季名臺，《九州分野輿圖古今人物事跡》（一六四三年）：University of British Columbia Library, Vancouver.
2. 劉貫道，〈元世祖出獵圖〉（一二八〇年）：國立故宮博物院，臺北。
3. 忽必烈帶著他的獵豹打獵，出自《馬可・波羅遊記》手稿，31v：Bibliothèque Nationale de France, RC-B-01969.
4. 合贊與闊闊真，出自拉施德丁，《史集》（*Jami'al-Tawarikh*）：Topkapi Palace Museum, reprinted in Pierre Vidal-Naquet, ed., *Histoire de l'humanité* (Paris: Hachette, 1989).
5. 蒙古軍隊在攻城戰中使用投石器，出自拉施德丁《史集》：Edinburgh University Library Or. MS 20.
6. 迦勒石碑。
7. 《坎迪諾地球平面圖》（一五〇二年）：Biblioteca Estense, Modena, Italy.
8. 倍海姆一四九二年製作的地球儀，圖為大洋側。圖右畫出歐洲與北非，圖左則是契丹，相隔大東洋（Oceanus Orientalis）對望。這個地球儀收藏於紐倫堡日耳曼國家博物館（Germanic National Museum），本複製圖取自Bridgman Images。圖中文字轉寫收入*Encyclopédie Larousse illustrée* (Paris: Larousse, 1898).
9. 高麗使臣離開南京場景的卷軸畫（約一四一〇年代）：National Museum of Korea, Seoul.
10. 利瑪竇與徐光啟，出自珂雪《中國圖說》（一六六七年），Burns Library, Boston College.
11. 范多特坎，萬丹地圖（一五九六年）：(public domain).
12. 崇禎皇帝自縊，出自衛匡國，《韃靼戰紀》(Amsterdam: Valckenier, 1661), opposite p. 44; Ghent University Library, BIB HIST.007063.
13. 第七世達賴喇嘛（約一七五〇年至一八〇〇年)的肖像。Rubin Musem of Art, gift of Shelley & Donald Rubin Foundation, F1997.30.1 (HAR 380).
14. 丹路克斯與葛羅澤，〈香山林亞九〉(*Euhun Sang Lum Akao*) (London, 1793); Princeton University, East Asian Studies Department, gift of Mr Wallace Irwin Jr, '40.
15. 〈責打之外〉，《晨間主導報》（一九〇五年九月六日）。
16. 刑求賊匪，出自周培鈞（音譯）所繪的刑罰圖冊（北京，二十世紀初）：Turandot (Chinese Torture, Supplices Chinois) website, courtesy of Jérôme Bourgon.
17. 一名年輕人在衙門院子裡遭到刑求的照片，一九〇〇年後。
18. 梁鴻志離開受審的地方。上海，一九四六年六月二十一日。
19. 東半球，出自《海防圖》：Harvard-Yenching Library, Cambridge, MA.
20. 演變：中國在一六〇〇年、一七〇〇年與一八〇〇年的疆域，與布呂的《中華帝國與日本全圖》（Carte générale de l'empire Chinois et du Japon）(Paris: Charles Picquet, 1836) 疊圖：by Noel Macul, Courtesy of the Vancouver Art Gallery.

歷史大講堂
忽必烈的獵豹：八百年來的中國與世界

2023年8月初版　　定價：新臺幣580元

著　　者	Timothy Brook		
譯　　者	馮	奕	達
叢書主編	王	盈	婷
校　　對	蘇	淑	君
內文排版	菩	薩	蠻
封面設計	許	晉	維

出版者	聯經出版事業股份有限公司
地址	新北市汐止區大同路一段369號1樓
叢書主編電話	(02)86925588轉5316
台北聯經書房	台北市新生南路三段94號
電話	(02)23620308
郵政劃撥帳戶第0100559-3號	
郵撥電話	(02)23620308
印刷者	文聯彩色製版印刷有限公司
總經銷	聯合發行股份有限公司
發行所	新北市新店區寶橋路235巷6弄6號2樓
電話	(02)29178022

副總編輯	陳	逸	華
總編輯	涂	豐	恩
總經理	陳	芝	宇
社長	羅	國	俊
發行人	林	載	爵

行政院新聞局出版事業登記證局版臺業字第0130號

本書如有缺頁，破損，倒裝請寄回台北聯經書房更換。　ISBN 978-957-08-7028-2 (平裝)
聯經網址：www.linkingbooks.com.tw
電子信箱：linking@udngroup.com

Great State
This edition is published by arrangement with Profile Books Limited
through Andrew Nurnberg Associates International Limited.

國家圖書館出版品預行編目資料

忽必烈的獵豹：八百年來的中國與世界/ Timothy Brook著．馮奕達譯．初版．新北市．聯經．2023年8月．416面＋16面彩色．17×23公分（歷史大講堂）
譯自：Great state: China and the world
ISBN 978-957-08-7028-2（平裝）

1.CST：中國史 2.CST：世界史

610 112011053